国民党正面战场抗战最纪录

/ 唐得阳 刘强伦◎著 /

GUO MIN DANG ZHENG MIAN ZHAN CHANG KANG ZHAN ZUI JI LU

团结出版社

© 团结出版社，2017 年

图书在版编目（CIP）数据

国民党正面战场抗战最纪录 / 唐得阳，刘强伦著．－
北京：团结出版社，2017.9（2024.9 重印）
ISBN 978-7-5126-5204-0

Ⅰ．①国…Ⅱ．①唐…②刘…Ⅲ．①国民党军－抗
日战争－史料Ⅳ．① K265.210.6

中国版本图书馆 CIP 数据核字 (2017) 第 117259 号

责任编辑：王云强
封面设计：聂　辉

出　　版：团结出版社
　　　　　（北京市东城区东皇城根南街 84 号　邮编：100006）
电　　话：（010）65228880　65244790
　　　　　（010）65238766　85113874　65133603（发行部）
　　　　　（010）65133603（邮购）
网　　址：http://www.tjpress.com
E-mail：zb65244790@vip.163.com
经　　销：全国新华书店
印　　装：三河腾飞印务有限公司

开　　本：170mm×240mm　16 开
印　　张：27.75　　　　　　　字　数：491 千字
版　　次：2017 年 9 月　第 1 版　印　次：2024 年 9 月　第 4 次印刷

书　　号：978-7-5126-5204-0
定　　价：68.00 元
　　　　　（版权所属，盗版必究）

目录

战斗篇

序言　热血战场，永不忘却　/002

第一章　哪次作战是对日军最早的抗战？　/004

　　——江桥抗战

　　1. "九一八"事变后，辽、吉顿失，日军为什么没有立即攻击黑省？　/004

　　2. 抵抗派的斗争，粉碎投降势力的"和平交接"　/005

　　3. 日军掩护伪军进犯，江桥抗战拉开序幕　/007

　　4. 生死抵抗的16个日日夜夜　/009

　　5. 一场正面战场的抗战，怎么变得像一场敌后抗战？　/013

第二章　哪次作战是东北沦陷期间规模最大的抗战？　/015

　　——哈尔滨保卫战

　　1. 沈阳、吉林、齐齐哈尔三座省城失守后，哈尔滨却有点特别　/015

　　2. 以李杜、冯占海、赵毅为代表的一批爱国将领站了出来　/018

　　3. 黑省宣布"独立"，为什么是吉林部队在打哈尔滨保卫战？　/020

　　4. 第二次哈尔滨保卫战怎么突然有自卫军打响了吉林市进攻战？　/023

第三章 哪次作战是关内最早打响抗日枪声的战役？ /025
——长城抗战

1. 山海关抗战的第一枪终于打响 /025
2. 长城抗战的第一战和第一位英雄 /027
3. 作战时间最长、战事最激烈的一次战斗发生在古北口 /031
4. 冷口的进攻战和南天的守卫战，中国军队拼到伤亡殆尽 /034
5. 喜峰口战斗奏响"大刀进行曲" /037

第四章 哪次作战是中国投入兵力最多、损失最重的战役？ /045
——淞沪大会战

1. 为什么上海成为全面抗战开始后第一个重大战役的战场？ /045
2. 中国军队猛烈攻击日军据点，阻击敌军后援部队沿江登陆 /048
3. 蒋介石把精兵良将几乎全部派到了淞沪前线 /051
4. 上海失守，为什么大撤退演变成了惨不忍睹的大溃逃？ /054

第五章 哪次作战是华北战场坚持时间最长、战绩最显著的战役？ /059
——太原会战

1. 山西为什么成为中日军队在华北争夺的首要战略目标？ /059
2. 天镇孤军苦战 10 天，李服膺军长因为兵败该不该被处死？ /062
3. 八路军 115 师取得平型关大捷，中国 10 万大军围攻日军为何没能扩大战果？ /065
4. 忻口会战以忻口失守结束，为什么说它是国共配合作战的成功范例？ /069
5. 最后的抵抗，太原保卫战何以导致一片混乱溃败的局面？ /073

第六章 哪次作战是死亡人数最多的最大国殇？ /078
——南京保卫战

1. 一场不可能胜利的保卫战，蒋介石为什么要坚持"南京孤城不能不守"？ /078
2. 日军迅速攻破南京 /083
3. 日军重火力猛攻南京城，中国军队困守孤城，顽强抵抗 /086
4. 前线士兵抱定死守的决心，怎么突然变成一场混乱的大撤退？ /089
5. 惨绝人寰的大屠杀，中国抗日战争中最大的国耻和国殇 /092

目录

第七章　哪次作战是中国全民抗战以来取得最大胜利的战役？ /095
　　——台儿庄战役
　　1. 徐州会战中，台儿庄何以成为了日军重点攻击的方向？ /095
　　2. 战事呈胶着状态，中国军队在激烈的巷战中苦苦支撑，谋求反攻 /097
　　3. 为什么说台儿庄战役的胜利有着巨大的历史意义？ /098

第八章　哪次作战是中国抗战中战线最长、规模最大的战役？ /102
　　——武汉大会战
　　1. 日军为何决定要举全国之力，在武汉地区与中国军队展开决战？ /102
　　2. 长江南北的鏖战：日军从南北线迫近，对武汉形成合围 /106
　　3. 万家岭大捷全歼日军1万余人，取得与平型关大捷齐名的重大胜利 /107
　　4. 广州战役的失败为何成为压垮武汉的最后一根稻草？ /109
　　5. 为什么说武汉会战的结束，为日本最后的失败埋下了伏笔？ /110

第九章　哪次作战是相持时间最长、取得最完整胜利的战役？ /112
　　——长沙大会战
　　1. 日军进攻长沙，他们的侵略战争方针有了哪些新变化？ /112
　　2. 一战长沙——中国军队收复平江、南桥镇等失地 /113
　　3. 二战长沙——日军攻进城内，又被赶回新墙河对岸 /116
　　4. 三战长沙——中国军队诱敌深入，包围反击，获得全面胜利 /118

第十章　哪次作战是抗战中期展开最大规模进攻的战役？ /121
　　——枣宜战役
　　1. 唯恐陷入可怕的"持久战"中，日军制订"宜昌作战"计划 /121
　　2. 被敌人暗算，中国军队血战枣阳，遭受重创 /124
　　3. 宜昌失守，重庆的战略补给线被切断 /127
　　4. 为什么日军以7000人的伤亡使中国军队伤亡多达11万人？ /129

第十一章　哪次作战是抗战以来打法最精彩、成绩最辉煌的战役？ /131
　　——上高战役
　　1. 参加上高战役作战的中国军队第74军是英雄"铁军" /131

2. 与中国军队第 19 集团军作战，日军司令官心存疑惧 /134

3. 日军兵分三路进攻，遭到中国军队逐次抗击绞杀 /135

4. 落实围歼日军计划，对逃出包围圈的敌人施行第二次包围作战 /137

5. 上高战役打出最精彩的战术、最辉煌的战绩 /140

第十二章　哪次作战是"抗战史上最大之耻辱"的战役 /142
　　——晋南会战

1. 抗战中期，日军为什么又要发起对晋南地区的中国军队作战？ /142

2. 日军频繁调动，大军压境，中国军队的奋战却在做表面文章 /144

3. 中国军队节节抵抗，节节败退，伤亡惨重 /145

4. 誓与中条山共存亡——唐淮源军长以身殉国 /147

5. 中条山惨败，"抗战史上最大之耻辱"是怎么酿成的？ /149

第十三章　哪次作战是与盟军合作，取得最彻底胜利的战役？ /152
　　——中国远征军印缅作战

1. 为挽救远东大后方的危机，中国远征军昂然含笑赴沙场 /152

2. 战绩赫赫：中国远征军战斗力轰动英伦三岛 /155

3. 死亡大撤离，中国远征军 3 万余人葬身于野人山的原始森林 /158

4. 第二次入缅作战，赢得战略大反攻的全面胜利 /160

5. 用生命筑起的丰碑让中国人提气，让侵略者发抖 /163

第十四章　哪一次作战是最富特殊胜利意义的会战？ /167
　　——常德会战

1. 日军蓄意发动"谷仓之战"，中国军队拟定作战方案，严阵以待 /167

2. 激战滨湖，石门失守，暂 5 师伤亡殆尽 /170

3. 汉寿、慈利、桃源陆续失守，外围增援无力，解围常德成为泡影 /174

4. 守城之战，8000 名勇士誓与常德共存亡 /177

5. 收复常德，一次最富特殊胜利意义的会战 /183

第十五章　哪次作战是日寇投降之前的最后一次大会战？ /187

——湘西大会战

1. 穷途末路的日军，怎么把芷江机场变成了他们的进攻目标？ /187

2. 守军阵地防御与局部反攻相结合，武阳、武冈保卫战创造奇迹 /190

3. 日军兵败芙蓉山，而进军龙潭的日军也被包了"饺子" /194

4. 中国军队全线反击，日军狼狈逃出湘西 /198

5. 日军大撤退，中国军队错失全歼良机 /201

人物篇

序言　身赴国难，浴血抗日 /206

第一章　谁是最早打响抗战枪声的中国人？ /209

——王铁汉、黄显声等

1. 1931年9月18日那天，蒋介石、张学良等要人到哪里去了？ /209

2. "那个悲惨的时刻"突然降临 /210

3. "不抵抗命令"下是谁"打响了抗日第一枪"？ /213

4. "九一八"事变期间唯一一支主动出击的部队 /215

5. "九一八"事变期间，抗日最积极、最顽强而且最有准备的部队 /218

第二章　谁是最早组织规模抗战的将领？ /221

——马占山

1. "九一八"事变初期，黑龙江省暂时得以保全 /221

2. 领导江桥抗战，马占山成为中国抗战第一位著名英雄 /222

3. 抗日英雄怎么会一下子变成了"降将军"？ /225

4. 国外宣传抗日，国内西安事变促统一 /227

5. 再战东北，毛泽东称马占山为"抗日同志" /229

第三章　谁是早期华北地区最著名的抗日将领？　/233
　　——傅作义

1. 怀柔克敌，傅作义为什么打得心情十分沮丧　/233
2. 白灵庙打胜仗，傅作义又被告知要"适可而止"　/236
3. 联共抗日，"35军已成为七路半了"　/239
4. 收复五原，傅作义拒领"青天白日勋章"　/243

第四章　谁是促成抗日民族统一战线的最大功臣？　/247
　　——张学良、杨虎城

1. 皇姑屯负家仇，"九一八"难抵抗　/247
2. 热河抗战失败，他极不情愿地来到"剿共"前线　/249
3. 报国恨，杨虎城与红军签订共同抗战的《汉中密约》　/253
4. 图合作，陕西北实现"三位一体"　/255
5. 西安事变和平解决，成了扭转时局的枢纽　/258

第五章　谁是全面抗战后最早殉国的高级将领？　/263
　　——佟麟阁

1. 衷心救国，立马江山望东北　/263
2. 满腔热血，临危受命抗日寇　/265
3. 捍卫卢沟，打响全面抗战第一枪　/268
4. 血洒南苑，壮志未酬惊天地　/271

第六章　谁是抗战中战死沙场的最高级别将领？　/276
　　——张自忠

1. 长城抗战，喜峰口罗文峪歼敌　/276
2. 背负"汉奸""亲日"恶名，忍辱与敌周旋　/279
3. 誓死报国，沙场建功洗雪冤屈　/283
4. 力战殉国，举国同悲，痛悼忠魂　/287

第七章　谁是战死沙场的中国远征军最高级别将领？　/292
——戴安澜
1. 长城拒敌，多年难忘惨痛的教训　/292
2. 出任中国军队唯一机械化师师长　/294
3. 攻击战重挫"钢军"，昆仑关扬我军威　/296
4. 远征异域，创造中日交战前所未有的战果　/298
5. 野人山撤退中伤重不治，身死为国殇　/306

第八章　谁是最先赢得抗战战役规模大捷的将领？　/310
——李宗仁
1. 国难弃前嫌，临危受命奔赴徐州抗战前线　/310
2. 临沂激战让日军板垣师团损兵折将　/312
3. 血战台儿庄，取得中国抗战以来首次规模作战大捷　/317
4. 大兵压境，化整为零，用游击战扩大战果　/320
5. 抗战战功显赫，蒋、李矛盾终致分道扬镳　/322

第九章　谁是抗战中歼灭日军最多的将领？　/324
——薛岳
1. 在淞沪战场展开阵地争夺战，让日军死伤惨重　/324
2. 武汉会战阻敌南浔线，几次"修改"军委会的命令　/327
3. 以再包围对反包围，万家岭大捷全歼敌106师团　/330
4. 抗命守长沙，让日军遭受侵华以来一次战役中最惨重的损失　/333
5. 长沙会战，歼敌10余万　/336

第十章　谁是中国远征军歼灭日军最多的将领？　/341
——孙立人
1. 淞沪喋血，苏州河成为会战中日军伤亡最重的地方　/341
2. 辉煌的战绩，大撤退整肃的军容　/343
3. 反攻缅北，创造丛林包围歼灭战的神话　/346
4. "中国军神"国际威名扬　/350

第十一章　谁是参加中日会战最多的将领？ /354
　　——王耀武

1. 夜袭罗店，51 师在淞沪会战中首战告捷 /354
2. 从南京保卫战、豫东作战到张古山攻坚战，屡建赫赫战功 /356
3. 上高歼灭战，"抗日铁军"获领"飞虎旗"最高奖励 /360
4. 失利长沙，湘西大捷书写抗战最后的辉煌 /365

第十二章　谁是带领最新式部队挫败最精锐日军的将领？ /370
　　——杜聿明

1. 创建装甲兵，淞沪抗战中初显身手 /370
2. 在昆仑关反复激烈的争夺战中机械化部队大显神威 /372
3. 缅北大作战无力回天，生死野人山尸骨遍野 /375
4. 创建空降兵，在各战场对日作战，如神兵天降 /378

第十三章　谁是消极抗战被处决的最高将领？ /382
　　——韩复榘

1. 主政山东，只图巩固自己势力，数次开罪蒋介石 /382
2. 与日周旋玩暧昧，西安事变藏心机酿隐患 /384
3. 津浦线作战伤亡惨重，擅自撤退受质疑 /387
4. 被诬开封避战自保遭枪决 /391

第十四章　谁是要塞保卫战打得最好的将领？ /396
　　——胡琏

1. 淞沪会战：罗店争夺战四克四弃，成为"血肉磨坊" /396
2. 武汉会战：在江岸作战 3 个月，掩护海军击沉日军舰船 60 余艘 /400
3. 枣宜会战：血战当阳 7 昼夜，争夺宜昌 10 余天 /402
4. 死守石牌，临战前写了 5 封诀别信，并庄重地祭拜天地 /405

第十五章　谁是正面战场第一个堪称最悲壮的英雄群体？　/413
——八百壮士

1. 淞沪会战几十万人大撤退，为什么会留下一支孤军在闸北？　/413

2. "八百壮士"的宣言："剩一兵一卒，誓为中华民族争人格。"　/415

3. 八百壮士为什么撤退出四行仓库，又被羁留在英租界？　/421

4. 谢晋元被害，官兵被押往南京监狱或派去集中营服劳役　/427

参考文献　/431

战斗篇

序言

热血战场，永不忘却

台湾作家九把刀以一部《那些年，我们一起追的女孩》引爆了一场集体的青春回忆。而我们翻开历史，会发现一段烽火岁月里掩埋的故事——我们的抗日民族英雄们的战场青春。认知那段历史，缅怀我们的英雄，从而更好地热爱他们用青春和鲜血为我们捍卫的祖国，继承他们的遗志，飞扬我们的青春。这就是我们编著这本书的初衷。

从1931年底日本帝国主义开始觊觎我们中华大地开始，至1945年整个侵华战争结束，总共14年的烽火岁月。整个战场从东北大地一直延伸到我们的东南沿海、西南边疆，而中华民族的抗战遍及广大国土的每一个角落，甚至走出国门，协同盟国一起在缅、印等国对抗日本法西斯。这期间有热血沸腾、群情激昂奔赴前线的壮怀激烈，更有血染沙场、马革裹尸的英雄气概；这里既有宁死不下火线的浴血奋战，更有威武不屈的誓死坚守。从防御到相持，再到胜利的大反攻……所有的这一切都经过战火最后的洗礼、淬炼，将中华民族重新锤炼成一块真金，让我们迎来了最终的胜利。

在整个抗战期间，国民政府与日本军国主义共计发生大型战役及会战40多次，本书从中选择了最具特色和最有影响力的14次战役，编纂成册。最早打响抗日枪声的长城战役，投入兵力最多、损失最重的淞沪战役，华北战场战斗中最激烈、战绩最显著的太原会战，永远不会忘记的最大国殇南京保卫战，全民抗战取得最大胜利的台儿庄战役，抗战以来最精彩的上高战役，抗战史上最大耻辱的战役晋南会战，日军投降之前的最后一战湘西大会战，等等，这些战役多角度反映了当时国民政府正面战场实况、抗日将士浴血奋战的丰功伟绩以及国共两党在战场上的密切合作等。这些战役无论成败都彰显了中华民族在抗击外族入侵时的决心与勇气。

历史告诉我们，在14年抗日战争中，国民党军队就伤亡321万（其中阵亡131万）人。这其中有在榆关战役中牺牲的回族抗日将领安德馨，牺牲时40岁，被张学良赞为"重侔泰岱"。有誓与古北口共存亡的少将王润波，牺牲时年28岁。有在喜峰口抗日殉国的第一位师长赵登禹，他率领喜峰口大刀队与日军肉搏，后被"日媒声称丧尽皇军名誉的一场战斗"，牺牲时39岁。忻口战役中，郑廷珍旅长率全旅死战殉国，郝梦龄军长和刘家麒师长同时牺牲在忻口战役的南怀化主战场上。张自忠将军牺牲在枣宜战场中，成为第二次世界大战中牺牲的最高将领……一个个名字是一座座丰碑，一座座丰碑记录着一场场战役，一场场战役捍卫着一方方疆土，一方方疆土养育了我们伟大的民族。正如抗战时期蒋介石代表战时政府所提出的"一寸江山，一寸血；十万青年，十万军"，一句话，一个热血的青春战场，一个民族的觉醒与崛起就这样铸成了。

著名抗日将领孙立人在率领中国远征军第一次进驻缅甸时所写的战歌里这样写道：

> 君不见，汉终军，弱冠系虏请长缨
> 君不见，班定远，绝域轻骑催战云
> 男儿应是重危行，岂让儒冠误此生
> 况乃国危若累卵，羽檄争驰无少停
> 弃我昔时笔，着我战时衿
> 一呼同志逾十万，高唱战歌齐从军
> 齐从军，净胡尘，誓扫倭奴不顾身
> 忍情轻断思家念，慷慨捧出报国心
> 昂然含笑赴沙场，大旗招展日无光
> 气吹太白入昂月，力挽长矢射天狼
> 石一载复金陵，冀鲁吉黑次第平
> 破波楼船出辽海，蔽天铁鸟扑东京
> 一夜捣碎倭奴穴，太平洋水尽赤色
> 富士山头扬汉旗，樱花树下醉胡妾
> 归来夹道万人看，朵朵鲜花掷马前
> 门楣生辉笑白发，闾里欢腾骄红颜
> 国史明标第一功，中华从此号长雄

从1942年中国远征军第一次入缅作战到今日已有70多年的时间，而战歌依然嘹亮。"国危若累卵""男儿应是重危行""慷慨捧出报国心""昂然含笑赴沙场""誓扫倭奴不顾身""中华从此号长雄"……这份悲壮激烈、慷慨激昂、视死如归的精神，我们应永远铭记。

谨以此书献给所有读者，缅怀我们所有的抗战英雄和他们的热血青春。

第一章

哪次作战是对日军最早的抗战？
——江桥抗战

1931年10月至11月，隶属于国民党政府的黑龙江省防军在省城齐齐哈尔附近的泰来县江桥镇英勇抗击日伪1个半月，这是"九一八"事变后中国军队最早进行的有组织、有领导的规模抗战。

在这次战斗中，日军共损失兵力1000余人（其中不少是冻伤的），还有一架飞机被击落，在东北地区如入无人之境的日军首次受到重挫！

此时的中国和东北当局，仍在执行"不抵抗"政策，黑龙江省为什么能够在东三省，乃至在中国最先发起有组织、有规模的武装抗战呢？

1. "九一八"事变后，辽、吉顿失，日军为什么没有立即攻击黑省？

1931年"九一八"事变后，日军在东北如入无人之境。

"九一八"的第二天，即9月19日，日军在一天内就先后侵占了沈阳、营口、田庄台、盖平、复县、大石桥、海城、辽阳、鞍山、铁岭、开原、昌图、四平街、公主岭、安东、凤凰城、本溪、抚顺、沟帮子等地。

日军很快就控制了辽宁、吉林两省的省城和要地，但对当时的黑龙江省齐齐哈尔与哈尔滨等要地一时并没有采取军事行动。

这不是日军兵力不够，因为当时的中国国民党政府一味实行"不抵抗"政策，日军在东北如入无人之境，走到哪里就侵占哪里。9月21日，又占领当时的吉林省省会吉林。22日，再占领南满铁路的北端长春。在这过程中，除了遇到沈阳驻军王铁汉等部、黄显声领导的沈阳警察，还有长春驻军一度抵抗外，其他都是一枪未发。日军就像行军一样，堂而皇之地进了城。

日军一时没在黑龙江动手，主要是还要观察一下苏联的反应。因为黑龙江与苏联接壤，境内还有苏联经营的中东铁路。因此，直到1931年10月30日，日本内阁陆军参谋次长给关东军参谋长拍发的第105号电，仍劝阻关东军"不得对北满采取积极的作战行动"。同时,陆军省军务局局长也拍发了军务第 183 号电:"只要苏联不挑衅,就避免对北满使用武力。目前要以加强张海鹏军或收买马占山军等适当手段来治理北满的问题。倘有此可能,就采取的方法和行动所需经费,望火速告知。"

不久,日军向长春发动总攻,中国守军奋起抵抗,后在吉林省军参谋长熙洽"无须抵抗"的命令下含愤撤退。当日 22 时,长春失陷。

当时,黑龙江省主席万福麟在北平。"九一八"事变爆发后,万福麟将省府交给他的儿子万国宾代理,军事暂由警务处处长窦联芳负责。

面临日军入侵,万国宾乐得"不抵抗",最关心的就是如何大捞一把,一走了之。据黑龙江信息网 2011 年 4 月 12 日转载的《民国人物志——万福麟》,万国宾在代理主持省政府期间,将黑龙江官银号所有库存席卷一空,并将印完尚未发行之江大洋运到哈尔滨,未经法定手续即盖上了"哈尔滨监理官印",在哈尔滨市购买黄金,然后转到北京、重庆等地购置房地产,发了一大笔国难财。窦联芳也想一走了之,于 1931 年 10 月 14 日晚率省府众委员和各机关要员转移到哈尔滨,马占山到齐齐哈尔就任黑龙江省主席后,才被严电召回。窦联芳既不关心,也不负责抗战的事。

2. 抵抗派的斗争,粉碎投降势力的"和平交接"

在这种危局中,国民党政府黑龙江省国防处参谋长和督军署参谋长谢珂挺身而出,挑起了事实上主持黑龙江省军事的重担。

谢珂(1891—1974),字韵卿。河北省徐水县人。17 岁入姚村直隶省官费陆军小学,后升入保定军官学校,再后,又升入北京陆军大学。军大毕业后,在奉军任职。1928 年随东北军第 8 军军长万福麟到黑龙江省任省国防处参谋长、督军署参谋长。面对黑龙江的危局,谢珂一方面电请张学良派大员前来主政,另一方面在步 2 旅旅长苏炳文、卫队团团长徐宝珍、炮兵团团长朴炳珊的支持下,支撑起了江省的大局。

谢珂继而又向北平报告黑龙江省形势,说明日寇援助张海鹏的阴谋,请示应变方略。张学良遵从蒋介石"不抵抗"命令,回电大意说,如果张海鹏图

谢 珂

谋进军，应予讨伐，但对日军务须避免直接冲突。谢珂遵照张学良的电示，在马占山尚未到任之前，急速地做了相应的备战部署。

洮辽镇守使兼东北骑兵第32师师长张海鹏见有机可乘，积极活动，希望谋得黑龙江省主席一职。张学良多次派人前往洮南（洮辽镇守使驻地），劝他打消这个念头，并委任他为蒙边督办，命令他坐镇洮南，阻止日本人的进犯。万国宾也不想让张海鹏前来黑龙江主政，派省府委员马景桂前往洮南好言劝慰。张海鹏话里有话地说："本人年逾古稀，毫无野心，唯日人压迫太甚，部下主张分歧，赴黑省暂避，亦无不可。"看到张海鹏图江之心明显，万国宾又派省政府警备处处长窦联芳和民政厅厅长刘廷选，带着张学良和万福麟的亲笔信前赴洮南，苦劝张海鹏悬崖勒马，不要受日本人蛊惑。张海鹏见合法主政黑龙江省无望，便决定投靠日本人。

黑龙江与苏联关系密切，为了避免与苏联冲突，日军基本控制辽宁、吉林后，没有立即对黑龙江采取军事行动，而是试图通过汉奸来为其效力。张海鹏愿意投靠，日本人就许诺事成后任命张为黑龙江省省长，并接济张部步枪1万支，金票26万元，皮棉被服万余套。日军在沈阳缴获的那些枪支弹药，绝大多数就是这样用于收买汉奸。

10月1日，张海鹏宣布洮辽（洮儿河、辽河流域）地区独立，自称边防保安总司令。洮辽地区位于内蒙古、黑龙江、辽宁、吉林四省交界处，拥有辽北13县，原有步兵1个团，骑兵2个团。投降日军后，张海鹏利用日军提供的枪支弹药和金钱，将军队扩大为8个骑兵支队（相当于旅）、1个骑兵独立团和1个步兵独立团。

10月10日，张学良任命黑河警备司令兼步兵第3旅旅长马占山为代理黑龙江省主席兼代东北边防军驻黑龙江省副司令官，任命谢珂为军事副指挥兼参谋长。

张海鹏看到合法图江的希望完全破灭，便决定武装夺取。为了掩人耳目，在行动之前，张海鹏假意请示张学良，说他的部队要到黑龙江省"躲避"。还派儿子张质明到齐齐哈尔活动，企图勾结黑龙江省府委员庞作屏、赵仲仁做内应，进行"和平交接"。

黑龙江省驻军共有3万余人，其中，只有窦联芳的保安大队和边防军公署卫队团徐宝珍部驻省城齐齐哈尔，其他分驻各地。为了迎击日本侵略军和张海鹏叛军，谢珂调朴炳珊炮兵团的两个营布防省城；调程志远第二骑兵旅的朱凤阳团从小蒿子站（今泰康）进抵泰来附近，担负对洮南方向的警戒；将驻拜泉的吴松林第一骑兵旅调齐齐哈尔城南布防；电告黑河马占山和省防军第1旅旅长张殿九、省防军第2旅旅长苏炳文各派一个步兵团进驻昂昂溪；电令驻满洲里的程志远旅做好准备待命而动。至此，江桥阻击战的各项准备工作基本就绪。

3. 日军掩护伪军进犯，江桥抗战拉开序幕

江桥是位于嫩江泰来段的铁路桥，长853.2米，高30.6米，距齐齐哈尔市80公里，既是齐齐哈尔的南大门，也是日军沿平齐铁路线北进唯一的咽喉要道。

10月13日，张海鹏派徐景隆率3个团向江桥进犯。

谢珂召集军署各处处长唐凤甲、王治澜、李冠三、金希均、蔡亚民、李鸿逵等，及部队方面卫队团团长徐宝珍、炮兵团团长朴炳珊等20余人，开会讨论对张海鹏进犯黑省的对策，最后决议准备即时迎击，并决定由军需处给前线官兵发饷一个月，借支一个月，以鼓舞士气，帮助官兵安置家眷。随即下令徐宝珍率卫队团全部出发，增派工兵营两连、辎重兵一连、炮兵一营归徐宝珍团长指挥，开赴嫩江北岸构筑阵地，并令军务、医务两处迅速筹设运输、救护机构，并将库存99挺捷克式轻机枪发到卫队团使用。

16日拂晓，叛军进犯江桥，日军也派两架战斗轰炸机参战。徐宝珍部英勇反击，叛军伤亡惨重，叛军少将司令徐景隆被地雷炸死，叛军溃退至江桥以南地区与守军对峙。守军遂将江桥破坏3孔，阻止叛军和日军再犯。

遭此重创后，张海鹏又找日本主子借了10万元金票，收拢残兵败将，又招募汉奸、胡匪，补充兵力，准备再犯黑龙江省。同时，张海鹏还假惺惺地给张学良打了一封电报："此次事变，系受日人压迫，不得已拟赴江省暂避，嗣得同意，方始出兵，不料行至江桥，遽遭于旅截击，现在整队待命，仰祈指示屯驻地点。至本人绝无其他野心。"

日军一方面继续支持张海鹏，另一方面认为张部素质太差，且无斗志，必须由日军直接出兵进攻黑省，才能成功。遂以中国军队破坏江桥，洮昂路的修建有日本投资为理由，决定以第2师团第16联队的步、炮各1个大队和1个工兵中队组成嫩江支队，在独立飞行第8中队协助下，以武力掩护修桥为借口，挑起事端，发动进攻。

马占山得知日伪军向江桥进犯消息后，立即从黑河昼夜兼程前往省城，19日15时抵松浦后，即乘火车于当夜到达省城齐齐哈尔市。10月20日，马占

山就任黑龙江省代主席,在马占山、谢珂、苏炳文3员大将的指挥下,在徐宝珍、朴炳珊等猛将的率领下,黑龙江抗战进入一个新阶段。

马占山(1885—1950),少年时为人放马,因被人诬告为盗马贼而离家出走,落草为寇。因善骑射,为人讲义气,不久被推为头领。1908年,接受清政府的收编,后来投靠奉军。因枪法娴熟,马术精良,作战英勇,人缘良好,善于统兵,从哨长、连长、营长、团长、旅长,一直升任东北边防军骑兵师师长、黑龙江省骑兵总指挥、黑河警备司令,同时还兼任步兵第3旅旅长。

谢珂是东北军中罕见的毕业于陆军大学的军官,正因为如此,他在东北军中有些另类,似乎是一个外来的书生。马占山的经历恰好是东北军将领中的典型经历。因此,谢珂在与万国宾商量后,分电北平向张学良请示,请从马占山、苏炳文两人中选派一人担负黑省责任。

苏炳文(1892—1975),辽宁人,先后毕业于奉天陆军小学、北京清河镇陆军中学和保定军官学校,原为北洋军营长,1925年改投奉军,官至黑龙江省督办公署中将参谋长兼国防筹备处处长。1930年3月苏炳文任东北军第15旅旅长,同时指挥黑龙江省防军第2旅,并担任哈满护路司令。苏炳文虽然没有被张学良选为省主席,而且也没有像谢珂那样出任副指挥,却是江城抗战最得力的将领之一。后就任黑龙江自卫军总司令、东北民众救国军总司令,成为抗日名将,并被委为重庆军委会上将参议。

其时,国民党政府和东北当局都没有改变"不抵抗"政策,黑龙江省内部的主和声音也很强烈。日军也在欺骗、利诱、威胁,说他们只是前来保护修桥,只要中国军队在江桥修复之前不进入江桥10公里范围内,双方就会平安无事。如果进入,就会"视为对日军怀有敌意,当依法诉诸武力"。私底下,日本人对黑龙江省各军政要人,都像对张海鹏等汉奸一样,有很多收买、勾结。

苏炳文

马占山不识字,不懂那些所谓委曲求全的高深道理,不相信日本人的那些鬼话,不害怕日军的威胁,没有那种宁死不抵抗的忍耐功夫。他于10月22日发表对日抵抗宣言:"与此国家多难之秋,三省已亡其二,稍有人心者,莫不卧薪尝胆,誓救危亡,虽我黑龙江一隅,尚称一片干净土……尔后凡侵入我省者,誓必死一战。"

随后,他在谢珂部署的基础上进一步充实了布防，调 1 个步兵旅，2 个骑兵旅，3 个步兵团，1 个炮团，连同原有的卫队团等，共约 1.6 万余人，分别部署在嫩江桥以北的大兴、汤池、三间房、昂昂溪、富拉尔基一带，基本完成了从江桥到榆树屯和昂昂溪的以铁路为轴线，纵深约 40 公里、宽约 10 公里的三道防御阻击阵地布置。

4. 生死抵抗的 16 个日日夜夜

这样，中国抗日战争第一场有规模的战斗——江桥抗战终于打响。

11 月 4 日 5 时，日军嫩江支队主力到达江桥站。先派小股部队突入嫩江桥左翼阵地，在陈家窝堡将守军哨兵 3 人掳走。9 时，日军主力从江桥站出发，正午时分，当接近大兴站时，双方开战。

15 时，日军 4000 余人由滨本大佐指挥，在 7 架飞机、4 辆坦克和 40 门重炮掩护下向江桥发动进攻，中国守军奋起还击。在中国军队的英勇抵抗下，日军不支遂撤向江岸，又遭到预伏在芦苇中的中国军队截击。日军援军赶到，在立足未稳之际又被守军骑兵夹击，一部退回，另一部被围歼。

20 时，日军败退，当天的战斗似乎结束。没有想到，很快又是炮声不断，随即，日军乘船百只偷袭。中国军队并没有回营睡觉，待日军船只驶近北岸时，潜伏在芦苇里的中国守军突然开火，日军仓促应战，死伤落水者许多，余皆退回。

11 月 5 日 4 时，日军重新组织进攻。6 时，日军以数十门大炮对中国守军阵地炮击。

7 时，日伪军 8000 余人在大炮和飞机掩护下，日军从中路、伪军从左、右两路渡江。当船到江心时，中国军队猛烈还击，日伪军虽伤亡很大仍挣扎强渡。

10 时，日军占领江岸第一线阵地，守军分撤至左、右两翼阵地，日军继而向第二道防线大兴阵地猛攻，遭到守军顽强抗击。

中午，马占山赶到前线，亲自指挥吴德霖团和徐宝珍团从正面反攻，并急调骑兵第 1 旅萨布力团从两翼包抄日军。从 15 时血战到日暮，由于中国军队用步兵及骑兵实行包围式反攻，日军蒙受极大损失而不得不向后撤退。同时，守军还将伪军击溃，夺回被占阵地。

11 月 6 日，日军增调的第 29 联队第 1 大队、第 76 联队第 3 大队，第 2 师团第 3 旅团长长谷少将率第 4 联队、野战炮兵第 2 大队、工兵 2 中队 1 小队，混成第 39 旅团炮兵第 2 联队第 3 大队均到达江桥并加入战斗，共 1 万余人。

11月7日凌晨2时，日伪军又发动进攻，守军步兵第4、5团（各欠1个营）及卫队团等顽强抵抗。战到4时，又以骑兵1旅为左翼，步兵2旅两个团为右翼向日军两翼发起反击，激战4小时。战斗中，马占山亲到前线督师，士气大振，到12时将日伪军击退。

旋即，日军又增大批主力军进行强攻，遂占领大兴主阵地。中国军队拼命冲杀，白刃格斗，喊杀之声震天动地，几次夺回失去的阵地。但因连日苦战，伤亡很大，又无援军，弹药告罄，工事被毁修筑不及，于当晚撤至三间房一带。

当时，东北军没有防空武器，日军飞机肆无忌惮，甚嚣尘上。卫队团连长张德新少校被敌机击中，成为江桥抗战中第一个牺牲的中国军官。卫队团将士极其愤怒，他们在三间房战场采取了一种独特的打飞机的方法：由140名战士组成一个团队，10人为一组，共分为14组，在地面形成一个方阵。战士们仰躺在地面上，枪口朝上，当日军飞机经过这一区域时，140支步枪同时开火。在这种"土办法"的打击下，一架日军飞机共中26枪，油箱起火被击落，驾驶员死亡。后来查明，被击落的是日军第六航空兵联队第107轰炸大队第204中队清水义友中尉所驾的飞机。被击落的飞机是川崎88式轻轰炸机，这是日本川崎飞机厂1929开始生产的一种轻型轰炸机，双翼，单引擎，载弹200公斤，是德国道尼尔轰炸机的仿制产品，可以从小型机场起落。这是日本军队侵略中国以来被中国军人击落的第一架战机，也是日本军队历史上被击落的第一架飞机。1931年11月7日的《天津益世报》报道了这一喜讯，正标题为《日军图袭江省日亟三间屯激战我军大胜》，副标题为《击落敌飞机一架、毙敌数百，敌退四五十里》，并配发了照片。这一胜利，让被"不抵抗"政策压抑得无法透气的国人精神大振，成为中国抗日战争最早的一大亮点。

11月7日早7时，大批日伪军在10架飞机掩护下，向三间房南汤池猛攻。斯时，张殿九旅和苏炳文旅1个混成团赶到，勇猛反攻，战至午后将日伪军击退。

三间房是洮南至昂昂溪铁路线上的一个车站，北距齐齐哈尔70里，南距嫩江桥60里，是中国军队保卫黑龙江省省会的重要防御阵地。日军要侵占黑龙江省必占三间房才能直达齐齐哈尔。因此，争夺三间房就成了继争夺江桥之后的新焦点。

是晚，马占山主持召开军事会议，重新设置三道防线。

第一道防线在汤池、乌诺头、新立屯一带，其前线阵地在后依里巴、前官地、后官地等地,由骑兵第 1 旅吴松林部两个团防守。

第二道防线在英老坟、三间房、大兴屯、小兴屯、霍托气等地,是黑军正面防御的主阵地,由暂编第 1 旅苑崇谷部 4 个团、步兵第 2 旅吴德林团、步兵第 3 旅李青山团、骑兵第 1 旅王克镇团、朴炳珊炮兵团,还有工程兵等保障分队防守。

第三道防线在朱家坎、富拉尔基、昂昂溪、榆树屯等地,由步兵第 1 旅张殿九部两个团、骑兵 2 旅全部和卫队团防守。

此时,中国军队的总兵力有 15000 余人。

11 月 8 日,中国军队根据新的部署备战,日军抓紧调兵遣将,准备再次进攻。

11 月 9 日,关东军向日本陆军中央部提出:"速增派一个师团的兵力。"

11 月 10 日,关东军司令本庄繁下达了进攻三间房南之汤池东西线的命令。

11 月 11 日,日军在嫩江北岸集结有长谷旅团司令部、步兵第 16 联队、第 4 联队(欠第 3 中队)、第 29 联队第 1 大队(欠第 3 中队)、骑兵第 2 联队及配属的第 28 联队第 2 中队、野炮兵第 2 联队(欠第 8 中队),工兵第 2 中队;嫩江南岸集结有野战炮兵第 26 联队第 3 大队、临时野战重炮兵大队。

11 月 12 日上午,日军步骑兵 500 余人,向中国军队的前沿阵地前官地、后官地、张花园进攻,守军吴松林部奋起抗击。战至 13 时,阵地被日军占领,守军 600 余人撤向第一线阵地。

东北后援会职员在开鲁前线与未爆炸的炸弹合影

中午，本庄繁提出停战三点要求：其一，马占山下野；其二，黑省军由省垣撤退；其三，日军部为保证洮昂路的安全，将向洮昂路昂昂溪行动，并限 12 日夜 12 时以前回答。

马占山当电北平请示张学良，得复电："饬死守，匆退却。"当晚，马答复日方："其一，下野本无不可，但须有中国中央政府命令，派人前来，方能交代，如张海鹏一类者，虽有中央命令亦不交与政权；其二，关于退兵一事，在我国领土，我自有权，非日本所能干涉；其三，昂昂溪车站为中国与苏联合营的铁路站，且余奉令保守疆土，在未奉到明令让渡与日前，碍难照办。"

11 月 13 日晨 5 时，日军 500 余人。在两架飞机配合下，向新立屯进攻，遭到守军反击，战到 10 时，日军撤退。

下午，日军步兵骑兵 3000 余人在野炮 30 门、重炮 8 门的配合下向汤池、乌诺头、新立屯发动猛攻。守军奋起抵抗，战至午夜，日军以重大伤亡代价占领乌诺头。

11 月 14 日晨 5 时，日军先以少量骑兵袭扰汤池阵地。6 时，日军以 700 余步骑兵在两架飞机和重炮的掩护下向阵地猛攻。

此时，马占山派程志远旅两个团增援汤池前线，派步兵第 1 旅孙鸿裕团 2 营增援三间房阵地。战至 8 时将日军击退。

10 时许，日军 2000 余人在长谷指挥下，分步、骑两支部队，采用大包围的战术，从左、右两个方向攻击汤池，激战至 15 日晨攻至拴马。马占山下令反击，卫队团首先冲入日军阵地，骑兵两个团从两翼包围，日军三面被围攻，不支而退。

11 月 15 日，本庄繁奉陆相南次郎命令，再次向马占山提出三项要求：其一，马军撤至齐齐哈尔地区；其二，马军不得驻扎在中东路以南；其三，中东路由洮昂局管理，马不得妨碍。

这些无理要求，再次被马占山断然拒绝。

11 月 16 日 11 时，日军步、骑兵 4000 余人，在 10 架飞机和重炮、坦克支援下，向新立屯、三家子等阵地攻击。守军奋力抵抗，战至 15 时，将日军击退。

11 月 17 日 11 时，本庄繁命令第 2 师团一举攻占齐齐哈尔。

13 时，第 2 师团多门师团长下达全面进攻的命令。

22 时，日军右翼部队在天野指挥下，从乌诺头出发向新立屯一带左翼阵地进攻。守军吴松林旅虽有两个团，但经历次战斗伤亡很大，面对数倍于己的强敌，誓死抵抗，打退日军十余次进攻。

22时40分，日军左翼部队在长谷指挥下，向汤池一带右翼阵地进攻。守军程志远旅与之殊死奋战。

11月18日晨3时，日军左翼部队占领汤池。

3时20分，日军右翼部队占领新立屯。

6时30分，日军飞机和炮兵先后向三间房一线阵地轰击1小时，守军以炮还击，双方阵地上炮声隆隆，震撼整个朔北荒原。

8时许，日军采取中间突破，两翼包抄的战术开始对三间房阵地发起总攻。守军奋力抵抗，日军首轮进攻失败。

9时20分左右，多门下令预备队增援，发动第二轮总攻。

10时，守军右翼部队退至昂昂溪。

10时30分，守军左翼阵地小兴屯失守，部队且战且退至红旗营子、榆树屯一带。

14时，日军第39混成旅团续到一个联队从三间房西侧三家子加入战斗。

15时，日军又增加飞机12架、坦克12辆、大炮30余门，以猛烈炮火，将战壕全部摧毁。

18时15分，马占山在伤亡惨重、弹尽粮绝、乞援无望的情况下，下令各部撤出阵地。大部队沿齐昂路向省城撤退，留骑兵于距省城18里之乌黑马设防。

22时，日军自红旗营子追踪而至。马占山遂下令省府迁往克山，由苑崇谷旅掩护撤退，并率卫队500余人及骑兵700余扼守龙沙。

11月19日上午9时许，日军主力占领距省城15里之榆树屯，以猛烈炮火向省城轰击。

17时，日军5000余人侵占齐齐哈尔。

马占山率部沿齐克路撤往克山、拜泉、海伦一带集结。江桥之战至此结束。

5. 一场正面战场的抗战，怎么变得像一场敌后抗战？

江桥抗战给了日军沉重打击，本庄繁在1931年12月10日给日本天皇的奏文中哀叹："齐齐哈尔、昂昂溪附近战斗，多数冻伤实为遗憾。此次战斗，千余将士战死，伤者、冻伤者甚多。"

当代中国江桥抗战研究者认为，此次战斗，日军总伤亡为四五千人，其中,死1000余人,冻伤1000余人,伤两三千人。张海鹏伪军伤亡5000人以上。

中国军队伤亡近5000人,马占山1934年4月在《黑龙江省抗日战斗详报》中说:"江桥、大兴和三间房战役,江省军阵亡官130人,兵2331人;战伤官169人,兵2116人。"

江桥抗战属于正面抗战,但敌后抗战的特征十分鲜明。

其一,此时的东北地区,事实上已经被东北当局和国民党中央政府放弃,东北地区在总体上、人们的心理上和总的趋势上,已经成为沦陷区。在这种环境下抗战,无异于敌后抗战。

其二,江桥抗战期间,马占山曾紧急向中央求援,蒋介石电告马:"已急催张副司令派队援助。"张学良却没有派一兵一卒增援马部。马占山向辽宁、吉林的东北军求援,他们没有得到张学良的指示,自己又忙于撤退和转移,因而既没有前往增援,也没有趁机收复失地。江桥抗战如此孤立无援,无异于敌后抗战。

其三,1931年初,张学良征调大批东北军精锐南下入关,其中有当时驻扎黑龙江装备精良、训练有素的国防军两个旅——东北步兵独立第29旅和东北步兵独立第30旅,总兵力2万多人。留在黑龙江境内的都是省防旅,没有重炮,没有用于组织有效进攻的重武器,单兵武器都是从国防旅中淘汰下来的老式步枪,小型山炮、野炮也是陈旧不堪,且炮弹数量极其有限。"所用子弹均黑龙江省旧存,且多霉湿不堪用。一昼夜激战,已用去十分之九,士卒虽有斗志,其奈徒手不能应战。"这种抗战条件,也无异于敌后抗战。

江桥抗战,是中国人民武装抗击日本帝国主义侵略中国的第一次规模作战,马占山、谢珂、苏炳文指挥的黑龙江军队,面对几乎整个关东军的疯狂入侵,坚守江桥和省城半个月,如果从抗击伪军算起,历时达37天。他们的英勇行为,与沈阳、长春守军不战而退形成鲜明的对比,在中国抗日战争史上写下了光辉的一页,对全中国人民的抗日救亡斗争产生了重大的政治影响,有力地推动了全国人民抗日救亡运动的发展。

第二章

哪次作战是东北沦陷期间规模最大的抗战？
——哈尔滨保卫战

沈阳、长春、吉林、齐齐哈尔、锦州等中心城市失守后，哈尔滨成为一座孤城。哈尔滨特别行政区长官张景惠准备投敌。1932年1月1日，张景惠在哈尔滨就任伪黑龙江省省长，宣布"独立"。1月16日，大批日伪军向哈尔滨开来。在不战而败的耻辱即将再次降临时，以李杜、冯占海、赵毅为代表的一批爱国将领站了出来。各路抗战部队奋起抵抗，战至1月30日晚，取得了第一次哈尔滨保卫战的胜利。

因为有禁止东北军以正规军名义抗战的命令，集结在哈尔滨地区的抗战部队，组成以李杜为总司令、冯占海为副总司令的吉林省自卫军。加入自卫军的东北军达7个旅。

2月1日，第二次哈尔滨保卫战首先由双城阻击战揭开序幕。它是东北全面沦陷前最大规模、最惨烈的一次抗战。

1. 沈阳、吉林、齐齐哈尔三座省城失守后，哈尔滨却有点特别

当时的哈尔滨，为东省特别行政区的首府。

东省特别行政区为一个与省并行的特区，1922年11月设立，1924年5月得到北京北洋政府批准，管辖地区东至绥芬河，西至满洲里，南至宽城子，面积约1600平方公里。因其重心在哈尔滨，常被人们称之为哈尔滨特别行政区。这是中国现代历史上第一个行政特区，主要特点是专门为管理中东铁路沿线地区而设。

中东铁路由沙俄修建，1898年8月动工，1903年7月全线通车。该路以哈尔滨为中心，往西延伸至满洲里（今内蒙古境内），往东延伸至绥芬河（今黑龙江省牡丹江市），往南延伸至大连旅顺一带，全长约2500公里。该路初期全由俄方管理，日俄战争后，俄国将长春至旅顺口的铁路转让给日本，称"南满铁路"。

1922年2月28日，中苏两国议定《中东铁路大纲》，规定中东铁路由中

日军步兵第16联队在哈尔滨郊外伺机进攻

国政府特设机构管理。同年11月24日，东三省保安总司令张作霖将中东铁路沿线11公里以内的区域划为东省特别区，任命护路军总司令朱庆澜兼任东省特别区行政长官，所有特别区内军警、外交、行政、司法各机关均归护路军总司令兼东省特别区行政长官监督节制。

东省特区的特点，使哈尔滨成为一个"一城三省"的城市，一是"东省"所辖的哈尔滨自治市（含道里、南岗）、马家沟、香坊、新安埠（偏脸子）、八区、顾乡屯、正阳河及江北太阳岛；二是吉林省所辖的道外、太平桥、四家子、圈儿河；三是黑龙江省所辖的松浦。

"九一八"事变期间，吉林省省会吉林市由代理省政的边防军司令长官公署参谋长、清朝皇族成员熙洽主动献给日军。随后，日军成立吉林省伪政权，任命熙洽为伪吉林省省长。

东北当局重组吉林省政府，任命原吉林省高等法院院长、省政务厅厅长诚允为代主席。10月中旬，诚允奉吉林省主席张作相令赴哈尔滨组建吉林省政府行署，遭到东省特别区行政长官张景惠和滨江镇守使兼东北军第28旅旅长、中东铁路护路军哈绥司令丁超的反对和阻挠，诚允只得改在宾县组建吉林省政府行署。这种现象表明，此时的哈尔滨，实际上已经不受东北当局控制。在这种背景下，哈尔滨保卫战的敌后抗战特色，比黑龙江省代主席马占山等领导的江桥抗战更为突出。

张景惠曾与张作霖、张作相、汤玉麟结成把兄弟，排名第四，张学良一直叫他四大爷。曾任奉军第1师师长、奉军副司令、奉军西路总司令，经常代表张作霖驻北京。曾在北京政府任陆军总长、实业总长。1928年被张学良任命为东省特别区长官。后因与张学良相悖，又到南京任军事参议院院长之职。

"九一八"事变当天，张景惠在锦州参加张作相父亲的丧礼。事变后，他没有随同张作相去北平，也没有回哈尔滨或南京，而是从锦州前往他在沈阳的公馆。其时，沈阳已经被日军占领，担任要职而且身为东北元老的张景惠私自前往敌占区居住，本身就是一个严重问题，相当于投敌，至少是向日本人传递他准备投降的信息。

沈阳的张公馆早已经被日本人监视，张景惠回家不久，就有一个和他内弟相识的日本人新井前来。一番安排后，张景惠于9月21日在新井的陪伴下到沈阳面见板垣征四郎。此人时为陆军大佐，日本关东军高级参谋，后为陆军大将，历任关东军参谋长、第5师团师团长、陆军大臣兼伪满洲国事务局总裁、中国派遣军总参谋长等要职，为日本26名甲级战犯之一，而且是被执行死刑的7名甲级战犯之一。

会谈时，板垣征四郎请张与日本人合作，回哈尔滨主持政局。张景惠要求板垣征四郎发给他所掌管的警察队伍军火。板垣征四郎当即答应拨给张3000支枪。张景惠于9月24日从沈阳到了哈尔滨，利用手里的3000支枪，成立了东省特别行政区警察总队，大约3000人，派他的亲信于镜涛任总队长。

1955年，张景惠在笔供中对上述会谈供认道：

> 回想与板垣参谋会谈时，想到日本侵略东北之蓄意已久，此次事件无论将来由何方进行交涉，均难轻易得到解决，如使更有借口侵入北满，则事件既属扩大，解决将更棘手，是即告以负责维持北满之初心。

这段供词证明，张景惠前往沈阳，是有意与日本人联络，并向日本表达了试图掌管北满的意愿。东北地区当时分为东、南、西、北四满，按后来中共北满分局管辖的范围，北满共辖80个市、县，面积40余万平方公里，而时任东省特区长官的张景惠，管辖地区的面积仅仅只有1600多平方公里。张景惠的

伪"满洲国"傀儡政权成立

秘密降日，不能说没有个人野心。

其后，张景惠由板垣征四郎提议出任伪东北政务委员会的委员长，继而以此名义领衔宣布东三省"独立"，成立"满洲国"。再后，他在伪满政权出任参议府议长、军政部部长、"讨热军总司令"，并继续担任东省特区长官。1935年，又接替郑孝胥出任伪满总理。

张景惠的秘书高丕琨评论说，在东北地区的大汉奸中，臧式毅最初不肯当亡国奴，在日本宪兵队挣扎了一个时期（指被日寇软禁3个月），才下的水。熙洽怀有特别目的（指熙洽为清朝皇族，试图恢复爱新觉罗家族的皇族地位），与日本讨价还价终于达成了交易。像丁超、谢文东（曾任东北抗日联军第八军军长，在抗战中，一家大小8口人被日寇杀害，仅剩下他的第四个儿子）之流，多是在山穷水尽之时，才当的汉奸。只有张景惠是积极投靠，自始至终日本对他信之不疑。

张景惠是东北军四大元老之一，他的投敌，危害极大。

日伪四处劝降，吉长镇守使兼第23旅旅长李桂林、延吉镇守使兼第27旅旅长吉兴，以及曾被撤职的骑兵师师长于琛澄相继附逆，滨江镇守使兼东北军第18旅旅长、中东铁路护路军哈绥司令丁超动摇不定，哈尔滨似乎可以让日军不战而得。

2. 以李杜、冯占海、赵毅为代表的一批爱国将领站了出来

李杜（1880—1956），时任依兰镇守使兼陆军独立第24旅旅长、松花江沿岸军队总指挥。

"九一八"事变后，李杜致电北平东北民众抗日救国会，庄严宣告："只有杀敌李杜，以光我中华民族；决无降敌李杜，以污我中华战史。"同时，他以依兰镇守使名义向所辖各县发出通电，呼吁各县军民团结起来，一致对敌，将日本侵略者驱除国土，并抵制吉林伪政权。

依兰，曾为清代副都统衙门所在地，所管辖的地区包括黑龙江省东部，松花江、牡丹江下游、黑龙江下游、乌苏里江流域，今俄远东地区（包括库页岛在内的广大地区）。1909年，改设依兰道，辖临江府、密山府、虎林厅、绥远州、富锦县、饶河县、方正县、大通县、汤原县。民国时期在此基础上设依兰镇守使，辖区统称为下江（松花江下游）13县。

李杜属下兵力有667、668、669三个团，分驻于依兰、佳木斯、富锦、饶

河等地区。为了做好迎击日本侵略军的准备，李杜下令将分驻在松花江下游的各部集结在依兰附近整训，以待杀敌时机；并派人员整顿下江13县的地方武装，设立自卫团督办处，组织民团以配合正规军作战。他还与张学良及上海、天津等地抗战武装频繁联络，互通情报。同时密派人员往赴哈尔滨、齐齐哈尔、舒兰、阿城、榆树等地联络马占山、丁超、邢占清、冯占海、张作舟等将领相约抗日，并分出部队到哈尔滨以东的三棵树附近，监视哈尔滨动态。

像李杜那样挺身而出的著名将领还有冯占海。

冯占海（1899—1963），"九一八"事变时任东北边防军驻吉林副司令长官公署卫队团团长，其姨父为吉林省主席张作相。

"九一八"事变期间，张作相回锦州治父丧，把军政大权交由参谋长熙洽代理。熙洽得知日军侵占沈阳、长春后，准备投降，派亲信携密函去长春与日军多门师团长接洽。为了避免部队阻止他投降，命令省城驻军开出省城外数十里待命，冯占海的卫队团遵令到吉林城南的口前驻扎。9月21日，熙洽拱手把吉林让给日本人，公开投敌。

得知熙洽降日的消息后，冯占海极端愤慨，于9月24日率所部1500余人，于永吉县官马山率先通电起义抗日，并在爱国人士赵在田、邓建中等帮助下，把部队改名为吉林自卫军，揭开吉林省武装抗日的序幕。冯占海因此而被誉为"吉林抗日第一人"，继而成为与马占山齐名的抗日名将。时人编出新民谣歌颂道："马占山，冯占海，一马占山，二马占海，山海关外，排山倒海。"

冯占海的卫队团人数虽然不多，但装备精良，是东北军的劲旅之一。熙洽降日后，三次派人持亲笔信对冯占海进行威胁利诱，迫其降日，冯占海严词拒绝。鉴于官马山一带地势狭隘，不利对日作战，冯占海决定向广阔富饶的吉北进军。1931年9月底，冯占海率领将士穿桦甸，涉松花江，向东挺进。首战

李杜率部星夜赶赴哈尔滨，联合兄弟部队成立吉林自卫军，通电抗日

蛟河，痛歼日军，冯军威名大振，所到之处，民众热烈欢迎，闻风响应，爱国人士、抗日武装纷纷加入冯军，队伍迅速壮大。冯占海的这种抗日活动，已经是比较典型的敌后抗战。

11月初，张作相由锦州发电，电告吉林省军政人员以熙洽叛国，勿听信伪命，并示以设立吉林临时省政府于宾县，委前省府委员诚允代理临时省政府主席，委冯占海为吉林省警备司令兼第1旅旅长。宣誓就职后，冯占海将所部卫队团和沿途吸收的爱国群众以及收编的宫长海、姚秉乾等抗日义勇军，共15000余人，编成吉林省警备军，驻军五常、舒兰、阿城，扼守哈绥铁路，转战于吉北地区。

赵毅为哈尔滨地区原驻军的抗战代表。

赵毅（1898—1967），本为东北军第22旅662团团长，"九一八"事变后不久，旅长苏德臣离职进关，由赵毅接任旅长之职。

赵毅所部驻屯中东路沿线的双城县，扼守哈尔滨之门户，是日军沿铁路线侵犯哈尔滨的必经之地。当时，熙洽已在吉林组建伪政权，并唆使下野军官于琛澂组建伪军，企图在日军的支持下，发兵北上，进攻哈尔滨。赵毅部驻屯在双城县，成为日伪军北犯的一大障碍，于是于琛澂出面前来拉拢赵毅，力劝他认清时势，不要同日本人抗衡，并以伪军副司令兼参谋长的头衔及3.5万元大洋为诱饵，劝说赵毅投降。赵毅鉴于局势复杂，势单力薄，一面回绝日伪的地位、金钱诱惑，一面虚与委蛇，暗中调集部队，做好应变的准备。1932年1月末，于琛澂伪军为控制赵毅旅，特派伪军刘宝麟旅开抵双城东十里铺，对赵毅旅构成威胁。赵毅当机立断，率部加入由爱国将领李杜等人组织的抗日队伍。

3. 黑省宣布"独立"，为什么是吉林部队在打哈尔滨保卫战？

1月16日，在日军飞机、坦克和重炮的掩护下，伪吉林"剿匪"总司令于琛澂（曾任东北军骑兵第16师师长）率伪军5个旅（各旅均有日军督战）向哈尔滨逼近。于琛澂嚣张地致函丁超，限其3日内将部队撤出哈尔滨，以备接收。日本特务机关长土肥原贤二也亲自到哈市主持特务机关，企图内外夹攻，占领哈尔滨。

吉林省各路抗战部队紧急开往哈尔滨，投入保卫哈尔滨的战斗。

1月25日，就在哈尔滨人心惶惶、形势危急之时，李杜将军率部开进上号一带。冯占海率部兵分三路开进：一路开进秦家岗，一路经十七道街开进西门脸，一路占据松花江码头。

26日，李杜部主力抵哈。27日清晨，冯占海部也到达哈市。到达后，李杜部和冯占海部接管了哈尔滨市郊外围防务，官兵们忍受着零下30多度的严寒，爬冰卧雪，守卫哈尔滨。

27日晨，敌军发动进攻，日军飞机重炮狂轰滥炸，冯占海部与伪军在子弹库附近交战，李杜部在上号一带夹攻伪军。敌飞机重炮的狂轰滥炸及轻重机枪的密集扫射使官兵伤亡很大。冯占海将军亲率预备队开赴前线，指挥官兵奋勇抗击敌人，激战后敌纷纷溃退。当日下午，在日军飞机重炮掩护下，敌又向小北屯一带反扑，李杜、冯占海、丁超和邢占清部一起出击，于傍晚将敌击溃并击落日军飞机一架，击毙企图顽抗的日军侦查参谋清水大尉和飞行员栖井中尉。伪军团长田德胜率部起义，投向抗日义军方面。

28日，双方在南岗、极乐寺、文庙一带激烈交战。冯占海将军派宫长海骑兵旅绕至敌背突袭，敌军遭到前后夹击，全线溃败。宫长海旅长率骑兵追击30余里，俘虏大批伪军。冯占海将军遂指挥部队将敌一直驱赶到阿城以南。

当天，李杜将军和冯占海将军率部开进哈尔滨市，受到各界民众夹道热烈欢迎。

1月29日，日本驻哈尔滨总领事大桥忠一出面，嚣张地要求抗日军即日撤出哈尔滨。还要求张景惠下令，在全市悬挂日本国旗。面对侵略者的挑战，李杜下令："如有撤换中国国旗者，以军法论处！"

1月30日，日本关东军驻哈尔滨特务机关长土肥原贤二出马，限令抗日

东北吉林边防军总司令部（前立者为总司令冯占海）

军必须在 1 月 31 日 5 时之前撤出哈尔滨，否则日本关东军将发起进攻，遭到吉林自卫军方面严词拒绝。

1 月 30 日 20 时左右，北上的日本天野旅团两列兵车先后开进双城火车站，准备向哈尔滨进攻。那时正是气温零下二十多度的严冬，就在日寇下车架枪、补充给养之时，中国官兵在一声号令之下，三面发起突击，先用猛烈的炮火把敌人压制在站台上，再扔手榴弹，然后以刺刀发起白刃战。日军措手不及，乱作一团，有的钻到车下，有的跳墙爬入附近院落企图逃命。据估计，此役打死打伤日军 200 余人。

第一次哈尔滨保卫战获得胜利。

面对新的形势，1 月 31 日，李杜召集各抗日派别的军政要员在哈市开会。

参加这次会议的主要军事主官有：李杜，依兰镇守使兼东北军第 24 旅旅长、松花江沿岸军队总指挥；冯占海，吉林省警备司令兼第 1 旅旅长；丁超，滨江镇守使兼东北军第 18 旅旅长、中东铁路护路军哈绥司令；邢占清，东北军第 26 旅旅长；赵毅，东北军第 22 旅旅长；马宪章，东北军第 25 旅旅长；王瑞华，东北军第 28 旅旅长。

根据张学良不准东北军以正规军名义抗战的指令，他们决定将所部改编成吉林自卫军，并成立吉林自卫军总司令部进行统一指挥。公推李杜为抗日自卫军总司令，冯占海为副总司令兼右路总指挥，丁超为护路军总司令，王之佑（吉林省警务处处长）为前敌总指挥，杨耀钧任总参谋长，邢占清任中路总指挥，赵毅任左路总指挥。这虽然只是换了一个名号，但从"官军"变为"民军"，不论对历来为正规军的军人说，还是对从民间武装招抚为正规军的军人说，都不是一件好受的事情。

虽然内心难受，而且没有正式的上级军事机关领导指挥他们，只有一个同样是以民间组织身份出现的北平东北民众抗日救国会是他们的领导机关，但他们仍然顽强坚持，积极备战。

他们确定的防守哈尔滨的部署为：丁超、邢占清、李杜部防守哈尔滨上号一带；冯占海部防守三棵树、南岗一带；赵毅部防守双城方面。

他们还发表抗日讨逆通电和《告民众书》，号召军民团结起来，共同对敌，保卫哈尔滨。

4. 第二次哈尔滨保卫战怎么突然有自卫军打响了吉林市进攻战？

1932年2月1日拂晓，赵毅部在双城附近击溃伪军刘宝麟旅，然后进入双城隐蔽待敌。

日军从长春调来步兵5个大队、骑兵1个大队、野炮兵1个中队、汽车60辆、坦克8辆、装甲车2辆，外有铁道护路队和天野兵团，分乘两列火车，疯狂地扑进双城。夜间，赵毅部包抄火车站，打得鬼子兵措手不及，抱头鼠窜，死伤狼藉。在激战中，赵毅部焚毁敌人1辆装甲轨道车和2辆运兵车，还打掉2架飞机，歼灭天野旅团100多人，打死了护路队队长加濑竹次，狠狠地挫伤了鬼子的锐气。

2月2日，日军惊悉先头部队受挫，急派田岛旅团增援，另有十多架飞机助阵。当时天已大亮，双城车站又开阔无遮，赵毅旅来不及撤出阵地，遭到敌人炮火的猛烈攻击，661团团长吴永和等校尉官20余人壮烈牺牲，士兵伤亡约六七百人。双城被日军占领。

双城失守后，哈尔滨的门户洞开，日军主力很快逼近南郊，伪军于琛澄的5个旅也由阿城出发，向哈市道外进攻。

李杜立即召集自卫军重要将领会议，制订作战方案。邢占清的第26旅防守南岗、马家沟；王瑞华的第28旅防守顾乡屯；赵毅的第22旅防守上号；冯占海部"围魏救赵"，直捣日伪省垣吉林市；李杜的第24旅防守道外，为总预备队。

2月3日，哈尔滨外围保卫战打响。李杜率同总部参谋副官数名及卫队1连亲赴前线总指挥部，布置防线，并亲自率所部与赵毅旅一部守上号。自卫军广大官兵在强敌面前英勇抵抗，激战竟日，以血的代价顶住敌人的猖狂进攻，并击落日机1架。

2月4日晨，日军各路兵马向哈市发动了总攻。日军凭借人多势众和飞机、大炮、坦克的掩护，步步向抗日军逼近，抗日军只凭着民房、土墙等建筑物和简单的武装抵御。激战3小时后，顾乡屯守军团长白文俊投敌，旅长王瑞华临阵逃脱，第28旅阵地形成了无人指挥，各自为战的混乱局面。随即，南岗守军将领邢占清在敌人炮火猛攻下率指挥人员退入市内，队伍溃散。早在哈尔滨保卫战之前就受熙洽密使与张景惠来接头的金世铭乘势率警察总队倒戈，投向敌人。第18旅旅长丁超则擅离职守，跑到张景惠的公署里躲避。在此紧急时刻，总司令李杜亲临前线，组织部队在市区边缘构成第三防线，战至天黑，将日军阻止于原地。当天,击毙日军大尉山本良次,几乎全歼日军一个中队。

丁超、王瑞华、邢占清等旅退出战斗后,哈尔滨保卫战全由李杜、赵毅两部支撑。他们不惧强敌,于2月5日拂晓进行反击。首先以炮兵实施火力准备,对铁路以东的日军第3旅团阵地集中射击,尔后步兵开始出击。第一线日军陷入苦战困境。

第2师团师团长多门急令炮兵对反击的自卫军实施拦阻射击,并将坦克队和预备队投入反击。飞行队的4个中队从双城临时前进机场起飞,轮番轰炸、扫射,以支援地面部队作战。战斗异常激烈,双方伤亡很大。

由于自卫军没有空军支援,日军飞机威胁甚大,各路日伪军毫无阻碍地向李杜、赵毅的防地压过来。降日的警察署长和日本特务头子土肥原贤二等指挥日伪军从市里杀出来,断绝了抗日军的归路。敌人越来越多,步步逼近,形成了对李、赵阵地的包围。他们腹背受敌,孤军苦战。激战中,李杜负伤多处,他看出败局已无可挽回,命令赵毅带队伍撤退突围,他留下掩护。赵毅坚持要与李杜一起突围,李杜不肯,为了让赵毅带部队尽快突围脱险,他要以身殉国,拔枪欲自刎,被部下和卫士们夺下他的手枪,将他救起。赵毅以进为退之计指挥部队向敌人发起猛攻,待敌人慌乱防守之时,指挥队伍迅速突围,卫士们保护李杜一起突出重围。李杜率部退守宾县、方正,后返回依兰。

2月5日夜,哈尔滨失守。

6日,其余自卫军得到哈尔滨失陷的消息,遂放弃偷袭日军的原计划,返回宾县、方正,沿途收容一部由哈尔滨退出的散兵,到方正县同李杜会合。

冯占海部奉命实施"围魏救赵"计划后,于2月2日孤军急插敌后,直捣日伪省垣吉林市。在五常和舒兰交界的团山子,作为先锋部队的宫长海旅和姚秉乾旅遭到飞机重炮支持的于琛澂伪军主力的伏击。敌火力猛烈,弹药充足,我官兵伤亡惨重。宫长海旅长和姚秉乾旅长率部在敌包围圈中东突西奔,浴血搏杀。危急中,冯占海将军率主力赶至并亲率一支精兵从东口杀入,致敌惊慌失措。冯占海部官兵内外奋力合击,击溃敌军,毙伤敌1000余人。正当冯占海准备乘胜挥师向吉林市继续前进,听到哈尔滨失守消息后,遂下令部队开往宾县,再图抗敌。

惨烈的哈尔滨保卫战是继江桥抗战后又一次更大规模的抗战,是"九一八"事变至东三省沦陷前东北最大规模的抗战,一时震惊中外,给予嚣张的日军以沉重打击,彰显了中华民族不屈不挠的斗争精神。

第三章

哪次作战是关内最早打响抗日枪声的战役？
——长城抗战

长城抗战是中国抗日战争初期关内最早打响抗战枪声的一场战役。战役从 1933 年 3 月 5 日开始，至 5 月 25 日结束，历时 80 余天，中国军队有约 25 万人参战，死伤达 1.8 万人，日军有约 8 万人，还有伪军数万人参战，死伤约 2400 人。1933 年，日本以热河省地方官员表示归附伪"满洲国"作为借口，与伪"满洲国"军队进军热河，随后，山海关、长城各隘口、热河均遭遇日军猛烈进攻，宋哲元、冯治安、张自忠、刘汝明、关麟征、黄杰、刘戡等爱国将领受命死守长城各关口，最终因为丧失战略位置和战力消耗殆尽而不得不撤退。《塘沽停战协定》的签订成为此次战役的休止符，日军退回长城以北。在军备相差悬殊的情况下，中国军队坚守近 3 个月，付出了重大牺牲，长城抗战打破了日军想要"一举荡平华北"的美梦。

1. 山海关抗战的第一枪终于打响

"九一八"事变后，日本仅 4 个月的时间就占领了中国东北全境，并在 1932 年 3 月 1 日成立了伪"满洲国"，完成了对满蒙的征服。但这只是征服中国的第一步。日军在东北站稳脚跟后，就虎视眈眈地盯向中国广大的华北地区，伺机进犯。要占领华北，就必须攻破万里长城。

万里长城"因地形，用险制塞"，它西起嘉峪关，东至虎山长城，跨越北京、天津、青海、山东、内蒙古等 15 个省、市、自治区，是中国北部区域重要的防御线，地理位置和军事位置极为重要，自古以来都是防御外族入侵的重要军事基地，也是兵家必争之地。而要突破长城防线，必先攻克山海关。山海关素有"天下第一关"之称，是连接东北和华北的咽喉要地，战略位置极为重要。同时，山海关是关内援助东北抗日义勇军的主要通道，而日本人正欲切断这一通道，彻底消灭东北抗日义勇军，达到一箭双雕的目的。为尽快达到目的，日军一边对驻山海关的守军将领展开诱降，希望通过这种方式取得山海关，直入华北地区。当时，张学良东北军第9旅驻守山海关，日方指使驻守山海关的日军守备队队长落合正次郎诱降第9旅旅长何柱国，表示日方愿帮何柱国攻下热河，建立一个包括冀东和热河在内的自治政府。何柱国部一边对日军各种明目张胆的挑衅忍辱退让，一边对日方的诱降敷衍拖延，始终没有答应。另一方面日军在万里长城的入海关附近东罗城、东关校场等地建设营房、构筑工事、设置岗哨，山海关正面的4000名日军日夜防守，东部日军炮兵阵地居高临下，海面上有11艘日军驱逐舰停泊，并严密监视中国军队的军事行动，与中国驻军形成对峙之势。

  日方诱降失败，便开始制造各种事端，寻找开战的借口。从1932年5月开始，制造了"义勇军事件""强登第一关城墙事件"和"炮击山海关事件"。面对日本的诱降和各种挑衅，张学良下令驻守军队做好积极防御，但不挑起事端，对日方的各种挑衅极力隐忍，以期达到暂缓事态的目的。因中方的步步忍让，没能挑起战火。但中方的隐忍不发正好助长了日本的嚣张气焰，1933年1月1日，日军指挥官武藤信义命令驻守日军进攻山海关，长城之战拉开序幕。

  在日本"炮击山海关事件"之后，张学良为洗刷"九一八"事变东北全线溃变的耻辱，决心抵抗，在长城沿线作了全面的军事部署。战前山海关城里的中国军队只有第9旅的626团，兵力2257人，武器配备只有迫击炮、平射炮和机关枪，625团和627团的两个营驻于山海关外围。而日军在山海关陆军总兵力约3000人，野战炮40门，并以飞机、坦克、军舰助威，双方实力悬殊。为了加强山海关的防务，张学良成立了临永警备司令部，由何柱国兼司令，并将驻扎该地区的步兵第20旅、骑兵第3旅、炮兵第7旅第15团等部，划归何柱国指挥。何柱国是东北军重要将领，一直跟随张学良，深得张的信任。战前，张学良激励何柱国："生者为过客，死者为归人。为了民族的利益，要坚决抗击关东军的挑战，无须多虑。"

  1933年1月1日，日军进攻山海关，何柱国率爱国将士奋起反击，长城烽火再次点燃。当日中午，山海关的日本侨民忽然接到日本宪兵队的通知，立刻迁往"南海"——即八国联军营盘所在地。日侨纷纷动身，中国百姓见状，知道要有大事发生，也收拾细软乘车出城逃难。下午，日本守备军突然收缴了南关警察的枪械，并扣押了南关公安分局局长。当晚21时许，日本守备队儿玉中尉派人在日本宪兵队车站分驻所和伪"满洲国国境"警察厅门前各扔了一枚假手榴弹，制造爆炸事件，早就在车站附近等待的日本兵闻声开枪，形势大乱。大批日军从关外开来，一部日军占领南关并向南门城上的守军密集射击，另一队日军则在东南城角攀登城墙，同时日军的铁甲车开进了车站并向城内开炮。

第9旅外事科主任秘书陈瑞明立刻询问日方，落合正次郎诬称是中国军队先开枪。第9旅参谋长喻建章一边将山海关事态报告身在北平的何柱国，通知日军司令即刻返山海关交涉，一边紧急部署兵力，通知626团进入临战状态。之后，日军提出要占领南关，并不断扩大事态。制造"手榴弹事件"的儿玉中尉派兵在南关对面的民房上架起机关枪和平射炮，瞄准南关待发；他自己则带着几名士兵攀登南门城墙，爬到中间时向城墙上投掷手榴弹，炸伤4名我方士兵。忍无可忍的中国士兵也扔下了一颗手榴弹，儿玉当场毙命，至此隐忍多时的中国军队终于打响了山海关抗战的第一枪。

2. 长城抗战的第一战和第一位英雄

榆关抗战即山海关抗战，是长城战役的第一战。1931年1月1日，正值中国元旦，日军获悉山海关守军第29军旅长何柱国因故滞留北平，随即利用这一契机寻衅挑事，发动蓄谋已久的战事。

榆战爆发后，由张学良主持的北平军分会，向榆关前线及滦东驻军提出作战方针："滦东驻军以掩护华北集中之目的，对滦东地务努力保持，以迟滞敌之西侵。"何柱国下令坚决抵抗，并向全军发布《告士兵书》："愿与我忠勇将士，共洒此最后一滴血，于渤海湾头、长城窟里，为人类张正义，为民族争生存，为国家雪奇耻，为军人树人格，上以慰我炎黄祖宗在天之灵，下以救我东北民众沦亡之惨。"并提出战斗口号："以最后一滴血，为民族争生存；以最后一滴血，为国家争独立；以最后一滴血，为军人争人格！"何柱国将近4个旅的兵力按梯次布置，一个团驻山海关警戒，主力在北戴河一线机动，一面迎敌，一面使其余部队迅速四面包围日军，计划逐个歼灭。

当时中日双方无论是在兵力上还是在武器装备上都相差悬殊，日军调动了关东军精锐第8师团3000多名步兵攻打山海关，出动飞机8架，军舰2艘，铁甲车3列，坦克20辆，野战炮40门从陆海空进攻山海关。而当时驻守山海关的只有东北军第9旅626团1346人，没有任何重型武器，最先进的武器是机关枪，战士们用手榴弹、步枪甚至大刀片和敌军对抗。但是日军没有料到在兵力和装备如此悬殊的情况下，他们会在山海关遭遇到如此顽强而惨烈的抵抗。如今南门城墙上大大小小的弹孔依然可以见证那场战役的惨烈。

安德馨

1933年1月3日，中国军队战败，山海关失陷。此次战事，中国守军第1营、3营将士以血肉之躯阻挡侵略者，展开了激烈的巷战，最终全部殉国。中国军队坚守城池的626团阵亡官兵400余人，负伤300余人，驻军眷属遭日军杀害的有十多人。劫后的山海关城，真是惨不忍睹，城内外大火燃烧3昼夜，到处残墙焦土，死尸狼藉。1月7日，临榆电称："榆关之役，敌炮火剧烈，并放燃烧弹，以致城内外商号毁于炮火者500户以上，伤亡达3000余人。"

1营2连连长刘虞宸率军守卫的东南角城墙被日军轰开一个豁口，刘连长在豁口两侧埋伏了大刀队，斩杀了二十多个从此处冲入的日兵，吓得敌人调头逃命。日军炮火猛攻东南角，刘连长带领战士不后退一步，后2连官兵全部殉国。日军占领城墙后，许多守军宁死不降，纷纷从城墙上跳下。此一役中国守军死伤586名，为日军的1.5倍，1营几乎全军覆没，营长和4名连长以身殉国，榆关抗战终以中国军队悲壮失败收场。1营营长安德馨是榆关抗战中牺牲的最高指挥官，也是榆关抗战英雄集体的典型代表。

安德馨，河北保定人，回族，时年40岁，任1营营长。1930年安德馨就率部入关，驻守榆关（山海关），防守南门。"九一八"事变后，日军入侵沈阳、锦州、逼近榆关。因上级命令要固守榆关，为专心战事，不累计家眷，他先将眷属送回原籍，并写信给兄长："日寇入侵，国难日亟，军人效命，正在斯时。"托其照顾家人，表达了一个抗日军人的爱国热忱。

1932年，东北三省被日本占领后，热河岌岌可危。日军计划先攻占滦东以保证侧冀的安全，然后再占热河。于是日军增兵辽西，榆关首当其冲，而时任北平绥靖公署主任的张学良，执行蒋介石"排除万难、避免冲突"，对依靠"国联"来解决日军侵华仍抱有幻想，导致榆关的守军不知所措，出现"不战、不和、不守"的不正常状态。而安德馨能保持比较清醒的头脑，他认识到日军侵华的真正目的，所以仍然带领士兵刻苦训练，注重整饬军纪，蓄养战斗力，以备御敌。他时常给兵士们讲解国家的重要性，给年轻的士兵们灌输国家意识、民族大义和爱国思想。

1932年12月，驻锦州地区的日本关东军第八师团制造了"炮击榆关事件"，寻衅肇事，因中方的忍让，未酿成事端。安德馨预感日军随时都有攻打榆关的危险，暗自树下对敌作战以死为荣的信念，并经常告诫部属，日方作战武器装备特别先进和厉害，而我们的武器装备比不上日军的，只能靠我们以死而不灭的精神与敌人抗衡。

1933年1月1日深夜，驻守榆关日本守备队在其门前及日本宪兵队门前，制造手榴弹爆炸，随后诬称中方所为，以此为借口向9旅提出撤走南门防备等四项无理要求，态度十分蛮横。在旅部的议策会议上，安德馨力主抵抗，他说："日本人把我们欺负到家了，看来他们非要占领山海关不可。我们不能一让再让，连中国人的一点血性都没有。我们要和他们决一死战，与山海关共存亡！"

1月2日10时，制造手榴弹事件的日守备队儿玉中尉布置70多名士兵，在南关太平寺澡塘楼顶架设机关枪和平射炮；而本人率数名士兵，在南门附近支上梯子，准备爬梯登城。儿玉当先，士兵随后。因为儿玉穿的马靴在梯子上很滑，登城速度缓慢，很久都未能登上城楼，而后面的士兵故意在下面鼓掌狂叫，以此引起中方守军的注意，激怒守军，达到闹事的目的。开始，安德馨命令守军向城下抛砖示警，并口头警告，制怒强忍。但日军一点儿都不收敛，更加狂妄，儿玉继续沿梯向上攀登，快要达墙顶时，突然掏出手榴弹扔向守军，这彻底激怒了安德馨。安德馨忍无可忍，冒着承担后果责任的危险，命令守军还击。儿玉当场毙命，登城的日军士兵见挑事儿成功，迅作鸟兽散。而埋伏在对面楼顶的日军枪炮齐发，向城墙上的守军开火。就这样安德馨打响榆关抗战第一枪。榆关战役正式爆发。

2日14时，日军发起第三轮攻势。由于日军攻势猛烈，炮火将防御工事完全毁坏了，掩体的丧失使守军暴露在日军的视线下，伤亡不断增大，安德馨把4连调上来充实3连兵力，4连连长王宏元也在这时牺牲。日军再次对南门发起进攻，在城墙上架起机关枪，居高临下射击，安德馨率残部10余人且战且退。在日军的猛烈攻击下，安德馨被子弹射中手部，后退时腿部又再一次受伤，但仍然在简单包扎后继续投入战斗。最终，罪恶的子弹射中了安德馨的头部和腹部，安德馨倒在了血泊中，再也没能站起来。一忠义兵士面对逐渐逼近的日军毫不畏惧，冒着枪林弹雨把安德馨的尸身抢夺了下来，装入麻袋背在背上向后撤退。此时，榆关的四门均已失陷，石世安团长带领仅存的20余人，从西水门夺路撤出城外。整个战事才持续1个小时。

由于战事紧急，安德馨的尸身先是被草草掩埋在西水门附近，并托付给附近的清真寺回族群众代为照料。几天后，趁星夜偷偷起出，安全转移到秦皇岛司令部。安德馨时年仅40岁，身后遗有76岁老母、38岁妻室、13岁长女、8岁二女和3岁的儿子，一家老小一下子失去了家中的顶梁柱。还好，张学良、何柱国等给予了十分周到的照顾、抚恤。

安德馨牺牲后，其长兄安德明、三弟安德忠闻耗从家乡赶至秦皇岛，按照回族的传统将安德馨尸身送到清真寺冲洗净身，白布包裹，盛殓入棺，准备归葬故里。何柱国通知沿途驻军好好关照。

安德馨血洒疆场的噩耗传开，举国悲痛。南京、北平、天津、上海、开封等地，都举行了追悼大会。各地民众团体纷纷发起募捐，抚恤安德馨及其他阵亡官兵家属。天津《大公报》短短7天即募得1万余元。一团体在给安德馨家属慰问信里称，德馨营长为民族生色，为山河壮气，忠勇义烈，举国同钦。北平自卫会祭文云："维中华民国二十二年一月二十二日，北平人民自卫指导委员会仅以香花庶羞之仪致祭于安烈士德馨先生之灵前而言曰：系维安公民族之雄，瞻念国难义愤填胸，榆关之役杀敌矢忠，身先士卒奋勇冲锋，伤哉陷阵取义从容，临难不屈气贯长虹，精诚报国薄海同风，香花致奠灵鉴其衷，尚飨。"

安德馨牺牲后，全国各地的军民为他送上挽联，以表达哀痛与景仰之情。如有的挽联是这样写的："视死如归，气壮山河，为国御侮，尸化马革"、"勇于杀敌，非夫人之恸而为谁，义不顾身，知所惠有甚于死者"、"壮士具大好头颅，该如此抛去。同胞存男儿气骨，当有以继之"。张学良亲送挽联两副，文曰"守土共存亡，先鞭作我三军气，挥戈思勇决，信义传兹百世名"、"青史照丹心，捐躯竟化苌弘血，孤城完大节，免胄初归先轸元"，并亲送匾额一方，文曰"重侔泰岱"。

安德馨及其所部参与的榆关抗战，是国民党军队在华北地区第一次以武力抗击日本侵略者，表现了中国军人守土御侮的爱国精神，是自"东北事变以来第一次最光荣之斗争牺牲"，在抗日战争中具有重要的地位。安德馨的爱国主义精神深深地感染了中国人民，全国各地也都为山海关死难烈士举行了公祭。2月12日，上海回族群众在举行悼念山海关阵亡将士和安德馨烈士的会上，决议捐购"安德馨号"飞机两架，用于抗击日寇。作为榆关之战指挥者和殉国者的安德馨，是回族人民的优秀子孙，也是全体中国人民的骄傲，中国人民将永远怀念他。

3. 作战时间最长、战事最激烈的一次战斗发生在古北口

古北口又称虎北口，是长城上一个重要关口，位于密云县城东北百余里的燕山山脉中，是由承德到北平（北京）最近的关口古道，为北平、天津的门户，有"京师锁钥"之称，是兵家必争之地。古北口战役从1933年3月开始至5月结束，历时50余天，成为长城战役中作战时间最长的一次战斗，同时，也是最为惨烈的一次战斗。战后，将士的遗骨堆满巷道、原野，填满了沟壑、战壕，伤亡近8000余人。

3月11日承德陷落后，东北军第107师王以哲部向古北口溃逃，日军全力追击，在古北口双方展开激战，被围困。原在古北口防守的东北军第112师不战而退，中央军第17军第25师关麟征指挥张耀明旅主力支援被围部队，以杜聿明旅占领古北口南城东、西两侧高地，张耀明旅集结在黄道甸附近。在出古北口东关不远与敌遭遇，双方短兵相接。关麟征负伤后仍继续指挥战斗，守军连续击退敌3次攻击。

后日军占领古北口关口，并向第25师右翼龙儿峪阵地包围攻击，增兵进攻古北口，以主力对守军阵地右翼延伸包围。而守军在争夺战中遭受重大伤亡，第25师各部通讯联络中断，形成各自为战，全线退至蓟县西北的南天门及其左右阵地守备，后撤至密云整补，防务由第二师黄杰部接替。

第二师利用作战间隙，加强修筑防御工事，坚守南天门等处。南天门战役日本投入极大，飞机、火炮、坦克齐上阵，狂轰滥炸，中国军队修筑的防御工

古北口城门

事焚毁殆尽。4月中旬,日军第16旅团主力攻南天门3个望楼高地,一部攻南天门两侧421.2高地和八道楼子、黄土梁等阵地,第二师连续作战5昼夜,伤亡6000多人,营长聂新、团副吴超征阵亡,尸骨无存,化为灰烬,难以坚持,八道楼子等处失守。第83师刘戡部接替了南天门防务,与敌人在372高地、425高地、车头峪、大小兴开岭、上堡子、笔架山、香水峪等地激战,终不敌,撤离南天门,南天门失守,战后高地处全部化为了焦土。

　　南天门及之前的古北口之战,是长城抗战中作战时间最长、战事最激烈的战场。参战的中央军各部都顽强抵抗,也涌现出许许多多像王润波一样的抗战英雄,极大地打击了日军的嚣张气焰,彰显了中国军队抵御外辱的能力。

　　王润波,1905年4月27日生于四川开县汉丰镇西津坝,字启大,黄埔军校3期学员,时任国民革命军第25师第75旅第149团陆军上校团长。1933年3月9日牺牲于长城抗战中的河北省古北口战役中,时年28岁。牺牲后,国民政府追晋王润波为陆军少将,1987年4月14日四川省人民政府批准追认王润波为革命烈士。

　　149团是25师先头部队,奉命保卫古北口战略要地。古北口位于冀、辽两省交界处,是天津门户,长城要隘,河北屏障,地理位置和战略位置十分重要,它的得失,关系半壁江山的存亡。1933年3月11日拂晓,日军荒木大将调动飞机10余架,对古北口进行轮番轰炸,然后佐以大炮100余门和坦克数十辆,向守军龙儿山谷及将军楼驻地狂轰猛击,阵地顿时陷入一片火海之中,古北口战役正式打响。为了抢先占领潮河支流北岸(干沟)高地,25师师长关麟征率149团与日军进行激战。队伍推进至山腰时,日军早已埋伏在了那里,149团遭到敌人伏击,双方短兵相接,反复冲杀,战斗激烈。敌人的一个强大火力点,将149团将士压在谷地,伤亡不断,不能前进。在这危急之际,王润波团长为了冲破敌人的火力封锁,减少伤亡,一手执枪,带着警卫排跃出掩蔽体,前进了三四米,却被日军炮弹击中,壮烈牺牲,尸骨无存。为了掩护主力转移,7名士兵据守一个山头,与阵地共存亡。因为师长和团长都相继牺牲,后来由杜

宋子文、张学良在古北口检阅部队

聿明代 25 师师长，覃异之继任了 149 团团长，2 人率队继续对敌作战，援军在南天门占领第二线阵地，阻止日军疯狂进攻。149 团仅存 5 人，其中 4 人已经重伤，1 人轻伤，几近全军覆没。而整个 25 师伤亡共 4000 余人，日寇也横尸遍野，震惊中外的古北口战役，战斗极为惨烈。

王润波奉命北上增援时，路过北平密云县都未曾回家看望母亲，只留给了母亲陈今图一封信，却也成了最后的遗言。信中说："日寇占领了东三省，又来大肆进犯长城，为救民族危亡，儿将率领部队北上，奔赴长城，誓与日寇拼死斗争，与古北口共存亡，望勿以儿为念。"王润波团长为国捐躯，举国悲伤，国民政府在北平、上海、南京等地举行追悼仪式，称为"国殇"，追赠王润波为国民革命军陆军少将。其弟王宇人，奉召到古北口祭奠，相继参加了北平、上海、南京等地为烈士举行的追悼大会。

蒋介石等 23 名国民党军政要员为王润波烈士题写了挽联，蒋介石题为"血溅长城，心揄汉族"，于右任题写了"宁为玉碎，不为瓦全"的挽联，张治中题写了"为国牺牲"的挽词，表达了对这位英雄的敬佩和赞扬。1937 年 7 月 7 日抗日战争两周年，在他的家乡开县建立了一座"抗日阵亡将士暨死难同胞纪念碑"，在碑的背面镌有"古北口殉国烈士王润波团长永垂不朽"的字迹，此碑位于县城内十字街口。为祭奠烈士英灵，碑成当天举行了纪念碑揭幕典礼和追悼大会。由时任县长黄际英主持，各机关、团体职工，学校师生及民众参加，共鸣炮三响，表达了对战场上牺牲的英雄们的崇高敬意，全体民众为阵亡将士起立默哀致敬，极为隆重。

今天如果你来到北京市古北口镇南关外国道西侧长城脚下，你会发现一座用黄沙土堆积而成的高大墓丘，它埋葬着古北口战役中牺牲的部分将士的骸骨，是为"长城抗战古北口战役阵亡将士公墓"，其碑文详细记载了当时的战况和战争的惨烈。其碑文如下：

> 一九三三年一月一日，日军进犯山海关，长城抗战肇兴。三月十一日晨，日军进攻古北口，第六十七军一一二师奋起迎战。十时日军攻占古北口正关。第十七军二十五师师长关麟征在龙王峪战斗中负伤，代师长杜聿明继续指挥战斗，血战三昼夜，毙伤日军二千余人，终因电讯不通，后援无继。三月十三日撤出古北口城，四月二十一日，日军强攻南天门阵地。第二师师长黄杰，第八十三师师长刘戡率众鏖战八昼夜。毙伤日寇三千余，五月十日日军发起总攻，第十七军将士奋力苦战，迫于兵员大减，撤至大小新开岭阵地。十一日下午二师四旅接防，日军又发起强大攻势，旅

向古北口行进的日军在山坡处休息

长郑洞国亲赴前沿指挥。十二日,大小新开岭阵地失守。十五日第十七军奉调撤离密云。古北口战役历时二月余,守军将士以窳劣之武器御数倍之敌,毙伤日军五千余名,抗战将士亦有近八千人伤亡。巍巍长城,虎踞龙腾。荡荡潮河,源远流洪。将士守土,与倭抗争。为国捐躯,血染长城。埋忠骨,青山有幸;慰英魂,绿水增荣。缅怀先烈,泣悼英灵。慰藉往者,砥砺后生。

南天门及之前的古北口之战,是长城抗战中作战时间最长、战事最激烈的战场。参战的中央军第17军徐庭瑶部,以民族大义为重,再次显示了中国军队宁死不屈,抵御外辱的英雄气概。

4. 冷口的进攻战和南天的守卫战,中国军队拼到伤亡殆尽

1933年3月4日,日军占领热河承德的当天,其混成第14旅米山先遣队抢先占领冷口。冷口被占,切断了界岭口及喜峰口中国军队第29军的后路,日军打开了通向滦河东西的通道,直接威胁到滦河以东中国军队侧翼安全,使滦河以西各口我军腹背受敌。为扭转这一局面,1933年3月7日,北平军分会命令第2军团总指挥兼第32军军长商震收复冷口:"查冷口为滦东要隘,至关重要,据报敌一部已占领该口,构筑工事中,亟应力予驱逐,以圆侧防。贵总指挥已派黄光华师长,率两团由卢龙经迁安向冷口急进,并饬宋(哲元)军

前驱逐外,着由何柱国军,再派一个旅加入该方面,协同黄师驱逐该敌。"这是长城战役中的唯一一次主动进攻战。

接到命令后,黄光华率领第139师在冷口以南约5公里的建昌营镇集结。此时日军刚占领冷口,防御工事未尽完善,且因为热河一线未遇强烈抵抗,日军防御松懈。中国军队探听到这些情况决定果断出击,速战速决,当即以蒋纪珂717团为主攻,于太阳落山时向冷口发起进攻。717团战士手持大刀、刺刀、手榴弹出其不意地杀入敌营,砍杀日军数百人,不到两个小时,米山率部溃逃,冷口被夺回。冷口进攻战的胜利极大地鼓舞了军民的抗战热情,中国军队立即开始抢筑工事,准备坚守。当地单位及百姓知晓修筑工事的材料不够,纷纷捐献支援。开滦矿务局送来支撑坑道用的原木、挖战壕的铁镐,当地百姓有人拆下家里门板,甚至有老人捐出自己的寿材为修筑工事提供木料。

3月下旬,日军开始大规模地集结反扑,派第6师团的一个步兵旅团从赤峰,经平泉、凌源抵达冷口,利用武器精良的优势,先炮轰开路,步兵在坦克

1933年4月11日,日军盘踞长城

掩护下向关城发起进攻。而中国军队利用地势和工事，全力抵抗，采用近身肉搏战与日军抗衡，厮杀3天，守住冷口，双方进入相持阶段。4月7日，日军司令武藤令第6师团11旅团向冷口增兵集结，在大炮、坦克配合下，再次向冷口发起进攻。虽然中国军队顽强抵抗，但人数和军备实力相差悬殊，担任防守任务的717团和林作桢715团大量伤亡。持续不断的炮击令中国军队修筑的防御工事大量毁坏，失去防守优势。中国军队依托地形和山石奋勇杀敌，拼死抵抗，消灭了大量的日军，与日军相持了5天时间。

厮杀至第5天，守卫在冷口以西约10公里白羊峪关城的郭维藩721团3营官兵已伤亡殆尽，日军趁此突破防线，杀进关口。冷口守军随时有被日军包抄后路，形成前后夹击、难以支撑的险境，只好撤退。这时，商震派来的增援部队正向冷口赶来，可惜为时已晚。

冷口陷落直接威胁到界岭口、喜峰口等隘口守军安全。为免遭前后夹击，北平军分会当日下令29军收缩撤退，放弃第一线阵地。长城抗战东线战火逐渐平息。日本参谋本部评价这次冷口之战："中国军队构筑有极坚固的阵地，而且纵深相当大，其抵抗出乎意外的顽强。"

从1933年3月开始，日军疯狂进攻南天门，南天门在中国热河南部一带位于龙陵境内。南天门战役是抗日战争初期的主要战斗之一，中国军队领导者为第17军军长徐庭瑶。

3月13日，黄杰率中央精锐第17军第2师到达密云县石匣镇，在那里展开抗日活动，接替了第25师南天门防务，主要守备黄土梁、南天门、八道楼子一带阵地。14日第17军德军装备第83师（师长刘戡）首先与日军相遇，随即投入战斗。由于守军顽强抵抗，日军久攻不下。4月16日后，日军先派10余架飞机在南天门、石匣、密云一带中国军队阵地进行轮番猛烈轰炸，首先摧毁中国军队防御工事。至21日日军一共轰炸、冲锋、攻击了黄土梁、南天门、八道楼子阵地5昼夜未曾停歇，特别是左翼八道楼子一地，着弹3000余发，工事尽被摧毁，营长聂新、团副吴超征阵亡，尸骨无存，化为灰烬。

而中国守军依然顽强抵抗，日军速战速决的企图再一次被阻。4月23日，3000名日军在飞机的掩护下再一次向南天门发起进攻，先后4次攻击又都被守军击退，日军拟从421.2高地迂回到大小兴开岭进攻也未得逞。24日，正面久攻不下的日军集中大量兵力向421.2高地发起集团性进攻，战斗进行到10点左右，421.2高地守军终于抵不住日军的猛烈攻击，421.2高地失守。从4月21日到25日，5天的鏖战第2师已伤亡6000多人，无法再坚持，17军军长徐庭瑶只能调刘戡的第83师接防南天门,将第2师撤回补整。日军在攻占八道子楼后,将山炮运了上去,对南天门进行猛烈的炮击。在日军飞机、大炮、坦克等的集中攻击下,南天门最终失守。

南天门失守后,4月28日到5月上旬期间,第83师继续在372高地、425高地、车头峪、大小兴开岭、上堡子、笔架山、香水峪等地和日军作战,伤亡惨重,阵地不断被日军攻占,师长刘戡准备自杀殉国,被参谋长符昭骞等人拦阻。至5月11日,我军战事处于极端被动,何应钦下令撤退,5月19日第17军撤至顺义北苑,长城古北口战役结束。

5. 喜峰口战斗奏响"大刀进行曲"

喜峰口是中国河北省、热河省交界一带的长城的隘口,是北平与热河的交通咽喉,东有铁门关、董家口,西有潘家口、罗文峪,是捍卫京师北卫的重要屏障。

承德失陷后,东北军万福麟部退至长城隘口喜峰口。3月9日下午,日军服部、铃木两旅团的联合先遣队进抵喜峰口,随即发动进攻,万福麟部不敌,日军侵占了北侧长城线及喜峰口以东的董家口等阵地。中国守军第29军随即投入战斗,战前军长宋哲元写下了"宁为战死鬼,不作亡国奴"的誓言。29军由原属冯玉祥的西北军改编,武器装备相对于日军来说极为落后,但士兵人手一件标志性武器——青龙大刀,并练就了一套娴熟的中国传统刀法功夫,这在长城抗战的夜袭和肉搏战中发挥了重要作用,特别是在这次喜峰口战役中威震日军,并由此而诞生抗战军民广为传唱的《大刀进行曲》。

> 大刀向鬼子们的头上砍去,
> 二十九军的弟兄们,
> 抗战的一天来到了!
> 抗战的一天来到了!
> 前面有东北的义勇军,
> 后面有全国的老百姓。
> 咱们二十九军不是孤军,
> 看准那敌人,把他消灭!
> 把他消灭!冲啊!

 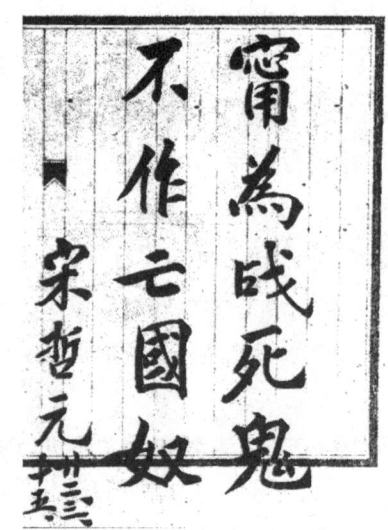

宋哲元及他的题词

大刀向鬼子们的头上砍去！杀！

喜峰口战役经历了三个阶段：

第一阶段：从3月9日起，日军服部、铃木两旅团联合先遣队进犯喜峰口，29军109旅王长海由遵化赶往喜峰口御敌起，至14日日军后撤。王长海扬长避短，发挥大刀优势，组成500人的大刀队，乘夜分两路潜入敌阵，趁日军酣睡，用大刀砍杀，暂时稳定了战局。3月10日，日军服部旅团长令步兵第26、第27联队一部增援喜峰口，由董家口、铁门关等处发起进攻。赵登禹即率部前往堵截敌人，宋哲元令第37师王治邦、佟泽光两旅分左、右两翼支援，与敌展开激烈战斗。官兵身携手榴弹，手提大刀，在暗夜中踏雪前进，于11日拂晓前进至日军三家子、小喜峰口、狼洞子、白台子等阵地。敌人在睡梦中未及还击，纷纷被砍杀。赵登禹、佟泽光两位旅长身先士卒，在近距离的拼杀中充分发挥大刀的威力，共砍死砍伤敌人逾1000名，缴获坦克11辆，装甲车6辆，大炮18门，机枪36挺，飞机1架，还有日军御赐军旗、地图、摄像机等。日军的几次增兵总攻也被我军成功抑制，粉碎敌人两天内占领长城的计划。此役营长王宝良及8名排长阵亡，旅长赵登禹等15名军官受伤，士兵伤亡400余名。

赵登禹（1898—1937），字舜臣，汉族，山东菏泽赵楼人，著名的抗日英雄。少时家贫，未入私塾，在家务农的时候师从当时的武术名家朱凤军习武，练就了一身好武艺。1914年加入冯玉祥的部队，后来正是因为一身的好武艺被冯玉祥选中担任随身护兵。1926年随冯玉祥参加北伐。1933年，任第29军第37师第109旅旅长。

1933年初，日军发动侵略东北的"九一八"事变后又将战火引到了长城一线，企图侵占华北。国民党政府几经摇摆退让，最后被逼无奈在长城一线应战。赵登禹奉命率领109旅从蓟县出发，把守喜峰口阵地。由于喜峰口是石头山，无法快速地构筑掩体工事，日军集中飞机大炮对其进行猛烈轰击，守军伤亡惨重。但是面对凶悍的日军，赵登禹沉着地率领全旅战士多次与日军展开肉搏战，击退了日军的攻击，坚守住了长城阵地。

1933年3月10日，负伤的赵登禹得知日军正在休整，马上召集团、营长们开会，认为这是一个难得的好时机，决定趁日军不备偷袭日军营地，并激励战士们说："抗日救国，乃军人天职，养兵千日报国一时，只有不怕牺牲，才能为国争光。"3月11日夜，天空下着大雪，外面黑乎乎的一片，守军两个团共3000人跟随负伤的赵登禹从潘家口绕至敌后，挥舞大刀和刺刀冲进了日军军营，成功地偷袭了日军，赵登禹亲自挥刀上阵砍杀，两口价值180块银圆的战刀均被砍缺了刃口，左腿在战斗中又负轻伤。此战日军被砍杀得措手不及，共伤亡5000余人，被炸毁大炮18门。中国军队取得了自"九一八"事变以来的首次大胜，史称"喜峰口大捷"。长城抗战后，第29军被调回察哈尔省驻防，赵登禹因战功卓著被擢升为132师师长，并被授予陆军中将军衔。

第二阶段：战斗主要集中在罗文峪、山楂峪。3月16日，日军进攻罗文

大刀队雄姿

峪，3月24日向平泉陷落，双方进入对峙阶段。敌人意在包抄喜峰口之左侧背，实行战略上的突破。29军刘汝明部和日军激战3天，基本阻挡了日军的攻势。"白刃相接，血战终日"的情况时常发生，双方伤亡都较重。众多历史资料记录了当时战场上的惨状：1933年3月17日，"敌以主力，向我山楂峪口阵地猛攻……我团李团长督战受伤，其余官兵伤亡亦重"。众多历史资料记录了当时战场上的惨状：1933年3月19日，"见敌阵线动摇，亟令各部全线出击，前后夹击，血战终夜……我官兵奋不顾身，拔刀冲入敌阵，砍杀无算……我受伤营长刘福祥、殷锡乾二员，其余官兵伤亡甚众"。29军将领之一王治邦口述："拉锯战中，肉搏战异常惨烈，阵地上到处是殷红的血。一次敌军集中炮火轰击我阵地时，炮弹暴雨般倾泻在山头阵地上，数百朵蘑菇云冲天而起，久久不散。我军战壕多被炸平，上百名士兵牺牲，有的战士竟被活埋于战壕内。这次战斗惨烈异常。战场上久战不胜的日军丧心病狂向百姓疯狂报复。"据士绅广平等哭诉："日军来时，逐户搜查，粮食、家具均被掠毁，更可惨者，老幼妇女，均被奸污，无一幸免，并枪杀居民八十余名。"据当时出版的《长城血战记》记载，前两个阶段的战斗，"官兵伤亡合计，共达四五千人"。这些数字不一定准确，但足以说明战况的惨烈。

日军在喜峰口受挫后，于3月16日沿半壁山向遵化以北9公里的罗文峪进攻，被第29军刘汝明部击退。3月17日，日军三四千人又向罗文峪、沙石口一带进攻，并以20多架飞机助战。刘汝明部奋起抵抗，反复争夺阵地十多

大刀队雄姿

次。当晚，刘部从两翼夹击日军，营长王合春率部抄到敌后，重创日军，迫敌向莺手营方向退去。最终王合春阵亡，全营生还者仅70多人。3月18日晨，日军再次猛攻罗文峪。守军依托城墙、碉楼顽强抵抗。刘汝明师长亲率手枪队督战。激战至天黑，将敌击退。此时，李金田旅长率一个团由沙宝峪绕攻敌之侧背，另一个团由左翼绕攻敌之后方，正面守军也全线出击。3月19日拂晓，敌除以一部配置在龙王庙警戒外，主力调回承德。罗文峪战斗后，第29军在整个防御线上与敌形成对峙状态。

第三阶段：从4月7日至13日，中方撤退，阵地陷落。处于胶着状态的日军改变战略，向滦东进攻，两面夹攻喜峰口。4月7日起日军经过短暂的调整后，再次集结，进攻喜峰口。前两天的进攻均被宋哲元部击退。11日，日军从滦东合围喜峰口，中国军队腹背受战，孤立无援，4月13日宋部奉何应钦命令，29军放弃喜峰口，守军将士"忍泪撤退"。

这次战役，第29军掳获敌坦克11辆，装甲车6辆，步枪6000多支，俘敌1万余人。日本报纸不得不承认喜峰口战斗丧尽了"皇军名誉"，遭受了"六十年来未有之侮辱"。中国军队重创日军，使全国人心为之一振。天津《大公报》称喜峰口抗战"竟能使骄妄气盛之日军受偌大打击，此诚足为中国军人吐气"。但令日军闻风丧胆和中国军民为之振奋的大刀队的抗战威风，在其背后，其实也是血战的悲壮，第一次由109旅王长海组成的500名敢死队壮士夜袭日军，最后活着回来的只有20多人，其他的全部牺牲。

预占热河，先破长城，日军围绕这一方略不断挑衅，最终挑起了战争。日军在攻破长城后，不断向热河区域推进。中国军队4月下旬收复滦东后，关东军以此系中国军队"挑战"为借口，日军武藤司令于5月3日下令入关作战。而此时热河日军已经西进占领察哈尔省（今分属内蒙古、河北）的多伦和沽源。所谓的"挑战"纯粹是日军进军的无耻借口。日军第6师团等部于7日至10日期间再一次攻占了滦东，12日由滦县、迁安、兵河桥等地突破滦河守军防线，直指平津。因为国民政府依然希望通过协商或者依靠"国联"来解决中日之间的争端，中国守军第29、第32、第53、第67军等部奉命节节后撤。13日，石匣镇被古北口日军第8师团占领，19日日军攻击占领了密云。21日至23日，日军第8师团紧紧向北平进逼，守军第59军在怀柔牛栏山阻击日军进攻，但是未能有效地阻挡住日军的攻击。

截至4月23日，冀东的丰润、迁安、遵化、唐山、玉田、蓟县、三河、香河、平谷、密云、怀柔等县市已经先后被日军占领。而中国守军全线退至

喜峰口惩敌英雄（从左至右）：张自忠、宋哲元、秦德纯、冯治安

北平、天津附近，集结准备保卫平、津。而日军从南、东、北三个方向对北平形成威逼态势。这个时候，日本由于侵略中国东北领土，发动战争被"国联"开除，国际声誉下降，中日双方都希望暂停冲突，协商解决争端。日军此时已经对平津形成了合围之势，威慑国民政府的目的达到，希望能稳定一段时间以巩固东北。于是经当时北平政务委员会委员长黄郛和日本关东军副参谋长冈村宁次秘密交涉，最终决定由国民政府军事委员会北平分会代理委员长何应钦委任的全权代表陆军中将熊斌和冈村宁次在塘沽签署了一个协定。

《塘沽协定》虽在中国战事极其不利的情况下暂时稳定了局面，避免战事快速地进一步恶化。但是按照《塘沽协定》的条款，中国军队须撤至延庆、通州、宝坻、芦台所连之线以西、以南地区，以上地区以北、以东至长城沿线为武装区，上述区域以北、以东，长城以南成为非军事区。这等于从实际上承认了日本对东北、热河的占领，并把冀东置于日伪势力范围之内。此后，"满洲国"与中华民国以长城为界，"王道乐土大满洲国"的界碑树立在长城各地。协定的签订使日本获得喘息的机会，将中国东北广大地区作为后备基地，肆无忌惮地掠夺财富、矿产，大力发展和稳固经济和军事力量，为后来发动"七七"事变准备了充足的力量，埋下了日本全面侵华的祸根。

《塘沽协定》的签订在全国惹起了轩然大波。中国共产党发表《为反对国民党出卖平津华北宣言》，全国掀起了一股全民抗日救亡运动的浪潮，19路军、东北军、华北军等纷纷通电反对，南京政府一时陷入巨大的舆论战中。最后南京国防会议上被指证签订这个协定是"违法擅权"，由时任国民政府行政院院长兼任外交部部长的汪精卫出面"承担责任"。

长城抗战以日军蓄谋已久的恶意挑衅开始，以双方签订《塘沽协定》结束，日军赢得了战役的胜利，而中国抗战失败，失去了大片领土。在历时80多天的抗战中，中国军民为抗击日军的侵略付出了惨重的代价，中国军队仅第17、第29、第32、第53、第67军就伤亡1.8万余人。山海关城内百姓遭受了深重的灾难，死伤近4000人，毁于炮火的房屋达500多处。长城沿线内外的大量古建筑在日军的轰炸机、迫击炮、平射炮和机关枪的轰炸、扫射中遭受到了致命的毁坏，如山海关南门、东南角城墙、南门附近的望洋楼、东南城角的魁星楼都被战火摧毁。同时，日军大肆劫掠和破坏文物古迹，原收藏在魁星楼内的"天下第一关"匾牌就被盗运至日本。

从榆关抗战的第一枪开始在近三个月的战斗中，中国军民在武器装备等明显落后的情况下用血肉之躯顽强地抗击日军的侵略，是继"九一八"事变以来中国军队在华北进行的第一次较大规模的抗击日本侵略者的战役。一方面宣扬了中国抗击外族侵略的决心和勇气，涌现了一大批抗战志士和为国牺牲的勇士；另一方面也极大地阻止、延缓了日本军事侵略华北的进程，粉碎了日军快速占领华北的企图，消灭了大量的有生力量，打击了日军的嚣张气焰，为日后的全面抗战赢得了时间和群众基础，觉醒了中国人民，激起了全国的抗日热情。

2005年，喜峰口长城抗战纪念碑在河北迁西县喜峰口长城抗战旧址落成，碑身由大刀型花岗岩和青砖组成，象征长城抗战，后面的副碑成扇形，是大刀与长城的融合体，象征着喜峰口战役中的大刀队，副碑上面镶嵌有紫砂岩的抗战浮雕。我们以这样的形式纪念在长城、喜峰口战役中牺牲的将士们。其碑文写道：

> 公元1933年初，日军侵占热河，进逼平津，长城抗战全面爆发。宋哲元所部国民革命军第29军临危受命，开赴喜峰口一线，据险抗敌。37师师长冯治安、38师师长张自忠亲临前沿，指挥督战；109旅旅长赵登禹身先士卒，裹伤陷阵。全军将士挥舞大刀，浴血拼杀；关内民众舍生忘

第29军在喜峰口射击日军

死,奋勇支前。硝烟弥漫,日月因之失色;刀光闪烁,倭寇为之胆寒。自3月9日起,战数昼夜,毙敌5000余。日酋哀叹:"明治大帝造兵以来,皇军荣誉尽丧于喜峰口外!"捷报传开,举国振奋,《大刀进行曲》由此诞生,唱彻华夏。

第四章

哪次作战是中国投入兵力最多、损失最重的战役？
——淞沪大会战

淞沪会战自 1937 年 8 月 13 日以后，持续 90 天，是中国军队抗击侵华日军进攻上海的战役，又称作"八一三淞沪战役"，这场战役是全面抗战以来，中国抗日战争中第一场重要战役，也是整个抗日战争中规模最大、战斗最惨烈的战役。中国军队投入 50 多个师约 70 多万兵力，伤亡约 30 万人；日军投入 14 个半师团约 28 万人，伤亡 5 万多人。在淞沪会战中，国民党虽然战败，但为中国民族工业内迁争取了时间。它让世界清楚地看到中国人民坚决抵抗侵略的立场，彻底粉碎了日本侵略者"三个月灭亡中国的幻想"。

1. 为什么上海成为全面抗战开始后第一个重大战役的战场？

"八一三"事变是中日淞沪会战的开端和直接导火索。1937 年 8 月 9 日，日本帝国海军陆战队西部派遣队中尉大山勇夫和一等兵斋藤要藏，二人酒后驾车冲撞中国军用机场上海虹桥机场，态度十分嚣张，极为可恨，被中国保安士兵果断击毙。

中国政府与日方进行对接，希望通过协商的方式避免事态的扩大，日方提出中国政府拆除上海的所有防御工事并将中国军队撤出的荒唐要求，意在让中国政府将上海拱手相让，遭到断然拒绝。谈判不成，日本海军随即派遣军舰 16 艘靠近淞沪，其陆战队在淞沪登陆，日本居留民团总部向上海的日本侨民发出全面备战的命令。8 月 13 日，日本陆海军沿上海北四川路、军工路一线发动全面进攻，淞沪战事爆发，日军叫嚣"三个月灭亡中国"。

鲸吞中国是日本长久以来的对华政策，特别是明治维新以来，日本社会经济得到充分发展，资本主义的原始扩张力和侵略性使日本一直对中国虎视眈眈，而中国各种转型的失败和长期积弱给了日本可乘之机。德川幕府末年，日本就提出了"北割满洲、南收台湾，进取中国"的提议，明治维新后确定了"蝎形政策"，即"北进朝鲜再经满洲入北平，南下琉球经台湾转夹击中国"，而此时的中国正一片动乱，洋务运动刚刚兴起。1927年田中义一召开东方会议，对"蝎形政策"进行了进一步的发展和补充，决定从中国的东北和东南方向同时进攻，掌控中国东北及沿江沿海的富庶区域，从而鲸吞整个中国。在这一方针的指导下，日本先占领了东北，然后攻下华北部分区域，再将目标转向以上海为中心的东南沿海区域，继而发动"八一三"事变。

"八一三"事变只是淞沪会战的导火索，鉴于上海的特殊位置，日本入侵上海只是迟早的事。淞沪地区位于长江下游黄浦、吴淞两江汇合处，是长江的门户，处于上海中心区域。而上海是当时中国的最大城市和经济、金融中心，南京政府财政税收的主要来源地。同时是中国最大的军港，是通往江浙地区的海上门户，也是沿长江深入我国内地的水上咽喉。控制上海，从海域、水路和陆路上都能对中国华北、华中构成极大的战略威胁。

早在1932年日军就在上海发动了"一·二八"事变。1932年1月28日，日军在上海制造了一系列事端后悍然进攻上海闸北，"一·二八"事变爆发。南京政府执行"一面预备交涉，一面积极抵抗"的原则，驻守上海的国民革命军第19路军总指挥蒋光鼐、军长蔡廷锴通电全国："尺地寸草，不能放弃"，奋起抵抗。后蒋介石调配多支军队及军用物资支援第19路军，期间还发出《迁都洛阳宣言》，表示绝不屈服。但日军援军突破我军浏河一带的防线，从此处登陆，形势发生大逆转，我军被迫撤退到第二线防守。双方苦战33天，战斗100多次，迫使日军三易其帅，损失万余人。3月3日，在英、美、法等国"调停"下，双方宣布停战。

大战前的上海南京路

经过长时间的协调、谈判、磋商，1932年5月5日，南京政府代表郭泰祺与日本特命全权公使重光葵分别代表中日双方签订了《淞沪停战协定》。协定规定双方自签字之日起停战；取缔一切抗日活动，第19路军留驻停战线、划上海为非武装区；中国不得在上海至苏州、昆山一带驻军（但中国保留行政权和警察权）；日本军队撤退到公共租界暨虹口方面之越界筑路，即恢复1932年1月28日事变之前的状态。1932年第一次淞沪战争以中国失败告终，日本凭借《淞沪停战协定》，获得了日军在上海的留驻权，即在上海虹口、杨树浦一带派驻重兵，专设日本驻沪海军陆战队司令部，驻沪兵力有海军陆战队3000余人，大批日本舰艇常年在长江、黄浦江沿岸巡弋，这给日本在"八一三"事变后突袭和进攻创造了极为有利的条件。而中国军队不能在上海周围驻守设防，整个上海地区防御措施不足，市内仅有淞沪警备司令杨虎所辖上海市警察总队及江苏保安部队两个团担任守备，兵力薄弱。

同时，在"一·二八"事变后，1933年1月至5月，日军侵入长城各口，侵占热河。凭借《塘沽协定》，日本打开了侵略华北、直取平津通道。1935年5月，"华北事变"爆发。5月29日，日本关东军天津驻屯军借口中国当局破坏《塘沽协定》，提出对华北的统治权，并从东北调集大批日军入关，以武力相要挟。国民政府令察哈尔省民政厅厅长秦德纯与土肥原贤二谈判，以换文方式达成《秦土协定》，同意成立察东非武装区，第29军从察哈尔东全部撤退，撤销察哈尔省主席职务，并担保日人今后在察省的自由来往等。至此，中国在冀、察二省主权大部丧失。1935年11月，日军策划"冀东事变"，由国民党政府特派蓟密区行政督察专员殷汝耕在通县成立"冀东防共自治政府"，使冀东二十余县脱离了中国政府的管辖。11月，日军又迫使中国政府在北平成立以宋哲元为委员长，由日方推荐的王揖唐、王克敏等为委员的"冀察政务委员会"，使冀、察两省实际上置于中国行政区域之外。中华民族的危机已到了空前严重的程度。

1936年，日军在华北集结，并在西自成都，东到上海，南至北海的辽阔区域内进行骚扰、挑衅，日军军舰长驱驶入青岛、上海和长江各口，大有鲸吞中国之势。1937年7月7日，日军向宛平城射击并炮轰卢沟桥，终于发动了全面侵华战争。7月17日，蒋介石就卢沟桥事变发表讲话，向全国发出号召："如果临到最后关头，便只有拼全民族的生命，以求国家生存"，"如果战端一开，那就是地无分南北，年无分老幼，无论何人，皆有守土抗战之责任，皆应抱定牺牲一切之决心"。这一讲话7月19日以《最后关头》为题在报纸上公开发表，表示中国正式对日宣战。7月30日，北平、天津相继陷落。攻占平津后，日军按预期战略目标，主力南下，企图迅速占领上海，进逼南京，迫使国民党政府完全投降。到此时，蒋介石判断中日全面开战已不可避免，不得不提出"现在到最后关头，已无和可言"，从此至以后的一段时间内，积极开展正面战场的全面抗战。8月14日，国民政府外交部发表声明，宣称中国为日本无止境之侵略所逼迫，已不得不实行自卫，抵抗暴力。至此，淞沪抗战全面打响。

2. 中国军队猛烈攻击日军据点，阻击敌军后援部队沿江登陆

上海是当时中国的经济、金融中心，也是中国最大的城市。这里有当时世界第五、中国最大的军港，不仅是进入江浙地区的海上门户，也是溯长江进入我国内地的水上咽喉。"七七"事变后，日本虎视眈眈地将上海作为必克之地，积极调兵遣将。8月初日海军第3舰队司令长官长谷川清接到命令，突然中止台湾演习任务，赴上海沿岸进行兵力部署，为侵略上海做准备；驻守上海附近的各种日本军事人员都被动员起来日夜举行演习，并不断疏散上海的日本侨民；与此同时，日本国内陆军也已正式全面动员，随时待命出动。张治中将军在国民政府的军事分析会上提出日军将直指上海，经过多方面的信息综合分析，国民政府同意了张治中的建议，决定一旦判明日军即将进攻淞沪，应采取"由我先发制敌"战略。当时蒋介石的战略考虑是，华北战场以固守争取时间，华东则以进攻争取主动。南京最高军事当局开始调各地军队和物资往京（南京）沪一带，以备开战。

8月12日清晨，京沪警备司令张治中率领的第87、第88师进入上海市区，张治中本计划在8月13日拂晓前完成对虹口、杨树浦日军据点的攻击准备，趁日军措手不及的时候，一举拿下上海。市民们一觉醒来，发现街头路边都是中国军队，惊喜交集，情绪高昂。但突然接到南京统帅部不得进攻的命令，计划夭折。

战前，国民政府已洞悉日本的企图，制订国防计划甲案，计划集中陆军兵力歼灭上海的3000名日本海军陆战队，中国海军计划堵塞江阴塞口，全歼日军长江舰队，但由于机密泄露，日本长江舰队仓皇逃出长江口，计划落空。这也致使日军以此为借口，迅速发动攻击，占取战事先机。1933年8月13日，日本海军陆战队以上海虹口区预设阵地为依托，向淞沪铁路天通庵站至横滨路的中国守军开枪挑衅，并在坦克掩护下沿宝山路进攻，被中国守军击退。国

民政府于次日发表了《自卫抗战声明书》，宣告"中国决不放弃领土之任何部分，遇有侵略，唯有实行天赋之自卫权以应之"，举世瞩目的淞沪会战序幕就此拉开。

淞沪会战大体分三个阶段。第一阶段，8月13日至9月17日。我方采取进攻态势，猛烈攻击日军在沪据点，阻击敌后援部队沿江登陆。第二阶段，9月18日至11月4日，是敌我相持阶段，双方在刘（行）罗（店）公路、蕴藻浜、大场地区及苏州河沿岸开展剧烈战斗。第三阶段，11月5日至11月中旬。11月5日，日军一部从杭州湾登陆，迂回侧后合围上海，淞沪地区守军侧背受敌，有被围歼的威胁，第三战区司令长官部于11月8日下令全军撤离淞沪地区，转入南京保卫战。至此，上海除租界"孤岛"外，全部沦陷，历时3个月的淞沪抗战随之结束。

在第一阶段，中国军队采取积极进攻态势，猛烈攻击日军在上海的军事据点，阻击敌后援部队沿江登陆。中国各部队继续围攻盘踞在海军陆战队司令部、杨树浦等据点的日军，新抵达战场的中国军队精锐之师第36师迅速投入战斗，在战车掩护下攻入汇山码头，同时空军再次出动配合，轰炸地面及江上日军目标。在进攻战中，中方军队装备劣势和作战经验的不足再一次凸显，面对日军坚固的工事，中国军队伤亡甚大，久攻不下。当时中国仅有的装甲部队——南京装甲团配属第36师的两个连战车既无强大火力保护，又缺乏与步

日军施放毒气后戴着防毒面具作战

兵协同作战经验,在攻击战中被日军舰炮悉数摧毁,两个连的官兵全军覆没,壮烈殉国。从8月20日晨至8月22日,宋希濂第36师、王敬久第87师、孙元良第88师和夏楚中第98师的进攻都受到日军的强烈抵抗,中国军队的进攻战没有达到预期的效果,部队伤亡严重。日军龟缩据点一面负隅顽抗,一面等待援军,战局陷入僵持。

8月23日拂晓,日军松井石根率领2个师团的援军先头部队在海空强大的火力掩护下,在狮子林、川沙口、张华浜等方面登陆,战况骤然吃紧。蒋介石闻讯,急忙命军政部次长陈诚为第15集团军总司令,指挥第98师、第11师及刚到嘉定的第67师、第14师火速分赴各处抗击敌人登陆。同时,南京政府调整第三战区的人事部署,调离冯玉祥,由蒋介石本人兼任第三战区司令长官,顾祝同任副司令长官。以陈诚的第15集团军为左翼作战军,以张治中的第9集团军为中央作战军,以张发奎的第8集团军为右翼作战军。双方增兵后,战事更加激烈,日军由守转为大肆进攻,战事升级。8月23日起,日军第3、第11师团在舰炮密集火力掩护下,向吴淞口铁路码头、狮子林、川沙口登陆,进攻宝山、月浦、罗店、蕰藻浜阵地。第9集团军总司令张治中派王敬久为淞沪前敌指挥官,指挥抗击登陆日军。与此同时,刚组建的第15集团军在罗卓英指挥下,向宝山、川沙口登陆之敌发起反击,第98师于8月24日击退攻占狮子林的日军,歼敌数千人。第11师在罗店与日军展开拉锯战。先是11师在日军飞机猛烈轰炸的情况下,冒着敌人的炮火,收复罗店。日军不甘失败,调集坦克、飞机和重炮大举反扑。我第11师会同第67师并肩战斗,以"一寸山河一寸血"的感天动地精神同日寇拼杀,阵地前尸积如山,血流成河,战况异常惨烈。在此次战役中,第67师师长李树森身负重伤,第201旅旅长蔡炳炎及两个团长阵亡,两个师的营、连长大半牺牲。血战至29日,罗店再告陷入敌手。刚刚从德国回国奔赴前线的黄维率第67师奋力突入,旋即又被击退。8月31日,在吴淞与日军作战的第61师因损失惨重而被缩编为一个团,师长杨步飞被撤职,军政部命令第2师补充旅(即独立第20旅)充编该师,重组后的第61师下辖两个旅,钟松任师长,杨文琎任第181旅旅长,邓钟梅任第183旅旅长,随后该师奉命在唐家坨、陈家行一线沿蕰藻浜右岸阻击日军,与日军第9师团为争夺阵地展开往返拼杀,战况惨烈,伤亡惨重,2名团长(第361团团长李忠、第365团团长季韦佩)壮烈牺牲。

3. 蒋介石把精兵良将几乎全部派到了淞沪前线

这一阶段，双方在刘（行）罗（店）公路、蕰藻浜、大场地区及苏州河沿岸展开阵地争夺战。日军为连接和扩大两个师团的登陆场，于9月2日至5日，连续以军舰、飞机、坦克支援，向防守月浦、宝山的中国军队第98师夏楚中部发动猛烈进攻。因伤亡过重，第98师撤出阵地。奉命坚守宝山的第583团3营500余人在营长姚子青率领下，与日军展开激战。日军炮火猛烈轰击，步兵轮番冲锋，然全营官兵抱与阵地共存亡之必死决心，一次又一次打退敌军疯狂进攻。日军恼羞成怒，施放硫黄弹，城中燃起冲天大火，所有建筑化为瓦砾堆。战至7日晨，日军以坦克为前导始得突入城内，姚子青率全营官兵与敌巷战，打尽最后一颗子弹，至当日上午10时，除一人前夜受命突围向上级报告军情外，其余全部壮烈牺牲。

宝山保卫战进行的同时，罗卓英的第15集团军为克复罗店，与日军再度激烈交战。但日军在占领宝山后，以一部沿宝（山）罗（店）公路向西攻击，吴淞方面日军也越过泗塘河西攻，日军尚不断在各地登陆，中国军队顿时面临腹背受敌的威胁。至9月中旬，敌军后继援兵陆续开到，中国方面因无制空和制海权，在进攻敌据点、抗击敌登陆和逐地争夺战中损失惨重，部队疲惫至极，被迫转入防御。这之前，9月6日，第三战区发布的第二期作战计划：上海战区以持久抗战为目的，限制登陆之敌发展，力求各个击破之效。各个击破不能达成时，则依次后退于敌舰射程外之既得陆地，施行顽强抵抗，待后方部队到达，再行决战而取最后胜利。同时，做好攻坚不利转而实施防御作战的准备。9月9日，日军沿军工路、淞沪公路和月浦、罗店之线向中国军队发动强大攻势，我军同敌展开殊死搏杀，9月11日，第15集团军右翼阵地被突破，部队减员严重，遂渐次退至罗店以南施相公庙、浏河之线预筑阵地，第9集团军亦转移到北站、江湾、庙行、蕰藻浜右岸之线预筑阵地，与日军形成对峙。

日军逐渐掌握战场的主动权，日本最高层决定将侵华的主要作战方向由华北转移到上海，并要求加快上海战役进程，"大致以十月上旬为期，在华北与上海两方面发动攻击，务必给予重大打击，造成使敌人屈服之形势"。淞沪会战打了一个多月，战事久拖不决大出日军意料。日军虽然凭借装备和武器优势，将中国军队的进攻一一挡回，但是中国军队前仆后继、悍勇无畏的顽强抵抗，也给一向狂妄的日军重大杀伤，使其进展并无多少。为了尽快结束上海战事，不使"三个月解决中国事"变成为一句空话和笑柄，日本统帅部不得已再次作出增兵的决定,将华北方面军所属第9、第13、第101师团转隶上海派遣军序列,此外,还从台湾调来了步兵旅团、重藤支队、第1后备步兵团以及伪靖安军第1旅、伪李春山旅和伪于芷山旅等部队。这样,加上原有的几个师团,日军到9月下旬在上海的兵力,光步兵就达到了当初松井石根要求的5个师团:第3师团(师团长藤田进)、第11师团(师团长山室宗武)、第9师团(师团长吉住良辅)、第13师团(师团长荻洲立兵)和第101师团(师团长伊东政喜)。算上空军和海军的兵力,日军在沪总兵力达到20万人。面对敌人调兵遣将,国民政府也决定迅速增派各省及中央军部队至淞沪参战。为打赢这场硬仗,蒋介石不惜血本,把当时的精兵良将几乎全部派到了淞沪前线。集团军中,除了原有的第8、第9、第15集团军外,又增加了薛岳的第19集团军、刘建绪的第10集团军,稍后,又调来廖磊的第21集团军。9月21日,前线部队部署也做了调整,以应对作战需要:第15、第19集团军编为左翼兵团,陈诚为总司令,下辖3个军团、江防军总司令部及总预备队,共约16个师、2个要塞司令部、4个独立团、1个江苏保安队;作战地域为蕰藻浜以北的万桥、罗店、广福地区;第9集团军为中央兵团,朱绍良(取代因病调任大本营管理部任部长的张治中)为总司令,下辖7个军18个师、1个独立旅、1个炮兵旅、1个淞沪警备司令部和1个上海保安总队;作战地域为北站、江湾、庙行一线及其以西地区;第8、第10集团军为右翼兵团,张发奎为总司令,下辖10个师、3个独立旅、3个新编旅、1个中央军校教导总队和1个岸防部队;作战地域为苏州河以南至杭州湾北岸地区。加上不久后赶赴上海参战的第21集团军及川军刘湘部5个师,中国军队总兵力已达75个师、70余万人。

中国军队转入防御后,日军开始发动大规模进攻。9月22日,日军集中主力猛攻固守罗店的左翼军阵地,防守这里的第18军和第66军拼死抵御,阵地屹立不动。次日黎明至24日夜,日军复以两个师团持续冲锋,我第159师、第160师以全体阵亡的代价坚守了12个小时。为此日军也付出了惨重代价。第三战区司令长官部鉴于日军有以主力于宝(山)浏(河)公路两侧地区击破左翼军之势,为保存实力,持久消耗敌人,乃命令左翼军各部队逐次转入第二线阵地防守,相机打击日军。此时,松井石根见从侧翼突入包围中国军队的企图无法实现,于是决定改分割包围为中央突破,集中兵力进攻蕰藻浜一线。10月1日开始,日海军、航空兵协同地面部队发起新的攻击。北路以山室宗武第11师团指向广福、陈家行;南路集中第3、第9、第13、第101师团强渡蕰藻浜，向大场、南翔进攻，以切断大场至江湾地区守军与外界联系，使之成为孤军。10月5日至9日，我军第8师、第59师、第61师、第67师、第77师、第90师及税警总团等作战部队因连日与敌浴血激战，终因牺牲重大，无力对峙再战，相继退出阵地。9日起，日军再度集中海空军火力，配合步兵向蕰藻浜南岸强攻，中国守军轮番上阵抵抗，经数昼夜血战，终于遏制日军攻势。

　　10月15日，日军突破蕰藻浜，战局再度告急。正在此时，从广西调来的第21集团军抵达淞沪前线，蒋介石急忙将该集团军10个师编入中央军序列，领取作战军械和弹药。第21集团军属李宗仁、白崇禧桂系王牌部队，以能打能拼在国民党地方军中享有威名。白崇禧这时向蒋介石献策，认为纯粹被动防守非长久之计，徒增伤亡更无法取胜，必须以一支主力突击部队主动出击，实行积极防御的策略。蒋介石为此也是求之不得，随即下达了实施反击作战的命令。10月19日，中国守卫蕰藻浜南岸的部队，配合廖磊第21集团军发动全线反击。当日，日军吉住良辅第9师团、伊东政喜第101师团及第3师团一部，亦向蕰藻浜南岸发起猛攻。双方主力迎头相撞。桂军初上战场，毫无与日军交锋经验，以血肉之躯冲进密集弹雨，将日军施放的烟雾误认为是毒气，队形自我混乱；加上当时淞沪战场上只有桂军头戴钢盔、身穿黄色军服，极为显眼，成为日军练习射击的活靶子。遭日军飞机、火炮、坦克和机枪密集火力突击，2万大军一日即被打散，上万敢死队大部战死。该集团军仅旅长即阵亡6人。"小诸葛"白崇禧见桂系溃兵被其他部队收容，多年经营毁于一旦，"不禁痛心疾首，连日饮食不进"。激战至25日，部队被迫撤退。左翼军4个团在广福南侧向北路日军的反击作战，也被日军击退。日军趁机展开反扑，兵锋直指大场。10月23日，日军以重兵直趋真太公路，威逼大场左翼。刘行方面日军，渡过蕰藻浜后攻向大场以西塔河桥，我军第18师朱耀华、第26师刘雨卿、第67师黄维等部经过艰苦抗击，阻住日军攻势。此时，中国军队从大场东面，经大场、市中心向东北而呈一半圆形阵线，绕于江湾以北。庙行、大场位置突出，遂成日军眼中钉、肉中刺，必欲拔之而后快。日军调集各种火炮、飞机集中猛烈轰击，方圆数里，几为焦土。日军接着又以40余辆战车为前导，掩护步兵夺占胡家桥、塔河桥、走马塘等处阵地。为保存实力，守军在作出最大努力抵抗后向南翼转移，大场失守。此战中国军队又蒙受惨重伤亡，第18师几乎全军覆没，师长朱耀华悲愤难当，当即拔枪自杀，成为抗战史上又一位以身殉国的师长。

大场丢失，中国军队的全部防线已经被撼动，塞克特防线实际上已经被突破。第三战区只得作出放弃北站——江湾阵地之举。中央军部队撤退到苏州河南岸，左翼军也奉命转移，到10月28日，中国军队退入浏河、沈家桥、朝王庙、徐家行、广福、陈家行、江桥、北新泾至梵王渡一线的第二期既设防御阵地，新防线长达35公里。

4. 上海失守，为什么大撤退演变成了惨不忍睹的大溃逃？

11月5日至11月中旬，虽然中国守军倾力抵抗，但是战场形势已经对我军十分不利，有被包围之势。为保存战斗实力，再图反攻，中国军队进行大撤离，上海失守。当时的战场形势主要表现在三个方面：一是日军迅速调整作战方针，大量增兵。至11月初，战场形势已发生大扭转，中国军队转攻势为守势，处于被动地位，而日军则转守为攻，大肆进攻，但上海依然在中国军队手中。而此时久战不下的日军迅速调整了作战方针，大量增兵。日本是个岛国，资源有限，同中国这个庞然大国比拼耐力和韧劲，是万万消耗不起的，因此唯一途径即是速战速决。此时，日本统帅部对于日军经数次增兵后依旧无法取得决定性胜利，甚至没能从根本上改变会战态势，感到极为恼怒，同时也大为焦急。大本营经过审慎研究商讨后，认为中国已倾全国兵力之3/5云集上海，已然摆出决战架势，而此前日军一直放主力于华北方向寻求决战无异战略部署的浪费，因而提出目前刻不容缓的是迅速结束上海战役，并决定将战略重点转向华中、华东。为此，决定成立华中方面军，日军统帅部还于10月20日下令从华北和国内抽调第6、第18、第114师团，国崎支队（第5师团第9旅团）、独立山炮第2团、野战重炮第6旅，第1、第2后备步兵团等部队共约12万人，组成第10军，由柳川平助中将担任司令官，准备实施登陆作战以打开局面。同时命将在华北的中岛今朝吾第16师团转隶上海派遣军序列，淞沪前线日军兵力至此增至27万人。其中包括陆军9个师团另2个旅团、海军第3和第4舰队主力及空军力量。

日军第10军的作战要领方案是：预定在10月末或11月初在杭州湾金山卫附近地域登陆，主力以快速突进方式向黄浦江之线前进，攻占松江，切断沪杭铁路，一部向闵行渡河点前进，策应上海派遣军作战；接着渡过黄浦江之后向上海以西及南方攻击前进，与上海派遣军配合消灭上海周边的中国军队。

与此同时，日第16师团在中岛今朝吾指挥下在江苏太仓境内的白茆口登

第四章　哪次作战是中国投入兵力最多、损失最重的战役？

停泊在黄浦江上的日本海军第三舰队旗舰"出云"号

陆成功，前锋直指京沪铁路和公路，形成合拢之势。苏州河北岸的日军6个师团于10月31日强渡苏州河后，这时迅速向两路登陆日军靠拢。淞沪地区中国70万大军顿陷危险境地，再不撤退将成瓮中之鳖，被日军一网打尽。

二是国民政府错误判断形势，贻误战机。在战场上已处于劣势的蒋介石慌了手脚，寄希望于国际联盟的协调和谈。就在敌人大举调兵遣将、即将大兵压境之际，蒋介石却深陷于列强干涉制止日本侵略的希望中，这样的念头他一直没有断绝过。淞沪这一仗，是被日本人逼迫太甚不得已而为之，"打"的目的是为了将来可以更好地"谈"。而国际社会的调节，就是他紧抓不放的救命稻草。所以，当蒋介石闻听国际联盟要于11月3日在布鲁塞尔召开"九国公约"会议，讨论中日之战，立刻喜出望外。本来，蒋介石已听取了白崇禧、陈诚等人建议，决定放弃上海，采取持久战策略，全军退到上海外围既设之国防工事固守，抗击消耗日军，这么做在当时形势下是明智的可行之举。但"国联"要开会的消息传来，却搅乱了蒋介石的头脑，他在命令下达的第二天，11月1

日夜22时偕白崇禧、顾祝同等人乘火车，冒雨来到淞沪前线国民党中央军总部驻地南翔，在一所小学里召集由师长以上将领参加的紧急军事会议。在会上蒋介石说什么"九国公约"会议对国家命运关系甚大，我要求你们做更大的努力，在上海战场再支持一个时期，至少10天到两个星期，以便在国际上获得有力的同情和支援。上海是中国政府的一个很重要的经济基地，如果过早地放弃，会使政府的财政和物资受到很大影响。会后，便宣布撤销撤退命令，各部队坚守原先阵地。新命令传到阵地上，部队一片哗然，短时间内命令两次反复，使得中国守军士气大受影响，一些已经卷好铺盖准备撤退的士兵只好又匆匆返回阵地，队伍秩序开始出现混乱。更重要的是后来事实证明坚守已无实际意义，并使得后来的撤退极为仓促，造成了大量的伤亡。

11月5日拂晓，日本新组建第10军在柳川平助指挥下，由舰队护送在杭州湾金山卫附近之漕泾镇、全公亭、金丝娘桥等处突然登陆，包抄淞沪中国军队防线南侧的背后。防守这里的，原先有张发奎第8集团军所属的4个师1个旅数万人的兵力。但蒋介石又错误地估计了日军的意图，认为日军全力进攻上海正面，不会有从杭州湾登陆的可能，所以在战事趋于激烈、兵源枯竭之时，将防守杭州湾的部队一一投入前方战场，从而导致日军登陆时，在杭州湾北岸从全公亭至乍浦几十公里长的海岸线上，仅有陶广第62师的2个步兵连、炮兵第2旅2团6连及少数地方武装防守。我军既无重炮，也无像样工事，面对10万装备精良的日本生力军，结果迅速崩溃。日军登陆成功后，其上海派遣军与第10军合编成立华中方面军，由松井石根统一指挥，日军大本营规定其作战地域为联结苏州至嘉兴一线以东，任务以挫伤敌之战斗意志，与海军协同消灭上海附近的敌人。日军第6、第18师团按照预先部署，分别向松江、沪杭铁路扑去。

当蒋介石得知日军登陆金山卫的消息时，不禁大吃一惊，立即命令淞沪战场前敌指挥官陈诚作出应变处置，陈诚急令右翼军的东北军吴克仁第67军前往增援松江。殊不知，这个军刚从豫北调来，在松江附近未及集结完毕，即遭遇日军凶猛攻击，苦战三天三夜，未能退敌。11月8日夜，日军凭借强大火力从东、南、西三面突入松江城，守军死亡殆尽，吴克仁率残兵据守西门，兀自死战不退，最后壮烈殉国，年仅43岁。

吴克仁中将，字静山，黑龙江安宁人，满族，保定军官学校5期炮科毕业，时任革命军第67军军长，是牺牲在抗日战场上的又一位满族将领。

第67军全军覆没，日军遂占松江。随即兵分两路，一部沿太湖东岸，经浙江、安徽直趋南京，主力则指向枫泾镇、嘉兴、平望。九日，切断沪杭铁路及公路。

三是中国军队军心涣散，难以有效撤退。此时的南京统帅部和淞沪战场各个高级指挥部已经方寸大乱，是撤是守，争执不下。蒋介石死抱着对"国联"不切实际的幻想，迟迟不肯下令后撤，他表示只要我们在上海继续顶下去，相信"九国公约"国家会出面制裁日本，此时此刻还在做梦。白崇禧告诉他，前方将士听到日军登陆消息后人心惶惶，有的部队已经出现混乱，大有控制不住之趋势，再不撤退70万人只有白白等死了。这时候蒋介石才不再坚持，在11月8日晚下令进行全面撤退，所有部队撤出上海战斗，分两路退向南京、苏州至嘉兴以西地区。由于命令仓促，指挥失控，大撤退演变成全面大溃退，各部队完全没有章法，陷入极度紊乱，日军以飞机在天上轰炸扫射，地面部队穷追不舍，势如破竹，一一攻占上海各镇。本来中国军队计划撤到吴福线、锡澄线、乍嘉线和海嘉线一带依托原有坚固国防工事，作持久抵抗，但败军穿越工事径自溃逃，致使耗费数年苦心筑成、有东方马奇诺防线之称的这些工事成为摆设，于是国民政府首都南京门户大开，日后的南京保卫战遂毫无意义。

自9日起，日军击退中国军队零散抵抗，连占虹桥机场、龙华、枫泾、青浦。11日，日军进至苏州河岸，南市及浦东我担任掩护任务的部队奉令撤出阵地。当日，上海市市长俞鸿钧发表告市民书，沉痛宣告远东第一大都市——上海沦陷。

11月13日，国民政府发表告全体上海同胞书声明：各地战士，闻义赴难，朝命夕至，其在前线以血肉之躯，筑成壕堑，有死无退，阵地化为灰烬，军心仍坚如铁石，陷阵之勇，死事之烈，实足以昭示民族独立之精神，奠定中华复兴之基础。中国军队向吴福、澄锡国防线撤退，江阴保卫战开始；至此中国军队以60%的精锐部队损失的代价打破了日军"三个月灭亡中国"的妄语，淞沪会战拉下帷幕。

淞沪会战是中国军队首次采用大规模集团军作战方式反击日本侵略。会战中，中国方面先后共投放20个军、50余个师，加上中央军校教导总队、税警总团和部分地方保安团队，共计70多万兵力，伤亡近30万人。日本方面先后投入海军陆战队和陆军部队14个半师团，共约28万人，动用军舰三四十艘，战车三四百辆，飞机400余架，伤亡5万多人。

淞沪会战历时3个多月，是中国抗日战争爆发以来，持续时间最长、规模最大的一次战役，作战双方都已基本上举全国之力。

日军在南京路上

淞沪抗战，中国军队虽然最后失去了上海，以失败而告终，但从长远战略上看，仍有着非凡的意义。其一，淞沪会战吸引了侵华日军的主力，淞沪战场实际取代华北战场成为日军侵华和中国抗战的主战场，从而使日军的进攻方向从由北向南改变为由东向西，这对日后我方的抗日正面战场具有至关重要的意义。其二，淞沪会战打破了日军速战速决的战略企图。日本陆相松山元在给天皇的奏折中狂妄地宣称："中国事变用一个月就解决了"，日本军部估计"大约有两个月的时间可以结束"，而战前日本军国主义者号称"三个月灭亡中国"，认为中国军队不堪一击，只要越过长城，占领华北，直逼首都让南京政府妥协，就可解决中国战事。淞沪一战用时3月，使日军短期内灭亡中国企图化为泡影，将抗日战争引入日本最不希望的持久战中。其三，淞沪之战虽然中国军民牺牲很大，但并没有摧毁中国的抵抗力量，而是打醒了更多的中国人，坚强了中国人民的抗战意志，鼓舞了全国人民的抗战信心和勇气。同时，中国军队在战略战术上有了更大的进步，各军团之间的配合力度得到了提升，一定程度上打破了华北初期战场上各自为战的局面。

第五章

哪次作战是华北战场坚持时间最长、战绩最显著的战役？
—— 太原会战

1937年9月3日至11月8日，包括晋军、晋绥军、中央军、八路军在内的中国军队约28万人，与14万日本侵略军英勇作战，进行了以保卫山西省会太原为中心目标的太原会战。

太原会战历时67天，是全面抗战初期华北战场上规模最大、战斗最激烈、坚持时间最长、战绩最显著的会战。中国军队虽然最终战败，伤亡约10万人，但毙伤日军约3万人，改写了"九一八"以来中国抗战的历史。太原虽然失守，但参加会战的八路军得到了锻炼和发展，从而使山西成为中国最为重要的抗日基地之一。

太原会战为什么能够坚持这么久？为什么最终又未能守住太原呢？

1. 山西为什么成为中日军队在华北争夺的首要战略目标？

"九一八"事变后，东北地区成为了日本的囊中之物。长城战役后，热河、冀北、察北广大区域被日本占领。"七七"事变后，北平、天津沦陷，上海、江浙岌岌可危。为进一步扩大占领区，掠夺华北地区丰富的资源，实现占领中国的目标，日军将绥察、山西、豫北、山东等重大城市列为战略目标，山西成为首要攻击目标。

山西地处黄河中游，被唐太宗称为"表里山河"，是华北平原的屏障，为藏龙卧虎之地。山西还物产丰富，为著名"煤都"，重工业和军事工业也有了很大发展，因此取得山西，将相当于占有了一个能源后补基地。对日军来说，欲占华北，必先攻山西。对中国军队来说，则是欲保华北，必先守山西。而太原作为山西的省会，战略位置尤为重要，唐代大诗人李白曾经盛赞太原"天王三京，北都一""雄藩巨镇，非贤莫居"。争夺山西，势必以太原为焦点。

辛亥革命以来，山西为以阎锡山为首的晋军控制，北洋军阀和蒋介石集团都对山西鞭长莫及。

阎锡山（1883年10月8日—1960年5月23日），字百川、伯川，号龙池，汉族，山西五台县河边村人，日本陆军士官学校第六期毕业生，清朝陆军步兵科举人、协军校，同盟会会员，辛亥革命时期，组织与领导了太原起义。

民国时期，历任山西省都督、督军、省长、北方国民革命军总司令、国民党中央政治委员、军事委员会副委员长、太原绥靖公署主任、第二战区司令长官、山西省政府主席、国民政府行政院院长、国防部部长。国民党一级上将。新中国成立前夕去台湾，1960年5月23日，病逝台北，终年77岁，葬于七星区阳明山。

阎锡山在山西主政期间奉行"保境安民""自强救国""造产救国"等政策，利用和平空当大力发展山西的工业、军工业等，在数年之内创建了包括采矿、冶金、采煤、发电、机械、化工、兵器、水泥、皮革、毛纺、造纸、卷烟、火柴等轻重工业厂矿的西北实业公司，修筑了以太原为中心、长达860余公里、纵贯山西的铁路大动脉同蒲铁路，成立了山西省营业公社，整顿了山西省银行，新建了铁路、盐业、垦业等银号，并为"四银行号"成立了实物准备库，到抗日战争前夕，在山西形成了一个庞大的官僚资本体系，资产达到2亿银圆。阎锡山出人意料地对工业建设、货币政策、财税体系乃至整个经济运行规律有深入而切实的把握。在他的全盘掌控下，山西在民国前期全国满目疮痍的乱世环境之中保持相对的富庶、平静，在一定程度上推动山西走上现代工业的发展道路，为初期抗战提供了重要的物质基础。

"九一八"事变后，特别是日军侵入热河之后。阎锡山意识到了山西的危险，从1935年起，在山西东部构筑国防工事，主要是从正太路的娘子关及以北的龙泉关、平型关等各主要由东向西的通道地区建立军事堡垒，依托高原、山脉构筑成有纵深配置之防御工事。

1935年，日军在华北制造了一系列事件，使华北在"自治"的幌子下由日军控制，最终于当年12月18日，在北平正式成立了所谓冀察政务委员会，史称"华北事变"。

面对这种严峻局势，阎锡山深知山西危险，需要广泛动员才能自保。

1936年9月18日，山西牺牲救国同盟会（简称"牺盟会"）筹备会在太原成立，推阎锡山为会长。10月18日，牺盟会筹备处在太原中山公园召开宣传大会。10月，薄一波、杨献珍等受中共中央北方局的委派到达太原，同阎锡山建立了特殊形式的抗日统一战线，接办了阎锡山创办的"山西牺牲救国同盟会"。以此为标志，阎锡山与中共的合作半公开化。

第五章　哪次作战是华北战场坚持时间最长、战绩最显著的战役？

此时，全国性的国共合作还没有形成，山西成为国共合作抗战实现最早的省份之一。

同年11月12日中共中央派彭雪枫到太原与阎锡山秘密谈判，双方商定在太原建立中共秘密联络处。1937年3月20日，中共秘密电台在太原新满城街30号中共秘密联络处设立，联络处对外称"彭公馆"。

"七七"事变后，阎锡山与中共的合作进一步加强。

1937年7月28日，中共中央北方局书记刘少奇来到太原。8月初，根据中共中央指示，在太原组建北方局新的领导机关，刘少奇任书记，杨尚昆任副书记。北方局机关于8月移驻成成中学。

8月1日，山西青年抗敌决死队成立，薄一波任政治委员，杜春沂任总队长，牛佩琮任政治部主任。一支基本上由中共领导的抗日武装，由此在山西诞生。

8月28日，中共太原秘密联络处改为八路军太原办事处，彭雪枫任主任。阎锡山与中共及八路军的合作完全公开化。

9月5日，中共中央代表周恩来和八路军部分领导人彭德怀、林彪、聂荣臻、徐向前、萧克等抵达太原。在此前后，八路军三大主力进入山西，太原会战由此而增加了一支坚强的力量。

为了保卫山西，多次参加反蒋活动并对国民党中央军进入山西特别忌讳的阎锡山也主动地向蒋介石求援。这样，又有大批中央军陆续进入山西，其中包括蒋介石的嫡系部队卫立煌的第14集团军，当时编入这个集团军序列的有李默庵的第14军、郝梦龄的第9军。连同晋军、晋绥军、八路军、东北军、西北军，太原会战期间先后集结的中国军队的总兵力达到58万人，由于有些军队来得较晚，有些军队驻守他处或按兵不动，实际参战的兵力只有约28万。

通过晋军、中央军、八路军三方的协商，太原会战前期的基本部署是：中国军队将战略主力集结在山西大同方位，一部分军队在蔚县、平型关间及天镇、阳高等地狙击日军，形成四道防线：（一）以第6集团军总司令杨爱源为右地区总司令，指挥3个军防守平型关东西一线；（二）以第7集团军总司令傅作义为左地区总司令，指挥4个军防守雁门关东西一线；（三）以第71、第72师为预备军，位于繁峙；（四）令第18集团军（八路军）朱德总司令以第115、第120、第129师分别驰援平型关、雁门关、五台山配合作战。

入侵山西的日军总兵力为14万，由华北方面军司令官寺内寿一统率，他们兵分三路展开对太原的攻击，第一路由关东军参谋长东条英机率关东军察哈尔兵团4个旅团外加伪蒙军9个骑兵师沿平绥路进犯蒙疆，经察哈尔（含内蒙古东南部）沿平绥路方向前进。板垣征四郎的日军第5师团肩负策应任务。先后攻占了河北省阳原、蔚县和山西省广灵，并攻击山西浑源、灵丘，企图突破平型关、茹越口，与察哈尔派遣兵团进行协同。第二路由第1军突破石家庄一带中国守军防线向南追击，以其中一部进入井陉以西地区策应第5师团进攻太原的作战；第三路由第2军从滏阳河左岸地区发动攻势，攻击石家庄地区中国军队的侧背。三路日军攻势凶猛，直指太原。

2. 天镇孤军苦战10天，李服膺军长因为兵败该不该被处死？

太原会战最先于1937年9月3日在天镇打响。

天镇为今大同市的一个县，地处晋、冀、内蒙古三省（区）交界处，距太原387公里，是山西东北部的重要门户。

"七七"事变之后，日本侵略军妄图"一个月拿下山西全省，三个月灭亡全中国"，于是先抢占北平、天津，后分兵西进南下，侵略战火开始烧向山西。8月下旬，日军板垣征四郎第5师团从怀来向蔚县进犯，主攻方向直指晋北的天镇、阳高。

负责防守天镇的是隶属于傅作义第7集团军的第61军，军长李服膺，参谋长刘金声。这个军当年被人戏称为"小师加大旅"，下辖李俊功的101师和刘潭馥的独立200旅。其防守配置主要是：独立200旅的400团镇守盘山制高点及朱家屯一带；101师的402、425、426团依次在盘山以北的罗家山、李家山、铁路两侧至北山外瓦窑口一线摆开兵力；399团负责天镇城防；401团驻守天镇城外；414团镇守距天镇县城约60华里的阳高县城。这样，就构成了以盘山阵地为主阵地的、由4个团的兵力组成的第一道防线，及以天镇、阳高为纵深防线的"T"字形防线。

日军第5师团在与察哈尔兵团会师张家口后，共集结兵力约达4.5万人，直向天镇县扑来。

9月3日，日军先头部队1500多人开始进攻425团驻守的外围前沿阵地。日军先用步兵冲到阵地前猛烈射击，试探火力，诱惑425团防守火力全部暴露后，即用飞机低空轮番轰炸，继而再用火炮猛烈轰击。这种轰击持续数天，425团尚未与日军步兵接触，就已经伤亡官兵700多人，全团9个连长，阵亡3人，伤5人。

第五章 哪次作战是华北战场坚持时间最长、战绩最显著的战役？

9月4日，日军集结重兵，对李家寨、罗家山等外围主阵地展开全面围攻，守军遭到敌机低空轰炸和扫射，并遭重炮轰击，阵地几乎被夷为平地。尽管如此，守军仍殊死抵抗，顽强守住了阵地，426团和401团分别在大桥和红石牙山阵地各歼敌200多人。

在对盘山主阵地发起正式攻击前，日军派飞机每天轮番轰炸四五次，持续4天4夜，最多时，一天竟有32架次敌机在阵地上空狂轰滥炸。

盘山位处天镇县城东南约8华里处，高峻险要，既可俯瞰平绥铁路，又是天镇县城的天然屏障。盘山得失，系一发而动全身。

9月6日，日军动用飞机、坦克、大炮、装甲车和步骑兵3000多人开始进攻天镇主阵地，也就是盘山阵地。进攻中，除了飞机轮番轰炸外，残忍的日军竟然使用了毒气弹。

61军进入天镇布防时，阎锡山曾电令李服膺"坚守3天，拒敌西进"。

从3日算起到6日，3天期限已过。但从日军步兵攻击主阵地算起，6日又还只是第一天。这一天，李又接阎电令："续守3天，掩护大同会战。"

日军地面部队对主阵地发起进攻后，驻守盘山主峰的400团奋起抵抗，依靠简单的野战工事与强敌鏖战到9月8日深夜。

9日，日军调集约3个联队，在飞机坦克掩护下，兵分两路，开始包剿盘山阵地。在此之前，该团曾多次向军部告急，可是，李服膺已无多余兵力可调，只能令该团与阵地共存亡。日军用密集炮火猛击盘山阵地制高点，400团1个营和1个山炮连的大部官兵被压死在石洞内。敌军步兵冲上盘山阵地，展开肉搏。9日下午，400团官兵所剩无几，2营营长高保庸阵亡，1营营长席宝山受伤，全团伤亡800多人，终于被日军突破阵地，盘山失守。

这时，第二个3天期限又过去了。

此时，除了盘山失守外，61军前沿阵地设置的地雷、鹿砦等障碍已被日军全部轰毁，101师各团共伤亡官兵1000余人。

攻下盘山后，日军开始主攻天镇县城。

9月6日，当瓦窑口至盘山一线吃紧之际，李服膺命驻守天镇县城的399团务必固守城池7天，以配合阎锡山所说的"大同会战"得以从容布防。

399团团长张敬俊是位山东大汉，生就一股不怕死的虎劲。他虽然知道自己兵力和装备未必能与敌军相持7天，但仍断然从命，毫不怯阵。接令后，他在全团官兵面前发誓："就是和鬼子拼到最后一人，也要保证固守7天！"

9月6日傍晚，日军突破了盘山以北阵地的一角，并乘势向西追杀败退的守军。

9月7日凌晨，败退的守军分两路绕天镇县城南、北两侧，朝城池以西方向后退。尾随的日军误以为天镇是座空城，也分兵两路从城池南、北两侧而过。日军后续部队则以为天镇城池已被攻陷，领头者趾高气扬地高举着太阳旗，后续者亦列队迈着大步紧随。待这队日军接近城根时，399团城外埋伏的士兵突然排枪齐发，闪电般将其全歼。

日军遭此意外打击，大为恼火，立即调动飞机、装甲车攻城，均未得逞。接着，又开来坦克，近距离用炮轰击城墙东北角，并接连发起冲锋，但每次均被守军打得死伤一片。

9日，日军攻城的第三天，399团炮兵从观察镜里发现距城8华里的火车站上开进一列日军专车。就在日军下车整队之际，守军炮兵用两门平射炮连续高速猛击，使其死伤惨重。

10日，恼羞成怒的日军用轰炸机向城内猛投炸弹、燃烧弹、瓦斯弹。顿时，天镇城内砖瓦飞迸、烟火四起、毒气弥漫，百姓陷入一片混乱。天镇县县长和县公安局局长以到399团慰问为名，私下向张敬俊恳求说："为让全城百姓免遭苦难，你们不要再守了！"事后，张敬俊召集诸营长说："我是军人，要尽军人天职。为使百姓免遭苦难，边普禾团副可把部队带走。我定要与城共存亡！"与会者闻言，齐喊："团长，要死，咱们就死在一起！不管鬼子怎样疯狂，我们要坚决执行军令，守够李军长下达的7天任务。守够7天，咱们一起撤走。"会后，日军又用云梯强攻数次，均被守军击退。他们还将活捉的日军砍首，把头颅高悬城上，以壮军威。

11日，日军见久攻不下，转攻阳高，截断了61军的退路，军长李服膺不得不下令退出天镇。以必死之决心镇守天镇的399团失声痛哭，含恨而撤，于当天深夜借着夜幕，成功地撤出天镇城池。

9月12日，天镇陷落，晋北屏障顿失。

日军占领天镇后，大肆烧杀抢掠、奸污妇女，数千名天镇百姓几乎无人幸免，其状之惨，令人不忍闻睹。南京中央社和全国各大报刊纷纷报道了这一消息。天镇屠城是卢沟桥事变后日军在华首例大规模暴行。

1937年10月3日，阎锡山在太原组成高等军事法庭会审李服膺，称李服膺擅自撤退，并且所部修的国防工事质量不好，致使重镇失陷，将李服膺军法处置，成为抗战史上最早被处决的军长。

李服膺的上司与好友傅作义曾痛惜地说，盘山失守"怎么竟把罪责全落在李军长一人身上,真是可恨、可惜又可叹!"然而,李服膺的撤退虽然是奉命从事,而且也是合理的,但61军所修的工事质量极差,原因据称是从太原领来的钢筋、水泥不足计划的1/10,导致425团不战而被敌人的飞机大炮炸死炸伤700余人,400团的1个营和1个山炮连的大部官兵在山洞中被压死。天镇失守后,李部一路逃至桑干河以南,导致日军于9月13日没费一枪一弹就侵占了大同,的确也应对其处以军法。因此,傅作义在为李服膺鸣冤的同时也说:"他虽然牺牲了,但是,是有代价的。"

辛亥革命元老、第二战区执法总监张培梅认为李罪不至死,但也应当有所惩处,因而予以回避,在判处李服膺死刑的那天,本应为主审官的张培梅没有出席会审。后来,第19军军长王靖国擅自放弃石口防线,导致晋西各要隘相继陷落。张培梅大怒,一定要按军法从事,处决屡次违反军令贻误战机的王靖国,但王靖国是阎锡山的亲信,在阎锡山的庇护下早已逃之夭夭。张培梅一向以赏罚严明而闻名军中,被人称为铁血法官。他见李服膺因故战败而被阎锡山处死,王靖国确属死罪则被阎锡山袒护而得以逃脱,认为无颜再见军中将士,于1938年2月25日中午在给阎锡山留下一封告诫信后服毒自杀。

实际上,李服膺也是阎锡山的亲信,在阎手下从排长当到军长,与王靖国等人同被称之为阎的"十三太保"。对李严而对王宽,主要是阎锡山本人在1937年10月与1938年2月的抗日决心与信心大为不同。

3. 八路军115师取得平型关大捷,中国10万大军围攻日军为何没能扩大战果?

平型关是山西和河北的交界地,扼守着灵丘至大营的公路,是进攻雁门关的必经之路。雁门关为长城重关,人称"天下九塞,雁门为首"。

1937年8月28日,阎锡山把行营(前线总指挥部)设于雁门关下的岭口村一所窑洞。在这里,阎锡山与卫立煌、周恩来、朱德、彭德怀等人会商,共同制订了《第二战区平型关战役计划》。其要点是:"本军以利用山地歼灭敌人之目的,以主力配置于天镇、阳高、广灵、灵丘、平型关各地区,以一部控制大同、浑源、应县附近,以策应各方面之战斗,相机转移攻势。"

天镇、阳高、大同等地相继失守后,阎锡山调整布防,计划将日军诱至沙河以西,从恒山、五台山两面钳击,在平型关内加以围歼。阎锡山将第二战区10余个师的主要兵力分别部署在平型关、茹越口、雁门关一线,第61军防守茹越口，第35军撤至雁门关阵地，由傅作义指挥。高桂滋第17军及刘茂恩第15军为左集团，分别驻守在团城口和凌云口、恒山一带，拟凭借长城内的山地作为天然屏障阻止敌人进攻，保卫山西腹地；同时阎锡山要求八路军第115师作为右集团迅速挺进晋东北，驻守在灵丘至平型关公路以南的山丘地带协同其坚守长城防线，切断日军后方供应联络线；而阎锡山的晋绥军作为中央集团担任平型关正面防守任务。这一部署，阎锡山共投入7个军的兵力，约8万人，加上八路军，总人数近10万人。前期总指挥为第六集团军总司令杨爱源，33军军长孙楚在平型关后方的大本营镇东山底村主持第6集团军总司令部，代杨爱源总司令负实际指挥之责。

9月16日，日军第5师团的9旅团主力由蔚县南下，占领涞源。

9月20日，日军21旅团以两个大队的兵力南下，占领灵丘县城，逼近平型关。

9月21日，日军第5师团第21旅团先以两个步兵大队从浑源翻越高山南下，袭击守军第17军侧背。从雁门关赶来增援的孟宪吉独立第8旅在同一天到达，并抢占了平型关前方既设阵地，沿着内长城线，右起塞沟西南高地，联系第73师左翼东长城村，左至东泡池以东高地，和高桂滋师的东泡池右翼相邻，并在阵地前的白崖台、寨沟、关沟各要点，赶筑据点，增加纵深。部署甫定，即遭敌猛攻，剧战两昼夜。

日军的进攻碰上坚壁，为图急进，避开平型关正面，北绕蔡家峪，转攻团城口。

团城口守军为高桂滋的第17军，高部为西北军，曾参加长城抗战。1937年7月，高部又奔赴南口前线参加平绥抗战，在井儿沟、喜峰砦两役，高部与日本的藤井少将指挥的两个武器精良的伪蒙军教导团恶战，俘敌280余名，毙伤800余人，缴获迫击炮6门、轻重机枪13挺等大量武器装备和120余匹马，藤井仅以身免，中国军队获得被史学家称为平绥线战场"仅有的胜利"。9月14日，高部在广灵、火烧岭与日军板垣师团又恶战了一场。接着，高桂滋部仓促赶到平型关北翼的团城口、迷回村一带布防。通过两个多月的连续作战，本来就只有一个师的高部，此时已经只有4281人。为了增强其实力，第二战区将中央军的李仙洲第21师编入第17军序列，由高指挥。

战幕拉开时，高桂滋的84师布防在平型关以北的东、西跑（一作泡）池、团城口至1981.49高地（按海拔高度命名），防线长约14公里；右邻是晋军独8旅、73师防地，左翼是名义上归高指挥的中央军21师，向北延伸13公里到讲堂村；21师的左边是察哈尔省主席刘茂恩15军，向西、北延伸。八路军林彪115师在东南边的平型关外进入潜伏阵地；由后方开来的晋军郭宗汾71师、陈长捷72师为预备队——其中71师于9月23日晚抵达高桂滋84师防线的后面集结；72师于9月24日午夜抵达离前沿阵地约10公里的齐城待命。

9月22日23时，日军第5师团21旅团四五千人配战车尾随我第73师，进逼至平型关前，在平型关前公路上与高桂滋部的断路部队遭遇，爆发激战。

9月23日凌晨，日军主力并坦克数十辆，沿平型关汽车公路南北高地进攻，企图占领高地控制便道，直取大营镇。84师502团的王新耀和李荣光两个营全部投入战斗，艾捷三团长亲率两个连抢堵敌人的突破口，腹部中弹负伤，李荣光营长阵亡。高桂滋即令84师250旅来援，499团杨学武营对敌反击，杨学武也受重伤。到下午4时，敌军终被击退，501团吕晓韬团长一度出击，缴获轻机枪4挺等武器。

另敌2000余人攻晋军独8旅，驻守1886.4高地的晋军两个连官兵殉国，阵地失守。第6集团军副司令孙楚急令高桂滋84师499团、501团向南攻击，晋军73师和独8旅配合，血战至午后1时，84师付出惨重代价将敌击退，收复的阵地仍交晋军防守。

这一天，还有800余敌寇进攻李仙洲21师阵地，未得逞；1000余名敌寇进攻刘茂恩15军阵地，也未得逞。

9月24日是高桂滋的将士打得最惨烈的一天。敌增兵5000余，向平型关东西跑池、团城口及讲堂村各阵地猛攻。炮击甚烈，激战终日，高军伤亡惨重，各处告急，无兵可派。高桂滋急电阎锡山和孙楚请求增援，却没有盼来援军。

9月25日凌晨，84师501团2营营长邵春起腿部负伤，被勤务兵救下火线，2006年10月，高龄95岁的老人对前去看望高桂滋的女儿高士洁时说："我负伤时，阵地上已经没有能作战的人了。"

9月25日，平型关战役出现了一个大转机。

这一天，八路军115师在师长林彪、副师长聂荣臻率领下，在灵丘县东河南镇平型关东北公路两侧山地有利地形伏击日军，歼灭日本板垣第5师团第21旅团1000余人，捣毁汽车100余辆、大车200余辆，缴获大批军用物资，取得了著名的平型关大捷。

利用这一机会，被围困在一个狭长的山沟内的高桂滋部428团和403团的两个营安全转移。

晋军郭宗汾的预备第2军负责绕击敌侧后。25日拂晓前，郭军通过涧头、迷回村前进时，突然遭受来自团城口方面工事里机炮火力猛烈袭击，郭部大乱。由于这里原是高部阵地，郭部不知高桂滋部已经战败，还以为是联络不当，遭到高部误击。受到更猛烈的打击后，才知团城口、鹞子涧和东西两跑池一带阵地都被日军占领，郭军主力被压迫于迷回、涧头一侧。

经连续苦战，郭军损失1/3左右，官兵极度疲惫。幸亏此时八路军115师取得了平型关大捷，郭军主力才未被全包围，得于迷回、涧头间占领了敌人通往后方公路的侧面阵地，钳制了东西跑池之敌，使之不敢直扑大营。

平型关战役仅八路军115师取得大捷，其他各部不是溃不成军，就是被动挨打。阎锡山十分沮丧，撤了杨爱源、孙楚的指挥职务，改由傅作义担任平型关战役的总指挥，并调陈长捷61军急援平型关。

25日，61军程继贤团攻击涧头敌人，程团士气高涨，一气冲上迷回北山，敌两次反扑，均被击退。接着，程团不待旅部主力到来，即如脱弦之箭，一举占领鹞子涧。

鹞子涧，位于团城口和迷回村之间，是平型关西路屏障，向西南经迷回、涧头、齐城可达大营、沙河一线，进入山西中北部，构成对繁峙、代县、忻口的威胁，所以敌人必拼死争夺此据点。

26日，日军集中优势火力，在猛烈炮火掩护下，向程继贤团反扑，程团长指挥士兵与敌人肉搏拼杀。由于兵力悬殊，敌人冲入村内，程团无一人后退，和敌人逐院争夺。敌援军不断增加，程团弹尽援绝，全团官兵近千人，包括团长程继贤全部壮烈牺牲。程团屡立战功，以未满千人与超过一个联队的强敌拼杀，令敌胆寒，为大部队歼敌赢得了战机。

当我10万大军在平型关一带围歼板垣师团之际，敌东条纵队乘平型关鏖战之机，于9月28日一举突破恒山、雁门关的接合部茹越口，杨澄源的34军退入繁峙。为保卫平型关战场安全，梁鉴堂旅长亲率仅有的一营人冲杀，企图夺回山口，但是兵力太少，梁旅长和大部分官兵牺牲。王靖国又急命方克猷旅长反攻茹越口，方部又被敌冲垮。29日，敌占繁峙城，严重威胁我主战场侧后。

9月30日，阎锡山召集前线将领会议，决定全线撤退。10月2日夜，全线开始撤退，平型关战役结束。

从9月3日天镇战斗打响算起，平型关之战历时一个月，战场绵延数百里，历经大小战斗数十次。据日本军方显然缩小了的资料记载，日军死伤8562人。

我军伤亡没有全面的统计数字，据 61 军军长陈长捷所说，仅在平型关与团城口之间，晋军系统的孙楚部、郭宗汾部和陈长捷部，伤亡人数就在万人以上。高桂滋部也所剩不多，后在八路军指挥下打游击，成为八路军的一支友军，毛泽东称赞高桂滋："抗日之役，光荣历史，国人同佩。"

平型关战役迟滞了日军进攻，打乱了敌人侵华计划。战役中，国共军队相互配合，八路军创造了像平型关大捷这样光辉的战例，国民党军队也出现了像程继贤团（鹞子涧之战）、梁鉴堂旅（茹越口之战）、姜玉贞旅（平远之战）这样一些可歌可泣的英雄部队，成为中国抗日御侮史上的壮丽篇章。但也如陈长捷所说，"守军一再退避，方面主帅复疑惧丛生，无有斗志，坐使平型关外八路军截击东河南的大捷战果，没有得到主力军的适时进击，共收歼灭敌板垣师团的大效，辜负多矣"。

4. 忻口会战以忻口失守结束，为什么说它是国共配合作战的成功范例？

国民党军队放弃了雁门关到平型关的长城防线后，退守到山西忻口一带布防，整个战线向南部移动。

忻口，自古即为军事要地，位于太原北面 100 公里的忻（县）定（襄）盆地北部，是五台山、云中山东西两山峡谷中的一个隘口。在这个峪谷川道中，凸起一条高度不大，南北长 16 公里，东西宽 3 公里的山岭，头枕界河铺，脚伸至秦城。以界河铺为基点，左侧是连绵起伏的云中山，右侧为岗峦重叠的五台山，恰如这盆地的葫芦口。在地理上是出入晋中的交通孔道；在军事上是屏障太原的最后一道防线，可称之为战略咽喉要地。忻口的守与失直接关系到太原的安危。

忻口会战是 1937 年 10 月在抗日战争的太原会战中，中国第二战区部队在山西省北部忻口地区抵抗日军华北方面军第 5 师团进攻的一场防御战役。

平型关战役结束后，阎锡山下令将所部撤向忻口组织防御，以保住太原的最后一道屏障。忻口右托五台山，左倚云中山，地势险要，是晋北通向太原的门户。而早已做好战地考察的日军也深知忻口要塞对于进军太原的重要性，于是一场恶战势不可免。1937 年 10 月 1 日，日本政府发布《处理中国事变纲要》，提出"结束战争方略和 10 月攻势"，依然妄图早日结束中国战事。于是就在当日，日军中央统帅部命令板垣征四郎率华北方面军第 5 师团和察哈尔派遣兵团进攻太原，并命令关东军以一部兵力归华北方面军指挥，参加进攻太原的作战。

10月1日，应第二战区司令长官阎锡山请求，第14集团军（卫立煌部）被国民政府军事委员会下令调至忻口与日军会战。为保卫太原，第二战区司令长官阎锡山，决定以一部兵力在晋东的娘子关地区占领阵地，阻击日军进攻，而将防御重点放在晋北忻口地区，全力保住山西省会太原。具体部署为：卫立煌指挥由第14集团军及配属部队共8个军的中央集团军，在忻口正面组织防御；朱德指挥由第18集团军（第120师）及第101、第73师、新编第2师组成的右集团军，占领滹沱河南岸罗圈沟、峨口等阵地，并以一部挺进敌后，威胁和牵制日军左翼；杨爱源指挥由第6集团军2个师1个旅及第120师组成的左集团军，占领黑峪、阳方口等阵地，并以一部挺进敌后，威胁日军右翼；傅作义指挥由第34、第35军组成的预备集团军，控制定襄、忻县地区。

此次指挥忻口正面作战的是第14集团军总司令兼第二战区前敌总指挥卫立煌。卫立煌1897年出生，字俊如，安徽合肥人，著名的爱国将领。1936年6月任徐海绥靖分区司令官。卢沟桥抗战爆发后，由于阎锡山的晋绥军在太原会战中作战不利，国民党政府任命其为第14集团军总司令兼第二战区前敌总指挥，支援阎锡山部守住太原。日军攻向忻口的时候，卫立煌率3个兵团在此抗击日军第5师团等约5万人的进攻，坚持近20天。在会战中，卫立煌指挥所部奋勇作战，毙伤敌2万余人，力挫日本侵略军的锐气。

日军察哈尔派遣兵团混成第2旅团于10月2日从代县出发向崞县（今崞阳镇）发起进攻，第19军与日军在崞县周围激战了7天，至9日崞县被日军攻陷；崞县战役正在进行的同时，10月4日日军混成第15旅团绕过崞县向原平发起进攻，我第34军第196旅旅长姜玉贞率官兵与敌肉搏，伤亡殆尽。日军12日攻占原平，进逼忻口。

10月13日，忻口守军防御阵地受到日军第5师团师团长板垣征四郎指挥所部全线攻击，位于防线正面的国民党中央军左翼兵团第10师阎庄和中央兵团第54师南怀化阵地成为日军的攻击重点。当日，日军就攻破南怀化守军阵地，南怀化十分危急。为保住南怀化，卫立煌调第21师竭力反攻，以图收复丢失的阵地。14日晨，第21师向南怀化、新炼庄日军发起猛烈攻击，但已处在守军位置的日军用强大的火力反击中国军队的进攻，师长李仙洲也因此负伤，出击受挫，致使我军伤亡严重，只好退出战斗到后方整补。10月15日拂晓，得胜的日军继续向忻口西北高地发起猛烈攻击，守军不敌，第61军火速驰援，与日军在南怀化东北高地形成对峙，双方战事处于胶着状态。

为缓解南怀化主战场的危急态势，巩固忻口防御阵地，卫立煌、傅作义决心举行全面反击以消灭进攻日军，故不断地将机动预备队投入前线，企图在云中河盆地将日军一举消灭。15日夜间，司令部命令守军各兵团对日军展开全面反击。位于主战场的中央兵团反击部队对突入南怀化阵地的日军进行攻击，由于仓促部署安排不当，又加上是夜间作战，战斗一开始战斗序列便打乱了，日军奋起反击，双方互为攻守，形成大混战。在混战中，亲临前线指挥作战的第9军军长郝梦龄、第54师师长刘家祺和旅长郑庭珍中弹阵亡，再次出现军长与师长同时阵亡的局面，反击受挫。左翼兵团的反击部队进展也不顺利，在向日军的右翼进攻出击时，在日军反击下，部队迅速退回到原阵地。而右翼兵团的反击部队尚未出击就受到日军的攻击，但成功地击退了敌人，使灵山阵地失而复得。配合正面防御部队反击日军的第35军两个旅，越过云中河，将南怀化日军后方旧河北村日军大部消灭，在日军增援部队的反击下，退回忻口以南的金山铺休整。15日夜和16日的反击作战，中国军队守军未能如愿收复南怀化主阵地的失地，全线转为了守势。

鉴于忻口前线作战形势的不利情况，为增强忻口正面的防御力量，16日，阎锡山迅速调整布防并增加兵力，首先命令第19军开赴忻口前线，协助作战；命令第15军恢复并坚守忻口右翼灵山阵地；调集右翼军所属部队一部星夜火速赶往忻口前线支援前线作战；并命令深入日军翼侧和后方的八路军和骑兵第1军积极袭击日军的翼侧和后方，破击日军交通运输，切断日军的后方补给。

在日军翼侧和后方，八路军为配合忻口正面作战积极打击日军，以扰乱日军后方，减轻前线压力。13日，第115师一部在林彪的带领下占领平型关，破坏团城口至东河南镇的公路，并于16日占领团城口，接着又收复了砂河镇、繁峙和浑源县城，给日军以极大的打击，成功吸引日军的部分视线。另一部在察南、冀西展开抗日活动，利用日军防守薄弱的优势，收复涞源、蔚县、灵丘、广灵、曲阳、唐县等区域。第120师一部顺利截断怀仁至崞县的交通，另一部在崞县地区对日军展开攻击，随后进至雁门关地区通过游击战术截击日军交通运输线，于18日在雁门关以南成功伏击日军运输队，击毁数十辆日军汽车。19日凌晨，第129师一部对阳明堡日军飞机场发动袭击，毁伤20余架日机。

为掩护其步兵实施对壕作业，修筑防御工事，16日至23日每天早晨日军都派出大量飞机对守军阵地进行轮番轰炸，以破坏守军的防御工事，威慑守军的抵抗意志。而中国守军在夜间就组织步兵小分队对日军阵地进行袭击,破坏其建立的防御工事,双方战事继续胶着。10月24日,日军的援军部队萱岛支队到达忻口战场,战场的平衡模式被迅速打破。有了援军的板垣随即再次组织兵力向忻口地区守军实施重点攻击,但进展依然不大,收效甚微。双方打打停停地过了4天,到28日,整个战线又形成对峙状态。我忻口前线守军虽然不能击退日军的进攻,但有效地阻止了日军的进攻,使其无法前进,陷入被动地位。

但是晋东方面守军战事几乎全部失利,娘子关、阳泉、平定等地相继失陷,部队向太原及晋南溃退,忻口的坚守已经意义不大,而且处境十分危险。因此,阎锡山于30日夜间下令忻口地区守军全线后撤。11月2日黄昏后,忻口前线各兵团全部脱离阵地撤退。忻口战役结束,忻口失守。日军于11月3日拂晓向撤退的中国军队发动追击,由太原北方协同从晋东进入太原附近的日军会攻太原,太原形势危急。

忻口会战是国共军队配合作战的成功典范。朱德为此曾总结说:"对于我扼守要点的正规军,游击战争可以相当截断敌人的后方运输、弹药、粮秣的有生力量的补充,袭击其兵站等,使敌人的机械化兵种减少威力,后方的死伤与损失甚至超过前方,后方维持交通的兵力等于前方作战的兵力,陷敌于进退维谷、异常困难的境地。忻口战役便是这种配合的例证之一"。因此忻口战役的影响及意义远远大于战役本身,它以国共两军合作抗战的典型战例而载入史册。忻口战役消灭了日军的有生力量,尤其是给日军精锐部队第5师团以重创。此役是抗战初期华北战场上作战规模最大、对日军打击最沉重的一次战役。忻口战役无论是作战时间、参战人数,还是战况之激烈程度,在华北地区都是空前的,故与淞沪会战、徐州会战、武汉会战并称抗战初期的四大战役。打破了日军"一个月灭亡山西,三个月灭亡中国"的神话,创造了国共两党团结一致协同作战的光辉典范。国共两军分别在正面战场和敌后游击战场从作战计划、兵力部署到战斗配合等方面,都协调一致,相互默契,给敌以致命的打击,并且在战略上有效地配合了淞沪会战。

由于日军直接围攻忻口受到中国军队的顽强抵抗,陷入拉锯战,不能速战速决,于是在10月中旬派兵沿正太路向太原进攻,吸引中国军队防守力量,分散忻口兵力。10月11日开始围攻正太路临口娘子关,26日娘子关被日军攻陷,忻口守军腹背受敌,战场形势急转直下。中国守军奋力抵抗数日,但已无法挽回战局,伤亡日渐惨重,11月2日,第二战区司令部不得不下令忻口守军撤退,集中保卫太原，忻口会战以中国军队的失败而告终，太原的晋中最后一道屏障被攻破。

忻口作战是全面抗战开始后国民政府与中国共产党在战区统一部署、紧密配合下取得的正面坚守与敌后机动作战相结合的一次成功的防御战。中国军队在忻口战役中坚守阵地长达20多天，有力阻击了日军的南进计划，大量消耗了日军的有生力量和物资装备。会战虽然失利，但在这次会战中，国民党中央军、晋绥军与八路军密切配合，协同作战，以伤亡10万余人的代价，歼灭日军2万余人，创华北战场歼敌之最新纪录。对于忻口战役，国共双方对此都给予了较高的评价。何应钦在日后的1937年对日作战的总结中，也对忻口会战给予了很好的评价："阵线稳固，且迭次出击，歼敌三四万人，造成华北各战斗中最有利的战局……我朱德部在敌后方袭击，迭次予敌重创。"此外，蒋介石在1937年10月17日也致电朱德、彭德怀："贵部林师及张旅，屡建奇功，强寇迭遭重创，深堪嘉慰。"在忻口战役中，守军官兵作战英勇。同时，国共两党在战略战术上也有了新的认识和提升：一是对日作战应持久消耗，在防御的同时，要适时展开反攻，大量消耗日军的有生力量。二是要坚持正面战场与敌后战场的相互配合，阵地战与游击战有机结合，有效牵制日军的正面攻击力量。这些方针在国共合作抗日的后期战役中得到有效的运用，并取得良好效果。

5. 最后的抵抗，太原保卫战何以导致一片混乱溃败的局面？

1937年10月1日，日军开始进攻忻口的周边地区，在双方进入拉锯战、无法一时突破的时候，分兵沿正太路攻向太原，首先在太原的东大门娘子关周围地区与中国守军展开激战，史称"娘子关防御战"，为时20余天。

1937年10月6日，日军板垣征四郎率领的关东军第20师团向娘子关附近的中国孙连仲与曾万钟率领的17师发起攻击。国民政府军事委员会令第二战区副司令长官黄绍竑率部阻击日军，让第一战区部队一部转入晋东娘子关地区组织防御，第17、第30师正面阻击，第14军左翼护卫，第3军右翼护卫。抗战中第17师赵师长率队在雪花山、乏驴岭等地全力抗击日军，多次打退敌人进攻。10月11日，日军第20师团占领井陉，留一部攻打娘子关正面，而主力绕道攻击旧关，13日旧关被攻陷。井陉、旧关的陷落使娘子关陷入两面夹击中，第二战区司令长官阎锡山急令本来增援晋北的孙连仲率第26路军回援娘子关。第 26 路军与守军一道组织多次反攻，歼灭部分日军，但未能夺回旧关。10 月 21 日，日军第 109 师团一部在空军的支援下正面进攻娘子关，掩护第 20 师团左右两个突击队向南运动。26 日，日军左突击队约 4 个大队经测鱼镇南侧突破第 3 军防线，绕到娘子关和新关侧后，用飞机、火炮作为攻击前锋，与另一支突击队合攻娘子关。守军奋起抵抗，终因力量悬殊，孤立无援，被迫全线向西撤退。日军沿正太铁路（石家庄—太原）向西追击，并击退川军第 41 军的阻击，11 月 2 日占寿阳，并逼近榆次，战火燃到了太原城边。至此娘子关防御战结束。

娘子关战役中，充分暴露了国民党军队前线指挥混乱的问题。战时防御部队多为临时调遣，指挥混乱，有的消极怯战，疏于防范，各部各自为政的单纯防御，难以相互紧密配合。如第 17 师抗战坚决，作战勇敢，但将士伤亡惨重，该师在开赴保定前线时有 1.3 万多人，娘子关战役后，仅剩 3000 多人。但最后由于左右守军都撤离，又得不到指令和援助，不得不撤离娘子关。

娘子关战役后，太原外围的防御点基本上被日军攻击殆尽，太原基本上成为一座孤城，形势极为危急。

从 1937 年 9 月 11 日太原会战开始直至 11 月 2 日忻口、娘子关陷落，天镇、阳高、大同、集宁各城市和大片地区被日军占领，中国守军节节败退，中国军队已无法组织起有效的阻击力量。而日军却节节胜利，攻取了山西的大部分区域，并乘胜攻入此次会战的核心城市——太原。太原的存亡对华北地区战局及整个中国抗日战局都有至关重要的影响，但是此时面对士气高涨的 10 万日军的强攻，城破家陷已只是时间问题。因此在会战前夕的作战会议中，国民党军各派作战思想出现分歧。以阎锡山为首的晋绥军希望拼全力以保卫太原，但以卫立煌等为首的中央军和蒋介石委派的第二战区副司令长官黄绍竑等表示反对，双方未能很好地达成共识，军心未能统一，这也导致太原保卫战后期的混乱局面。

太原是阎锡山统治山西二十多年的首府，也是他毕生所经营的官僚资本集中地，保卫太原，其政治、军事和经济意义都对他十分重要，因此阎锡山力排众议，下令组织太原保卫战，在忻口会战进行期间，就命令傅作义、王靖国等部开始准备太原北线防御。阎锡山计划以守城部队为核心，城市外围防御工事为主阵地，内外防守部队合力包围聚歼日军于太原城郊，史称"依城野战"。11 月 4 日，阎锡山任命傅作义为太原城防司令，卫立煌为第二战区前敌总司令，以忻口撤退的部队占领太原北郊阵地，以娘子关退下的部队防守太原东郊，以刚增援的第 13 军推进榆次待机夹击日军，以第 35 军等残损的 7 个旅担负城防。

然而从忻口和娘子关两线撤退的部队刚刚抵达，尚未能完全完成休整和布防，3 路日军已经迅速追击而至，防守部队陷入一片混乱之中，一时难以组织有效抗敌。

11 月 5 日，日军东路占榆次，日军步兵迫近太原城下，做好攻城准备，空军开始对太原市进行有计划有针对性地轰炸，太原城一时间爆炸声连绵不绝，到 5 日下午，空袭警报都已不能发声了。11 月 6 日，日军北路进抵太原城垣。中国守城军队与进抵太原城东北的板垣师团激烈交火。占领榆次的日军迅速支援攻城军队，从东、北、西三个方面包围太原城，傅作义部署在城墙外围的守军被日军陆续打败，太原城成为了孤城。日军利用武器优势，炮兵在飞机指示目标下，从四周高地向城内猛烈炮轰，城墙东北段逐渐被打成缺口。守城军队冒着敌人猛烈的炮火拼死抵抗，并连夜修复了被炸毁的城墙。

日军在正面猛攻的同时，还利用城里的汉奸和特务展开破坏活动和心理战。日军飞机撒下大量传单，令第三方人员迅速撤离出城，要求守军投降，否则将在次日早晨开始全面进攻。镇守兵工厂前沿阵地的李思温团长以两个营的兵力，依据早已构筑的坚固工事，面对优势敌军的进攻，顽强抵抗，曾经击退敌人多次疯狂冲击，黄昏以后，奉令撤入城内。守黄国梁坟阵地的张惠源营，事前准备不够，受到攻击不敌，提前返回城墙主阵地。到这个时候，太原城的北城和东北城角已无我军防守，赤裸裸地摆在了敌人面前。11 月 7 日拂晓，日军分四支开始全面攻击。两支猛攻北城和东门外北段，一支绕过东城向城南的火车站迂回；第四支日军则由汾河上游渡河，进出于城西的汾河西岸，从西面合围太原。日军主力以步、炮、空全面联合作战，向我东北城角猛烈进攻。守军连夜修复的城墙缺口，很快被敌炮敌机轰炸摧毁。我军极力抵抗，战况极为激烈，城坡上、城墙下敌尸成堆，大片黄土被染成了殷红色，而守军更是伤亡惨重，城内也是尸横遍野，房屋倒塌无数。直到黄昏，日军付出惨重代价但仍未能攻破城墙，于是调集大量精锐部队，配置更多的飞机和大炮发动强攻，火力极为猛烈。我城墙守军全力阻击，但兵员伤亡殆尽，火力不支，援军又一时无法调集，被日军在城角打开缺口，一股部队突入城内，占领了小教场（东北城角以内地区）的炮兵营盘，敌我双方在炮兵营盘对峙中度过了一个不眠之夜。这天晚上，傅作义为激励士气，鼓励大家坚守抗战，亲自登上城墙巡视。

正在东北城激战的时候，南门守军将领不战而逃，一下子打乱了守军阵脚,引起很大的骚乱,造成了十分恶劣的影响。11月7日第35军副军长曾延毅率领一些侍从来到大南门,命令守军搬开沙袋,从一个狭小的缺口中仓皇出逃,曾延毅的出逃使本来就不稳的军心一下子动摇了。曾在出逃的时候打着副军长的旗号,看见他的人都说:"副军长出城走了"。这一消息很快就传遍了靠近南城的部队,不明就里的将士们以为是"傅军长逃走了",顿时人心惶惶,无心抗战。而戒严副司令马秉仁也随后立刻乘着"李牧号"装甲汽车从炮兵掩体钻出城外,落荒逃命。"副司令出城走了"的消息迅速传进了守城官兵的耳朵,而官兵们以为是"傅作义司令"出城走了,顿时军心大乱。部分守城部队官兵纷纷留下武器仓皇越城逃命。11月7日中午以后,除北城、东城的守军和日军激烈对峙处于胶着状态无暇他顾外,南面、西面等其他城上的守军逐渐稀少,有些地段已看不到部队的影子,全部溃逃了。

  11月8日拂晓,日军在飞机、大炮和坦克的配合下,攻破城墙东北角,3个营兵力的日军涌入城内,与盘踞在小校场的日军会合,与中国守军开始在城内展开激烈巷战。傅作义得知城墙东北角阵地失陷后,悬赏5万元收复失地,孙兰峰旅奋勇反击,到下午4时全部收复城墙上的既失阵地,拔掉了城上的日本旗,重新封死缺口,但日军利用飞机搭载士兵在入城日军的配合下在小东门大校场强行降落,向城内增兵,战场形势急转直下。得胜在望的日军攻击更为猛烈,继续向北、东两线全面进攻。城内守军各团经过连日激战,营长以下军官的伤亡大量增加,兵员伤亡大增,残部又多精疲力竭,既不能歼灭入城的敌人,也没有力量将敌人逐出城去,已无法控制战场形势,处于极度被动防御状态。

  此时的太原城防司令傅作义陷入两难境地,直接撤退于心不忍,守城失败也难以向上交代,但继续抵抗已属于无谓的牺牲。守城的各将官和幕僚已看出守城无望,全做好了撤退准备,只等撤退命令。11月8日下午,傅作义接受参谋长陈炳谦、防守指挥官袁庆曾等的意见:"对敌人一定要打,对窜入的日军一定要消灭,但需要筹划一种有利的打法,现在局势已恶化到对中国军队极端不利,我们最好先突出敌人的包围圈,转进到西山里,反转来再打击敌人消灭敌人,这是当前万全之策。"于是,命令守军全线撤退。

  但日军已经从东西南北四面封锁了太原城,城内守军撤退仓促,没能做好防守措施,造成大量伤亡。一方面守城部队先后接到退却命令,由于撤退仓皇,部队没能有效集结和组织,更因在夜间撤离,加上日军不断攻击,部队大部溃散。第218旅旅长董其武,新编第1团团长姚骊祥只剩两个单人相随出城,

第五章 哪次作战是华北战场坚持时间最长、战绩最显著的战役？

太原会战中的中国军队士兵

一直走到沁县，经过一个多月，才在石楼找到自己的部队。守双塔寺的第421团营长韩春富，为快速撤离，只带着旅部配属的骑兵一排，狂跑到晋北五台县，被反正伪军金宪章部缴了械。另一方面撤离中部分官兵因混乱和地形不熟而牺牲。在南门外，兵士、装甲车、载重车、马匹驮骡、骆驼等全部拥堵在门口，被踏死踏伤的人很多，第435团少校团副解致信就是在这里被踏死的。退到汾河的官兵因不了解河道的情况，部分人陷入泥淖死在了汾河里。而有的部队由于不明敌情，乱扑到太原县、清源县、晋祠、小店镇等处敌人窝里，被打死的也为数不少。11月9日晨，傅作义在太原西山一个小村暂作停留，收集残部后撤至石楼休整，电请上级给予处分。阎锡山一度准备追究他失守太原的责任，由于卫立煌下达过"相机撤退"的手令以及蒋介石的反对而作罢。

11月9日，日军攻陷交城，并接连攻陷祁县、平遥，太原会战至此结束。

太原陷落后，中国军队在山西的正规作战宣告结束，参战各部转移至各地，继续抗战。其第15、第17军等部转进于晋东南高平、阳城等地；其第14、第14军团等部转进于翼城、沁水一带；晋绥军各部转进于晋西山岳地带，与日军在山西及华北一带进行不间断的战斗。八路军更是以此为契机，从山西开始，开辟中共五大战略区中的三大战略区——晋察冀根据地、晋绥根据地和晋冀鲁豫根据地的建设。

第六章

哪次作战是死亡人数最多的最大国殇?
——南京保卫战

1937 年 12 月 1 日,日军以 20 万大军开始进攻中国国民政府首都南京。中国军队以 8.1 万人的兵力仓促组织抵抗。与日军激战 10 天后,13 日南京沦陷。5 万日军入城,发动了为期 6 个星期的大屠杀。

南京保卫战尽管国民党统帅部在战役的组织和指挥上都做出了最大努力,调集当时国民党军战斗力最强的部队参战。最终还是难以避免失败的命运。8 万中国军队残部与 20 万日军激战,40% 以上官兵战死,受伤无数。而日军攻下南京之后,发动南京大屠杀,这一暴行也激发起了中国人民更坚强和持续的抗战决心。

这场保卫战一个最大的疑虑是,刚刚经历淞沪会战惨败的国民党军各部都来不及休整,面临日军 20 余万人的乘胜进攻,国民党为什么硬要竭力拼凑了这 8 万多人的军队,来打这场注定失败的南京保卫战?

1. 一场不可能胜利的保卫战,蒋介石为什么要坚持"南京孤城不能不守"?

南京保卫战之前,中国正面战场上的长城战役、太原会战、淞沪会战等相继以失败告终,日军已取得在华战争的全面主动权,在武器装备、战场资源,特别是军队士气各方面都占有绝对的优势。国民政府已将大量的精锐部队和财力投入淞沪战场,淞沪会战失败后,南京已无险可守。南京保卫战无论是从战略上、财力上,还是士气上,都是一场不可能胜利的保卫战,历时 13 天便宣告失败。

1937 年,卢沟桥事变之后,面对日本发动的大规模侵华战争,国民政府军事委员会做出决定,在上海开辟第二战场。希望通过淞沪会战引起国际社会广泛关注,国际上对日本施加压力,通过谈判的方式和平解决,使日军停止在华的侵略战争。但是,这一愿望并没有实现。1937 年 8 月 11 日,在淞沪会战爆发前夕，国民政府军事委员会调集第36师、第87师和第88师3个师的兵力投入到上海，进行全面的布防防御。会战爆发后，战事朝着不利于中国军队的方向发展，国民政府不得不调派大量主力兵力，持续支援在上海的战斗。战局进入僵持阶段后，中日双方都不得不继续调派大量军队投入战场。在此次会战中，国民政府先后共投入兵力达到75万，日军前后增援的部队也达到了30万人左右，基本上都是举全国之力。会战后期，日军从杭州湾登陆取得了淞沪会战全面优势。中国军队面对日军的前后夹攻之势，为了保存实力，不得不全线撤退，日本全面占领上海等地，得到了大量的战略资源，而中国则丧失了大量的战略资源。在淞沪会战之后的军事会议上，国民政府军事委员会已经清楚地知道，无法打赢保卫南京这一仗。于是，国民政府一面决定于1937年10月月末迁都，一面由军事委员会驻留南京，策划抗战。到了1937年11月，军事委员会也转移到武汉，做好向西撤退的准备。因此南京也没有充分布防。

中日战争爆发后，国民政府试图通过来自国际上的压力，阻止日本发动侵华战争。一直到淞沪会战爆发，这一幻想都没有破灭。面对日军的屡次挑衅和进攻，国民政府穿梭在英、美、德、俄各国之间，寻求支持，希望借助列强的力量，从国际层面发挥牵制日本的作用。当时西方国家的注意力都集中在欧洲，对中国的局势并不关心，对日军的一系列侵华行动采取消极的绥靖政策，这也让日军更加有恃无恐。当时，美国国内也正面临严重的经济危机，自顾不暇，更没有精力对日本进行制裁，美国政府只是站在中立的立场上，于1935年8月31日通过中立法，禁止美国船只向交战国运输战时禁制品。这一法令不仅对日本产生不了任何限制，反而导致国民政府无法从美国取得抗战必要的武器装备。另一列强英国也跟随美国的政策，保持中立态势，这些都对日本发动侵华战争有利。

1937年9月10日，国民政府仍然试图通过国际联盟取得支持，在国际联盟第99届常委会上，中国代表依照《国际盟约》上的约定，向国际联盟提出申诉，要求日本停止对中国的侵略，希望国际联盟制裁日本。经过两个星期的讨论，国际联盟常委会只是谴责了日本轰炸中国平民的行为，并没有做出任何制裁日本的打算。9月29日，国际联盟咨询委员会在连日的开会讨论后，英国代表终于对中日战争发表了看法："按照常规，中日两国关系应由两国直接解决。唯从国联义务上言则不应如是。此次冲突不能谓为事关两国，实则与远东有经济利益之各国均有关系。"对于这一没有实质意义的发言，日本反应激烈，10月1日，日本政府就发出声明，拒绝国际联盟调解中日冲突。国际联盟虽然承认日本在华的军事行为是事实，但并不愿意承认这是一场侵略战争。中国代表顾维钧抗议争辩，但没收到任何效果。10月5日，美国总统罗斯福发表防疫演说。国联咨委会因此受到激励，重新起草会议报告，并建议采取具体步骤阻止日本侵华。面对国际联盟的报告，日本愤而退出了国际联盟。国民政府想通过国际联盟阻止日军侵华的愿望此时已经彻底破灭了。

1937年10月22日，中国华东战事已经非常危急。蒋介石此时也意识到无法从国际社会得到更大的支持。当时，蒋介石在与驻苏联大使蒋廷黻的电报上，表达英美可能偏袒日本的担忧："'九国会议'在即，现在所亟应考虑者，我国此次固为自卫而战，亦为远东整个安危之所系。……唯英美为求息战起见，是否将有过分迁就日本之处，殊堪顾虑。日本正在横行无忌，如不参加会议，或拒绝一切调解，愈见其甘为戎首。"

11月3日，九国会议在比利时布鲁塞尔召开。日本和德国都没有派代表参加会议，但是日本政府却发表声明称，中日两国纷争，他国没有权利干涉，这一声明得到了意大利的支持。同时，意大利公开在会议上反对向日本施行经济封锁。虽然国民政府一再提出希望国际社会协助中国与日本交涉。但英国仍然坚持自己的中立立场，美国在会议中声明称不介入战争，法国表示无能为力。这次会议以无限期休会结束，没有取得任何具有实质意义的成果。

在这种国际局势下，中国不仅得不到国际社会的支持，连抗战所需的武器和物资也受到限制。只有法国和苏联还表示对中国提供军火支持，但也只是口头上的承诺。11月10日，苏联国防部部长伏罗希洛夫要中国驻莫斯科使馆参事张冲转达："如中国抗战到达生死关头时，苏俄当出兵，决不坐视。……飞机、重炮、汽油、坦克，当尽量接济……"11月30日，蒋介石致电斯大林，说明淞沪会战之后，南京政府正面临的危机，希望苏联提供支持。蒋介石在电文中说："中国今为民族生存与国际义务已竭尽其最后、最大之力量矣，且已不得已退守南京，惟待友邦苏俄实力之应援，甚望先生当机立断，仗义兴师。"12月5日，斯大林回电："……需在'九国公约'国同意共同对付日本，且经两个月后的最高苏维埃会议批准，才可出兵。"此时远水已经难解近渴，日军大兵压境，斯大林的承诺也成了一纸空文。

淞沪会战接近尾声，日军在预期淞沪会战的胜利之后，已经开始了对南京进攻的部署。1937年11月7日，日本参谋本部向华中方面军下达命令，规定华中方面军的作战区域为苏州、嘉兴联结之线以东。但当时只是要清剿在上海附近的中国军队，并没有下达进攻南京的命令。11月9日，上海战事陷入全面被动，蒋介石在这种情况下，对在上海参战的各部队下达命令，全面向南京和杭州方向撤退。11月12日，中国军队放弃抵抗，上海全部沦陷。11月13日，日军15艘军舰驶入长江，开始部署进攻南京的这一战。11月20日，国民政府正式宣告把首都转移到重庆。11月24日，唐生智被任命为南京卫戍司令官，指挥保卫南京的战斗。

与此同时，日军已经做好准备。日本参谋本部下达新的命令，要求日军华中方面军的作战区域扩大到无锡、湖州一线以西的部分地区。11月28日，随着无锡、常州、广德等地落入日本人的手中，日本参谋本部决定追击向南京撤退的中国军队，紧逼南京。

早在淞沪会战还没有结束的时候，国民政府内部就对于是否保卫南京做了多次讨论。当时各位将领对形势的看法都比较悲观。1937年11月，白崇禧就对保卫南京持悲观态度。按照他的意见，经过淞沪会战之后，中国军队的剩余部队已残破不全，更没有后续部队可调度，建议宣布南京为不设防城市。张群也认同这一看法，说："如我军自动退出南京，将来和谈时，日军就不能以武力攻占南京的战胜者自居。"陈诚虽然认为只是从政治角度，还有守一守的必要，但就当时从军事角度分析，也认为守南京没有任何成功的希望。

11月16日，蒋介石召开了第一次防卫会议。会议上作战组组长刘斐表示，日军拥有海陆空优势，中国军队如果守卫南京，就会处于立体包围之中。再加上淞沪会战兵力损失太大，中国军队几乎还没来得及做任何休整，战斗力还没有恢复，并不具备作战的条件。他建议，只用12—18个团的兵力，象征性地抵抗一下，然后主动撤退，保存实力。这一意见得到了何应钦、白崇禧、徐永昌等与会者的支持。蒋介石也一度有放弃据守南京的念头，只是在这次会议中并没有做出决定。

但是，蒋介石放弃据守南京的念头很快就被打消了。在第二、第三次防卫会议上，李宗仁再次表达了弃守南京的意见，他认为："南京在战术上是个绝地，敌人可三面合围，而北面又阻于长江，无路可退，以新受挫折的部队来坐困孤城，实难望久守。"

面对弃守南京的建议，蒋介石反而犹豫了。他在之后询问德国军事顾问亚历山大·冯·法肯豪森，希望军事顾问给出合理的意见。德国的军事顾问也从军事上的观点出发，赞成李宗仁的意见，极力主张蒋介石"不作无谓的牺牲。"就在这时，事情突然发生了转机。

在防务会议上，时任国民政府大本营军事训练总监兼军法执行总监的唐生智自告奋勇,主张南京非固守不可。他说:"现在敌人已迫近首都,首都是国父陵寝所在地。值此大敌当前,在南京如不牺牲一二员大将,我们不但对不起总理在天之灵,更对不起我们的最高统帅。本人主张死守南京,和敌人拼到底!"一句话打动了与会将领,因为唐提出中华民国的"国父"孙中山,主张弃守南京的人也不再争辩。何应钦表示唐生智担负这个责任很适当,蒋介石到这时才说出了自己的真实想法,他也认为,南京是国民政府首都所在地,还有孙中山的陵寝,有必要为守卫南京做出重大牺牲。同时期望守军能固守南京3个月至1年。就这样,从一开始就意味着一定会失败的保卫南京的战斗决议确定了下来,但是,这时还没有人会想到,南京会那么快就被日军攻陷,并发生大屠杀的惨剧。

11月20日,唐生智被蒋介石正式任命为南京卫戍司令官。11月21日,蒋介石在日记中写道:"文人老朽,以军事失利,皆倡和议,而高级将领,亦有丧胆落魄而望和者。呜呼!若辈竟无革命精神若此,究不知其昔日倡言抗战之为何也。"11月26日,又在日记中写道:"南京孤城不能守,然不能不守,对国对民殊难为怀也。"从这些日记中,也可以看出当时蒋介石本人对于守卫南京的矛盾心理,明白从军事和战略的角度南京都不可守,但是从情感上又不得不守。

此时中国能够调动的军队已经不多,能够集中起来的兵力理想上能够达到18万人左右,实质上,只有8万多人。这些兵力包括刚从上海前线撤退下来的第36师、第87师和第88师,加上从别处抽调来的10个师,勉强凑齐了13个师。另外,连军事学院学生组成的教导总队、宪兵部队、江宁要塞部队等都凑在一起,仓促组成了一支守城部队。让唐生智悲观的是,在能够调来守卫南京的部队中,除去第10军的第41师和第48师是从汉口开来的增援部队,其余的都是由上海战场撤下来的部队。经过淞沪会战一战,已经损失惨重,实际上都没有满编,其中还有3万人都是新兵,战斗力完全不符合要求。

此时,日本却兵力充沛,总兵力达到20万人。日军华中方面军战斗序列主要由上海派遣军和第10军构成。此外,还有通信部队、铁道部队、航空部队、工兵部队、兵站部队等参战。进攻南京的日军大将是松井石根,属于"中国一击论"的强硬派。他一直认为日本只有通过前线作战击垮国民政府,

何应钦

才能征服中国。另外，担任日军第10军军团长的柳川平助也是主战派。注定了在军力悬殊的南京守卫战中，中国守军将面临一场必败的恶战，也注定这是一场从一开始就不可能胜利的防御战。

2. 日军迅速攻破南京

1937年11月，上海完全被日军占领，淞沪会战以中国军队的失败而告终。中国军队按照指令向杭州、南京方向撤退。日军乘胜追击，兵分三路，向南京进犯。

在淞沪会战失败以后，中国方面已经开始计划组织防守，准备在上海以西300公里的国民政府首都南京打一场保卫战。由于上海战事危急，上方下达的撤退命令过于仓促，以至于后方的防御完全没有做好准备，导致后方防御工事在交接过程中发生了失误，仗还没开始打，后方阵地已经乱了。而日军瞅准时机，派出大批轰炸机，沿途进行大范围轰炸，更使撤退中的中国军队一片混乱。原本期待有组织地撤退变成了一场没有秩序的大溃败。

早在1935年7月，德国陆军名将法肯豪森担任中国的军事顾问，当时中日战争形势已经日益紧张。为了应对将来面临的华中地区不可避免的战争，他起草了《关于应付时局对策之建议书》，中间涉及南京的防御。他在防御策略中指出："……东面有两事极关重要，一是封锁长江，一为警卫首都，两者有密切之连带关系。屡闻长江不能守之议，窃未敢赞同。……江面虽宽，然究为极狭隘之水道，航路异常困难，稍大战舰不易机动，下游已有许多窄隘可用，应用方法（游动炮兵、飞机）作有效之封锁。……长江封锁于中部防御最关重要，亦即为国防之最要点，防御务须向前推进。江防须封锁江阴，陆防须利用许多地险及天然便于防御之地形，推进至上海附近……"

按照法肯豪森的这份建议书，他已经基本判定了日军在将来进攻南京时的方向和路线，以及日军作战的特点。作为一个重要的指导性文件，这份建议书结合中国的具体情况，提出了这一地区的主要防御区域、兵员配备和可以采取的相应措施。可以说，在1937年之后，在华中地区发生的一系列战事，包括中国军队保卫上海、南京、决堤花园口、

法肯豪森

退入内地打持久抗战等行动，大多在这个文件指导下进行。

　　按照法肯豪森当时的设想，在中国的东南方向，防御日军进攻的第一道防线是以淞沪线、吴福线（吴江至福山）、锡澄线（无锡至江阴）构成的永久国防工事，第二道防线是江阴，封锁长江江面防线，阻止日军的进一步进攻。第三道防线是保卫南京。按照这个部署，日军要打下南京，整个过程也要花上一两年。只要防御能够坚持一两年的时间，国际形势和中国国内的形势就会朝着有利于中国的方面转变。

　　虽然对于南京的防御是在这份建议书的指导下进行的，但实际的情况远远出乎最初的预料，日军的进攻太快了，面对日军的追击，中国军队几乎没有组织起有效的防御。只是在日军出动海军，沿着长江一路向西进犯内地的时候，在锡澄线上的中国守军发动了江阴保卫战，阻击了这一路日本海军的进攻。但在南部，无锡很快就被日军攻陷，最终导致锡澄线基本上没有发挥任何作用。北路日军一路势如破竹，顺利到达南京。

　　12月1日，日军攻占江阴要塞，做好了进攻南京的准备。这一天，日本大本营下达《大陆命第八号命令》，命令称："华中方面军司令官须与海军协同，攻占敌国首都南京。"日军兵临南京城下，接到命令后，开始了对南京的进攻，南京保卫战开始了。此时，以唐生智为首的南京守军仓促之间还没有做好完整的部署。

　　1937年12月2日，战斗一开始，中国守军就发现战局比最初预想到的还要悲观。在日军发动的首轮攻势下，江阴防线全线失守。中国海军主力第一舰队和第二舰队与日军展开战斗，但是很快就在和日军的海战中被全部击沉，水路的防线被击垮了，作为南京国民政府唯一一道拱卫京畿的水上屏障失去了防守价值。蒋介石最初做出的中国军队能够守卫南京半年到一年的希望已经落空了。

　　从12月1日开始，日军开始对南京发动疯狂进攻，飞机大炮持续轰炸南京城。在日军持续的猛烈的炮火之下，中华门、水西门附近一带，已经没有一座完整的房屋，街道一片狼藉。战斗持续到12月4日，在距离句容以东40里的地方，日军便衣侦察队在江南阴沉的冬日里巧妙靠近中国守军的阵地，很快就被中国军队的前哨部队发现了。日军侦察队和中国守军前哨部队发生了短暂的交火，南京外围战就此开始。12月5日，外围激烈的交锋发生了，日军分成各个小部队分头行动，机动穿插到中国军队第66军的阵地，与中国守军发生激烈交火。从一开始，中国守军就陷入被动，在几处中国守军的阵地上，在日军的进攻之下，甚至出现中国守军顽强抵抗，最终全部牺牲的壮烈场景。

经过南京城外混乱的外围战，日军迅速推进，南京城很快就直接暴露在日军面前。日军大军兵临城下，12月6日，中国军队不得不宣布南京全城戒严，做好守城的准备。12月7日，南京被宣布为战斗地区。

南京背对长江，当时日军已经完全占据陆路和水路的优势，之前中国军队担心出现的对南京的立体包围已经形成了。日军在北面用军舰封锁，对南京城进行炮击。在地面上，日军从芜湖方向一路突进，从西面包抄过来，切断了南京与后方的联系。东面和南面，日军的合围态势已经形成。此时南京已经成为了一座死城，围攻南京的部队源源不断地集结。

唐生智此时管辖的中国军队有南京卫戍部队，包括第2军团徐源泉第41师、第48师，第66军叶肇第159师、第160师，第71军王敬久第89师，第72军孙元良第88师，第74军俞济时第51师、第58师，第78军宋希濂第36师，第83军邓龙光第154师、第156师。教导总队桂永清第103师、第112师等14个师。另有宪兵司令萧山令的两个宪兵团，炮兵第8团1营，炮10团1营，轻战车10辆，城防通信营，防空司令部27门高射炮，特务队。盘点这些参战的部队，基本上全部都是从淞沪会战的战场上撤下来的，未能进行有效的休整和物资补充，远远不能满足当时守城的需要。最后不得不临时拉了3万人的壮丁参与守城，这些人没有接受过任何训练，几乎起不到任何作用，而且极易溃散。和日军相比，中国守军火力很弱，武器装备上也差了一大截，根本无法阻挡日本人的进攻。

同时，南京的防御工事也不容乐观。南京的环形阵地是南京警备司令部修建的。最初的设计者完全没有现代战争的经验。工事的位置不隐蔽，同时也不大注意斜射和侧射以及纵深掩护。大多数的工事都设在高处的山顶和陵线等位置上，就连枪眼也做得太大。这样的防御工事很容易成为炮火的目标，被炮火突破和摧毁。

在这样的防御工事之下，中国守军作了以下的部署：第74军防御牛首山，第88师防御雨花台，第87师防御江南铁路以北；教导总队防御紫金山；第2军团防御乌龙山；第36师防御幕府山；第66军防御大水关；第83军和第36师一个团在青龙山、龙王山策应掩护。此时，在得知南京陷入日军包围之中，镇江的第103、112师迅速集结，向南京方向增援。

3. 日军重火力猛攻南京城，中国军队困守孤城，顽强抵抗

南京保卫战开始后，日军3路大军势如破竹，以绝对优势兵力，从3个方向直扑向南京城中国军队的防守阵地。日军知道，他们面对的是早已经在淞沪战场上被他们打得七零八落的军队，根本就没有把这些军队放在眼里。

围攻南京的日军不仅兵力充足，而且装备精良。日军从东面沿着太湖前进的部队由鸠彦王率领，是上海派遣军的第3师团、第9师团、第13师团和第16师团，以及第11师团第10旅团。从南面进发的军队由中将柳川平助率领，包括第10军的第8师团、第114师团、第6师团，以及第5师团第9旅团。日军参战的有6个师团，1个旅团，独立两个野战重炮旅团和另外3个野战重炮、攻城重炮兵联队，7个攻城重炮兵大队，1个重型臼炮大队，1个重炮中队，16个高射炮队和3个后备山炮队，21个独立汽车队及其他支援部队。日军重兵部署，武器先进，势在必得。当时，围城的20万日军配备有包括240毫米榴弹炮，150毫米加农炮等重炮在内的大炮高射炮超过700门，速射炮、步兵炮、迫击炮和掷弹筒超过2000门，还有战车、装甲车300辆。

12月7日，日军华中方面军下达进攻命令。日军迫不及待地向南京外围第一线防御阵地发动进攻。中国守军的抵抗在日军猛烈的炮火面前完全无法起到作用，日军很快突破第一线防御阵地，继续向南京城复廓阵地发动攻击。为了快速拿下阵地，日军集中了到达战场的全部炮兵火力，一起发炮，以摧毁性打击希望一举拿下中国守军的阵地。同时，日军的战车也快速加入战斗，以40多辆战车为先导，日军首先对将军山发起进攻。当时防守的中国守军是第74军，他们在上海战场连续作战80多天，早已经疲惫不堪。撤退到南京之后，被部署在牛首山及附近阵地负责外围阵地的守卫。7日早晨，日军就派兵淳化镇，与第74军遭遇。第74军第302团奋起反击，一次又一次击退了日军的猛烈攻势，日军连续组织了十多次进攻，都没有奏效。在激烈的战斗中，第302团自己也损失了900多人。

12月8日，为了弄清中国守军阵地的部署情况，日军升起了气球，从500米的高空观测整个战场。当天早上，日军又派出第6师团，对牛首山我第74军第58师阵地发动了新一轮的进攻。为了配合地面部队的攻势，日军出动了空军对中国守军进行轰炸。双方连续的激战持续了两天一夜，中国守军的主要阵地工事都被日军的炮火和航空兵摧毁，人员也伤亡惨重。

在防守阵地上，防御工事里的机枪掩体发挥了很好的防御作用，在一定程

度上给进攻的日军造成严重的打击。为了摧毁这些机枪掩体,日军出动6辆战车,掩护大量平射炮进行连续的袭击,一时之间,掩体里的机枪手被炸得尸首横飞,惨不忍睹。日军一边从正面组织疯狂的攻势,一面派出部队,偷偷绕到后面的口山包抄,突然对守军发动袭击。在淳化镇的战斗中,中国军队第74军第51师第301团代团长纪鸿儒在日军猛烈的炮火之下,身负重伤,9名连长伤亡,排以下士兵伤亡1400余人。惨重的伤亡导致301团战斗力完全丧失。第58师第305团团长张灵甫也身负重伤,连长伤亡5人,排以下伤亡600多人。8日,74军第58师阵地最终被日军突破,部队不得不向麻田桥、水西门一带撤退。

12月8日,在京杭国道方向,守军教导总队第5团与日军遭遇,持续鏖战。在日军空军和地面部队的火力协同下,仍然顽强抵抗。战斗一直到9日,日军见无法突破第5团防线,向中国守军阵地发射了大量的燃烧弹。顿时第5团阵地上一片火海,罗雨丰营长和部下大部分阵亡。教导总队第5团在两天的战斗中损失过半,最终也不得不向后撤退。

12月9日,日军进攻到南京城下,并没有立即发动攻势。日军华中方面军司令官松井石根向城内的中国守军发出最后通牒,用飞机投到城内。南京卫戍司令唐生智接到通牒后,并没有理会,只是在当天下达了"卫参作字第36号"命令,对中国守军下了死守南京的命令,决心以破釜沉舟的精神背水一战。命令称:"本军目下占领复廓阵地为固守南京之最后战斗,各部队应以与阵地共存亡之决心尽力固守,决不许轻弃寸土、摇动全军,若有不遵命令擅自后移,定遵委座命令,按连坐法从严办理。各军所得船只,一律缴交运输司令部保管,不准私自扣留,着派第78军军长宋希濂负责指挥。沿江宪、警严禁部队散兵私自乘船渡江,违者即行拘捕严办。倘敢抗拒,以武力制止。"

日军只等了一天,看中国守军没有投降的意思,就于1937年12月10日发动了总攻。日军集中兵力,对雨花台、通济门、光华门、紫金山第三峰等阵地发起全面进攻。这一次的战况比9日的战斗更为激烈。在日军的炮火之下,守军阵地损失严重。特别是城东南方面的阵地,复廓阵地基本丧失。日军直扑南京城,形势非常严峻。卫戍司令部急忙命令第83军第156师赶往增援光华门、通济门。唐生智知道日军很快会攻入城内,一面组织防守,一面在城内各要点建筑预备工事,准备打巷战。为了增强城内守军的力量,又急忙将第66军由大水关、燕子矶调入城内,部署在中山门及玄武门一带构筑工事,准备殊死一战。第103师和第112师刚从镇江撤入南京城内,在教导总队总队长桂永清的指挥下，防守中山门附近阵地和紫金山阵地。

战斗进行到10日夜里，第156师趁着夜色掩护，派出一支小分队，从城墙上坠下，将潜伏在城门洞里的少数日军全部歼灭。但这小范围的战斗改变不了整个战局的被动局面，在雨花台阵地，日军发动两个师团主力，通过步兵、炮兵、坦克及航空兵协同作战的方式，把第88师右翼第一线阵地全部摧毁，守军被击败后，残部不得不退守到第二线阵地。这个时候，日军第18师团占领了芜湖，战局形势对守军更加不利。

12月11日，日军第16师团对紫金山南北的中国军队阵地发起猛攻，战线延伸到紫金山及其以南地区。日军的进攻遭到教导总队坚决抗击，激战了一整天，日军除了右翼部队攻占了第2军团防守的杨坊山、银孔山阵地外，其余地方毫无进展。日军上海派遣军指挥部看前线战斗进展缓慢，又从镇江派船渡江，将第13师团中调出山田支队加入第16师团的右翼的进攻，向乌龙山、幕府山炮台发动进攻，企图适时切断中国守军向东的退路。

日军第10军的第114师团和第6师团主力联合，持续攻击雨花台阵地，很快守军第88师的第二线阵地又被摧毁了，进一步被压缩到核心阵地。此时，日军第114师团右翼部队开始攻击中华门，城门被日军猛烈的炮火击毁，少数日军借着炮火掩护，突入城内。第88师看情势危急，发动殊死抵抗，将这股日军歼灭，暂时守住了城门阵地。

日军第6师团左翼部队之一部此时沿长江东岸北进，在上新河击败了中国守军宪兵教导2团的一个营，占领了水西门外的棉花堤阵地。日军国崎支队在当涂北慈湖附近渡过长江，沿西岸北进，向浦口运动作战。此时，占领芜湖的日军第18师团因转用于杭州方面，不再参加进攻南京的作战。但整个南京城已经陷入日军持续的攻击占领之下，局势岌岌可危。

在南京保卫战中，中国守军面对多于自己数倍的兵力，虽然顽强抵抗，但在日军猛烈的炮火之下，阵地接连丧失。在战斗中，日军充分发挥了重炮和机动作战的优势。12月13日，日本《读卖新闻》记者从南京城头发出战事报道："今晨以来，构成南京攻防战最后一幕的大巷战和大歼灭战正在展开。城内各处火光冲天，奏起了远东有史以来凄惨无比的城池攻陷曲。在南京决战对中国军队是不利的，江浙已经基本沦陷。工业已经向西转移，意味着中国军队的所有后勤都至少需要从湖南、湖北通过长江运输过来。而这条长江是很容易被日本航空兵和军舰封锁的。如果在陆地也被三面合围的话，就是一个标准的死地。而南京背靠的上海港口，日本的补给线则变得很方便，从本土来的轮船可以轻松卸货。在世界军事史上，在没有取得火力，尤其是炮兵重火力优势和机动兵力优势的前提下，就贸然进行战略决战是没有取胜的先例的。"

南京保卫战期间，蒋介石已经退守武汉大本营，他虽然知道南京一战是一场不可能胜利的战役，但对南京的战况也非常关注。每日他都会通过电报和前线取得联系，询问战斗情况，发布战斗指示。南京战场上的坏消息不断传来，让早有失败准备的蒋介石仍然感到意外。战斗一开始，蒋介石就发现撤到南京的部队战斗力很差，士气也远远比不上刚刚在上海打过的那一仗。日军只花了两三天时间，就攻克了南京外围主阵地带，复廓阵地还没稳住阵脚，就被日军突破，直逼南京城。很快，又有战报称当涂附近也有日军渡江，蒋介石更加感到局势危急。

犹豫再三之后，蒋介石为了保存有生力量，避免南京的守军被日军围歼。11日中午，蒋介石终于下定决心，让守军撤出南京。之后，蒋介石又让当时在江北的顾祝同以电话转告南京卫戍司令唐生智。于是顾祝同要唐生智当晚就渡江北上，南京的守军也寻找机会突围。

这道命令让唐生智非常为难。在南京保卫战之初，唐生智信誓旦旦，曾力主固守南京。在没有蒋介石直接命令的情况下，如果突然先行撤走，今后责任恐怕也难以承担，因此他要求，必须先向守军将领传达清楚最高统帅的意图后方能撤离。一直等到11日晚上，唐生智才接到蒋介石的直接电令："如情势不能久持时，可相机撤退，以图整理而期反攻。"当天夜里，唐生智与罗卓英、刘兴两副司令长官及周参谋长开会研究，最终决定于14日夜开始撤退。12日凌晨2时，唐生智召集参谋人员制订撤退计划及命令。

4. 前线士兵抱定死守的决心，怎么突然变成一场混乱的大撤退？

12月12日，唐生智得到蒋介石的许可，下达了突围撤退的命令，南京守军的抵抗就此土崩瓦解。12月13日，日军顺利攻入南京。

早在11月29日，南京保卫战爆发之前，蒋介石虽然认为南京一战没有胜利的可能性，但是对固守南京一段时间还是比较有信心。当时蒋介石和将领出南京城查看地形之后，蒋介石认为，南京至少可以守两个月。带着这种乐观的判断，在12月7日的师级以上军官会议上，唐生智表示，誓与南京共存亡。蒋介石也表示，只要唐生智坚持到云南的援军赶到，他会亲自带队到南京解围。会后，唐生智又对蒋介石说："没有你的命令，我决不会下令撤退。"这也为后来的撤退埋下了伏笔。

按照最初南京保卫战的作战计划，并不是死守，只要有蒋介石下令，防守南京的部队就可以撤退。但到实际执行时，却成了死守。为了表明自己的决心，唐生智下令，把所有南岸的船只都交给36师控制，下定了破釜沉舟的决心。同时还命令，城外的部队不许退入城内，城内的部队不许出城。北岸胡宗南第一军得到命令，如果发现向江北偷渡的船只，第一军可以射击。这种破釜沉舟的决心如果能真正得到贯彻，所有守城部队断了后路，拼死抵抗，也许会有意外的战绩。但是师、旅长以上的军官都知道，高级将领从一开始就给自己留好了后路。只有前线的士兵拼死抵抗，抱定了死守南京的决心。

12日，南京城还没有被攻破，日军还没有进城，实质上此时城外有一半以上的地区还在中国守军的控制之中。当时中华门方向的阵地并没有失守，光华门方向虽然日军疯狂进攻，城外的第87师261、260旅顽强抵抗，阵地仍然被牢牢控制。中山门阵地由87师防守，也没有丢。水西门方向守军是第51师306团，所受压力比较小。到了12日下午，日军虽然从中华门与水西门之间的城墙打开缺口，突入城内，但被306团的敢死队消灭。一直到当天夜里日军也没能再次攻入。

另外紫金山第一峰、第二峰的阵地也都在中国守军的掌握之中，乌龙山要塞刚刚与日军接触，还没有发生战斗。一直到撤退的命令下达后，13日下午，江心洲的芦苇丛中，还埋伏着112师的一个团，随时准备着伏击日军的登陆部队。直到这个时候，他们还没有得到撤退的命令。

但是，12日5时，撤退的会议开完之后，各部队随即自行突围。一场毫无组织和规划的大撤退开始了。当城内的叶肇第66军出中华门撤退时，守在中华门的一线士兵完全还不知道撤退的命令已经下达。部分高级军官已经悄悄过了江。教导总队的部分将领们逃走时，底下的团长还在指挥战斗，一直到12日晚上8点30分，总队的4个团长还在紫金山开会，商讨如何御敌。71军军长王敬久、87师师长沈发藻当天下午逃走时，连城里的部队都没有通知。这种混乱一直持续到夜里12点。与其说这是一次撤退，不如说这是一次大溃逃。

12日傍晚，261旅发现城墙没有人防守了，这才意识到情况发生了变化。但撤退的命令一直没有下来，261旅一直战斗到13日中午，也没有接到撤退命令。直到后来，日军坦克车已经开到了长官部门口，他们才知道自己被抛下了。这种混乱导致这支部队成为南京保卫战中最后撤退的部队。

第六章 哪次作战是死亡人数最多的最大国殇？

数万守军一瞬间土崩瓦解，溃不成军。几万军队和无数民众一起涌向下关方向，试图从那里渡江逃生。但是，据守在这里的36师却不放军队通过。因为按照以前的作战计划，不允许守城部队从这里撤退。混乱中中国军队内部发生枪战，部队混作一团。最后，撤退的大军冲破了36师把守的挹江门，地上留下大批的尸体。在各部队撤退到挹江门之前，还基本上保持着完整的建制。经过挹江门这次冲突，撤退的中国守军完全混乱，只顾各自逃命。

此时，5路日军已经杀到南京城下，方圆几十里的南京城已经被几十万日军围得水泄不通。还未来得及撤退的中国守军无论在哪个方向，都在日军的包围之中。随处都埋伏着的日军机枪手，从各个角度形成交叉火力网。从南京城仓皇撤退的中国士兵又完全缺乏组织。此时，只有南京城北面没有日军，但是却有一条汹涌的长江，断绝了撤退守军的归路。

此时长江上没有桥梁，也没有渡江可用的船只。面对滚滚的江水，士兵和难民混在一起，乱作一团。慌乱中纷纷趴着木头盆、门窗、木棍子等一切可用的东西想要漂过滚滚长江。但是，此时日军第16师团的先头部队第30旅团第33联队已经一路追击到下关。在长江江面上，日本海军第3舰队第11战队的5艘炮舰、4艘驱逐舰、4艘海巡艇也赶到了。面对江岸上的混乱局面，毫不客气地发动了攻击，前后一起射击，射杀拥挤在下关和江面上的军民。

12月12日上午，南京宪兵司令部副司令萧山令正负责防守上新河、雨花台、光华门等阵地，率领部队与日军展开激战，阻止了当日进攻的全部日军，就在准备同日军巷战时，接到唐生智与蒋介石电令："全线突围撤退。"命令萧山令为渡江总指挥，各军团按指定地点突围。13日上午7时，他率领掩护撤退的部队抵达江边，看到军队遭到水陆夹击，军民死伤遍野，悲愤至极，疾声呼喊："杀身成仁，今日是也！"遂率部与日军冲锋、肉搏，血战5个小时。我军弹尽援绝，江边官兵多数战死，血流成河。他目睹惨状，无回天之力，痛不欲生，遂举枪自杀殉国，时年45岁。有人在其遗照上题："敦诗笃礼，义胆忠肝，气吞暴日，名并钟山。"后被追认为中将。

13时，日军在下关等地俘虏了很多中国军队的士兵。这些俘虏完全不像军人，有的只有十二三岁，有的已经四十多岁，服装也各式各样，甚至完全看不出是军人的样子。这些人都是在南京保卫战之初，为了补充兵力，临时在南京城内拉来的，自然毫无作战能力。

5. 惨绝人寰的大屠杀，中国抗日战争中最大的国耻和国殇

1937年12月13日，南京城内的中国守军全线撤退，日军攻入南京，南京保卫战失败。12月20日，国民党中央政府决定迁都重庆，将重庆作为战时陪都。从12月13日开始，日军在华中方面军司令官松井石根指挥下，在南京城内展开为期6个星期的大屠杀，直到1938年2月南京的秩序才开始好转。此次大屠杀中日军不仅违反国际法屠杀大量伤兵、俘虏，更是对手无寸铁的南京市民疯狂举起屠刀，强征慰安妇，约2万中国妇女遭日军奸淫，30万以上中国平民和战俘被日军杀害，整个南京城大约有三分之一被日军纵火烧毁。如今的南京大屠杀纪念馆保存了南京大屠杀的资料史实，要让世人永远记着这一国耻和国殇：

12月14日，日军大屠杀开始了。日军首先屠杀了4200名无法行动的中国伤兵，随后又开始屠杀俘虏，后来又以抓逃兵为由到处抓捕男性，南京大屠杀进一步扩大开始了。日军的屠刀开始朝向南京的平民。日军攻陷南京之后，在南京城区及郊区对平民和战俘进行了长达6个星期之久的攻击，期间发生了大规模的屠杀、抢掠、强奸等战争罪行。有关南京大屠杀的死亡人数国际法庭认定至少20万以上，中国学者考证为30万以上。分析南京保卫战的资料可以发现，国民党军队真正在战斗中阵亡的不多，多数死于混乱的撤退中以及日军的大屠杀中。

南京大屠杀

12月15日，日军将已经缴械的中国军警人员2000余名，押赴汉中门外，用机枪扫射，焚尸灭迹。同日夜，又有市民和士兵9000余人，被日军押往海军鱼雷营，除9人逃出外，其余全部被杀害。16日傍晚，中国士兵和难民5000余人，被日军押往中山码头江边，先用机枪射死，抛尸江中，只有数人幸免。

17日，日军将从各处搜捕来的军民和南京电厂工人3000余人，在

煤岸港至上元门江边用机枪射毙，一部分用木柴烧死。18日，日军将从南京逃出被拘因于幕府山下的难民和被俘军人5.7万余人，以铅丝捆绑，驱至下关草鞋峡，先用机枪扫射，复用刺刀乱戳，最后浇以煤油，纵火焚烧，残余骸骨投入长江。而日军少尉向井和野田在紫金山下居然以杀人为乐，进行"杀人比赛"，一天时间内他们分别杀了差不多150名中国人。

在日军占领南京后的一个月中，全城发生2万起强奸、轮奸事件，无论少女或老妇，都难以幸免。许多妇女在被强奸之后又遭枪杀、毁尸，惨不忍睹。与此同时，日军遇屋即烧，从中华门到内桥，从太平路到新街口以及夫子庙一带繁华区域，大火连天，几天不息。全市约有三分之一的建筑物和财产化为灰烬。无数住宅、商店、机关、仓库被抢劫一空。"劫后的南京，满目荒凉。""江边流水尽为之赤，城内外所有河渠、沟壑无不填满尸体。"

据1946年2月中国南京军事法庭查证：日军集体大屠杀28案，19万人，零散屠杀858案，15万人。日军在南京进行了长达6个星期的大屠杀，中国军民被枪杀和活埋者达30多万人。

同时，中国文化珍品也遭到了大掠夺。据查，日本侵略者占领南京以后，派出特工人员330人、士兵367人、苦工830人，从1938年3月起，花费一个月的时间，每天搬走图书文献十几卡车，共抢去图书文献88万册，超过当时日本最大的图书馆东京上野帝国图书馆85万册的藏书量。

抗战胜利后，指挥南京大屠杀的刽子手松井石根被远东国际军事法庭处以绞刑，谷寿夫被引渡给中国政府处死。

南京保卫战与其说是一场保卫战，还不如说是一场骨气战。南京保卫战，中国军队只守卫南京城短短数日，即告沦陷。凶残的日军进入南京，对中国军民发动惨无人道的大屠杀，致使中国军民死伤惨重。可以说，南京保卫战是中国在抗日战争中的第一国殇之战。在南京保卫战中，中国守军打死日军3000余人，打伤9000余人，合计毙伤日军

日军在南京开展"百人斩"竞赛

南京保卫战中的中国军队防空机枪阵地

1.2万余人。

南京保卫战发生前，刚刚经历淞沪会战的国民党军各部已经损失惨重，没有来得及休整就面临日军的疯狂进攻，从一开始，不论从实力和战机而言，都不具备打赢这一仗的条件。尽管中国政府统帅部在战役的组织和指挥上都做出了最大努力，调集当时中国军队战斗力最强的部队参战，最终还是难以避免失败的命运。8万中国军队残部与20万日军激战，40%以上官兵战死，受伤无数。而日军攻下南京之后，发动南京大屠杀，这一暴行也激发起了中国人民更坚强和持续的抗战决心。

第七章

哪次作战是中国全民抗战以来取得最大胜利的战役？
——台儿庄战役

台儿庄之战自1938年3月14日开始，到4月15日结束，主要地点在以山东枣庄台儿庄为中心的鲁南区域展开。这次战役歼敌1万余人，同时缴获大量的军用物资，是中国全面抗战以来取得的最大胜利，在李宗仁、白崇禧的指挥下，中国军队众志成城、以弱胜强，狠狠地打击了日本军国主义入侵中国不可一世的嚣张气焰，极大地增强了全国军民抗战必胜的信心。此役用胜利证明"亡国论"并没有事实根据，为争取海外援助提供了有利条件。

1. 徐州会战中，台儿庄何以成为了日军重点攻击的方向？

1937年12月南京陷落后，国民政府迁都重庆，退守中国中部及西、南区域。日军攻击战不断取得胜利使日军日渐骄纵，认为中国战事进展十分顺利，可以不断乘胜追击。因此1938年1月起发动徐州会战，计划打通津浦铁路，使被日本占领的东北、华北区域连成整体，方便协调作战。徐州会战总计差不多5个月时间。台儿庄战役是徐州会战中的重要战役，更是中国政府调整对日战略计划，实行"持久消耗战"方针的一次有力的且十分成功的大尝试。

按照日本军方高层的设想，日军只要攻陷淞沪要塞，取得首都南京，并在南京开展示威性的屠杀恐怖活动，中国政府就会在战场形势不利的高压下选择投降和谈，日军就可以不再需要长期作战而快速取得中国战事的胜利。

但是中国军队及全国人民在丢失东北、华北、华中等广大区域后，仍越战越勇，就算首都失陷，政治中心西迁也没有放弃抗战，反而不断调整对日作战方略，由简单的集团军正面抵抗向持久消耗战转变，敌后抗战也逐渐成熟，令日本政府的迫降计划失败。为使中国战事不陷入不利于自己的持久战的泥淖中，日本军方在多番权衡下，制定了新的战斗策略。一方面，日本陆军开始急剧扩张兵力，在很短的时间内，兵源补充进来，从16个师扩张到22个师45万人，计划乘胜发动新的攻击；另一方面，希望打通津浦线（今京沪铁路），将南北占领区连成一块，方便各方的补给供养。新的作战方略意在继续歼灭中国精锐部队，扩大占领区，增加谈判筹码。因此，日军将中国军队围困在无险可守的徐州，意在此地展开大规模决战。

当时在日本军方内部对是否继续进攻存在两种争议。一部分认为日军暂时不发动大规模的战役，先稳定战局，做好防卫工作；而另一方面前线的军官们认为要乘胜获取更大的战略果实。后来前线指挥官在没有得到军部正式命令的情况下，自行攻击中国守军，攻占山东的部分地方。于是1938年2月16日，抱着发动新攻势想法的日军参谋本部在御前会议上向天皇汇报近期和远期的作战意图。3月，日军参谋本部同意第二军增加部分兵力，条件是必须遵守"不得超越临沂、枣庄之线"，然而前线日军却完全没有执行上级指令的打算和行动。以第10师团为例：该部不仅不遵照上级指令执行，反而擅自向南推进，从济南发兵朝西南方的济宁市进攻；第5师团的情况也差不多，他们在未接到任何"支援""助攻"命令的情况下，擅作主张派出一个营的兵力前往临沂市（济南东南方）助攻。稻田正纯成为战区新任的协调特使后，下达了"同意第10师团歼灭山东省大运河一线的中国军队"的命令。于是1937年12月，日军制定了明确进攻路线：南京—济南—徐州—郑州—武汉。南京陷落后，日军沿津浦线推进，对徐州实现南北夹击，意图打通南北战场，击破陇海路军防线。中国军队时任第五战区司令长官的李宗仁指挥军队迎战日军，徐州会战就此拉开序幕。在以徐州为中心的津浦路南北区域，一场令后世惊叹的大会战打响了。

徐州会战共有3个阶段。第一阶段是津浦路沿线的初期保卫战；第二阶段即台儿庄大战；第三阶段是反攻阶段；其中最为著名的战役当属第二阶段的台儿庄大战。

台儿庄，位于津浦路台枣（庄）支线及台潍（坊）公路的交叉点，扼京杭运河的咽喉，是徐州的门户。1938年1月日军入侵徐州，沿津浦路南北在徐州以南和以北进行猛烈进攻，都遭到中国守军的顽强抵抗，阵地几经争夺未能取得实质性功

参加徐州会战的日军辎重部队

效，于是调整进攻战略，改谋先攻下台儿庄，再围取徐州。1938年3月14日，津浦路北线日军分左、右两翼，向台儿庄进犯。

3月23日至27日，按照第五战区司令李宗仁的命令，中国守军与日军展开遭遇战，且战且退，实行诱敌深入。3月23日，北线日军由枣庄南下，在台儿庄北侧的康庄、泥沟地区与守军警戒部队接战。中国军队守军第31师刘兰斋连长、91旅旅长乜子彬分率骑兵和183团从台儿庄出发，在峄县城南20里康庄与日军遭遇，展开激战。中国军队佯装后撤，引日军不断进入包围圈。3月24日，日军逼近台儿庄。在台儿庄北5里刘家湖村，日军设有炮兵阵地，排列10门大炮，向台儿庄猛轰。我军第91旅183团3营营长高鸿立率领士兵，每人一把大刀，8颗手榴弹，冒着炮火猛冲进敌人炮兵阵地，用大刀手榴弹与日军展开厮杀，使日军弃炮而逃，成为了当时台儿庄战场上流传的"活张飞大闹刘家湖"的佳话。

3月24日，日军2000多人在飞机、大炮和坦克的配合下，开始向台儿庄大举进攻。坚守台儿庄北门的186团1营在王震团长和姜常泰营长的指挥下顽强抵抗，与敌人展开北门争夺战，王震团长也亲自架起机枪向城外日军扫射，多次打退日军的进攻。24日晚，日军200人突破小北门躲进附近的泰山庙，王震团长亲率将士围攻泰山庙之敌，终将其消灭。日军在台儿庄城下猛攻3天3夜，才最终在飞机、大炮和装甲车的辅助下破城而入。

2. 战事呈胶着状态，中国军队在激烈的巷战中苦苦支撑，谋求反攻

3月27日，日军攻破台儿庄城墙，进入城内，与守军展开激烈的巷战，中国守军在巷战中不断谋求反攻机会。中国政府极其重视此次战役，蒋介石亲临现场督战，并有多个军政要员协助李宗仁作战。3月24日，当台儿庄激战开始时，蒋介石即亲赴徐州视察督导，返回时留下副参谋总长白崇禧、军政部次长林蔚、军令部第一厅厅长刘斐、高级参谋王鸿诏组成参谋团在徐州协助李宗仁指挥作战。3月27日，在战争越来越激烈的时候，蒋介石不顾李宗仁等的劝阻亲赴前线车辐山车站，并去台儿庄南站观战。蒋介石说：王铭章师长与全师在滕县壮烈殉城前，我痛惜未曾与之谋面，今池（峄城）师长又将及生死关头，我既来此，不可却步。在第31师师部，蒋介石对师长池峰城说："你的长官说你是忠勇、精干兼备之人，今天看来此言不虚。"池峰城表示绝对带领

师部战斗到底，与阵地共存亡，以报效国家。28日，日军攻入台儿庄西北角，占领西门，切断了中国守军第31师师部与庄内的联系，师长池峰城镇定指挥将士作战，以强大炮火压制敌人，并组织数十名敢死队员，与敌肉搏格斗。

27日，日军再次在飞机大炮的掩护下猛攻北城墙，北城墙被炸塌，小北门亦被毁，守卫小北门的181团3营官兵基本上全部牺牲，300多日军破城而入，惨烈的巷战正式拉开序幕。为了完成李宗仁早已制订好的围歼计划，城内守军在日军占领了2/3的阵地后仍然与日军全力拼杀，死守阵地拖住敌人，以待庄外大军实行合围。28日汤恩伯军团关麟征第52军和王仲廉第85军在外线向枣庄、峄县日军侧背攻击，开始不断对日军实行侧面打击，以支援城内守军。3月29日，日军再次增兵，并占领了台儿庄东半部，至此台儿庄城的西、北、东三面都已在日军的控制之下，城内战场形势十分不乐观，守军在巷战中苦苦支撑。29日，林蔚转述蒋介石的电令：台儿庄屏障徐海，关系第二期作战至巨，故以第二集团军全力保守，即存一兵一卒，亦须本牺牲精神，努力死拼，如果失守，不特全体官兵应加重罚，即李长官、白副总长、林次长亦有处分。指令要求守军各部死战台儿庄。31日，中国军队守军将进入台儿庄地区的濑谷支队完全包围。我第20军团的第52军和第75军重创日军援军坂本支队，使其救援濑谷支队的计划落空。

此时，中国军队以5倍于日军的兵力围攻攻城日军，双方展开激战，伤亡极大，但是日军难以突围，中国军队又不能一举消灭日军，战事一时呈胶着状态，双方在城内继续激战。

3. 为什么说台儿庄战役的胜利有着巨大的历史意义？

中国军队大部队经过多日的集结和部署，终于完成了对台儿庄全面的合围，总攻即将开始。1938年4月3日，第五战区司令长官李宗仁下达总攻击令。第20军团汤恩伯部的第52军、第85军、第75军在台儿庄附近向敌展开猛烈攻势。双方在台儿庄周围展开激烈的争夺战，中国军队采取街垒战战术，利用兵力优势，分次分点对日军展开逐次反击，一个点一个点地

孙连仲（中）

肃清敌人，夺回已被日军占领的大部分街市。4日，中国空军以27架飞机对台儿庄东北、西北日军阵地进行轰炸。4日晚，城内的日军濑谷支队黔驴技穷，只好炸掉不易搬动的物资，向峄县溃逃。

4月6日，全线反击开始，李宗仁赶到台儿庄附近亲自指挥。4月7日凌晨1时，中国军队的反攻号角终于吹响了，防守部队和合围部队都万分激动，焕发出强烈的战斗激情，以孙连仲第2集团军为主组成的左翼兵团和以汤恩伯第20军团为主组成的右翼兵团在台儿庄及其附近地区大举反攻，和日军展开了激烈的巷战、肉搏战。一直处于被动防御战中的我军将士全部杀红了眼，一时无法突围的日军也玩命抵抗，台儿庄城内枪林弹雨，血流成河。徐州会战的正面战场上日军头一次遭到了中国军队如此顽强进攻，很快便溃不成军。日军头目矶谷此时已明白自己陷入了反包围圈，而且中国军队攻势猛烈，日军的援军已被打退，弹药汽油也用完，机动车多被击毁，不得不下令部队全线撤退，狼狈逃窜。李宗仁命令部队猛烈追击，不给日军喘息的机会，沿路敌兵遗尸遍野，大量辎重被缴获。中国军队重创日军濑谷支队、坂本支队，其余日军残部于7日向峄城、枣庄撤退。历时一个多月的台儿庄会战胜利结束。

1938年6月，日本华北方面军参谋部第三科对台儿庄战役前后日军伤亡有一个统计，第5、第10师团合计伤亡11984名，其中第5师团2月20日至5月10日共战死1281人，受伤5478人，第10师团3月14日至5月12日战死1088人，受伤4137人。此次战役不仅歼灭了大量日军有生力量，缴获大批武器、弹药，更是严重地挫伤了日军的气焰，是中国军队正面战场在抗战初期取得的一次伟大胜利，是一次非常成功的多兵团联合的反击战，它用事实证明了"持久消耗战"的可行性，振奋了全民族的抗战精神，坚定了国人抗战胜利的信念。

1938年4月，蒋介石下达宣传政策纲要：

1. 台儿庄战斗不过是第二期抗战初期之胜利，尔后应极力戒慎因战胜而产生骄傲。

2. 长期抗战的主要着眼点在于消耗敌军战力，而获得最后胜利。须深知不在一城一市之得失；避免对持久抗战心理发生不良影响。

3. 一切宣传活动，应致力事实之报道，慎戒夸张。

李宗仁在台儿庄前线检查士兵武器

4. 对敌人加以笔诛时应限于对日本军阀之攻击，绝不可报道对日本皇室及日本民族之诽谤。

1938年4月，李宗仁下达训令：

因为日军在山东省南部、中部及江南地区再三惨败，最近日本国内有政变的迹象，并且引起强烈的反战思想。最近对苏俄关系亦恶化，致不能动用中俄国境之日军……日军不顾将来的利害，企图急遽整理补充河北、山西、山东、江南战线疲惫兵力，并尽力谋求挽回山东省南部的颓势。因此我国忠勇战士，应深深认识敌军目前正在困境中，全军须协力一致完成其任务，以求最大的战果，为民族独立及抗战大使命尽全力。

1938年5月10日，国民政府授予汤恩伯、孙连仲青天白日勋章。5月31日，国民政府行政院议会通过决议，颁给田镇南、冯安邦、黄樵松、张金照、池峰城、吴鹏举等人青天白日勋章。

中共《新华日报》1938年4月7日、8日报道中国军队在台儿庄会战中歼敌1万余人，击毁坦克车30余辆、缴获大炮70余门、战车40余辆、装甲车70余辆、汽车100余辆，是抗战爆发后中国正面战场取得的首次重大胜利，中国士气大增。

日本大本营作战课课长稻田中佐在战后回忆：濑谷、坂本自台儿庄后退，因汤恩伯军的出现，认为中国军主力出现，遂扩大战争，进行徐州会战，大本营遂令北中派遣军南北夹攻徐州，并于5月10日发布大陆令，要关东军派两旅团赴援。5月19日占领了徐州，不料中国军队在6月12日发动黄河决壤作战，日军陷于苦战……

台儿庄战役的胜利有着重大的历史意义。

首先对日本来讲，台儿庄战役是日军发动侵华战争以来在进攻战中的首次大败退，在喜登峰、冷口、忻口等战役中，日军虽受到顽强抵抗，但最终都以中国军队的撤离而胜利。而此次战役中日军被完全击溃，损失了大量兵力及物资，更重要的是挫败了长久以来日军精神上的优越感，"大日本皇军不可战胜"的神话再一次破灭。日军《步兵第10联队战斗详报》载文对台儿庄战役评价道："不识他人，徒自安于自我陶醉，为国军计，更应以此为慎戒。"

其次对国民党政府和军队来讲，台儿庄战役的胜利，一扫中国军队长期正面战场上溃败的阴霾，成功地反击了日军，在政治上和军事战略上都意义重大。政治上，鼓舞了抗日军队的士气，增强了全国军民抗战必胜的信心，用事实说明只要众志成城、精诚团结、拼死抵抗、艰苦奋战，中国人民就是不可战

中国守军在台儿庄外围阻击进犯的日军

胜的,中国是不会亡国的。而战略上,大阵地战与小阵地围歼战的成功配合,使中国军队也逐渐从失败中找到了对抗日军的有效战略,事实证明"持久消耗战"是可行的。

最后台儿庄战役的胜利,让中国的抗战走向了国际舞台,改变了国际上对中日战争前途的看法,西方各国开始关注中国战事,对中国抗战的前途有了一定的信心,为我国抗战寻求国际援助增加了有效的筹码。

抗日战争爆发以来,西方各国对中方抗战一直保持中立态度和悲观态度。台儿庄战役胜利的消息传出,有的国家感到非常吃惊。1938年4月9日路透社电讯说:"英军事当局对于中国津浦线之战局极为注意,最初中国军队获胜之消息传来,各方面尚不十分相信,但现在证明日军溃败之讯确为事实。"所以,英国报刊发表了赞扬此战中国胜利的评论。显然,这次胜利提高了中国在国际上的地位,并为争取外援提供了有利条件。

第八章

哪次作战是中国抗战中战线最长、规模最大的战役?
——武汉大会战

武汉会战是以武汉为中心,以安徽、河南、江西、湖北四省广大地区为外围的中国军队为保卫武汉展开的对日军作战,其间大小战斗数百次。这次大规模的会战从1938年6月11日开始,至10月25日结束,持续了4个半月。

武汉大会战,中国军队有上百万人被牵扯进战争,死伤达40余万人;日军有30万人投入作战,日方宣布死伤3.5万人。这次会战是中国军队伤亡和耗费巨大的一次失败的会战。但它也是抗战前期,日军发动大规模进攻的最高峰,也是中国军队前期正面战场防御作战的最高峰,是中国抗日战争进入战略相持阶段的转折点。它为中国最后的胜利积攒了力量,为日军最后的失败埋下了伏笔。

1. 日军为何决定要举全国之力,在武汉地区与中国军队展开决战?

徐州会战后,中国耗损了大量的兵力及财力,虽取得台儿庄大捷,但依然没能扭转徐州局面,中国政府战败撤出徐州广大地区。而日本虽在台儿庄战役中失败,但最后依然取得了徐州会战的胜利,达到了预期的战略目标,连通了南北的占领区。日本本以为这样足以促使中国政府放弃抵抗,投降日本。但事实恰恰相反,在徐州会战之时,国民政府已在着手对武汉进行布防,预知日军将会按照之前预定的南京—济南—徐州—郑州—武汉攻击路线围攻武汉。而武汉承东启西、连南贯北的中心位置更是让战事不可避免。只要中国政府不投降,武汉之战迟早都会爆发。正如日军大本营在解释其作战目标时所说,"只要国民政府还盘踞在汉口,汉口就是主要以西北各省为其势力范围的共产党军和主要控制着西南各省的国民党军之间的接合点和两党合作的楔子""为了摧毁抗日战争的最大因素——国共合作势力,攻下汉口是绝对必要的"。

此时的南京政府已迁都重庆,主要的军政部门和重工业撤往了大西南,但

第八章 哪次作战是中国抗战中战线最长、规模最大的战役？

更多的政府部门和战略物资以及各类工业企业滞留在武汉，重庆是国民政府的心脏，而武汉是实质意义上的中枢。武汉是当时除上海以外的全国第二大城市，工业基础良好、经济相对发达、历史悠久、文化根基厚重，更重要的是在当时地理位置更为优越，所以战略位置不可谓不重要。而且，当时的武汉也是全国抗日救亡运动的中心和中国抗日文化活动的大会合点，各类政治力量、各界人士等齐聚这里，数以千计的作家、艺术家、音乐家和文化人士以及大批出版机构、文艺团体等云集武汉，共商抗敌大计和参与抗日救亡运动。

正因为如此，武汉成为了抗日战争初期阶段各方关注的中心和焦点。正如1938年1月11日蒋介石在第一、第五战区团以上军官参加的高级军事会议上所言，"自从上海、南京失守，我们唯一的政治、外交、经济的中心应在武汉，武汉决不容再失，我们要维持国家的命脉，就一定要死守武汉，巩固武汉。"第九战区司令长官、武汉会战重要指挥陈诚在当时发表的一篇讲话中也明确指出，"无论在消耗敌人，或是打击与消灭敌人的意义上，这次大会战对于整个的战局，都有重大的决定作用"；"目前保卫大武汉之战，将成为我们对敌决战的开始"。他说，"今日武汉已成为第3期抗战中最重要的据点，这里是我们雪耻复仇的根据地，也是中华民族复兴的基石，今日全国民众，尤其是在武汉的每个军民，应当激发最大的同仇敌忾心，人人都下定与武汉共存亡的决心，来守住这个重要的国防堡垒，必能给敌人以致命的打击，造成将来决战中极为有利的形势。"中国共产党也于1938年6月12日在《新华日报》发表了题为《保卫大武汉》的社论，宣传武汉抗战的重大意义，号召"武汉三镇的青年壮丁，积极

日军占领武汉

地组织起来，武装起来，为着保卫大武汉而参加前线作战""武汉及其附近的劳动者，只要他能够出力，就应参加兵役和参战的动员，帮助进行军事运输及构筑工事等工作"，大力宣传发动武汉各界各阶层的力量，号召全民参与抗战。

在日本方面，日军在中国作战的战线拉得越来越长，虽取得节节胜利，但本国的兵员和财政压力越来越大。特别是在近几次的会战中，遇到中国军队的顽强抵抗，军队有生力量的损失越来越严重，战斗信心也有所下降。所以日本政府一边不断扩充兵力，一边解决参政压力。于是1938年3月24日，近卫文麿改组日本内阁并颁布实施《国家总动员法》，该法是日本战时国家主义统制立法的核心，它将科技、文教、新闻、工业、交通运输、金融贸易等都置于政府控制之下，开始往战时经济体制的方向迈进。其后又根据此法颁布了各种统制法令，将国民生活的各个方面纳入国家统制范围。《国家总动员法》具体是从1938年5月5日开始实施，新政策的推行在一定程度上对日本财政起到了作用，至少延迟了日本财政破产的时间。

日军真正的战略目标并不仅仅是中国，而是整个亚洲和太平洋海域，中国只是第一站。为实现这一目标，日本一方面极其重视苏联动向，避免快速地与其正面交锋；另一方面就是尽快迫使中国政府投降，尽快解决中国事态，争取聚集更多资源为日军拓展亚洲战场做好准备。于是，日本天皇裕仁在武汉会战前的御前会议中提到："要给国民政府最后致命的一击，迫使中国投降，不愿再见到'帝国雄师百万受制于中国'。"武汉会战已是箭在弦上不得不发了。在战后发现，日军文件里有这样一段话："陆军为汉口作战倾注了全力，没有应变之余力。"按照武汉会战的军力部署，连日本国内唯一的一个近卫师团也处于待命状态，只要前线召唤，这支部队随时准备踏上中国土地，日本决定举全

冈村宁次

国之力，在武汉与中国政府和军队展开决战，日军对武汉作战已是孤注一掷。为了进行武汉作战，日军大本营在华中地区集中14个师团的兵力。直接参加武汉作战的是第2集团军和第11集团军共9个师团的兵力，约25万余人，以及海军第3舰队、航空兵团等，共有各型舰艇约120艘，各型飞机约300架。日军计划分六路进攻，具体战略部署为：

第一路：司令官畑俊六担任指挥官，辖日军第2军、第11军的140个大队，兵力为25万，负责对武汉的作战。

第二路：冈村宁次担任指挥官，辖日军第 11 军的 5 个半师，负责沿长江两岸主攻武汉。

第三路：东久迩宫稔彦王担任指挥官，辖日军第 2 军的 4 个半师，负责沿大别山北麓助攻武汉。

第四路：及川古志郎担任指挥官，辖日军海军第 3 舰队 120 余艘舰艇，负责江上作战。

第五路：德川好敏男爵中将任指挥官，辖日军航空兵团 500 余架飞机，负责空中作战。德川好敏男爵是日本第一个飞上天的飞行员，作战经验丰富。

第六路：日本华中派遣军直辖的 5 个师团，担负警备任务，覆盖区域为上海、南京、杭州等地区。

在日本制定进攻武汉的战略的时候，国民政府也在早早地筹备，双方都深知武汉的重要性。1937 年 12 月 13 日《保卫武汉作战计划》诞生，徐州陷落之后，国民政府将超过 100 万的兵力调整部署到大别山、鄱阳湖、长江两岸地区，涵盖 50 个军、130 个师、各型飞机 200 余架，各型舰艇、布雷小轮 40 余艘。计划利用有利地形，凭借长江天险，组织防御，保卫武汉。为加强战时的协调性，国民政府组建第九战区，由陈诚担任司令长官。国民政府军队的具体部署为：

第五战区司令长官李宗仁指挥 23 个军的兵力主要负责江北防务（7 月中旬～9 月中旬由白崇禧代理）；第九战区司令长官陈诚辖 27 个军的兵力负责江南防务；第一战区在平汉铁路（今北京—汉口）的郑州至信阳段以西区段布防，防备华北日军南下；第三战区在安徽芜湖、安庆间的长江南岸和江西南昌以东地区布防，防备日军经浙赣铁路（杭州—株洲）向粤汉铁路（广州—武昌）迂回。各兵团部队自 6 月开始分别利用鄱阳湖、大别山脉等天然屏障，加紧构筑工事，进行防御准备。

1938 年 5 月，徐州被日军占领。日军为尽快扩大占领区，采取双线进攻模式于 6 月开始攻打武汉：第一条线路为安庆—淮河沿岸—大别山以北地区—武胜关—武汉；第二条线路为沿长江西进—淮河沿岸—武汉。第二条线路后来因黄河决口被迫调整攻击路线，由长江北部沿岸进攻武汉。

武汉会战从 1938 年 6 月 11 日正式开始至 10 月 25 日结束，持续 4 个多月共计 130 多天时间，战场在武汉外围沿长江南北两岸展开，横跨了安徽、江西、河南、浙江、湖北及广州等广阔地域，爆发了大小数百次战斗。

2. 长江南北的鏖战：日军从南北线迫近，对武汉形成合围

在武汉会战正面战场大规模战争正式开始之前，1938年2月18日的空袭战已经提前拉开预演。日本海军共集合九六陆攻飞机12架，新型九六舰战飞机26架机共38架飞机空袭武汉，中国空军第四大队大队长李桂丹率领下属第21、22、23三个中队共29架飞机（其中19架伊-15双翼战斗机，10架伊16单翼战斗机），同日军飞机展开激战。战斗以中国空军取得胜利而结束。中国空军在空战中共击落日机11架，日军空袭编队指挥官金子隆司被击落身亡，极大地打击了日军的嚣张气焰，是南京失守后中国空军取得的首次重大胜利，极大地鼓舞了军心和民心。而中国亦损失5架飞机，牺牲了大队长李桂丹上尉、飞行中队长吕基淳上尉、飞行员巴清正少尉、王怡少尉和李鹏翔中尉，损失也很惨烈。此次空战史称"二一八空战"。第一次空袭失败，日军消停了一段时间，将主要精力投注在徐州战场。4月29日，为庆祝裕仁天皇的生日，日本陆航对武汉再次实施大规模空袭，被称为"四二九空战"。由于中国方面提前得知消息，应对得当，再次击退日军的袭击，共击落日机21架，中国共损失了12架飞机，这是中日战争中最大规模的一场空战。

1938年5月徐州陷落，日军将主要精力集中武汉，开始准备大规模入侵，以消灭中国军队之主力。国民政府为争取更多的准备时间，首先在河南地区设置了前沿防线以阻击徐州驻守日军的进攻，但防线迅速崩溃，为迟滞日军迅速围击武汉，国民政府6月9日在郑州花园口炸开黄河堤坝，造成黄河决堤，史称为"花园口决堤事件"。此事件虽阻碍了日军的迅速进攻，并逼迫日军修改进攻计划，但在社会上引起巨大反响，造成了十分恶劣的影响，导致黄河区域50万至90万名平民死亡和华北很多城市出现泛滥，形成大量难民，给中国人民也造成十分严重的危害。第二线的日军进攻方向被阻，被迫改为沿长江沿线进攻武汉，而第一线路日军按计划展开进攻，武汉会战正式开始。

6月11日，第一线路日军按照进攻计划攻占安庆市，长江南岸的战斗正式开始。安庆之战持续了几天，中国守军不敌，日军占领安庆。随后日本第11军的主力沿长江南岸进攻，不断攻占九江、瑞昌，向武汉挺近。第九战区中国守军在鄱阳湖以西部署了一个团的兵力，在江西省九江市一带部署另一个团的兵力，在九江和瑞昌沿线阻击日军。7月23日，日军第106师团在九江市以东登陆，守军与之激战了3天，但未能成功，7月26日攻占九江。另一支日军波田支队沿长江西向瑞昌市进发，8月10日于瑞昌市东北登陆，防守

的中国军队第3军与日军交火，因难以阻挡日军进攻，第32集团军迅速对其增援。双方持续激战，日军第9师团也迅速增援波田支队，战斗力大增，中国守军难以支撑，向后撤退，日军于8月24日占领瑞昌市。接着，日军第9师团及波田支队继续沿长江前进，不断向武汉方向靠近。

日军的第27师团于8月开始进攻箬溪，中国军队第30及第18军团沿瑞昌—箬溪公路及附近地区与日军激战，并僵持了一个多月，10月5日箬溪被攻占。随后日军转向东北前进，在10月18日攻占了在湖北省的辛潭铺，并向达之方向前进。10月22日阳新县、达之及在湖北省的其他城镇被日军攻陷，我军防线不断后撤，日军第9师团及波田支队接近武昌。长江以南的中国军队防线不断地被日军分割为一节一节的突破，日军从长江南线向武汉合围。

在长江以北，日军第6师团在占领安庆后于8月3日攻占太湖县、宿松县及黄梅县（属于湖北省），并向西推进，中国军队在8月28日收复太湖县及宿松县城，但镇守未成功，随后日军攻占广济及武穴地区，并包围了田家镇要塞，9月29日攻占田家镇要塞继续向西推进，于10月24日攻占黄陂并迫近汉口。这一线战役中，中国守军虽节节抵抗，但都没能阻挡日军的强大攻势，日军从长江的南北线分别迫近武昌和汉口，对武汉逐渐形成合围趋势。

3. 万家岭大捷全歼日军1万余人，取得与平型关大捷齐名的重大胜利

万家岭战役又称德安战役，是武汉保卫战中的一次重要战役，在历史上与平型关大捷齐名。万家岭位于江西省九江市德安县磨溪乡内西南角，地形复杂，由一群高低起伏的山脉构成，辖曙光村、南田村、五星村、新田村、磨溪村等，其中大小金山、扁担山、尖山、张古山、刘鞍鼓、野鸡垄等因其有利的地形条件成为抗日战争的主战场，成为日军的葬身之地。

赣北地处武汉外围，是日军沿长江南岸西进武汉的必经之路。于是日军在进攻瑞昌的同时，日军第二线路指挥官冈村宁次率第11军进攻赣北这一区域。日军不熟悉此地地形，孤军深入，正好遇上在此防守的中国军队的两个重兵团：布防于瑞（昌）武（宁）公路及沿江各要点的张发奎的第二兵团。守备南浔（南昌—九江）正面金官桥、德安等地的薛岳第一兵团。

日军松浦淳六郎中将率第106师团在南面沿南浔铁路（南昌市—九江市）前进。6月28日，薛岳命令东面第4军之90师迅速抢占有利地形，层层阻击

日军，同时命令西面 91 师、预 6 师与当面守军联手东西夹击日军。第 106 师团在左右夹击中迅速陷入被动，与后方军队失去联络线，物资补给困难，陷入困境。

8 月 20 日，日军第 101 师团从湖口县渡过鄱阳湖增援第 106 师团，他们突破中国第 25 军的防线及攻占新芝，又与第 106 师团协同尝试攻占德安县及南昌市，以保障西进日军的南翼，中国第一集团军总司令薛岳利用第 66 军、第 74 军、第 4 军、第 29 军会同第 25 军与日军在马当要塞及江西省德安县以北爆发激战，战况陷入僵持状态。

接近 9 月底，日军第 106 师团以 4 个团的兵力迂回至德安县以西的万家岭地区，薛岳命令第 4 军、第 66 军及第 77 军侧击日军。冈村宁次为救援第 106 师团，令第 27 师团强攻麒麟峰，并施以大量毒气，致使中国守军大量伤亡，同时进攻白水街，试图东西合围，但都被薛岳、商震率军击退。经过多方苦战，中方守住了麒麟峰、白水街，粉碎了东西两股日军会合的企图，使我军能顺利地收拢口袋，为合围敌第 106 师团并予歼灭，创造了决定性条件。10 月 7 日中国军队实施最后总攻击以包围日军，激战持续了 3 天，日军全被中国军队击退。10 月 10 日由于遭到孤立及缺乏补给，日军第 106 师团（由于有部分兵力驻守九江，实际参战人数约 1.3 万人）以及前来援救的第 101 师团，第 27 师团，第 9 师团共 4 个师团遭受重创，而且在武汉会战中投入的青木、池田、木岛、津田 4 个师团在包围圈中被歼灭；由于大量基层军官伤亡，第 106 师团基本丧失指挥作战能力，日军只能紧急空投，数百名军官继续战斗；最后，4 个师团仅仅约略 1500 残部兵力突围逃出，其余都被歼灭。据记载，"万家岭战役……歼敌 1 万余人，缴获山炮 16 门，迫击炮 28 门，轻重机枪 200 余挺，步枪 3000 余支，马骡数百匹，并生擒日军 100 余名。"中国方面史称万家岭大捷。

1938 年 10 月 13 日，由于日军大量增援和反扑，中国军队渐有被包围之势，战势处于极为不利状态，只好陆续撤出战场，万家岭战役结束。万家岭战役给日军造成了沉重打击，基本上全歼整个日本师团。叶挺将军曾评价："万家岭大捷，挽洪都于垂危，作江汉之保障，并与平型关、台儿庄鼎足而三，盛名当永垂不朽。"

战后过了很多年，日本战史才承认，在万家岭战役中日军第 101 师团、第 106 师团、第 27 师团、第 9 师团 4 个师团及其辖属旅团、联队，大、中、小、支队，遭受重创，确实为伤亡惨重、损失极大。在当时，却是不敢承认，企图以此为稳定日本社会、安定民众信心。

但是在武汉外围的各战场上，作战形势已越来越严峻。

按照国民政府的战略部署，第一战区在平汉铁路（今北京—汉口）的郑州至信阳段以西地区段布防，防备华北日军南下，而第五战区司令长官李宗仁指挥23个军的兵力主要负责江北防务。安庆的六安及霍山地区由第五战区第3集团军将第51、第19集团军及第77军防守，富金山及固始县（隶属河南省）地区由第71军防守，河南省的商城及湖北省的麻城由第2军团防守，黄河区域由第27集团军及第59军防守，信阳由第17军团防御。

8月底日本第2军分两路从合肥进攻，南路的第13师团攻占霍山及叶家集，因第71军及第2军团的抵抗，日军第16师团迅速增援，于9月16日攻占商城，10月24日攻占湖北麻城。日军北路的第10师团，8月28日攻占六安，9月6日攻占固始县城并继续向西推进，中国军队第27集团军及第59军在黄河地区与日军激战10日，守军防守失败。9月19日，日军渡过黄河。9月21日日军第10师团攻占庐山，并与援军协同进攻信阳，10月6日迂回到新塘及攻占平汉铁路的柳林车站，10月12日，日军第2军攻占信阳及进至平汉铁路南面，会同第11军一同进攻武汉。至此，中国军队在武汉周边的防御全线崩溃，日军集结于武汉周边，武汉已被日军从东、南、北三面包围。

4. 广州战役的失败为何成为压垮武汉的最后一根稻草？

广州战役是压垮武汉会战的最后一根稻草。日军为切断中国抗战的南方补给线，决定抽调3个师团的后线部队进攻广州，给武汉战事施加压力。10月上旬，日军到达广州试图从大亚湾登陆向广州守军发起进攻。10月20日，日军第18师团发动全面攻势，21日，日军攻占沙河，并占领广州市区。日军第104师团向广州以北推进，攻占太平场，23日占领从化。第5师团与海军配合，于23日攻占虎门要塞，25日攻陷三水，26日又陷佛山，29日到达广州南郊。至此，仅历时半月的广州战役结束，日军占领和控制了广州及附近要地。日军抽兵攻占广州完全出乎国民政府的预料，广东地区的粤军主力大多数已被抽调支援武汉会战，整个广州区域守军极少，防守薄弱，给了日军以可乘之机。

广东的失守让日军打通了粤汉铁路，日军成功切断中国由华南接受外援的交通线，达到了策应武汉作战的目的。而对国民政府来说，不仅失去了重要的国际物资补给线，而且影响了全国战局，对中国来说是一次战略失误。广州失陷使武汉的战略地位不再重要，固守武汉失去了实质意义。为了保全实力，10

月24日国民政府军委会决定弃守武汉,从武汉全线撤退。日军第6师团26日占领汉口,波田支队26日占领武昌。日军第116师团与第6师团各一部于27日占领汉阳。至此,日军攻占武汉三镇,武汉保卫战宣告结束,武汉及周边的大片区域失守,中日战事进入全面相持阶段。

5. 为什么说武汉会战的结束,为日本最后的失败埋下了伏笔?

武汉会战从1938年6月11日正式开始至10月24日结束,历时130余天,对中国来说,伤亡和耗费巨大,是一次失败的会战。

武汉会战从总的来说,是抗日战争前期正面战场作战达到的一个最高峰,日军大规模的进攻达到了最高峰,而中国军队的前期防御也达到了最高峰,此后出现了一个相对平稳的相持期,作战双方的战略方针都发生较大改变。日本为最后的失败埋下了伏笔,中国为最后的胜利积攒了力量。

从日本方面来说,日军虽占领安徽、河南、江西、湖北、广州的大片区域,并最终攻下了重镇武汉,取得了胜利,但并没有完全达到预期的战略目标。首先,由于中国政府的主动撤离,日军的决战计划破灭,未能消灭中国军队的主力。这次战役中,中国军队虽伤亡近40万人,但并没有遭受到毁灭性的打击,各部主力犹存。而日军伤亡近4万人,尤其是在万家岭、富金山、沙窝等战役中,且诸多主力精锐元气大伤,有生力量消耗明显,财力、物力损耗巨大;同时需要投入大量作战部队驻扎于新侵占的区域,兵力得到很大的牵制。其次,日军大本营计划通过武汉会战迅速结束在华战争的设想再一次落空,国民政府退守重庆,依然顽强抗战,而日军陷入他们最不希望的"持久战"泥淖中。再次,日军的疯狂进攻和残虐屠杀并没有击垮中国军民的抗敌斗志,反倒激发起中华民族誓死保家卫国的高昂爱国热情,全中国的社会各界、各阶层都各出其力,积极参与抗战。国共双方也在各大战役中密切配合,中方"以空间换取时间"持久消耗敌人的战略目的初步达到。最后,对日本国内来说,武汉会战前,日本国内已进入全国总动员,实行战时管控,兵员减少、财政危机、资源枯竭等问题逐渐浮现,而且越来越严重,内忧时时存在。

从中国方面来说。首先,武汉保卫战是一次规模巨大的联合防御战,涉及全国5大省份的众多区域,集合了中国军队110万的兵力和众多的物力、财力,是一次举全国之力的抗战。会战中消灭了日军的大量有生力量,并适时地保存了自身的实力,有效地抗衡了日军的进攻,迟滞了日军的侵略步伐,将整个抗日战争引入一个新的阶段。毛泽东在《论新阶段》中指出，武汉会战后，开始了"一个由旧阶段转向新阶段去的过渡期间"，即站在中方的立场看，抗战从战略防御阶段向战略相持阶段过渡，而从侵略者的立场看，日军开始由速决军事战略向持久军事战略转变。但会战的失败也让后人不断地总结和汲取教训。其次，武汉会战充分调动起中国各个社会阶层、各方人士、各个党派和团体团结一致、共同抗日的爱国热情，如学生、工人、农民、知识分子、公务人员、工商企业者等等。再次，在武汉乃至全国掀起了保家卫国的高潮，而且带动了全国各地抗日运动的蓬勃兴起，为下一阶段的持续抗战提供了有力的支持。从国际方面来说，武汉会战对世界反法西斯战争也作出了贡献。中国抗日战争成为世界反法西斯战争的重要组成部分。武汉会战迟滞了日军在迅速结束对华战争之后，北犯苏联、南侵东南亚以及与美国在太平洋地区展开全面争夺的侵略和战争计划，在一定时期内牵制了日军的后续侵略步骤。正如毛泽东在会战爆发前夕所判断的那样，"日本打了中国之后，如果中国的抗战还没有给日本以致命的打击，日本还有足够力量的话，它一定还要打南洋或西伯利亚，甚至两头都打"。① 国际上不少国家和友好人士纷纷表达了支持和同情，苏联航空志愿队还直接来到中国，与中国空军并肩作战，中国抗战逐渐得到国际认同，为以后的联合抗战打下了基础。

此外，武汉会战后，中日双方进入战略相持阶段，为中国抗日军民在敌占区广泛开展敌后游击战争提供了有利条件。正面战场的大规模作战，使日军难以分身处理敌后，敌后战场不断开辟、敌后抗日根据地不断壮大，越来越多的日军有生力量陷入被牵制而腹背受敌，终于自1940年下半年起，在中国战场改采用持久性作战方针，转入长期作战态势，为我几年后的战略反攻创造了条件。正如毛泽东所评价的那样，"没有正面主力军的英勇抗战，便无从顺利开展敌人后方的游击战争"。②

---

① 毛泽东《论持久战》。
② 1939年1月2日毛泽东为《八路军军政杂志》创刊号所写的刊发词。

第九章

哪次作战是相持时间最长、取得最完整胜利的战役？
——长沙大会战

长沙大会战包括前后三次长沙会战，都发生在抗日战争的相持阶段，时间跨度近两年半。1939年9月至1942年1月，中国军队在第九战区集结重兵与日军形成对峙，战斗策略以大规模激烈攻防战为主。在三次长沙会战中，中国军队先后有约50万人参战，日伪军投入战争的有12万人。前两次在战术上打成平手，双方均自称获得了胜利。然而从战略上分析，中国军队组织的保卫战无疑拖慢了日军的侵华步伐，为第三次长沙会战取胜争取了时间。在第三次长沙会战中，中国军队伤亡约2.8万人，日军伤亡达5.6万人。在这场中国军队取得完整胜利的大会战背后，是中国军队与日军展开的一幕幕惨烈的攻防战。

1. 日军进攻长沙，他们的侵略战争方针有了哪些新变化？

1938年，即日本全面侵华进入第二年，日军由于战线过长，呈现出兵力不足的迹象。中国疆土辽阔，想要一举吞并谈何容易！尤其是侵占广州、武汉后，日本财政经济陷入困境；长期战争对于人力、物力的消耗需求日益扩大。这些因素直接导致国内反战厌战情绪激增。

日本军方高层此时面临两大难题：一是原先为侵华日军制定的"速战速决"战略面临破产；二是统治阶级内部在对外政策上分歧扩大，时常出现较为激烈的争论。为了协调内部矛盾，即时解决国内困境，以天皇为代表的高层统治者被迫对既定的侵华方针作出调整，以此来顺应民意、缓解矛盾、统一政见。

在政治上，日本军方高层放弃过去"不以国民政府为对手"的立场，转而对中国国民政府采取以政治诱降为主，以军事打击为辅的策略。调整主要表现在军事方面和经济方面：军事策略调整为"停止对正面战场的战略进攻，重点巩固已有占领区"；经济策略调整为"加紧经济掠夺，力图以战养战"。

侵华方针的改变促使日军内部开始调整军事战略。首先，不再坚持速战速决战略，改为长期作战的战斗方针，以适应中国的战场形势。其次，理顺军事行动与政略、谋略的关系，此前一直存在的问题中就包括各自为政，三者关系一旦明确，必然提升政治家的领导力，同时也加强了军事指挥系统的执行力。再次，作战范围开始受限。根据新的军事战略，要求作战部队"如无重大必要不企图扩大占领地区"，"力戒扩大缺乏准备的战线"，以此来规避战线过长带来损耗太大的弊端；作战形式亦有较大调整，从先前的"大范围推进"转变为"进行小接触"，对前线作战部队的战斗强度则有更高要求，必须在"敌人集中兵力来攻击时，及时予以反击，消耗其战斗力"，希望能够在局部战争中扩大胜利果实。兵力部署则要求"为准备今后国际形势的转变，要在各方面减少驻屯兵力及兵力的消耗"。最后，面对中国抗日游击战在后方发挥的作用越来越大，日本军方高层研究了新形势以及应对办法。他们的做法是：军事打击重心转移。为尽早结束战争，1939年9月至1940年夏季，日军在正面战场上相继发动了对长沙、桂南和宜昌的作战，然而结果并不理想。

对华战略的二次调整发生在太平洋战争爆发前夕，在当时日军高层的总体构想里，第一步应该先确保和稳定占领区，使之成为"大东亚战争"的总兵站基地；第二步则是对国民政府继续施加军事压力，削弱其抗战力量；关键在于第三步需要军事行动与政略、谋略紧密结合，摧毁正面战场上中国军队继续抗战的企图；第四步则是利用"大东亚战争"的成果，促使国民政府屈服，实现侵略意图。

日本军方高层制定的新方针、新策略成为日后三次长沙会战的指导方针。日军第11军与中国军队第九战区在抗战史上书写了一幕极为惨烈的攻防战。

长沙三次会战始于1939年。从这一年的秋天起，在两年零五个月内，中国军队与日军在湖南省长沙地区进行了三次会战，直至1942年1月会战结束。

2. 一战长沙——中国军队收复平江、南桥镇等失地

1939年9月至10月，日军在湖南、湖北、江西三省接壤地区对中国军队发动奔袭攻击，中国第九战区的军队被迫应战，进行防御。第一次长沙会战的枪声打响了。

为磨灭中国军队抗战意志并消耗中国第九战区部队的兵力，日军第11军集合编整了第6师团、第33师团、第101师团、第106师团，外加3个旅团，

形成了一支总兵力在10万人规模的战斗序列。冈村宁次司令官是本次长沙战役的日军总指挥，作战方针以"奔袭攻击"为主，军事进攻的目标共有4个：首先要求拿下湘北岳阳东南地区；其后要进攻鄂南通城地区、赣北奉新以及靖安地区。此次战斗的最终目标就是要攻占长沙，因战事主要在江西湖南展开，所以历史上又称此次战役为"湘赣会战"。当时，薛岳担任中国军队第九战区代理司令长官，马上在第一时间调集了16个师约20万人的兵力，通过逐次抵抗、诱敌深入来分步骤化解日军攻势，增加日军的伤亡数字。故而，薛岳将军命令中国军队在赣北、湘北、鄂南地区迎击日本侵略军，要求部下一定要阻敌于献钟、修水地区。

按照既定的作战方针，第九战区军队要做的就是守护赣北、湘北、鄂南的每一寸土地。

赣北地区在战斗打响后，形势如下：1939年9月14日，日本侵略军冈村宁次司令官所属的第106师团在赣北奉新地区进攻。驻守会埠的中国军队为第19集团军第60军，在遭遇日军进攻之后，中国方面调动第32、第58军，两部在高安集结，以此来应对进犯的日军第101师团，阻挡、牵制日军主力深入湖南地区。

然而，天不从人愿，中国军队第32、第58军在一开始就没能挡住敌人的猛烈进攻，日军迅速突破了前沿阵地，中国守军被迫撤退，其中国军队第32军撤退后抵达锦江右岸的灰埠、袁浦之线一带。第60军转移至宜丰，第58军转移至凌江口。9月18日，敌军一路向前，上富、村前街、斜桥等地先后被日军占领，高安的守军第32军、第58军与敌激战，不敌后撤，退守石鼓岭和石脑圩西南高地。19日至22日，双方围绕高安阵地展开激烈的争夺，守军第32军一度占领高安、高城，进占马形山、赵家山之线。而第74军进占斜桥、南山何。

中国军队第183师和第15师

日军与我长沙守军进行激烈巷战

未能抵挡第106师团主力的进攻，9月24日横街、甘坊被日军占领，战线向西延进。25日，守军得到大量兵力增援，在甘坊一带与敌展开激战争夺战。经过一个多星期的激战，中国军队进驻甘坊、横街，切断了西进日军的退路。而日军进至大墩街、石街。10月6日，中国军队第1集团军和第30集团军对进犯日军围攻，激战3天3夜，终于进占沙窝里、九仙汤、上富、冶城等地，并先后克复罗坊、会埠三都、修水。日军被迫退回武宁、靖安、奉新等地。

9月18日，日军在攻占高安的同时，派遣主力第6师团及奈良支队强渡新墙河，进攻守军第15集团军第52军，湘北战役正式打响。中国军队第15集团军第52军与日军奋战了5昼夜，终于不敌日军的猛烈进攻，9月22日晚退至新墙河南岸。23日拂晓，日军上村支队在汨罗江口附近营田登陆，与第6师团对我第15集团军形成夹击之势；第15集团军依靠新墙河、汨罗江有利阵地两面抗击日军，重创日军后，为避免被合围于24日撤至汨罗江南岸。同时日军的第33师团由麦市南下，助攻湘北的中国守军。9月26日，国民政府军事委员会电令第九战区在长沙附近与日军主力决战。各军遵令随即开始反攻，用侧击、伏击方式攻击日军。9月30日，分兵南进的日军主力进至捞刀河北岸，孤军深入长沙以北永安市、金井、上杉市、青山市、桥头驿等地，中途遭到中国军队的阻击、伏击，被迫停止进攻。

在赣北、湘北战役进行得如火如荼的时候，9月22日，日军第33师团向第15集团军第79军发起攻击，赣南战役打响。23日至29日，日军围绕汨罗

中国军队在长沙市区追击日军

江攻占了麦市、桃树港、南楼岭、平江，进抵朱溪厂、龙门厂、长寿街等地。中国守军在这些地方与日军展开激战，并不断地进行反击战，歼灭了大量的日军，其中中国军队第27集团军和第15集团军第79军在麦市附近与日军展开激战，第20、第79军各一部在献钟、南楼岭、桃树港一带夹攻日军，而我军主力追击朱溪厂、龙门厂方向的日军。

中国守军在代理司令长官薛岳的调度下全力配合，攻克收复了大片区域。10月1日，第20军收复龙门厂，侧击长寿街日军，第79军克复桃树港、麦市、献钟、嘉义。10月3日，日军第33师团主力与湘北的第13师团奈良支队在三眼桥会师，再次进入激烈的阵地争夺战中，但日军已渐占下风。4日，守军第27集团军及第79军与日军的两主力师团发生激战，迫使日军向南江桥、麦市、通城方向退却，第15集团军乘胜尾随日军追击，先后收复安定桥、长乐街、新市、汨罗等地。10月5日，日军下令全线撤退，上村支队遭到第54军新编第23师袭击后，由营田登船从洞庭湖上逃回岳阳；到10月9日，日军的第6师团退向新墙河；第33师团撤回通城；奈良支队也退回通城。中国军队全线追击撤退日军，收复了平江、南江桥等城镇。10月13日，战事趋于稳定，第一次长沙会战结束。

3. 二战长沙——日军攻进城内，又被赶回新墙河对岸

第一次长沙会战日军虽攻占了长沙周围的一些地方，占领了部分城市，但并未能完成终极目标：占领长沙。于是，1941年9月初，日军再次挑起战火，由另一主力集团军围攻湘北地区的第九战区主力，妄图大量消耗中国军队的有生力量，摧毁中国军民的抗战意志。此次会战日军由第11军司令官阿南惟几指挥，共率领4个师团、两个支队和航空兵、海军各一部，约12万人，具体兵力构成为：第11军第3、第4、第6、第40师团和4个旅团，配有战车的第13联队，野重炮的第14联队，独立野战重炮第15联队第1大队及部分工兵、空军、海军部队，计有步兵45个大队，炮兵26个大队，总兵力达12万余人；并配有军舰20余艘，汽艇200余只，飞机100余架。从日军兵力部署看，准备极为充分，主要攻击目标为岳阳、临湘一带。

第11军首先在湘北岳阳以南地区集结，将主力并列于狭窄的正面地带，采取以纵深突破的战略，向长沙进犯。

中国政府已看出日军的战略意图，军事委员会一边命令第三、第五、第六

战区对当面之敌发动攻势,用以牵制日军兵力调动,舒缓第九战区压力;一边命令第九战区对日军实施袭击,组织其兵力集结,先消灭部分敌人,使其不能集中,然后借新墙河、汨罗江、捞刀河三线阵地,将日军主力引诱到长沙东北地区利用有利地形进行防守,并寻机围歼。此次会战,第九战区共计投入40个师,约50余万人,依然由司令长官薛岳指挥。

为使部队顺利集结,日军先用部分兵力展开"迷雾战",用以牵制中国军队。日军为使第3、第4、第40师团在新墙河右岸完成集结,又不过分引起中国军队注意,9月7日,日军第6师团向湘北大云山守军游击根据地发动"扫荡",中国军队第4军迎敌接战,不敌撤守。10日,在获得第58军增援的情况下,我军收复该地区,并在13日在甘田地区遭遇日军第40师团,双方发生激战。持续至17日,日军主力在新墙河北岸集结完成,湘北战役的警报再次响起。

日军集结完后,兵分几路快速展开攻击。9月18日拂晓,日军第4师团沿粤汉路向长沙前进;独立第14混成旅团向洞庭湖南岸进击;第3、第6、第40师团由港口至新墙河一线强渡新墙河,迅速突破守军正面防线,续向南进。19日,日军抵达汨罗北江岸地区。中国守军凭借新墙河阻击日军进攻,在第一道防线被突破后,向右翼山地转移,利用山地进行再次防守。

面对日军的快速进攻,第九战区迅速制订保卫长沙计划,电令第37、第99军在汨罗江南岸镇守阻击日军;第20军协同第58、第4军于19日拂晓侧击日军;第26军由金井向捞刀河以北急进;第74军向浏阳河附近急进。计划在长沙以北三姐桥、金井之线对日军进行反击。但我军司令部的保密系统再一次犯了大错,第九战区作战命令的电报被日军截获和破译,日军全面获悉我军的军力部署和作战计划,中国军队丧失了一次战役主动权,这是在信息战中的又一次失败。此时,日军司令部放弃原作战计划,命令各师团向东挺进,于捞刀河以北地区围歼从东面侧击日军的中国军队。

9月21日至23日,中日军队迅速展开阵地防守战。中国军队第58军在洪桥,第20军在关王桥,第4军在洪源洞以南,与日军展开激战;第37军和第10军与日军第4、第3师团在神鼎山、密岩山、班召庙一带展开激战。守军第37军阵地被日军突破,被迫向安沙地区撤退。第2军与日军第6、第40师团各一部激战于瓮江、蒲塘地区。中国军队第26军被日军包围于蒲塘地区,24日晨第10军赶来增援,但遭日军截击,苦战不敌,于26日被迫突围转移至石鼓牛及天雷山之线。而26军在增援无果的情况下25日夜奉命向更鼓台、石湾方向突围。从江西赶来增援26军的第74军,在春华山、永安市附近地区遭日军伏击，日军利用飞机高空扫射和轰炸，该军损失惨重，被迫向南撤退。9月26日日军第4师团渡过了捞刀河，防守的中国军队右翼守军被日军突破防线，失去了捞刀河阵地。27日下午日军第4师团一部渡过浏阳河，并于傍晚从长沙城东南角冲入市内，28日占领长沙。29日，日军第3师团攻抵株洲附近。长沙形势十分危急。

国民政府统帅部见此次防御未能奏效，长沙陷入危机，遂命令第九战区于27日调整战略，转移攻势，并从各方调集大量增援部队辅助作战，将日军包围于捞刀河、浏阳河之间。同时，命令第三、第五、第六战区部队立即对当面之日军发动攻势。

日军攻势很快，从18日进攻开始至28日攻进长沙，用了10天时间。但由于国民政府调整战略，增兵围堵，使被围日军成为孤军，与后方联络线被切断，补给十分困难，遂于10月1日傍晚向北撤退。国民政府军事委员会命令第九战区部队追击；第79军向长乐街、新市方向跟踪追击；第58军、第72军向关王桥、杨林街，方向追击；第4、第20、第99军主力在马鞍铺、青山市、金井一带截击日军；第26、第74军和暂编第2军清扫浏阳河、捞刀河间战场。5日，中国截击部队在汨罗江以南地区与日军展开激战，迫使日军北渡汨水向新墙河以北退却。10月6日，追击部队渡过汨罗江；8日，越过新墙河继续向日军发起攻击。经过多日激战，中国军队于11日恢复了原阵地，与日军在新墙河两岸形成对峙状态，第二次长沙会战结束。

4. 三战长沙——中国军队诱敌深入，包围反击，获得全面胜利

1941年12月7日清晨，日本皇家海军的飞机和微型潜艇突然袭击美国海军基地珍珠港以及美国陆军和海军在夏威夷欧胡岛上的飞机场，并取得成功，由此引发了太平洋战争。1941年12月8日，日军进攻香港，9日，中国政府正式对日宣战，并调集军队反攻广州。为牵制中国军队大规模转向广东方向，阻止中国军队援助英军保卫香港，日军决定再次发动对长江以南中国军队的进攻，将中国军队牵制在西南内地。

日军司令部令第11集团军司令官阿南惟几指挥4个师团、2个旅团、3个支队（相当于营）及航空兵一部共12万余人，向长沙方向发动进攻，企图在汨罗江两岸歼灭第九战区主力。而中国军队第九战区司令长官薛岳指挥13个军、1个挺进军、1个飞行大队等约30余万人迎击日军。

第九章 哪次作战是相持时间最长、取得最完整胜利的战役？

1941年12月23日，日军再次强渡新墙河围绕长沙区域展开大规模进攻。此时中国军队第九战区的部队已经经历了两次长沙保卫战，在对日作战中已经积累了一定经验，采取主动防御战，通过逐次抗击、引诱日军深入战法，拟在捞刀河、浏阳河之间地区包围歼灭日军。

12月24日晚，日军第6师团、第40师团主力在新墙、潼溪街一线强渡新墙河，次日晨，第3师团亦徒涉过河。守军第20军依河与日军展开数日激战后，为了避开日军的精锐火力，边打边撤，主力后撤至关王桥、王家坊山区；第58军向西侧击日军，后撤至杨林。27日，日军第3师团攻破守军于汨罗附近强渡汨罗江，守军第99军受到攻击，被迫退至营田、湘阴一线。29日，日军第6、第40师团突破新墙河防线从新市、长乐街强渡汨罗江，守军第37军与之激战一天一夜，终不敌而由浯口退至社港。而日军独立混成第9旅团从岳阳已攻至关王桥，逼近长沙。12月31日，日军进入捞刀河与浏阳河中间地区，1942年1月1日，日军第3师团渡过浏阳河，攻陷白沙岭，2日，日军第40师团主力集结于金井，保护全军侧翼；第6师团主力集结于梨市，一部于长沙东北展开，向城内攻进。3日，日军第3、第6师团在航空兵与炮兵协同下，猛攻长沙。至此日军再次用了10天时间第三次攻至长沙城下，中国守军虽沿路抵抗，但未能阻挡日军的猛烈攻势。

中国守军方面一边阻击日军进攻，诱敌深入，一边调援军增援，从长沙外围开始包围日军，准备发起反击。10月4日，日军受守军炮火压制，进攻受阻，弹粮将尽，补给不足，伤亡惨重，外围又被第九战区的10个军四面包围，被迫下令向北撤退。赣北日军第34师团、独立混成第14旅团为策应该部日军突围，在1941年12月25日分别向上高、修水发动进攻，与当地守军展开激烈争夺战，1942年1月6日被守军击退。1月5日晨，湘北日军在胜利无望的情况下，由航空兵大火力掩护，向东北突围。中国军队第九区司令长官薛岳命令各部

薛岳亲自坐镇岳麓山指挥第三次长沙会战，遂用"天炉大阵"力歼日军

全线追击，中国军队采取阻击、截击、尾击战术，穷追不舍，在多处予敌重大打击，扩大战果。日军狼狈逃窜，伤亡惨重，一直到16日才退至新墙河北岸，恢复到两军战前态势。至此，第三次长沙会战结束。此役，日军遭重创，日军自称伤亡6000余人，而国民政府统计日军被毙伤5万余人，这是中国军队在长沙数次会战以来首次获得全面胜利。

1944年中，日军发起打通中国大陆交通线的"豫湘桂战役"，在此战第二阶段的长衡会战中，由于中国军队疏于防范、战法老套，第四次长沙会战失败，1944年6月19日长沙被日军占领。

三次长沙抗战分别发生在欧洲局势危急和太平洋战场爆发的关键时期。在此期间，世界上26个反法西斯的国家在美国华盛顿集会，发表联合宣言，世界反法西斯同盟建立。长沙会战也是武汉会战后中日双方在进行战略调整后的首次局部战役，双方都以消灭彼此有生力量为主要目的。在前两次对抗中，中日双方势均力敌，都未达成既定的攻略目标，第三次长沙抗战中，日军大量伤亡，中国军队取得胜利，指挥官薛岳将军因此得到日军的"长沙之虎"的封号。

中国军队取得第三次长沙会战的胜利，这不仅对中国国内，而且对同盟国来说也意义重大。珍珠港事变使美国遭受重大损失，而日本的南方军，在百日之内，横扫了盟国在亚洲所有的据点与要塞。此次抗战的胜利是此时盟国在亚洲战区中唯一的胜利，是自太平洋战争爆发后盟军的第一次重大军事胜利。

西方国家的军队在与日军真正地发生实战后，才能理解中国这么多年单独抗战的不易，整个中华民族同仇敌忾、共御外侮的决心也让西方国家重新开始认识中国。中国经过这么长久的抗战，终于获得世界的认可，中国开始不断得到世界的援助。美国记者福尔门氏在报道中说："中国第三次长沙大捷，证明了两个原则，那就是中国军队的配备，若能与日军相等，他们即可很轻易地击败日军。"英国《泰晤士报》说："12月7日以来，同盟军唯一决定性之胜利系华军之长沙大捷。"罗斯福在第三次长沙大捷后的第22天给蒋介石发来了一份热情洋溢的贺电，同时宣布再次向中国提供5亿美元的贷款。其后，他并以他夫人的名义，邀请蒋介石夫人宋美龄访问美国，在美国国会发表演说。他还通过他的代表，驻华美军司令官、中国战区参谋长史迪威，授予第九战区司令长官、第三次长沙会战的具体组织者、指挥者薛岳一枚美国勋章。另外，第三次长沙会战胜利后不久，美、英政府便主动向中国提出，要废除西方列强与中国历届政府签订的一系列不平等条约，归还上海、厦门等地的公共租界，取消领事裁判权。

第十章

哪次作战是抗战中期展开最大规模进攻的战役？
—— 枣宜战役

从 1940 年 5 月 1 日至 6 月 18 日，耗时约 50 天的枣宜会战在湖北的枣阳和宜昌地区展开，并以中国战败画上休止符。在此次战役中，日本既定的作战目标成功实现：日军得以在宜昌修建飞机场并建立军事基地，作为抗战大后方的重庆不再安全，经常面临大轰炸的威胁。除此之外，日军将鄂北鄂西江汉平原富裕的产粮区纳入自己的势力范围，中国政府丢失了一个巨大的粮仓。枣宜战役失败的一个惨痛教训是，中国参战部队多达 32 万人，日军为什么仅以 7000 人的伤亡，而让中国军队付出 11 万人伤亡的巨大代价？

1. 唯恐陷入可怕的"持久战"中，日军制订"宜昌作战"计划

1938 年，武汉会战后，日军占领了武汉及周围的大片区域，中日战争转入相持阶段。从日军发动侵华战争一直到 1938 年，日军已经占领了中国东北、华北、长江沿线及东部沿海的广大区域，整个战线从北至南越拉越大，日本国内的兵力资源和经济实力已出现大幅下滑，国内反战浪潮日益兴起，国内局势出现不稳趋势。比如据资料显示，中日战争爆发后，日军由于前线战事消耗极大，军队又必须不断扩张，故日本央行的黄金准备急速消耗，国库也因此逐渐空虚。截至 1938 年底，日本央行黄金库存消耗超过 70%，剩余部分价值仅 13.5 亿日元，而到 1939 年就更少了，仅扩军预算经费已经高达 18 亿日元。为减少国库消耗，日军军部希望可以通过裁军来控制，日本军方高层计划"进一步裁减在华日军，目标是缩减到 40 万兵力"。日本第 11 军司令冈村宁次在 1939 年 12 月的报告中提出："外交或小攻势是不可能有用的，必须大幅增兵采取大攻势，可此时日本陆军正忙着生钱去扩军，根本无法增兵前线。"冈村宁次虽然对时局的认识算得上准确，但上级是完全不可能接受他的想法的。而在中国战事上，日军一直宣称速战速决，企图"三个月灭亡中国"的计划一直未能实现，中国遭遇疯狂进攻战和大量丢失国土，但仍然抗战不惜，没有在日军

的淫威下屈服投降，日军陷入他们最怕的"持久战"中。在国际战略形势上，第二次世界大战已经在欧洲拉开序幕，英、法等国加入战场，整个战争形势不明朗。

基于以上原因，日本法西斯集团为解决这些问题，开始不断调整战略。

日本一边放慢在中国战场上的攻占速度，不断地停下来巩固占领区，一边向中国政府施压，展开和谈攻势。但这两方面都没有取得明显效果。一方面国民政府坚持在正面战场上迎击日军的进攻，利用中国大兵团优势，不断消耗日军的有生力量。同时中国共产党领导的八路军、新四军不断在敌占区发展和巩固游击战力量，使日军不得不越来越重视这一问题。另一方面，日军的和谈攻势也未能取得应有的效果，1940年3月30日，日军在南京利用汪精卫等建立南京汪伪国民政府，是继伪满洲国后的又一个傀儡政权，原以为可以利用汪精卫在国民政府中的地位和威望迫使重庆国民政府屈服和瓦解。汪伪政府成立虽帮日本在中国稳定了部分局势，对中国的抗战造成一定的影响，但是这也激起了全国人民更激烈的反抗，爱国志士、共产党人及重庆国民政府都拒不承认和激烈反对汪伪政权的存在，使日本的这一幻想又破灭了。同时，重庆国民政府依然在中国的中部、西南部大量布防，顽强抵抗日军的进攻。日军的占领区也随时面临着遭反攻的危险，一点儿也不安全。

因此，日军开始谋划和实施新的战略构想。日军的最新战斗策略里就将局部攻势的重中之重放在了对第五战区、第九战区的防区，国民党军中央嫡系单位成为主要攻击目标。通过逐次打击，消耗国民党军主力成为该防区内日军的第一要务。因此日军在武汉会战、长沙三次会战中尽可能地运用日军的装备优势特别是毒气弹消耗中国精锐军队和有生力量，使中国军民大量伤亡。此外，武汉会战后，日军难以再组织如此规模的会战，但日军希望用局部攻势的方式来消耗中国军队的战斗实力，于是日军不断发动局部战斗。1939年之后，日军针对第五、第九战区发动大规模攻势，如南昌会战、随枣会战、第一次长沙会战。南昌战斗打响后，日本很快攻克南昌，中国军队伤亡十分严重。但由于中国军队随打随撤，不与敌实行决

在枣宜会战中开往前线的日军

战，随时注意保存实力，这与日军高层期待的有所不同，他们希望得到更大的战果和看到更多的中国军队伤亡数字，所以日军在这一战略思想的指导下不断向中国内地延伸，发动更多的局部战役。

1939年12月，随着冬季攻势和南宁昆仑关反攻战事的推进，中国方面给予日军极大打击。日军高层发现1939年的战斗对于中国军队的损耗完全没有达到预先目标。随后他们同意了冈村宁次提出的"在华日军兵力不宜过度缩减"的建议，并同意增援两个常备师团，以便于1940年对中国军队发动较大规模的攻势，并制定了最终的在华兵力目标：截至1940年底，缩减至74万人（在武汉会战的高峰期一度达到80余万人）。1940年春，以冈村宁次为首的日本第11军开始筹备大攻势大战役，作战目标锁定中国军队第五战区。于是长沙第三、第四次战役和枣宜会战正式拉开序幕。

枣宜会战主要发生在湖北的枣阳和宜昌。宜昌是武汉和重庆间最大和最重要的内河港口，为进入四川的咽喉，其西即为地势异常险要的三峡，距中国战时军事、政治领导中枢重庆只有480公里，因而宜昌实为战时陪都重庆的门户。宜昌还是沟通大江南北各战区的后勤补给枢纽，枣阳是与宜昌在东北方向隔汉水相望的重镇，都具有极重要的战略地位，攻克宜昌枣阳，可给重庆及西南大后方以巨大威胁，有利于推进日军的政治谋略。

日军为了挽回在1939年冬季攻势特别是昆仑关反攻战中惨败的局势，决定按照发动局部战争消灭中国军队有生力量的战略部署，发起夏季攻势，进攻枣阳宜昌，一方面围歼中国军队第五战区主力，另一方面掐断国民政府的陪都重庆的补给线。

枣宜战役分为两个阶段：一是枣阳战役；二是宜昌战役。

1940年4月上旬，日军华中第11集团军制订了关于"宜昌作战"的计划。11集团军的司令官园部和一郎决定率第3、第13、第39师团和第6、第15、第22、第34、第40师团各一部总兵力约12余万人，战车50余辆，飞机约100架，分别在河南信阳、湖北随县（今随州）、钟祥地区集结，分两个阶段向枣阳、宜昌进攻。第一阶段是以

枣宜会战中的中国军队炮兵阵地

枣阳为中心,在汉水(襄河)的枣阳周围构成数道包围圈,以消灭我军第五战区军队主力为目的;第二阶段在汉水西岸进行两翼包围,在宜昌附近消灭我军第五战区军队主力,并攻占宜昌。

而中国第五战区的部署为:左翼兵团第2集团军守备河南明港,中央兵团第11集团军守备随枣正面,右翼兵团第33、第29集团军守备襄河(汉水)两岸,江防军守备宜昌、沙市(今属荆沙),第31集团军在河南叶县、确山为机动兵团,第41军在湖北襄阳附近为战区预备队,共计5个集团军及江防军共55个师、2个旅,总兵力约38万人,司令长官为著名将领李宗仁。

2. 被敌人暗算,中国军队血战枣阳,遭受重创

日军制定完战略部署以后,并未直接进攻枣阳,而是在1940年4月下旬的时候沿九江附近进行"扫荡"作战,出动海军向鄱阳湖、洞庭湖实施佯攻,并对湖南、江苏两省战略要点进行持续轰炸,做出继续针对第九战区作战的假象,以迷惑中国军方的视野,转移其注意力。这导致在很长的一段时间内,中方未能及时了解日方的意图,给日军集结军队以充足的时间,而没有很好地把握战机,取得战场主动权。

1940年5月1日日军主力部队从容集结完毕后,按照预定计划,在唐河、白河以东及枣阳一带采取两翼迂回、中间突破的战法,向驻守枣阳的第五战区守军发起攻击。日军右翼的第3师团率先自信阳起攻向泌阳,当日即突破守军第2集团军正面。5月2日,日本左翼第13师团从钟祥发动攻击,当日便突破第33集团军正面,取得了战场的主动权。两路日军在攻破中国守军阵地后全力向北前进,直指枣阳。第33与第2集团军主力则尾追日军之后伺机伏击之。5月4日,日军第39师团(加强池田之队)于中央战线发起攻势,立即突破中国军队第11集团军正面,也攻向枣阳。第11集团军当下以45军向西南方转移,而以第84军往西北转移,力图防守枣阳。至此,中方才完全明白日军的战略意图,全力着手布防。

5月5日蒋介石致电李宗仁,指出各路日军"共只三师团强,且皆由其他方面拼凑而来,以配布于平汉、信南、襄花、京钟、汉宜各路之广大正面。其每路兵力,不过一旅团,最多至一师团。力量至属有限,并无积极甚大之企图,可以推见……我军正宜识透敌情,把握时机……不顾一切,奋勇猛进,必予敌以致命之打击。"于是,第五战区针对日军态势调整原有部署:以第29集

团军任大洪山游击作战，并侧击京钟、襄花两路日军；左集团孙连仲指挥第一游击纵队任桐柏山游击作战，并向西南侧击襄花路日军；江防军除原任务外，应以有力部队渡河东进，向皂市、潦山方向进击，威胁日军后方，策应右集团作战；右集团仍以一部固守襄河西岸，主力在襄河以东地区，与中央集团协同围歼由钟祥北上的日军；中央集团应于现阵地阻击、迟滞日军西进，不得已时应以确保襄、樊为目的，于枣阳以东逐次抵抗，尔后以一部在枣阳以北与右集团和大洪山游击军协同，攻击日军侧背，主力向唐河、白河以西转移；第2、第31集团军和第92军应于桐柏、泌阳以东地区围歼西进的日军，不得已时向唐河以西转移。

但各路日军突破第五战区第一线阵地后进展迅速，以每天30—40公里的速度向前突进。5月7日，第3师团占领唐河，第13师团北进至王集，第39师团进抵随阳店，对枣阳构成合围之势。但各路日军之间空隙较大，守军逐次抵抗后，在日军包围圈尚未合拢时及时转向外线。只有第84军第173师在枣阳附近掩护主力转移，撤退不及，遭日军围攻，损失较大，师长钟毅阵亡。5月8日，日军占领枣阳，宣称汉水左（东）岸作战之目的已经完成，其实并未实现捕捉第五战区主力的企图。事实上，第五战区已经在日军四周集中了23个师的兵力，准备强行决战。

军事委员会判断日军必将向原阵地退却，主要退路只有襄花路，而这条路下雨后车辆不能行走，因而命令第五战区各部队应趁日军态势不利、补给缺乏、退却困难之际，以全力将其捕捉、歼灭于战场附近，尔后向应城、花园之线追击。第五战区随即部署对日军的反攻。5月8日夜，日军的双钳即将合拢，除了重创我84军外无其他重大战果可言，但是日本第11军仍下达命令，命前线各师团在抵达唐河—白河一线后反转回原驻地，准备执行汉水西岸的包围战。也就在同时，一个是晚上8点，一个是晚上11点。重庆向第五战区下达了总攻令，此时，第31集团军的6个师在北，于南阳地区急速南下，第33集团军的5个师在南，45军及14军尾追日军的5个师在东南，几乎已包围日军，一场激战就此展开。

正准备撤退的日军，最先于5月10日与自南方迫进的第33集团军主力发生接触，日军发现后，便认定是击破我军的好机会，当即命第13、第39师团与池田支队南下，对33集团军进行猛击，而以第3师团掩护其北翼。5月12日，全面激战爆发，日军以两个师团猛击我33集团军的5个师，我军立即陷入苦战。由于中国军队保密意识不强，军事委员会与第五战区间往来电报均被日军截获，日军还从张自忠向蒋介石报告有关所率5个师行动的电报中了解到第33集团军的具体位置。于是园部和一郎决定：集中第13、第39师团的兵力，沿汉水东岸南下，反击张自忠集团军，令在新野以南的第3师团撤至枣阳附近，掩护后方。日本情报部门还根据电台联络呼号及电波方向早就测知第33集团军总司令部电台的向外联络情况和位置。这次了解到张自忠总司令部在宜城东北约10公里一带地方，日军便在航空兵配合下向这一地区合围。5月15日夜，日军第39师团从方家集、南营向南瓜店逼近，16日拂晓完成对第33集团军总司令部的战术包围。在炮火的有力支援下，马上进行四面围攻。守军第74师英勇抗击，并不断实施反冲击，激战至下午，特务营亦参加了战斗。此时日军进攻部队已达5000余人，集中炮火和兵力，向守军的最后阵地发起总攻，并有20多架飞机助战。张自忠多处负伤，仍镇定指挥，第74师与特务营弹尽力孤，伤亡殆尽。张自忠胸部又负重伤，壮烈殉国。而当日，日军第13师团也击破我第33集团军主力，南线包围圈已经突破，日军随即调整兵力，向枣阳集中。

在北面，第31集团军等6个军17个师从东、南、北3个方向向被围的日军第3师团展开进攻，并将其分割。日军第3师团携带粮弹不多，兵站线已被切断，情况危急。其第29旅团向师团求援的电报中说："敌之战斗意志极其旺盛。按目前情况看，平安返回甚难，望乞增援一个大队。"可此时日军尚未彻底摧毁南线我军，情况非常紊乱，此时日军的选择只有两条，或命第3师团单独撤退，或令其固守待援。调南线部队击破我军后再北进解围，但日军在衡量第3师团状况后，决定采行前案，并安排了一个更大的陷阱，即命令该师团往东南方枣阳方向转移，诱惑中国军队追击。自5月16日至18日，日军第3师团边打边退，我军虽然穷追不舍，但由于极度缺乏打击火力，未能痛击该部，终使之脱围而去，该师团在18日晚间于枣阳东北方完成攻势准备。此时，击破33集团军后调头北上的第13、第39师团也推进到枣阳一线，完成展开。

日军第3师团的后退拉近了南北两股日军的距离，使之加速会师，中国军队不疑有诈，穷追至枣阳一线，日军第13、第39师团在宜城东北地区反扑得逞后再度趁机北上，与集结在枣阳地区的第3师团会合。5月19日晨，日军以3个师团并列，发起全面攻势，压迫守军背唐河决战，我军各师仅一上午便力不能支，75军为敌重创，其他各部亦颇有伤亡。见状至此，第五战区急忙下令各军撤退，而日军跟踪追击。5月21日，日军第3师团进至邓县，第13

师团进至老河口以东,第 39 师团进至樊城。同日凌晨,第 39 师团在偷渡白河时遭西岸中国军队猛烈射击,联队长神崎哲次郎等 300 多人毙命。21 日晚,日军第 11 军下令各师团停止追击,襄河以东枣阳地区作战至此结束。

3. 宜昌失守,重庆的战略补给线被切断

日军第 11 军在汉水(襄河)以东作战中损失严重,作战时间 20 多天,超过预想时间一倍以上,官兵十分疲惫。停止追击后,迅速收缩部队,至枣阳附近进行休整,但并未立即撤回原防,而是就是否按原计划执行汉水以西的宜昌作战任务进行讨论。多数指挥官认为:如放弃原计划而反转,就意味着第一阶段作战遭到了挫折和失败,将会失去该军统帅的权威和天皇的信任,因而不必顾虑部队的疲劳和减员,继续执行第二阶段作战计划,并用 6 个汽车中队紧急调运 1000 多吨军需品到前线。

5 月 31 日夜日军第 3 和第 39 师团在向汉水西岸炮轰一个半小时,然后从宜城以北的王集强渡汉水,两师团均未受到强烈抵抗,于拂晓前渡河完毕。日军第 11 军命令新到的第 40 师团留置大洪山进行"扫荡",保障后方,另以小川支队和仓桥支队担任流动兵站的警戒。

中国方面估计日军不会进攻宜昌,即使其有一部向襄河以西进攻,也只是佯动,因而在第一阶段作战时将担任河西守备的第 33 集团军和江防军主力大部调往河东,以致河西兵力空虚,根本没有研究在河西作战的计划,不仅远安、南漳等县没有设防,宜昌的防御兵力也很少。及至发现日军西渡汉水后国民政府才调整布防,安排三大兵团来抵御日军的进攻。左兵团(襄河以东)由战区司令长官李宗仁指挥第 2、第 22、第 31 集团军和第 68 军,攻击襄花路、京钟路及汉宜路日军后方,断其补给联络,并以有力部队向襄阳、宜城间攻击渡河日军,策应右兵团作战;右兵团由军事委员会政治部部长陈诚指挥第 33、第 29 集团军和江防军,以确保宜昌为主要任务。同时决定第 75、第 94 军火速从汉水以东赶回汉水以西归还江防军建制,正在四川整训的第 18 军紧急船运到宜昌担任守备。

但渡河日军乘虚而入,推进很快。日军 31 日当晚即突破第 41 军防线,6 月 1 日便进入襄阳,两个师团随即并列向南攻击前进,进入我 33 集团军背后,压迫我军调转正面。由向东改为向北抵抗,我军仓促间陷入混乱,日军趁机猛击之,将 33 集团军各部予以各个击破。军委会见战况紧急,急令第 31 集团军

率5个军南进追击，希望能牵制日军的行动，但战果不大。6月3日，突破中国第33集团军防御后，日军第3师团占领南漳，第39师团占领宜城。4日夜，日军第13师团、池田支队、汉水支队又从钟祥以南的旧口、沙洋附近强渡汉水，与第3、第39师团对荆门、当阳形成南北夹击之势。我军第五战区司令部命令第33集团军依情况向荆门、仙居之线转移，对东北构成正面，与江防军协同作战；江防军以一部在汉水以西抗击从旧口以南渡河的日军，以有力部队控制于当阳附近主阵地，与第33集团军协同，待日军深入后给予侧击；同时命令第29集团军向钟祥出击，切断日军后方交通。

日军在占领沙市、荆州，尔后沿宜沙公路从东南面逼近宜昌。6月9日，日军第3、第39师团从东北面，第13师团从南面围攻当阳。经过一天的激战，守军被击退，当阳失守。6月10日，日军向宜昌发起全面进攻。中国军队第18军6月8日才到达宜昌，仓促部署防御，以第18师守城，以第199师配置于外围。日军以3个师团的兵力连续攻击，以战车部队突进，以上百架飞机疯狂扫射。守军兵力单薄，不敌日军的猛烈攻势，撤往附近山区。

按照武汉会战后日军大本营所确定的一般方针，每次作战，即使是经大本营批准的超越作战控制区域的作战，也只是给中国军队一次沉重打击，摧毁中国军队的抗战意志，并不是要扩大占领区。因此，日军第11军在占领宜昌的当天就指示各师团："已达到此次作战目的，现决定立即整理部队，准备尔后之机动。"随后又命令各部队摧毁宜昌的军事设施，将无法携带的缴获物资予以销毁或抛进长江，准备返回。6月15日22时，日军11军正式下达了撤回汉水东岸的命令，规定第3、第39师团先行撤到当阳、荆门一线，占领阵地，防止中国军队截击和袭击，掩护第13师团撤退后再依次交替回撤。第13师团撤出宜昌的时间从16日午夜开始，当天上午7时撤到宜昌以东约10公里的土门垭。这样，日军占领宜昌4天以后又陆续撤出。中国军队则乘日军撤退时，沿途予以反击。第18军尾追13师团，于17日晨收复宜昌。

本次会战中，在第11军发出撤退命令的前后，日本方面从前线司令官们到大本营，对是否要确保占领宜昌又进行了激烈的争论。当时，纳粹德国正向西欧大举进攻。凑巧的是，恰在6月12日日军占领宜昌的同一天，德军占领巴黎，世界形势正发生着剧烈动荡。在这种形势下，日本军政当局更迫切希望尽快解决中国问题，以便腾出手来参与世界范围的角逐。日军统帅部和日军中国派遣军中的许多人主张：确保对宜昌的占领，可给重庆中国政府以更大的威胁，有利于推进政治谋略，从而也就有利于及早解决中国问题，战略价值极大。此一看法亦打动了天皇,使之于6月15日的御前会议上询问陆军:是否可确保宜昌?有了"天皇圣喻"的撑腰,日本陆军高层当即坚定了长期占领宜昌的决心。于是,日军参谋本部于6月16日发出暂时确保宜昌的命令,期限暂定为1个月。这一命令经过中国派遣军总司令部、第11军转达到各师团的时候,走在最后的第13师团已撤出宜昌52公里,于是第13师团在第3师团一部配合下,调转头来再次向宜昌突进,冲破中国军队的阻击,于6月17日下午重新占领宜昌。

7月1日,日军大本营为弥补第11军扩大占领区后兵力之不足,将驻在黑龙江省佳木斯的第4师团从关东军序列中调出,列入第11军,并于7月13日下达了长期确保宜昌的命令,将武汉方面的作战地区规定为安庆、信阳、宜昌、岳阳、南昌之间。第11军命令第13师团占领宜昌,第4师团驻防安陆,独立混成第18旅团担任当阳东西一带警戒,其余部队均返回原防地。

中国军队在日军重占宜昌后继续对宜昌日军及其后方联络线进行反击。后国民政府发出训令:"兹为应付国际变化,保持国军战力,俾利整训之目的,第五战区应即停止对宜昌攻击……"此后,双方军队在宜昌、当阳、江陵、荆门、钟祥、随县、信阳外围之线形成对峙。国民政府为拱卫重庆、屏障四川,重设第六战区(1939年10月第一次长沙会战后曾设第六战区,1940年4月撤销),以陈诚兼任司令长官,所辖部队有第33、第29集团军、江防军、第18军等,防区为鄂西、湖北、湘西、川东等地。枣宜会战就此结束。

4. 为什么日军以7000人的伤亡使中国军队伤亡多达11万人?

枣宜会战历时近两个月,中国军队英勇抗战,沉重打击了日军,特别是著名爱国将领张自忠将军率军舍命抗敌,临危不退,以身殉国,成为抗日战争时期牺牲的中国军队最高将领。这种精神激励了中国军民,也正是这种精神使中国最后取得了抗日战争的胜利。

枣宜会战是日军在战略调整后完全达成其战略预想的一次战役。此次战役中,日军重创了整个中国军队第五战区的军团,日军仅以7000人的伤亡使第五战区伤亡人数达到11万(阵亡36983人,失踪23000人,负伤50509人),第五战区主力元气大伤,且重要性急速下降,直到抗战结束都未能恢复元气。同时,日军改临时攻击为长久占领,宜昌、枣阳等大片区域失守,日军切断了重庆的战略补给线,并占领了江汉平原等大面积的产粮区,给自身提供了充足的后勤保障，但给重庆及西南部的抗战局势带来了严重的威胁。

　　此次会战，再一次暴露了中国军队在战场上的致命弱点。一是重装备极度缺乏。整个战场基本上都是依靠人力硬攻，打击力严重不足，以致再次上演虽已对敌（第3师团）包围攻击，却无法将之全歼或重创。二是对战场形势和敌军意图分析不足，仓促应战，致使损失惨重。第一阶段作战后，日军又从长江下游第13军调运3个步兵大队、1个山炮大队以加强第11军，并以6个汽车中队向前线运送大批作战物资，中国方面竟未发现，仍然处于麻痹状态，仍在等待日军自行东返。日军经过整补，突然转而向西，长驱直入。军事委员会和第五战区措手不及，仓促调整部署，全盘顿时混乱，根本组织不起有效的防御，战略重镇宜昌的陷落自不可免。这对日后的抗战，在军事上和心理上更增加了困难。而这一点完全是统帅机关对日军战略和战役企图判断错误造成。在后期的宜昌战役中，6月10日，日军已向宜昌发起全面进攻，而中国守军第18军6月8日才到达宜昌，仓促部署防御，基本上没能抵挡住日军的进攻，日军很快破城而入。三是中国军队各战区之间以及战区内各部队之间缺乏积极主动的策应，协调配合力度差，往往存在各军团各自为战的状况，常被日军逐个击破，这也是导致此次会战失利的重要原因（这一弊病在历次会战中反复出现）。日军为遂行此次会战，从长江以南和长江下游抽调了大批部队，也就是说，从第九、第三战区当面抽走了大批部队，这使日军在其占领区内本来就很分散、薄弱的守备力量更加分散，更加薄弱。第九、第三战区如能趁此机会向当面日军发起强有力的攻势，必能收到较冬季攻势更大的战果，威胁日军后方，给第五战区以有力的策应。但第九、第三战区虽有所行动，却远不够积极、有力，未给敌人致命打击。第九战区应该乘虚蹈隙，进袭当面之敌，减轻第五战区压力，使第五战区作战更加容易。第三战区应该加强沿江兵力，积极攻击敌舰，截断长江。这样的军事命令也曾经下达给相关作战军队，但都未得到认真执行。同样，在第五战区内，军事委员会和第五战区也曾要求第21、第29、第31各集团军先发制敌，进攻日军后方，威胁汉口，确实截断平汉线，但这些训令发出后多未付诸实施，军事委员会和战区也未严格督查，因循了事。一场生死攸关的重大战役，出现这样多的问题和失误，失败的结局就不是偶然的了。

第十一章

哪次作战是抗战以来打法最精彩、成绩最辉煌的战役？
——上高战役

上高战役又称锦江会战。1941年3中旬至4月上旬，中国军队在江西上高地区与日军作战，粉碎日本大规模的进攻。根据重庆国民政府军事委会统帅部公布的数据，上高战役战果极为丰硕：毙伤日军少将步兵旅团长岩永、大佐联队长浜田以下1.6万余人，缴获军马2800余匹，各种火炮10门，步枪1000余支，另外还击落敌机1架，辎重物资无数。为上高战役胜利立下赫赫战功的是中国军队第74军。蒋介石因此为74军颁发中国军队最高奖励——"飞虎旗"以示厚爱。何应钦称上高战役为"抗战以来最精彩的一战"。

1. 参加上高战役作战的中国军队第74军是英雄"铁军"

1941年初，日本为了巩固华中战略要地南昌外围和加强华北治安战，着令调集中国派遣军第33师团从江西安义开拔至华北地区。第33师团此行还肩负着一项战略目的：在离开江西前发动一次针对第九战区第19集团军的战略进攻，以便于稳固日军在上高地区、南昌外围的军事优势，打击和削弱中国军队。另外，世界反法西斯同盟的缔结，使各西方国家不再对日本侵略中国的战争持中立态度，而转向支持中国抗战，向中国出售先进武器和战略物资，这一点引起日军的极大恐慌。这也是日军发动这次战争的原因之一。

至3月中旬，日军兵分3路集结，第33、第34师团及第20混成旅团被秘密调集前往上高地区。意图对驻扎在上高的中国军队实行分进合击。园部和一郎是第11军司令官，此次军事行动就是由他担任上高战役指挥官。

中国军队方面，第九战区副司令长官兼第19集团军总司令罗卓英成为上高战役的指挥官，麾下可调遣兵力包括第49、第70、第73、第74军，共有11个师参加这场江西境内迎战日军的战斗。

在这里，有必要介绍一下中国军队第74军。第74军在抗日战争正面战场上一向表现优秀。1939年，南昌攻守战期间，中国军队整体上处于劣势，独第九战区 74 军尽显锋芒，赢得了军委会的特别嘉奖，在当时可谓是一枝独秀。当年 7 月，军委会委任王耀武为第 74 军的第二任军长，与此同时，第 74 军的编制也作了新的调整：51 师师长由李天霞升任；57 师正式入编第 74 军，该师师长由施中诚担任；廖龄奇任 58 师师长，副师长是名将张灵甫。

74 军的新编制参照美式标准编制建军，这一轮调整完成后，74 军总兵力已超过 3.1 万人。围绕之前 74 军的军纪问题，军长王耀武用他自己的方式来修正。对于士兵，他提出：衣衫不整者，处以罚站；鞋带没有系好者，依旧要罚站；皮带扣没有系紧者，还是罚站！对于军官，违反王式管理规定就没有士兵们那么好运气了——不仅仅是罚站就能挨得过的，要随时准备好"挨打"。不服管教要挨打，提拔之前也要挨打！举两个例子：一是某营长在开会的时候注意力不集中，军长王耀武在上面讲话，这位营长却偷偷看旁边树上的小鸟。偏偏被军长发现。这个"倒霉"的营长不但被军长王耀武亲自揪出来，还当众被踹了几脚。第二个例子更能体现王氏治军的独特性。据说凡是被王耀武军长提拔的军官，在正式任命之前往往会被他"随便"找个理由打几下、骂几句。总之，不能让这些军官们太骄傲、太自由、太散漫。王耀武认为这样管理军队的方式最简单、最管用，能够培养官兵们的服从意识。旁人对于王耀武的评价往往有褒有贬，有人说他治军"严厉"；也有人说他是"封建军阀的做法"，"管理模式偏向于残酷"。不过，王耀武本人对外界评价丝毫不以为意。一方面培养官兵的服从意识，另一方面他又从人性化的方式管理着这支队伍。"打"和"罚"并不能完全概括王耀武的带兵方法。比如他非常关心部下们的生活，为人慷慨，有时为了给士兵们改善生活、增强体质，提高部队的战斗力，王耀武动辄拿出自己几个月的薪饷，全然不计较个人得失，士兵都非常感动。第 74 军的将士们正是因为有了这样一位军长，才能够在每一次战斗中勇往直前、服从命令，任何时候都能够打硬仗、敢于挑战强大的敌人。

因此这里还不得不说说王耀武这个人。

王耀武，字佐民，汉族，山东泰安人，1904 年出生，1968 年在北京逝世，是我国的抗日战争名将，黄埔三期生，系国民党军骨干将领，曾任中国国民党中央执委会委员、山东省政府主席、山东党政军统一指挥部主任、第二绥靖区司令官、山东绥靖统一指挥部主任等职。1948 年，在人民解放战争的济南战役中被俘。经过 10 年改造，1959 年特赦释放后任政协全国委员会文史资料研究委员会专员。他以其卓著的抗日功勋获得国民政府青天白日勋章。王耀武在抗日战争中大放异彩，带着 74 军打遍了大江南北，以上高、常德、雪峰山三战最为出色，凭战功出任方面军司令官和山东省政府主席。蒋介石称赞王耀武"善于带兵，有指挥才能"。因为王耀武在抗日战争中的战功尤其显赫彪炳，所以当时有"宁碰阎王，莫碰老王"之谓。在军界长期流传着"三李不如一王"的说法（指李延年、李仙洲、李玉堂，皆黄埔一期学员，山东人）。

王耀武治军赏罚分明，恩威并用，平时以负责任守纪律勉励下属，以身作则，对犯纪律的部下不予姑息。著名虎将张灵甫是王耀武的爱将。在个性上，王耀武自信、豪爽、直率、倔强、好胜。而且难得的是，私生活严谨。

1937年"七七"事变后，王耀武率部先后在"八一三"淞沪战役、南京保卫战、河南兰封战役、江西万家岭会战等重大战役中表现出色，并因万岭会战重创日军被提升为74军中将军长。接着，他率74军参加9月长沙会战，收复高安重镇，被当时媒体称为"抗日铁军"。1941年3月，日军33师团、34师团、20混成旅团在江西北部集结，并沿锦江南岸西犯，企图歼灭74军。3月20日到25日，日军在数十架飞机狂轰滥炸的配合下，向74军阵地进攻，王耀武率部顽强反击，寸土必争。在抗战的西南会战中，日寇116师团、68旅团及汪伪2师从邵阳出发，攻击高沙、竹篙等地，并威胁我空军基地芷江。王耀武率部殊死抵抗，亲自布置调整兵力，并说57师唯一退路洞口铁桥已安放好炸药，稍有退却即命炸桥。57师前有日军，后退之路又被堵死，只有做拼死搏斗。战役胜利后，陆军司令何应钦、美籍参谋总长麦克鲁到防地视察，看到日军横尸遍地，而在肉搏中左手大多被砍下，尸臭熏天，足见战斗惨烈。此次战役王耀武率3万大军抗击日军6个师团，歼敌2.8万人。

王耀武将军冷静机智，指挥作战擅用谋略。上高会战，充分利用你攻我守，两翼迂回战术，取得巨大成功。他重视练兵，训练出来的军队，战斗力的确惊人。在抗日战争中几乎是战无不胜，逢战必有功。王耀武对部下非常宽厚，平易近人，经常是部下当面诉苦，他马上解决，直接掏钱给你解决问题，改善生活。也因此，他得到部下和士兵的拥戴。王耀武练兵虽然很有"特色"，甚至有人觉得官僚，但是他练过的兵战斗力和服从力都很好，被称为"铁军"。

第74军参加过大多数重大正面战役，多次勇挑重担，能与日军展开殊死搏杀，在之前的抗日战争中表现十分勇猛，守得住攻得上，是一支精锐之师，在兰封会战、万家岭战役中居功至伟，仅万家岭战役中就毙敌6万余人。

1940年，中国得到了更多的美国援助。中美两国签署了《援华法案》的协议，中国军队第1、第2、第5、第74军第一批得到了美式精良装备，将士们从头到脚实现了装备的更换。国民政府利用美国贷款购买新式装备，从美式墨绿色军装到新式武器,这些精锐部队实现了华丽转身,而第 74 军第一批就得到了全套的美式装备,除了实际的战斗力提升以外,更是一种肯定和荣誉。

2. 与中国军队第 19 集团军作战,日军司令官心存疑惧

日本军方高层对于中国军队装备提升无法坐视不理。对于美式装备下的中国军队第 74 军,他们坐卧不安,因为其装备已经大大超越了日军装备水平。在日本军方高层看来,必须尽快有所行动,最好发动一场针对驻守在南昌的中国军队的战斗,以此来钳制同处江西的第 74 军,并一探虚实。

此时,中国共产党领导的游击队在华北地区令驻守日军倍感压力。在日本军方高层看来,由于华北地区自身兵力的不足,游击队的活跃程度已经严重威胁到了华北防守安全。因此,日本在华派遣军总部决定来一场清除游击队的"大扫荡",至于兵力不足的问题,暂且从华中地区调兵。能够担此重任、被在华派遣军总部看中的部队就是后来与罗卓英部激战的日军第 33 师团。

日军第 33 师团在接到调令之前驻守在江西北部。除了第 33 师团之外,日军在江西省内还驻扎着另一支部队:第 34 师团。两支部队在军事上遥相呼应,互为掎角。一旦调走第 33 师团,第 34 师团必定会面临前所未有的巨大压力。故而第 34 师团师团长大贺茂在惶恐之际向上级建议:趁着第 33 师团尚未开拔前往华北,不如两支部队先来一场针对罗卓英部队的"围剿"战,争取一举歼灭南昌周边的中国军队。日军第 11 军司令官圆部和一郎在接到大贺茂的请求后,经过周密考虑,原则上同意让第 33 师团协助第 34 师团向罗卓英部发动军事进攻。

尽管圆部和一郎同意了第 34 师团师团长大贺茂的提议,但他并不十分愿意发动这场行动。原因有三:一是圆部和一郎没有天真地认为罗卓英麾下的第 19 集团军会被第 33 师团、第 34 师团通过一场战斗歼灭,中国军队第 19 集团军打硬仗的能力,他本人非常清楚。日军第 11 军和第 19 集团军此前曾经有过几次交锋,每次都是第 19 集团军占了上风。二是罗卓英麾下的第 19 集团军中,犹以第 74 军更为骁勇善战。对己方不利的是,第 74 军刚刚得到美式装备,战事一旦展开,输赢实难预料。三是圆部和一郎不想在此时节外生枝。此时的他已经接到了调令,不想在离开前横生枝节。罗卓英的第 19 集团军有近 10 万人,此战必定十分凶险,要是失败会极大地影响自己的政治前途。

综合以上几种考虑,圆部和一郎无论如何不愿发动这次"围剿"行动。但

是，此时的大贺茂已经乱了阵脚，再三向园部和一郎提出申请。大贺茂对于开战一事在态度上无比坚决，几乎认定日军要想防守住南昌这一战略重地，唯有首先解决中国军队第19集团军。此时，一个外部因素的发生让大贺茂有机会达成心愿。池田直三少将接到日军中国派遣军的指令，率独立混成第20旅团奔赴南昌，替换第33师团在江西承担的防守任务。日军中国派遣军已经考虑到第34师团大贺茂即将面临的困境，如果没有兵力的补充和援助，第34师团只能是一只孤狼，一旦华中地区的中国军队率先发动攻击，后果不堪设想。

现在多了一个旅团的兵力，园部和一郎认为胜算很大，故重新考虑大贺茂的建议。最后抱着试一试的想法，园部和一郎批准了大贺茂的军事进攻方案。

3. 日军兵分三路进攻，遭到中国军队逐次抗击绞杀

对于这个时期的日军而言，首要问题是如何铲除驻守在上高的中国军队第19集团军。中国军队在南昌地区的实际影响力令日军如鲠在喉，恨不得马上拔掉这颗钉子。从这一年的年头开始，日军按照预先制订的军事计划逐步展开行动：1941年1月，盘踞在南昌的日军积极补充兵员、增加给养。与此同时，分次分批将派往江西北部和武汉的部队调回原先的驻地。初步准备完成后，第二步着手安排夜战演习和渡河演习。日军空军第3飞行团与之配合行动，其主力部队先后飞抵南昌机场。至此，日军战前兵力部署已然完成——总兵力6.5

中国军队缴获的日军武器

万人、150架飞机、40辆战车。兵分3路，分别是南路（池田旅团）、北路（第33师团）、中路（第34师团）。战役总指挥由第11军团司令官园部和一郎担任。

1941年3月15日，池田旅团、第33师团、第34师团在统一指挥下，从安义、南昌等地分3路进攻上高地区，园部和一郎试图通过此次战役一举攻歼第九战区包括第74集团军在内的中国主力部队。第二路日军在战术上可以称其为中路，主要作战任务是由第34师团来具体执行：先通过占领高安达到初步目的，然后再向官桥、泗溪等地发动攻势，巩固并扩大战斗成果；最后一路是南路，此战斗序列的主要执行单位是日军独立混成第20旅团，该部在作战中先后在独城、经楼地区失利。当时，中国军队第49军将日军混成第20旅团阻击在灰埠一带，日军主力虽试图继续进攻，但仍然未能扭转战斗局势，故而被迫渡江北上与中路部队（第34师团）会合。南路攻势画上句号。

针对当时的局势，第九战区副司令长官兼第19集团军总司令罗卓英对麾下各部进行调整。3月19日，罗卓英下令：此后一段时期，中国军队的战斗计划将围绕"逐次抗击""有效利用现有阵地""诱敌深入""在上高地区围歼敌军"这几个方面有序进行。在作战指挥部，罗卓英发出电令，明确提出："严饬各军积极对敌猛攻，务将深入之敌，歼灭于高安锦河南北地区。"收到指挥部电令后，各部开始积极行动起来，这无疑增强了第19集团军的整体攻击力量。时逢这一关键时刻，战区长官部抽调王陵基川军的陈良基、傅翼两个师由三都导区兼程南下。这个消息对于罗卓英部十分利好，加之其部下均慑于军律严格，唯恐战败，当得知己方援军将至，无不士气大振，奋勇杀敌，将士们在战场上争先与敌人殊死搏斗，日军第34师团在这次战斗中逐渐处于被动，上高地区成为中国军队绞杀日军的最佳战场。

基本上丧失了主动权的日军中路（第34师团）此时并未放弃歼灭罗卓英集团主力的狂妄想法。出于夺取上高野心未死的缘故，日军第34师团自3月19日起，与中国军队余程万师在泗水东岸泗溪附近展开激战，其后利用锥形战术攻向中国军队阵地，余程万师阻止敌于泗水东岸。日军集中优势兵力击杀中国军队，日军第34师团调集了大炮10余门、飞机30余架配合进攻，很快，泗水西岸唐、港西罗地区的我军阵地尽数被毁，日军便趁机分由档口、港西罗强渡泗水。另一方面，廖龄奇师一部奋勇堵塞缺口，血战一直持续

罗卓英

到当天夜间，日军大队攻打到塘坎附近，阵地遂被突破。21日午夜，廖龄奇麾下各部辗转至白矛山、莘树下、苟舍之线，与余程万师的潘家桥、云头山、磊家山的斜交阵地，及石拱桥、下坡桥徐楼的预备阵地相衔接。做出如此调整的意图十分明确：确保上高城不会落入日军之手。值此生死存亡的危急时刻，我军将士将日军第34师团主力困在斜交阵地，敌人已经无法脱身，激战整整一天，日军竟然不能够取得任何实质性的突破。

中国军队参战的各部在第19集团军罗卓英总司令的指挥督导下奋勇抗敌。3月21日，第74军军长王耀武为了达到切断日军第34师团后路的战略目的，下令调集李天霞部以最快的速度肃清锦江南岸的日军残存部队，向高安挺进。然而，意想不到的事情发生了：21日晚上，日军独立混成第20旅团同样集结所部，亦发起攻势，李天霞师前锋刚出石头街，即遇独立混成第20旅团主力。该部另一部分兵力由锦江北岸渡过河，经过卢家圩以其中一股绕攻蜡烛山，一股由石头街西胡家南渡攻击李天霞部侧背，并以飞机9架、大炮4门自北向南轰击，使李部侧腹受敌，只得退守石头街西南高地，并向上级请求支援。王耀武迅速改变部署：命李天霞师主力向左转移；命在印塘附近的军直属野战补充团急赴华阳，堵敌西犯。双方在华阳展开血战，野战补充团在日军飞机的大肆轰炸下依然死守阵地，日军独立混成第20旅团无法突破，只好转攻况家，计划从熊坊迂回中国军队左翼，再次受到我野战补充团拼死抵抗。恼羞成怒的日军惨无人道地施放大量烧夷弹和毒气，使中国军队官兵大量伤亡，熊坊失守。得知熊坊情况，李天霞迅速派遣右翼的两个团支援守军，经过激战收复熊坊，粉碎日军第34师团对聂家及白茅山的攻势，同时攻克石头街、鸡公岭。至此日军独立混成第20旅团出其不意的攻击已经陷入背水为阵的窘境，出现大量伤亡。

24日上午，日军独立混成第20旅团残部3000余人和第3加强团出动70多架飞机对廖奇龄师阵地疯狂轰炸，投弹1700余枚，阵地大部分被摧毁，但守军不顾飞机轰炸拼死抵抗，两度击退敌人进攻。久攻不下的日军战斗力锐减，处于被动局面。

4. 落实围歼日军计划，对逃出包围圈的敌人施行第二次包围作战

按照第19集团军总指挥官罗卓英的部署，各军在接到命令后开始着手"围歼日军的计划"，该计划以高安为前进目标，以全歼为最终目的。由于战斗

情况变化，于3月22日中午，复命各军改向上高东北地区前进。23日中午，刘多荃、李觉两军分途进据石头街、官桥街、杨公圩，迫近灰埠、高要，对第34师团形成包围之势。达到预期目标，罗卓英再下令各军，缩小包围圈。24日，为缩小包围圈，中国军队同时发起进攻。李觉军张言传师收复南茶罗，猛攻毕家，向介子坡、坑口冷一线挺进；唐伯寅师亦进抵土地王庙，继续围攻泗溪；王陵基军傅翼、陈良基两师在荷舍、雷市一线由北向南攻击前进。至此，日军第34师团已属于"瓮中之鳖"，被围困在南北仅10华里，东西30华里的椭圆形包围圈内。同时中国军队猛攻日军第34师团师团长大贺茂指挥部所在地毕家，使日军全线动摇。

日军第34师团为避免全军覆没，向第11军司令官园部和一郎急切求救，中国派遣军第33师团在接到总指挥官园部和一郎的命令后马上开展救援，第33师团参谋长木下勇、作战主任参谋山口中佐、大根大尉就地指挥所属各部掩护第34师团向南昌方向窜逃。同时，第33师团接令后，又派其步兵旅长荒木正二指挥步兵215联队附一个山炮大队为右纵队；以步兵214联队为左纵队；自率师团主力为中央纵队，于3月24日分别自牛行、奉新等据点出动，再犯五桥河、村前街，然后分别向棠浦、官桥急进。25日晨，日军第33师团猛扑坑口冷、介子坡、南茶罗，接应第34师团突围。守军张方传师力战不胜，撤至土地王庙附近。接着，日军第33师团猛攻唐伯寅师凉山脑、桐子坑阵地。副军长张言传指挥作战，与敌交战不顺，致形势对本军不利，于是不战而退，率所属两个师向凤凰圩、庄坊撤走，使日军第33师团进入官桥与第34师团得以会合。这令罗卓英非常生气，严令张言传、唐伯寅两师恪遵前令，于官桥附近尽力堵截，防敌突围与增援。26日，日军独立步兵第104大队向龙团虚前进，占领收容阵地，掩护第34师团撤退。

此时，日军第34师团已在日军各部的掩护下，不断撤离出包围圈，此次"围剿"眼看就要失败。26日，罗卓英通过对战局分析，决心施行第二次包围战，彻底歼灭第34师团。此时日军虽在撤离，但中国阵地方面王耀武军在上高东西正面出击进展较好，锦江南岸残敌已大部肃清，而来援的川军、东北军已赶到战场，中国兵力上仍优于日方。于是，罗卓英再次严令张言传、唐伯寅两师加强堵截，防敌突围与增援；命令余程万师经潘家桥北攻击前进；廖龄奇和宋英仲两师以官桥为目标奋勇进击；王克俊师于官桥以东攻敌侧背；傅翼师向江家洲以南；陈良基师经棠浦转向东南，索敌猛攻，迅速聚歼残敌，以竟全功。第二次"围剿"计划部署完成。

3月27日，日军第33师团、独立混成第20旅团前往接应的第34师团总算突出重围，跳出了中国军队的包围圈。第34师团按照师团司令部、行李物资、独立山炮队、伤员运输队、野战医院、后卫部队的行军序列，向土地王庙方向东撤，残兵败将极其狼狈。罗卓英见时机成熟，即在午夜下达总攻击命令："各部于28日午，以官桥街、南茶罗为目标，猛烈攻击，彻底歼灭残敌。"3月28日子时，我军战斗序列中的王克俊师经杨公圩向官桥挺进，途中恰巧遇上了日军第34师团东退大队。正所谓"狭路相逢勇者胜"，王克俊率部阻敌于杨公圩南北高地亘磨子岭一线。经过整整一天的激烈战斗，成功将日军阻挡在暇蟆碑、虎形岭，而从中国军队包围圈中突围，护送第34师团出来的日军独混第20旅团一部在此地也被王克俊师盯上，一场不可避免的阻击战就这样发生在龙图圩附近区域。这路日军原本是从高安来接应第34师团的，他们万万没有料到，真正的生死存亡竟然发生在突围之后。担任正面攻击任务的廖龄奇师于28日追至长岭亘蛮眉高地之线，立刻咬住第34师团后卫，发生激烈战斗。28日午间李天霞师一部赶到，于上罗象、山源李、方头脑一线展开，攻敌右侧背；余程万师一部进抵龙形山，迂回官桥街南，与市内残敌激战，全歼守敌600余人。同日，罗卓英下令南北夹击日军外围各军，迅速解决杨公圩、龙图圩附近残敌，随即命令各部勇猛追击。

3月29日，第19集团军罗卓英总司令着令刘多荃督率王铁汉师、王克俊师、陈良基3师组建右翼追击部队，沿湘赣公路经高安、大城追击敌荒木支队；李觉率张言伟、唐伯寅、宋英仲3师为左追击军，沿伍桥河奉新大道追击日军第33师团。此时日军独混第20旅团2000余人为掩护第34师团溃逃，正在飞机的掩护下于龙图圩、杨公圩一带与中国军队激战，王铁汉、王克俊和张言传、唐伯寅分别率领两个师攻击日军的东、西两头，日军伤亡惨重，分股向东北方向溃逃，其一股600余人正好逃到张言传师主力阵地前，大部分日军被就地歼灭。至此，外围残敌基本肃清，刘、李两路追击军遂遵薛岳电令追击前进。

3月31日，第九战区第二挺进队纵队司令康景濂收复高安，王铁汉师收复祥符观；同一日张言传、宋英仲两师清晨收复奉新；下午王铁汉师又从日军手中收复西山、万春宫；4月3日，各军分途追击至大城及干州街附近，由于日军事先已龟缩进原阵地凭险固守，第19集团军总司令罗卓英下令停止战斗。至此，上高战役胜利结束。

5. 上高战役打出最精彩的战术、最辉煌的战绩

上高战役的胜利是全体将士浴血奋战的结果，也与总指挥罗卓英的卓越指挥休戚相关。正是有罗卓英的正确指挥、将士们的浴血奋战以及广大百姓的自发支持，上高战役才成为一次卓越的战役。

罗卓英（1896—1961），字尤青，国民党陆军上将。1896年3月19日生于广东省大埔县百侯镇。抗日战争时期，率部先后参加了淞沪抗战、南京保卫战、南昌会战、上高会战、长沙会战、平满纳会战等重大战役，历任国民革命军第16军团司令、第15集团军总司令、南京卫戍副司令长官、第九战区前敌总司令、第九战区副司令长官、第19集团军总司令。

1941年3月15日—4月9日，日本侵略军集结第33师团、34师团和第20混成旅团共6.5万余重兵，在100余架飞机的狂轰和掩护下，兵分三路，从安义等地出发，孤注一掷，疯狂发动"鄱阳湖扫荡战"，企图消灭中国王牌军队罗卓英所部的第19集团军、突破上高天险，从而达到罪恶目的。以罗卓英将军为总司令的中国军队第19集团军，下辖第70军，49军，74军及第30集团军之72军、江西保安队近10万将士奋起抗战，首先采取逐次抗击绞杀的战术，消灭敌人的有生力量；然后又采取围歼日军的计划，对逃出包围圈的敌人果断实行再包围作战，创造了前所未有的抗战佳绩。

上高战役的胜利，我们不能忽视的是广大民众对抗战的大力支援。在上高战役进行的过程中，以中共地下党员黄贤度（合法身份为上高县县长）为首的中共上高地下党组织密切配合，策动和组织上高民众给予中国军队全力支持。据史实记载：当时上高有1/4的百姓冒死支前捐粮、运送给养、弹药、伤兵等，不少人还直接参战，这也是本次会战取胜的关键因素之一。在数百里战线上，以上高为核心阵地，在以上高为中心的十多个县内，中国军队得到了广大民众的支持，得以与日军展开大规模会战，历经26天浴血奋战，终于以牺牲9000余英烈为代价，取得了毙、伤日军2.4万余人、缴获无数武器弹药的重大胜利。

上高会战大捷是中国军队自抗战以来，以较小的伤亡取得最辉煌的战绩，以最灵活多变的战术，打出了"抗战以来最精彩之战"。

在日本历史上，关于上高战役的描述也较为详细。1975年，日军防卫厅防卫研究所战史室编著了《中国事变陆军作战》。该书在文章中提到："二十八日凌晨二时，负责野战医院警卫的炮兵第八中队，终于在土地庙村西端遭到优

第十一章 哪次作战是抗战以来打法最精彩、成绩最辉煌的战役?

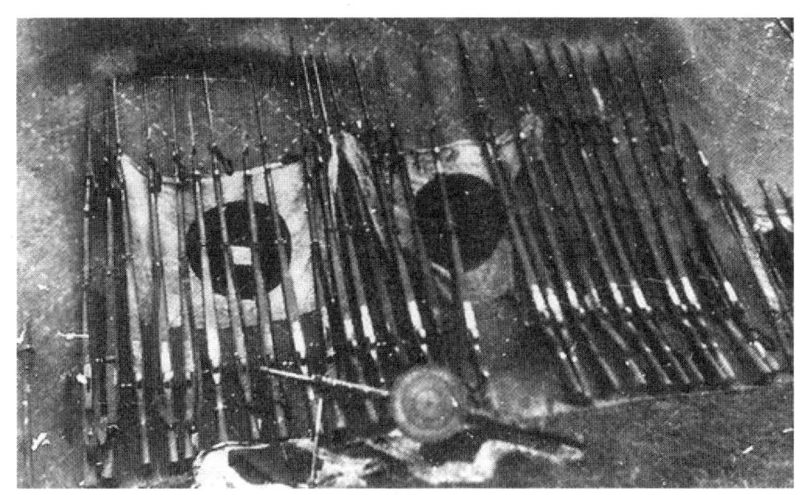

上高会战中 57 师缴获的战利品

势的重庆军攻击,致使该中队在处理了火炮后,全体壮烈阵亡。"在谈到"樱井师团掩护大贺退却"时写道:"二十八日渡过泗溪进入东岸,翌日(二十九日)虽开始向后撤,但出发不久遭到据守之敌攻击,处于不能射击的状态。以后接到了空投弹药,经过无法用言语形容的重重苦难,于四月二日,返回了原驻地。"日方军事专家尚且如此评述,更可见日军当时在上高战役中的狼狈。

中国军队在上高战役中几度令日本军队陷入绝境,对于上高战役中国军队第 19 集团军,尤其是 74 军的表现,蒋介石极为满意,特地以军委会名义颁发"飞虎旗"以示奖励。"飞虎旗"是国民党军中最高奖励,蒋介石厚爱 74 军的情状可见一斑。一向吝于言辞夸赞的军委会参谋总长何应钦亦称赞这场战役是"抗战以来最精彩的一战"。

第十二章

哪次作战是"抗战史上最大之耻辱"的战役?
——晋南会战

晋南战役又称中条山会战,是中国抗日战争进入相持阶段后,正面战场中国军队在山西范围内的唯一一场大规模对日作战。战役从 1941 年 5 月 7 日开始,至 27 日结束,历时 20 余日,日军以约 10 万人投入作战,伤亡约 3000 人;而中国军队 18 万守军迎敌,阵亡达 4.2 万人,被俘 3.5 万人,以抗战以来最大比例的伤亡数字宣告战役结束。晋南战役,中国惨败。人们疑惑不解的是,这次被蒋介石称为"抗战史上最大之耻辱"到底是怎么发生的?

1. 抗战中期,日军为什么又要发起对晋南地区的中国军队作战?

从 1938 年抗日战争进入战略相持阶段后,战争双方的战线保持了相对的稳定,中日都改变了作战方略。在中国,日本将战略重点逐渐向保守占领地转变,以局部战争为主,不再发动大规模的集团军作战,避免战线拉得过长。为了摆脱中国战事久战不决的困境,日本修正了原来"不以国民政府为对手"的立场,提出"如果国民政府抛弃以前的一贯政策,更换人事组织,取得新生的结果,参加新秩序的建设,我们并不予以拒绝"的新方略,加紧对国民政府展开诱降活动。在国际上,日军将这一时段的重心放到了太平洋战场和对苏联的防御作战上。

日军的诱降活动取得了一定成功。原国民党的军政大员汪精卫等投靠日本建立了伪南京国民政府,占领区内的部分军阀和大量地痞流氓组成了数量庞大的伪军,协助日军进行大量破坏活动,对整个抗日运动造成极其恶劣的影响。更重要的是,受日军诱降政策和对中国共产党迅速发展的影响,重庆国民政府"消极抗日,积极反共"的态势越来越严重。

国际上,欧洲战场和太平洋战场上法西斯盟国势头特别强劲。德国于 1939 年 9 月 1 日,突袭侵占波兰。接着,德、意法西斯又取得了对英、法作战的胜利。而日军在太平洋战场上首战便告捷,打了美国一个措手不及。在这

第十二章 哪次作战是"抗战史上最大之耻辱"的战役？

种"美好形势"的鼓舞下，1940年底，日本政府再次调整了对中国作战的指导方针，作出"必须迅速解决中国事变"的决定，要求"在1941年秋季以前，改变预定计划，不放松对华压迫，准备在夏秋之际，进行最后的积极作战，力图解决中国事变"，"在此期间，竭尽一切手段，尤其利用国际局势变化，谋求'中国事变'得到定局"。

此时，日军在中国西南战场上，发动的长沙会战、枣宜会战、锦江会战虽取得一定成效，但都未能达成其战略目的。日本军方分析了中国战场形态，决定将战场引向华北区域，巩固占领区的治安秩序。认为"山西省由于西面有以延安为根据地的中国共产党红军，南面黄河两岸有国民政府中央军第一战区的军队活动，治安情况极为恶劣。隔邻河南、山东两省的治安也不稳定"。"主要占领区域的治安现状，其安定程度的顺序为蒙疆、长三角地带、武汉地区，以华北为最差。"而在整个日军占领区内，华北之"晋南是有蒋直系国民党军残存的唯一地区"。为此，日军多次"扫荡"山西区域。1940年12月26日，日本政府东条英机陆相和杉山元总长提出"不要单纯考虑南方，要确立以中国和北方问题为主的方针"。1941年1月30日，日本中国派遣军提出"1941年度的作战，根据当前任务，大致确保现在的占领地区，尤其在夏秋季节须发挥综合战力，对敌施加重大压力。特别期待于在华北消灭山西南部国民政府中央军的一战"，由此，中条山战役（晋南战役）爆发。

日军之所以选择中条山作为此次战役的作战地点主要是从其战略位置出发。中条山位于山西省南部、黄河北岸，与太行、吕梁、太岳三山互为犄角，战略地位十分重要。抗日战争全面爆发后，经过多次大战，山西各主要关隘的相继失守，中条山就成为一道屏障，进可攻，退可守，与豫北、晋南、洛阳、潼关等要塞互为牵制。同时，作为第一战区管辖地，这里驻守了大量的国民党中央军，而非地方军。1938年春，山西境内的国民党军为减少正面战场作战损失，将十多万人的部队分散于晋南地区，建立防御工事，开展游击作战，成为日军的心腹大患。为此，日军对中条山进行了13次"扫荡"，力图不断损耗

中条山战役中的中国军队

此地中国守军的有生力量,减少该地区对日本华北占领区的威胁。

晋南地区的防务1940年由国民党中央军接管,何应钦具体负责。驻防部队中第80、第3、第9军为中央军部队,其余4个军为地方杂牌部队,共计15万人,不过整个军队的战斗力都有限。为攻打中条山,此次日军集中了12万多人的主力部队,准备彻底占领中条山,彻底消灭此处的中国军队和地方游击队。

2. 日军频繁调动,大军压境,中国军队的奋战却在做表面文章

日本中国派遣军从华中抽调第17、第33军配属华北方面军;从关东军调集第32、第83飞行战队,第3飞行集团主力结集于运城、新乡两个机场担任空中配合;华北方面军编成了参加中条山会战的序列第1军中的第33、第36、第37、第41师团,独立混成第4、第9、第16旅团;第21、第35师团,骑兵第4旅团一部及第3飞行集团,总兵力约10余万人。由日军华北方面军司令官多田骏中将担任指挥。同时,为配合进攻,1941年上半年,日军组织63个大队的兵力,对中国东南沿海首先实施封锁。在河南、江西,日军采取速战速决战术,发动豫南、上高战役。1941年3月,日军又发动了中条山的外围作战。以第36师团打击集结在晋东南陵川一带的中国军队第27军;以第37、第41师团袭击在翼城以南、绛县以东地区的中国军队第15军。用以牵扯我军力量,使其无法快速支援,为日军进攻大条山创造最有利条件。对中条山的作战,日军具体部署如下:第36、37、41师团及第3、9独立旅团,伪24师,分布于中条山西面之绛县、横岭关、闻喜、夏县、安邑、运城、解州、永济、风陵渡、河津及闻喜、夏县以北各地区;第33师团附第4独立旅团分布于阳城、芹池、沁水一带;第35、21师团及汉奸伪军张岚峰、刘彦峰部分布于温县、沁阳、博爱、董封、新乡、焦作、高平、长子、陵川等地区。

鉴于日军的频繁调动和对中条山多次的"扫荡",重庆国民政府军事委员会根据"保守要地,力图持久,奠安内部,争取外援"的指导要领,确定"加强中条山及潼洛工事,积极训练"的战略原则。

4月18日、20日,何应钦连续两次主持召开了由第一、第二、第五战区军以上长官参加的军事会议。根据各方提供的情报,何应钦判断:"晋南之敌,似将逐次夺取我中条山各据点,企图彻底肃清黄河北岸之我军,然后与豫东之敌相呼应,进取洛阳、潼关,以威胁我五战区之侧背,或西向进窥西安。"随

后发出指示："为确保中条山,第一步,应相机各以一部由北向南,由东向西,与我中条山阵地右翼各部,合力攻取高平、晋城、阳城、沁水间地区,以恢复(民国)廿九年四月前之态势。第二步,与晋西军及第二、第八战区协力,包围晋南三角地带之敌,而歼灭之。最低限度,亦须能确保中条山。"指示发出后做了相应的兵力部署:第 9 军裴昌会部镇守豫北重镇济源;第 43 军赵世玲部防守山西南端之垣曲;第 17 军高桂滋部防守绛县地区;第 3 军唐淮源部、第 80 军孔令恂部防守闻喜、夏县地区;第 98 军武士敏部防守董封镇一带;第 15 军范汉杰部防守高平地区。另以 4 个军配置于太行、太岳地区,作为策应。遗憾的是,这些指示和以后的部署,后来的实践证明,都只是做了一些表面文章,并没有认真做好备战工作,以致处处被动挨打,导致战役惨败。

3. 中国军队节节抵抗,节节败退,伤亡惨重

1941 年 5 月 7 日,日军由东、西、北三面一起出动"以钳形并配以中央突破之方式"进犯中条山地区,中条山战役正式爆发,中日双方围绕中条山区域展开争夺战。战争分两个阶段。

第一阶段,按照原定计划,东线日军以原田雄吉中将指挥的第 35 师团主力、田中久一中将指挥的第 21 师团一部,以及骑兵第 4 独立旅团一部,约 2.5 万余人,在伪军张岚峰、刘彦峰部的配合下,沿道清路西段分 3 路进犯济源、孟县。

东线,日军左翼从温县出发,先头步兵约 5000 人,骑兵 1000 余人,大炮 20 余门,飞机数十架,战车、汽车、装甲车等共 100 余辆,浩浩荡荡,沿黄河北岸突击前进。中央部队先头部队 1000 余人从沁阳、博爱出发,沿沁济大道向西攻击,另一股先头部队攻陷延西和义庄后,猛攻捏掌、紫陵、东逮寨、留村一带。同时,沁河北岸 3000 余人,在 10 余架飞机,20 余门大炮的辅助下,强渡沁河。中国守军第 9 军裴昌会所部面对四面而至的日军,节节防御,节节后撤,全线溃退,济源等地失陷。在此形势下,第一战区长官部命令第 9 军"以主力于封门口北既设阵地,拒止沁、济之敌西犯,以一小部对敌侧击"。于是,第 9 军部队重新部署,将新编第 24 师主力、第 54 师镇守封门口一线,第 47 师和第 54 师驻王屋的独立第 4 旅等在孤山一线灵活击敌,以从侧面支援正面战场。9 日上午日军猛攻要隘封门口,遇到守军第 24、第 54 师顽强抵抗。日军迅速派兵支援,10 日早晨,封门口被攻破。而垣曲县城已被

中路日军攻陷，邵源危在旦夕。11日，日军100余架飞机全部出动轰炸封锁官阳东西渡口，我军长官部命令第9军主力"由官阳南渡，以策应河防"，守军第54师伤亡重大，只能退至河南，其余各师、团退至封门口至邵源以北山地。12日，黄河沿岸各渡口被日军占领；邵源被敌军主力攻破，该部日军又与从垣曲东进的日军会合，中国军队第14集团军内线被日军团团包围。东线日军进展迅猛，中国军队守军节节败退，抵抗无力。

西线日军第37师团主力、第36师团一部、独立混成第16旅团，约2.5万余人在日安达二十三中将等指挥下，从闻喜、夏县出发攻击东南张店镇，此线为日军的主攻方向。7日下午，日军"分多数纵队，成广正面法，集中机炮火力，并以飞机诱导步兵，向我西村、辛犁园、王家窑头、梁家窑头王竣师右翼80团（唐、孔两军接合部）阵地猛攻。另以独3旅附37师团一部，向刘家沟、古王、计王王治岐师全面佯攻，牵制激战"。8日凌晨，中国军队第27师张店以东的防线被日军突破，孔令恂、唐淮源两军联系被切断，另一支日军于8日晚日军占据了茅津渡以下的槐扒、尖坪、南沟等渡口，第27师和第80军第165师都溃退至曹家川、太寨一带。9日，第80军所部遭敌便衣袭击和飞机轰炸扫射，进一步溃败，第80军军长孔令恂、第165师师长王治岐成为逃兵，抛下部队独自渡过黄河溃逃。群龙无首的部队争相竞渡，遭日军猛烈攻击，伤亡惨重，剩余部队于9日傍晚退到黄河渡口南沟。而新编第27师师长王竣、参谋长陈文杞及165师姚汝崇营长等多名军官牺牲在太寨村西的雷公庙岭附近，第27师副师长梁希贤投河殉国。中国军队伤亡惨重。

唐淮源第3军阵地遭到日军先头部队7000人的猛攻。8日拂晓，中条山北山交通要道泗交村失守。日军该部一路向西奔袭我第7师师部驻地王家河，一路向东南奔袭我第3军军部唐回。王家河守军在师长李世龙的率领下突围，

中条山战役中的中国军队

而唐回被日军地面部队与空降兵协同占领。第3军军长唐淮源率残余人员向东撤退至温峪一带，12日在尖山陷入日军的四面包围之中。在三次突围失败的情况下，"唐军长以保卫中条山职志未遂，当前大敌未殄，于尖山顶庙内自戕殉国"。13日，第3军第12师师长寸性奇率部突围中陷入日军重重包围中，多次率部与敌死战，身负重伤，但始终未能突围，拔枪自尽。这是继忻口战役第9军军长郝梦龄与第54师师长刘家祺之后，再一支军长、师长同时殉国的军队，听起来都让人潸然泪下。第34师也放弃唐王山阵地，退至胡家峪。

4. 誓与中条山共存亡——唐淮源军长以身殉国

唐淮源，1886出生于云南江川，云南讲武堂毕业，后入云南蔡锷与唐继尧部。他自基层排长做起，后升任至国民革命军第3军军长，官拜上将。

1938年夏，唐淮源所率的第3军，奉命由东北战场转入晋南中条山作战。中条山为兵家必争之地。中国政府为了保卫这一战略要地，调集了2个集团军7个整军，1个改编旅，1个游击队，约16万人防守中条山。唐淮源所部第3军，隶属第5集团军，多为滇南子弟组成，守中条山中部闻喜、夏县以东区域。自同年10月始，协助友军击败敌寇

唐淮源

13次大规模的军事进攻，保卫了潼洛。每当前方情况险恶时，唐淮源总是亲自到前方去督战，挽回了许多危局。

1939年4月17日，唐母辞世。是年秋，战事稍缓，唐淮源请假回乡奔丧，其间，奋笔言志，写下一诗：

　　万里乘风去复来，只身东海挟春雷。
　　忍看图画移颜色，肯使江山付劫灰！
　　浊酒不销忧国泪，救时应仗出群才。
　　拼得十万头颅血，须把乾坤力转回。

还写下了一副对联：

  裹尸马革英雄事，纵死终令汗竹香。

  他由此表达明志誓死报国，抱定与中条山共存亡之决心。

  1941年3月，日军秘密从华北、华东、中原调兵，达25万以上，数倍于我，装备精良，扑向中条山，志在必取。

  5月7日，日军从东、西、北三面兵分四路发起猖狂进攻，企图乘我军背水之危，将我军尽歼于黄河北岸。中条山上空飞机轰鸣，炮声震天，硝烟弥漫。我军将士同仇敌忾，予敌人以迎头痛击。因无备，无应急措施，更无后续预备部队补救，是日，我军前沿阵地即被敌军攻破数处，战场形成犬牙交错之状，我军相互之间联系配合受阻不畅。

  5月8日，防守垣曲的我43军阵地被攻破，经数度逆袭，未能扭转形势，于下午提前撤退，使得日军趁虚而入，将中条山我军阵地分割成两半，整个中条山战场局势危急险恶。于是，战区司令长官部下令撤退。

  5月9日，当我军其他部队已经突围撤退时，唐淮源仍在指挥第3军将士以死相拼，以守土卫国，寸土必争的精神，沉着果敢指挥所部官兵，反复冲杀，声震苍天，气吞山河！

  5月10日，唐淮源收到撤退电令时，已经陷入重围，无路可退。唐淮源组织突围，在温峪大道与敌遭遇，于东北高地展开激战。

  5月11日，第3军伤亡过半，四面受敌，粮尽援绝，后路已断。在这危急关头，唐淮源召集手下3位师长，毅然言道：

  "现情势险恶，吾辈对职责及个人之出路，均应下最大之决心，在事有可为时，须各竭尽心力，以图恢复态势，否则应为国家民族保全人格，以存天地正气。""中国军队只有阵亡的军师长，没有被俘的军师长，千万不要由第3军开其端。"唐淮源下令以团为单位，化整为零，以分敌势，分头突围。唐亲率12师的一部，向县山且战且走，遇到日军大部队，左冲右杀，无法逾越，不得已转向西，处于不利地势，又被敌军阻于东交口附近。敌我尸横遍野，血染山河。唐淮源亲自冲在前方，我军与敌殊死决战，杀声震天。

  5月12日，唐淮源率众且战且走，后来他进到樊家沟县山顶一间土屋内，身边仅有几个通信兵和报务员。现在身陷绝境，他以气壮山河的气概在笔记本上写下遗书：

  "余身受国恩，委于三军重任，当今战士伤亡殆尽，环境险恶，总军两部失去联系。余死后,望余之总司令及参谋长收拾本军残局,继续抗战,余死瞑目矣!"随即饮弹殉职,是年55岁。一代抗日名将唐淮源慷慨赴死,壮烈殉国。

1941年,国民党江川县党部奉令于县城东门营建唐公祠,供奉陆军上将唐淮源将军牌位及肖像。同时,县长主持了隆重的追悼大会。

1942年1月4日《云南日报》为悼念唐淮源和中条山战役阵亡将士曾发表社论《哀痛悼忠魂》,社论中说:"回忆五年来之战史,如中条山之能坚守四年之久者有几?能以寡敌众,在械劣、粮缺、弹乏险恶之条件下屡挫敌锋,数度实施反扫荡而均获成功者有几?高级将领能身先士卒,杀身成仁者又有几?……"

2月2日,国民政府发出《追赠陆军上将第三军军长唐淮源褒扬令》,并准定将唐淮源生平事迹存备宣付史馆,以彰英烈。6月6日,云南省党部举行追悼会,龙云主祭并送花圈、致悼词。6月16日,第3军在陕西城固县民众教育馆召开追悼会,陕西省主席主祭并致悼词。

1986年,唐淮源诞辰100周年之际,云南省人民政府追认唐淮源为革命烈士。1989年9月28日,江川县民政局派人赴山西夏县清道存寻将军遗骸,于10月17日火化后将骨灰护送到江川。

1990年,江川县人民政府在江川革命烈士陵园建成唐将军墓,墓为锥形,水泥青石镶嵌,中间放骨灰盒。墓碑为大理石,上刻"抗日英烈陆军上将唐淮源之墓",为后世瞻仰。

5. 中条山惨败,"抗战史上最大之耻辱"是怎么酿成的?

在第一阶段的进攻中,日军依靠优势的兵力、猛烈的炮火和充足的准备部署占据了先机,用了不到一周的时间便完成了第一阶段的作战任务——突破了中条山地区的全部防御阵地,先后占领了垣曲、济源、孟县、平陆等县城及相关的关隘据点,封锁了黄河北岸各渡口,完成了对中国军队的内外侧双重包围,为第二阶段的作战完全准备了条件。

第二阶段,日军作战目标为对数路中国守军阵地展开反复"扫荡",消灭中国军队有生力量,摧垮中国守军的抗战意志。

据日军的战况记载,在西线,"各兵团自11日并排向北返转,然后又自5月15日再次转向黄河线,如此再三反复进行篦梳扫荡,一直进行到6月

10日。在这样反复扫荡期间,各兵团所到之处消灭了敌人3000—5000名"。此时,中国守军基本上已被日军全线包围,而且抗战意志直线下降,日军遇到的抵抗阻力微弱,守军在日军地毯式的"扫荡"中损失惨重,只能率领残部拼死突围。第5集团军司令曾万钟率领第3、第15军等残部在黄河西面拼死打开日军封锁,转到洛阳、新安一带整顿;第93军主力在与追击敌人展开激战后由禹门口渡过黄河进入陕西韩城境内;第98军一部在武士敏的率领下进入太岳山区,转入游击战;第43军向浮山、翼城间转进;第9军主力在道清路西段和济源山地与日军周旋数天后,从小渡口和官阳渡口向南突围……至1941年5月下旬或6月初,中国军队中条山守军大部分突围退出中条山地区,日军达成进攻目标。中条山战役以中国军队的惨败,日军的胜利而告终。

晋南战役从1941年5月7日正式打响,至6月初结束,历时约一个月。中国军队兵力损失惨重,守军受到重创,有的全师、全军覆没,多位将领战死或以身殉国。据日方的统计资料,中国军队"被俘约35000名,遗弃尸体42000具,伤亡超过10万。日军损失计战死670名,负伤2292名"。中条山战役的失败是一记重拳,被蒋介石自称为"抗战史上最大之耻辱",对中国华北区域的抗战无论是从战略上,还是从抗争意志上都是一个重大的打击。

中条山战役对于中国守军来说,本来占尽地理优势,进可攻,退可守,而且日军曾13次"扫荡"该地区,都被击退或者可以实现阵地固守,自称"东方马奇诺防线",有丰富的作战经验,并且在日军频频调军遣将的时候,中国军队也有充足的时间备战。但从战场形势来看,中国守军所具备的这些优势都成为了抗战的劣势。

由于中条山中国守军所占据的地理条件较为优越,何应钦要求采取"纵深固守"战略,但此时被称为"中条山的铁柱子"的第4集团军被蒋介石调离,使中条山地区兵力反下降到十七八万人。又因其纵深战线拉长,但是单位防御不足,日军非常迅速地各个击破了守军,并占领了守军退路黄河的各个渡口,很快对守军实现合围。"中条山的铁柱子"被调离,剩下的国民党中央军和地方军战斗力被大大削弱,特别是中央军一打即溃,部分部队将领带头奔逃,造成非常被动的局面。大部分守军舍命死战,造成将士大量伤亡,但都于事无补。

中国守军准备工作与日军形成鲜明对比。日军为确保此次作战一举取得成功,进行大规模的调军部署。从江西上高区域将主力第33军调往华北,加入

第十二章 哪次作战是"抗战史上最大之耻辱"的战役？

中国军队在晋南抗日战场

华北军序列，各军主力做了山地战的强化训练。同时，又在中国东南沿海、西南部发动局部战役，牵制中国军队主力。另外，还用了一个多月时间在中条山外围发动清扫战，清除外围中国军队兵力。到5月中条山战役开始前，日军已做好各方面的准备，集合了10万之众，对付中国军队18万守军。而中国军队方面，4月中旬，何应钦开始巡视部署，但到战场中，黄河各渡口及各要塞的防御工事都未强化，一攻即溃；战略物资准备不充分，守军粮草准备不足，刚被围后就出现"断粮三日"的绝境。日军精心筹备，而中国军队因之前屡挫日军进攻，思想骄怠，警戒疏忽，官兵轻敌，准备不足，只能仓促应战，最终导致全线溃败。

第十三章

哪次作战是与盟军合作，取得最彻底胜利的战役？
——中国远征军印缅作战

中国远征军入缅作战分两阶段。1942年3月至8月，中国军队10万人第一次入缅作战，伤亡人数达5万人，其中有超过70%的人在撤退中丧生于野人山的原始山林，而日军伤亡仅4500人。1943年初至1945年底，在两年多时间里，中国军队30余万人第二次入缅作战，伤亡共计8.5万人，而日军10万人参战，死亡人数近7万人。这一巨大的伤亡人数反差比，正是中日双方胜负大逆转的写照。中国数十万远征军两次进入缅甸对日作战，最终取得令全世界为之侧目的战果：第一，打通了中国西南国际运输线；第二，对盟军在中、印、缅战场提供了有力支援；第三，通过长期的异国作战，让西方国家对中国有了全新的认识，认识到中国军队反法西斯的高昂士气与中国军队的英雄气概；第四，中华民族的民族自尊心、自豪感得到彰显，日本帝国主义一贯的嚣张气焰备受打击。

1. 为挽救远东大后方的危机，中国远征军昂然含笑赴沙场

中国远征军的组建背景是基于中英军事同盟，1941年底，第二次世界大战处于相持阶段，盟军在反法西斯战争中逐渐摒弃之前的不信任，中国政府与英国政府达成共识，共同对抗法西斯，力图抱团取暖，尽早结束这场人类历史上的浩劫。

国际方面。1939年9月第二次世界大战爆发以来，英国陷于欧洲战场与德、意法西斯抗战。印度、缅甸等英属殖民地是本国抗战战略物资的保障，英国将保卫输出最多资源的殖民地印度作为远东地区首要战略任务，而缅甸等殖民地是保卫英属印度殖民地的战略纵深。1941年12月8日，日军在偷袭珍珠港的同时，分兵进犯东南亚各国。12月15日，日军占领了缅甸最南端的城镇高东等地和3个机场。12月23日至25日，日军轰炸仰光，缅甸形势岌岌可危。缅甸的危机直接威胁印度的安全，直接威胁到大英帝国的战略大后方，英国政府十分重视，在缅甸与日军已展开对抗，但局势不乐观。

第十三章 哪次作战是与盟军合作，取得最彻底胜利的战役？

国内方面。1942 年，中国国内的对日抗战也处于相持阶段，但整个形势依然不容乐观。东北、华北、东南沿海及中部的重要战略城市都被日军占据，枣宜会战中，宜昌失守，导致一条重要的战略物资运输线被截断，整个战略物资供应受到极大的影响。特别是国际交通线方面，我国仅有的几条国际交通线路在战争开始后不久就相继被切断。1938 年后，国民政府动用 20 万名民工修筑滇缅公路，这是国际援华物资进入中国的几乎唯一的通道。而日军进入缅甸的其中一大战略目标就是切断滇缅公路，断绝当时中国政府的国际外援。因此，缅甸之战对中国政府来说有十分重要的战略意义。

缅甸局势方面。缅甸当时是英国的殖民地，西接英属印度，北部和东北部与中国大后方西藏和云南接壤，战略地位十分重要。1942 年日本在占领马来西亚后，投入大约有 6 万人的军队进攻缅甸。1942 年 1 月 30 日，日军攻克缅甸东部重镇，随后分两路继续前进，3 月 8 日，日军占领缅甸首都仰光。3 月到 4 月间，日军进攻重镇曼德勒，企图切断滇缅公路。英国在缅甸的防务军队不足以抗击日军的大规模进攻，日军在缅甸的军事行动进展迅猛，缅甸形势危急。

在这样的背景下，中国与英国双方都希望达成军事同盟共同对付缅甸的日军，解决面临的危机。为此，1941 年春，英国邀请中国军事考察团赴缅甸、印度、马来西亚等地考察。经过长时间和多方面的磋商，1941 年 12 月 23 日中英双方签订了《中英共同防御滇缅路协定》，成立中英军事同盟。在美、英两国的建议下，于 1942 年 1 月 2 日成立同盟国中国战区统帅部，该战区包括中国、越南、泰国和缅甸，由蒋介石任总司令，美国将军史迪威任参谋长，中国远征军就此诞生。

1942 年 2 月 16 日，在英国的求助下，中国方面以杜聿明为代理司令长官，率领第 5 军、第 6 军和第 66 军共计 10 万人第一次出征缅甸，军长分别为杜聿明、甘丽初、张轸，由中缅印战区参谋长史迪威指挥作战。

抗日战争初期，由于我国工业基础薄弱和科学技术的落后，不能生产抗战需要的大、重型武器及一些必备的战略物资，急需从国外获得大量物资外援，于是从 1938 年初中国政府开始组织国民修筑滇缅公路，计划构筑一条外援通道，以

蒋介石夫妇与史迪威

获得必要的战略物资，坚持抗战。当时，在抗日救国信念鼓舞下，有20万民众参与了这项艰苦卓绝的工程，来自滇西28个县的民众自带工具、干粮，风餐露宿，劈石凿岩，用双手和血汗修筑了滇缅公路。而这支修路队伍更为奇特的是大部分是老人、妇女和孩子，因为男性青壮年都已参军入伍投入到了前线战场。从滇西到缅甸的地形极为复杂，多为高山大河，据统计，滇缅公路穿越过的主要河流有螳螂川、绿汁江、龙川江、漾濞江、澜沧江、怒江等，穿越的山脉有点苍山山脉、怒山山脉、高黎贡山山脉等，从滇西延伸到缅北共990公里的山野，途经高山峡谷、激流险滩无数，整个工期延续了10个月的时间，滇缅公路的通车不能不说是一个奇迹。在工程中因爆破、坠岩、坠江、土石重压、恶性痢疾而死去的民众众多，至今没有完整的统计数字。1938年底，滇缅公路实现通车，中国抗战终于有了一条接收国外援助的通道，被称之为"抗战输血管"和"运输生命线"。"血管""生命线"充分体现了滇缅公路的价值。据统计，由滇缅公路输入的物资，1939年为27980吨，1940年为61394吨，1941为132193吨。1945年则为每月5万吨以上。而日军为了阻挠滇缅公路的畅通，也无所不用其极。曾多次出动飞机，对滇缅公路沿线的重要桥梁、机场、重要城市进行轰炸。根据《保山县志稿》大事记（五）记载，日军轰炸保山记录如下：1.1939年冬，出动数架飞机轰炸古丝绸路重要桥梁霁虹桥，造成损伤。2.1940年12月8日，出动飞机6架，轰炸惠通桥，未遂东去。3.1941年1月3日，出动飞机9架，轰炸功果桥未遂，轰炸保山城，死伤100余人，毁草房1间。4.1942年5月4日至5月5日，每天出动飞机54架次，对保山城进行狂轰滥炸。死伤1万多人。日机同时投放细菌弹，造成保山鼠疫、霍乱疫情流行，2个月内死亡5万—6万人之多。5.1942年5月20日，出动飞机3架，轰炸保山飞机场，炸死水牛一头。6.1942年5月22日，敌机6架，在施甸县由旺投弹，炸死老妇数人。7.1942年5月23日，出动飞机18架，轰炸保山城乡。因人已疏散，仅死2人。8.1942年5月24日，敌机14架，轰炸保山东村一带，死伤农民6人，毁屋3间。9.1942年6月7日，敌机27架在保山坝区上空巡回盘旋，机枪扫射，死27人。据统计，日军曾轰炸惠通桥6次，轰炸功果桥（包括昌淦桥）

滇缅公路

16次。由于我方及时抢修,采取了浮桥渡运法,保持了桥断路仍通的良好效果,被誉为炸不断的滇缅公路。仅从滇缅公路的重要性就可以看出,这次中国远征军援军缅甸的重要性。

而日本方面的意图也非常明显,他们不仅切断我国的几大国内外的运输线,疯狂阻止滇缅公路的建设,并以武力来胁迫"第三国"中断援华活动,切断中国的输血管道。中国通过越南海防的国际交通线在1939年冬天日本军队占领广西南宁后被直接切断。1940年春天,日本轰炸滇越铁路;1940年6月,法国在日本胁迫下停止了中越运货。而3个月后日军直接入侵越南境内。随后,日本与泰国签订了两国友好条约,至此,滇越线被日本全面切断。而滇缅公路成为中国的国际援华物资进入的唯一通道,滇缅公路成为中国的一条生命线,同时也是反法西斯同盟成员国的一条生命线。后来事实证明,这条生命线在无形中改变了整个战局。然而如果滇缅公路落入日军控制之手,中国西南大后方的安全将受到致命的威胁。

因此,保卫缅甸成为中英军事同盟的首要目标。自签订《中英共同防御滇缅路协定》后,中国政府开始积极准备部署兵力,中国军队以远征军的形式跨出国门迎击日本军队。

从1942年2月26日起,10万中国远征军在盟国的护卫下陆续出发。这是我国在第二次世界大战期间唯一一次派遣军队出国作战,也是中国自甲午战争以后第一次援助他国作战。

2. 战绩赫赫:中国远征军战斗力轰动英伦三岛

因缅甸局势十分危急,英国急切要求中国远征军入缅参战,但对中国军队进入其殖民地作战又十分不愿意,并轻视我军力量,配合十分不积极,甚至谎报军情,贻误战机。因为缅甸只是属于英国的殖民地,英国的抗战主战场依然在欧洲,当时英国政府内部一直坚持先欧后亚的既定战略,一旦看到战局对自己不利,就开始对保卫缅甸丧失动力和信心,故选择了命令本国军队撤退,让中国远征军充当火力掩护。保卫缅甸成为英国军队的空谈,保卫缅甸的作战任务压在了中国远征军的肩头。这成为此次战役最后以失败告终的一个重要原因。

在战斗形势极为不利的情况下,中国远征军仍然展现出了令英美盟国盟军惊诧的战斗力,实现了部分战略目的。自1942年3月,中国远征军开展对日作战,在半年内转战1500公里,在同古保卫战、斯瓦阻击战、仁安羌解围战、东枝收复战等战斗中均取得胜利,屡挫敌锋,打乱了日军的作战计划。自太平洋战争以来,日本军队很少遇到这样的战况,大大挫败了日本军队的士气。中国远征军为此付出的代价是直线上升的伤亡数字,将士们用浴血奋战来换取少数的战斗胜果,尽最大可能为英国驻缅军队提供有力支援。

1942年8月,中国远征军在缅甸战场屡建奇功。例如以少胜多的仁安羌援英作战,时任中国远征军新编第38师师长的孙立人将军仅仅凭借一个团的兵力来对抗日军几个团,英勇解救了英国驻缅军队第1师。当时,英国驻缅军队第1师已经濒临绝境,被日军围困了好几天,孙立人将军在仁安羌援英作战中的表现轰动了英伦三岛,一时间,西方媒体争相报道中国远征军的英勇表现。又如远征军新38师113团团长刘放吾亲率部下浴血奋战、在异域屡建奇功;新编第200师师长戴安澜为了掩护英国驻缅军队安全撤退,在翻越野人山的对敌作战中牺牲。对于这些英勇的中国远征军将领,英美政府都授予功勋章,予以高度颂扬。

中国远征军第一次入缅作战失败,缅甸的失守对中英军事同盟影响很大。由于日本可以直接威胁印度,因而对中英军事同盟的后续作战带来了极为消极的影响。它使中国方面彻底失去了滇缅公路这条唯一的陆上交通线。此后,"驼峰航线",即从印度飞越驼峰(在喜马拉雅山)的空中航线应运而生。

但是从战略意义的角度进行分析,英军撤退从实质上保存了国际反法西斯的战斗力量,为保卫印度赢得了时间。在此期间,中国远征军和英国驻缅军队在撤退途中不断消耗日军力量,中国西南大后方相对安全,阻滞了日军的进攻,不但赢得了时间,还在一定程度上配合了国内部队阻敌于云南境内怒江天险以西(中国军队在东),从而形成长期对峙的局面,日军从缅北进攻中国西南大后方的企图遭遇瓦解。对于中国而言,自甲午战争后,中国军队是首次出国作战。这次远征作战让国际社会看到了中国人民的国际主义和民族牺牲精神,中国也因此得到了更多的尊重,国际地位得以提升。

第一次远征失败,中国远征军
第200师于1942年5月退回国内

第十三章 哪次作战是与盟军合作，取得最彻底胜利的战役？

回顾第一次远征军作战，失败是可惜的，教训是深刻的。来自英国驻缅军队的阻挠令中国远征军迟滞不前。截至1942年2月中旬，中国远征军战斗序列中只有第6军的第49、第93师进入缅甸景东地区，其余各部仍在滇缅公路集结待命。时逢缅甸战事吃紧，英国人在匆忙应敌中需要中国远征军参战，助其抵御日军的猛烈攻击。1942年2月16日，第5军第200师作为先头部队，最先入缅。3月7日到达同古，3月16日日军开始轰炸同古，3月19日双方正式交战，由于英方接应不及时，而中方后续部队因日军沿交通线不断轰炸未及时到达，激战10余天后，200师伤亡达2000余人。内缺粮弹、外无援兵，并且还要面对4倍于己的敌军包围，杜聿明审时度势，下令200师于3月29日晚从同古以东突围。在同古保卫战中，200师歼敌5000余人，重创日军第55师团。

为缓解缅甸战局危机，打击日军的嚣张气焰，远征军立即集中7个师的兵力，将敌55师团围困在仰光北面的东瓜，组织了东瓜战役。3月19日战役打响。远征军第5军第200师师长戴安澜将军根据缅甸多山地形提出"深筑高坑、坑道串通、广设埋伏、近距杀伤、利用夜间、短促突击"的战术，被司令部采用。经过12天的激战，击毙5000多名日军，并俘获400余人，史称"东瓜大捷"。

4月16日，为解救被日军包围了两昼夜的英军第一师及战车营。66军新38师副师长齐学启少将率部在仁安羌北面苦战3天，终于击溃了日军主力，日军被迫撤退，死亡1200人。4月19日下午5时，在新38师师长孙立人、

美军教练为中国远征军士兵演示火焰喷射器的使用

副师长齐学启和 113 团团长刘放吾的带领下收复了任安羌油田，英军 7000 多人和被日军俘虏的英缅军官兵、美国传教士和新闻记者等 500 多人被救出，取得了仁安羌大捷。消息传出后，引起了巨大轰动。

由于中英双方在战场上未能有效配合，1942 年 4 月 18 日平满纳会战失败。英军为让中国远征军掩护自己撤退，向联军司令部传递不实情报，误导了指挥官史迪威和罗卓英，使远征军来回奔袭，浪费了宝贵战机，棠吉、雷列姆、腊戍等阵地在日军的猛攻下失守。第 66 军在腊戍战役中伤亡惨重，只得退守新维。这使曼德勒会战彻底成为了泡影。而腊戍失守，又使中国远征军的归国后路被切断。

此次战役的前一阶段，中国远征军通过浴血奋战，东瓜保卫战、仁安羌解围战和棠吉攻击战等战役中与友军紧密配合，取得非常好的战绩。中国大量援军的到来和胜利抗战，一度阻击了日军的疯狂进攻，配合和稳定了战局。但由于中英双方首次合作，在战略部署、战略合作上都不尽成熟，导致整个战场局面被迅速逆转。1942 年 4 月 28 日，日军偷袭腊戍成功，我方归国的后路被切断，16 万盟军在战场上迅速由主动陷入被动。5 月上旬，中、英军队奉命开始撤退，日军乘机占领了全部缅甸地区，第一次缅甸作战结束。

3. 死亡大撤离，中国远征军 3 万余人葬身于野人山的原始森林

在怎么撤离上蒋介石与史迪威产生了分歧：中缅印战区参谋长史迪威要求联军全部撤往印度，而蒋介石要求中国远征军全部撤回国内。最后中国少数师团跟随史迪威通过胡康河谷的原始森林撤往了印度，其中新编 38 师跟随英军撤入印度的最多，保住了队伍。这一部分兵力成为第二次入缅战争的中坚力量。而大部分部队在杜聿明将军的带领下一路突围，准备绕道回国，最后走进了野人山，成为了一次死亡大撤离，上演了一出震撼世界的大悲剧——兵败"野人山（克钦山）"。中国远征军最后只有第 90 师、第 96 师、第 200 师、新 28 师、新 29 师的少量残余部队得以撤退回国内。

在撤离过程中，远征军遭到日军的疯狂追击、围剿和疾病的肆虐，活着离开战场的有 4 万多人，而最终穿越野人山回归国境的仅 3000 多人。但成功穿越野人山的人，成为了缅甸地形、气候等的活教材，为第二次远征提供了大量的有用资料，打下了基础，避免了再一次孤军深入的危险。

1942 年 5 月，中国远征军开始大撤离。第 6 军于 1942 年 5 月 12 日，退

到萨尔温江东面,随后撤回国内。第5军军部和所属的新22师、第96师主力于1942年5月1日全部撤至伊洛瓦底江以西以北地区,此后第5军直属部队、第200师、第96师、第66军的新38师徒步轮流掩护撤退。1942年5月8日上午,日军攻占密支那,杜聿明按蒋介石7日的命令向国内撤退。1942年5月9日,杜聿明命令各部队自寻路径,分路回国。第200师5月18日在通过细(胞)抹(谷)公路时被日军伏击,伤亡过半,残部突破日军重重封锁线后,经南盘江、梅苗、南坎以西回国,而戴安澜将军却在伏击中中弹逝世。5月26日,第96师及炮兵、工兵各一部经孟拱、孟关、葡萄、高黎贡山回国。新38师师长孙立人没有听从杜聿明的命令,向西撤往了印度,成为第一次远征结束之后唯一一支保存建制的部队。

而第5军直属部队和新22师在杜聿明率领下,离开密瓦公路改道向西北方向撤去,转打洛到新平阳,不幸走进了野人山。

野人山位于中印缅交界处,绵延千里,纵深200多公里,是一片了无人烟的原始森林,当地人把这片方圆数百里的无人区统称为野人山。据后来走出野人山的人回忆,有的人死于蚊虫叮咬,有的人死于山洪暴发,有的人死于饥饿、瘴气和热带传染病,而还有一些人因为忍受不了折磨,意志崩溃而自杀。后来,一架美国飞机在野人山上空发现了这支军队,盟军随后空投了电台、粮食、药品,使得这支军队终于走出了野人山。因回国的路线被日军阻断,这支

野人山中行军

队伍大部分辗转进入印度，部分回国。据战后统计，穿越野人山的部队有3万余人葬身原始森林，其中第5军新编第22师野战医院的护士刘桂英更是作为唯一走出野人山的女兵而闻名。

远征军第一次入缅作战，出动10.3万人，伤亡56480人（绝大部分在胡康河谷野人山中伤亡）。英军伤亡1.3万余人。日军伤亡约4500人。

中国远征军第一次远征失败之后，滇缅公路中断，日本既封锁了国际援华运输线，又打开了西攻印度的大门。原有的作战物资转而通过驼峰航线与中印公路输送。

4. 第二次入缅作战，赢得战略大反攻的全面胜利

1942年，一部分中国远征军陪同英国驻缅军队撤退到印度境内的阿萨姆地区。阿萨姆地区自18世纪起一直是英国殖民地英属印度的组成部分。进入阿萨姆地区的中国远征军从此时起被外界称之为中国驻印军。随着缅甸作战的失利，近3000名中国远征军将士退入英属印度。孙立人领导的第66军新38师、新22师成为中国驻印军的基本力量，他们进入印度的道路并不平坦，后者甚至需要绕道胡康河谷才安全抵达阿萨姆地区。

在中国战区任参谋长的史迪威将军此时发挥出重要作用，在他的有序指导下，新38师、新22师在兰姆伽训练营受训、整编，加之此时的物资配备有了极大改善（主要来自于美国援助），中国驻印军的战斗力早已今非昔比。

首先根据中美协议，调整指挥系统，远征军第一路司令长官部撤销，改称为中国驻印军总指挥部。史迪威为总指挥，罗卓英为副总指挥。1942年底，由第8军军长郑洞国中将接替罗卓英，任副总指挥。其次，增加兵力开展集训。1942年7月15日，新38师由印度东北部城市英帕尔开往印度北部兰姆伽，8月初，从缅北野人山脱险入印的第5军新22师和军直属部队也来到了兰姆伽，中国入印军队开始在这里集训、整修，预备重整旗鼓。为补充兵源，国民政府利用驼峰空运飞机回航的机会，每天空运几百名士兵到印度。同时，为方便安置新到兵员和对第一次入缅战役损失严重的军队进行整合增加新的军队建制，在指挥部下设新编第一军，下辖新38师、新22师，郑洞国任军长，孙立人为副军长兼新38师师长，廖耀湘为新22师师长。从1942年底开始一直到1944年春，整整一个师的兵力从驼峰航线分批分次空运到印度，编号为新30师，入新一军序列。1944年上半年，第14师和第50师的兵员也空运

到了印度。国民政府在印度的兵力大增，这些部队在印度陆续进行了长时间的适应性训练，特别是吸取第一次野人山大撤退的教训，着重训练在热带雨林中的丛林作战和丛林生存能力，对整个印度和缅甸的环境也有了更好地适应。

在军备上，全部入印中国军队都换成了美式装备，扎实的军事训练和充足的战略物资的供应，使整个入印军队战斗力和战斗信心猛涨，逐渐扫除了第一次惨败的阴影，对日反击战已做好准备。

从1942年6月开始，国民政府就积极准备反攻缅甸。1943年2月1日，蒋介石任命陈诚为中国远征军司令长官，3月28日，中国远征军司令长官部在云南楚雄成立。陈诚从重庆飞到楚雄就任，着手进行远征军部队的训练和反攻计划的制订。1943年3月，新38师的114团即先行开进野人山区，掩护中美部队修筑自印度列多到野人山区的中印公路。1943年8月，远征军的5个军编练和装备基本完成。后调来的第54军也在11月完成改编。其中，第11集团军下辖第2、第6、第71军和第200师。第20集团军辖第53、第54军共4个师。另外第8军和第93师直属远征军司令长官部。1943年冬，陈诚因病辞职，卫立煌接任远征军司令。

1943年10月下旬，雨季停止，在列多的新22师和新38师主力乘车到达胡康河谷边缘，中国驻印军缅北反攻战正式开始。经过血战之后，新38师于12月29日攻克于邦。随后在新38师的配合下，新22师于1944年3月5日攻克孟关。后来两师合作攻下瓦鲁班。新22师在攻占瓦鲁班战斗中突袭日军18师团司令部，缴获18师团发布作战命令的关防大印，这在抗战期间绝无仅有。蒋介石在其嘉奖电中称赞新22师为"中国虎"！1944年3月，我军肃清了胡康河谷之敌，并攻入勐拱城，直逼缅北重镇密支那，4月新22师、新38师、第30师、第50师与美军联合攻克了密支那。

与此同时，滇西远征军于年初强渡怒江天险，进入高黎贡山地区，与驻印军对敌形成东西夹击的态势。8月底，中美盟军以伤亡5000多人的惨重代价，夺取密支那，挫败了曾经在中国发动卢沟桥事变的日军"常胜师团"——第56师团。攻克密支那后，各个部队修整了2个月，此时第14师、第50师、新30师已陆陆续续空运来到缅北反攻的前线，中国进入缅甸的

中国远征军总司令卫立煌

部队已达到5个师。为便于指挥,将新1军扩编为新1军和新6军两个军。新1军下辖新30师和新38师,军长孙立人。新6军下辖新22师、第14师、第50师,军长廖耀湘。郑洞国升任驻印军副总指挥。1944年10月16日,新1军与新6军开始向八莫发起进攻,12月初,日军进犯独山,贵阳告急,国民政府军事委员会下令调新6军回国保卫大西南,新6军主力于12月1日奉命停止前进,新6军军部及新22师、第14师被空运至云南沾益,以保卫重庆。留下第50师与新1军作战,归新1军指挥(后来正式编入新1军序列)。1944年12月15日新1军攻克了八莫。

在驻印军开始反攻几个月之后,国内滇西的中国远征军开始反攻。1944年5月11日第20集团军正式开始强渡怒江,于6月底血战至腾冲附近。经过3个月的战斗,于9月14日解放腾冲。第11集团军于6月1日渡江,新28师于4日攻克腊猛,进围松山,由于敌阵坚固,该师五度进攻未克。7月1日改由第8军来攻,该军以3个师轮换进攻,连续九次,到9月7日方破敌阵,全歼守敌。远征军经过血战,于11月3日攻克龙陵,20日攻克芒市,12月1日攻克遮放,1945年1月19日克复畹町。1月22日中午第53军第116师与新1军一部在木遮相会,旋以钳形攻势向芒友推进。

1945年1月15日,新1军攻克南坎,并继续前进,于1月27日在畹町附近的芒友与云南西进的中国远征军会师。1月28日中印公路通车典礼在畹町城举行。会师后,滇西远征军回国,新1军与第50师南下,新1军先后拿下了新维、腊戌,第50师先后攻克了南渡、西保、南燕、皎麦等市镇,新50

中国远征军炮兵

师自从1944年渡过伊洛瓦底江以来，在三个多月的时间里，挺进600公里，毙伤日军3500余人。3月30日，中国远征军攻克乔梅，与英军胜利会师。随后中国驻印军凯旋。至此，中国驻印军与中国远征军的任务顺利完成。

第二次入缅作战，中国驻印军伤亡1.8万余人，歼灭日军4.8万余人，解放缅甸土地约13万平方公里。滇西中国远征军伤亡67403人，歼灭日军21057人，解放滇西全部土地约3.8万平方公里。中国远征军赢得了中国战略大反攻的全面胜利。

5. 用生命筑起的丰碑让中国人提气，让侵略者发抖

在今天的广州市的濂泉路、广园东路一带，有一座新1军出征缅甸阵亡烈士公墓。此公墓于1947年9月落成，占地4万平方米。公墓倚山面南，当年，孙立人曾三次乘坐军用飞机盘旋广州上空，觅得这一块具有典型格局的"宝地"。

公墓费用未动用当年国民政府一分钱，由新1军全体官兵自愿捐献。孙立人命令600名日军战俘"以流汗报流血"，"以慰先烈于九泉"。据王伯惠等老战士回忆，新一军用一个工兵连，每天从战俘营押解600名战俘到沙河工地，工兵连的战士站在工地四面负责警戒，"修建公墓的日本战俘很老实，工作很认真，中午自己做饭"。两年后，新1军印缅阵亡将士公墓落成，蔚为壮观。一块青石纪念碑居于纪念塔正面，刻有孙立人的手书隶体"陆军新编第一军印缅阵亡将士纪念塔"16个大字，工整端方。纪念塔中央驻守着一只铜鹰，它

中国远征军炮兵部队

是新1军的军魂，以射杀日寇的炮弹壳熔铸而成。铜鹰重逾1000斤，守护着27000名烈士的骨冢。公墓南北长约250米，东西宽约300米，总面积约为75000平方米，是一个北高南低的长方形的墓园。墓园的核心建筑是纪念塔。纪念塔高21米，基座为边长45米的正方形梯级台基。纪念塔东、西、北三面镶嵌着刻有27000余名新一军印缅阵亡将士名字的大理石碑刻，每块石碑宽约2米，高约5米。清楚地记录着每位殉国的将士的名字以及军衔。

为了纪念这些在缅甸牺牲的中国军队将领，人们还在各地修建了中国远征军墓地和纪念碑。

位于缅甸境内的墓地主要包括：中国驻印军第50师墓地（缅甸密支那）；中国驻印军第50师墓地（缅甸西保）；八莫墓地（缅甸八莫）；中国驻印军第14师墓地（缅甸密支那）；中国驻印军第30师墓地（缅甸密支那）；抗日阵亡将士纪念碑（缅甸果敢）；中国远征军抗日阵亡将士纪念碑（缅甸同古，原为"中国远征军200师同古会战纪念碑"，被毁后新建）。

位于印度境内的墓地主要包括：玛格丽塔墓地（印度阿萨姆邦雷多）；新38师墓地（印度史迪威公路23英里处）；新22师墓地（印度史迪威公路23英里处）。

位于中国境内的墓地主要包括：国殇墓园（云南省腾冲县）；戴安澜将军墓（安徽省芜湖赭山公园内）；萧竹青墓地（西藏自治区藏南地区贾瑞普；陆军新编第1军印缅抗日阵亡将士公墓（广东省广州市白云山马头岗）。

1941年12月23日，中英在重庆签署《中英共同防御滇缅路协定》，中英军事同盟形成，中国为支援英军在滇缅（时为英属地）抗击日本法西斯，并为了保卫中国西南大后方，也为了保住当时唯一的国外补给线——滇缅公路，组建了中国远征军。这是中国与盟国直接进行军事合作的典范，也是甲午战争以来中国军队首次出国作战，并立下了赫赫战功。从1942年3月入缅算起，中缅印大战历时3年零3个月，中国两次派遣兵力总计40万人，伤亡接近20万人。这20万英烈魂归天国，分别牺牲在异国他乡的不同战场，时到今日，已经近80年过去了，他们大多数依然没能魂归故里。

在中华民族的抗战史上，有这么一群人：他们为了民族大义奔赴前线，为了支援盟军踏上异国土地，抛头颅、洒热血，最后战死在异国他乡。他们用自己的行动乃至生命极好地诠释了中华魂的精要和核心意义。

1942年，日军横扫东南亚，临时组建的中国远征军毅然出国远征，其间经历了无数场惨烈甚至恐怖的战斗。在装备武器悬殊的现实状况下与日军展开

第十三章 哪次作战是与盟军合作，取得最彻底胜利的战役？

殊死较量。条件之艰苦，环境之恶劣，令今人无法想象。尽管如此，中国远征军仍然要以落后的武器装备和血肉之躯对抗装备优良的日军。在第一次远征中，入缅作战的中国军人伤亡比例超过六成，究其原因，这与日军取得了制空权有关。纵观第二次世界大战，制空权是机械化战争的主要取胜因素之一。第二次入缅作战，中国驻印军配备了大量的美式装备，在绝对制空权的掩护下，远征军连战告捷。空中打击令日军无法据守固定防御阵地，其外围据点逐一瓦解，为总的胜利奠定了基础。

中国远征军第一次入缅作战尽管以失败告终，然而，这场发生在亚洲的局部战争却换回了英军在北非决定性会战的胜利。西西里登陆、库尔斯克会战中，英军为盟军的胜利发挥了至关重要的作用。1943 年 5 月 12 日，德国军队、意大利军队在阿拉曼向英国军队和美国军队投降，两个月后，英美军队发动西西里登陆，轴心国严重受挫。

从伤亡程度来看，第一次入缅作战中国远征军伤亡数量高达 6 万多人，英

中国远征军部队向前线开进

军伤亡数量超过 1.5 万人；日军伤亡仅为 5000 人。第一次远征失败之后导致滇缅公路中断，占尽战略优势的日军在封锁国际援华运输线的同时，达到了打开西攻印度大门的目的。第二次入缅作战中国驻印军伤亡数量为 1.8 万余人，滇西中国远征军伤亡数量 6.7 万余人；日军死亡接近 7 万人。第二次远征中国军队付出了沉痛的代价，其最终成功为盟军实现战略大反攻创造了有利条件。

  在整个抗日战争期间，缅甸战场的战略地位非常重要。一方面，缅甸战场即是中国与太平洋两大抗日主战场的结合地带，同时又是东南亚区域的主要战场。正是在这样的政治背景下，中国数十万远征军两次进入缅甸，跨越国境进行对日作战，展开了支援盟军的长期战斗。深入敌后取得的战果令全世界为之侧目：中国远征军入缅作战打通了中国西南国际运输线；对盟军在中、印、缅战场提供了有力支援；通过长期的异国作战，让西方国家对中国有了全新的认识，认识到中国军队反法西斯的高昂士气和中国军人大义凛然、视死如归的高尚气节；中国战场正能量得以提升，中华民族的民族自尊心、自豪感得到彰显，日本帝国主义一贯的嚣张气焰备受打击，对日本法西斯的崩溃起到了重要作用。

第十四章

哪一次作战是最富特殊胜利意义的会战？
——常德会战

1943年11月初至12月20日，常德会战在湖南常德地区展开。中国军队16个军43个师约21万人参战，日军有5个师团及伪军共约10万人投入战斗。这是中国抗战在战略相持阶段，一场规模最大、战斗最惨烈的会战，它曾经被称为中国的"斯大林格勒保卫战"。令人意味深长的是会战的结果：通过惨烈的交战，日军侵占了常德，却又不得不放弃这座城市，成为一个失败的"胜利者"；常德会战以中国军队收复常德结束，成为中国抗战史上最富特殊意义的胜利作战。

1. 日军蓄意发动"谷仓之战"，中国军队拟定作战方案，严阵以待

常德位于湖南西北部，为湘西北交通枢纽，扼洞庭湖西岸和沅江咽喉，锁湘西及通往鄂、川、黔三省门户，战略地位十分重要，自古为兵家必争之地。同时，常德地处丰饶的洞庭湖区，是鱼米之乡，素有"粮仓"之称。常德与湖南省省会长沙相对，为当时重庆国民政府军队命脉所在。武汉失守后，这里成为重庆大后方的物资唯一补给线上的重镇。

1943年日军在战场上逐渐走向被动趋势，国民政府的反击越来越主动有力，并和世界反法西斯力量结成同盟，走出国门远赴缅甸、印度作战，战场形势在悄然发生改变。正因为如此，日本军方经过对整个战场形势多方的研究最后决定，以最保险的方式稳扎稳打，要求中国派遣军把1943年后半期的作战重点放在加强占领区的稳定方面。1943年8月28日，日军制订了《昭和十八年秋季以后中国派遣军作战指导大纲》。其作战方针是："派遣军努力确保和平定现有占领地区，特别是在华北方面，本年秋季以第11军及第13军主力分别进行常德作战和广德作战。来年春季，以华北方面军及第11军进行打通京汉线作战。"随后日军第11军制订了分3个阶段进攻常德的具体作战计划，战略目标为：首先以一部歼灭安乡附近之敌，以主力消灭王家厂周边地区之敌，继而攻占常德，同时追索该方面集结反攻之敌，予以歼灭。作战目的一经完成，

即按另行下达之命令开始返还,击灭残敌,恢复原态势。

中国军队方面,面对这一地区日益活跃的日军,驻守的第六战区作出做了准确判断,并重新研究修订了鄂西会战前制订的防御计划,其作战方针如下:"1. 战区以巩固陪都之目的,配置重点于石牌、庙河两要塞,先以第一线兵团依纵深据点工事逐次予敌以打击,最后固守常德、石门、渔洋关、资丘、石牌、庙河、兴山、歇马河、南漳各要点,再由第二线兵团之机动,协同第一线兵团转移攻势,击灭进攻之敌。2. 敌如以小部队向我某一方面行局部攻击时,则主要以第一线兵团击溃之。"中日双方都做好了战略布防。

为切断重庆国民政府后方物资补给线,歼灭中国守军力量,摧毁第六战区根据地,夺取洞庭湖粮仓,钳制中国兵力,迫使集结云南的中国远征军回师救援,以阻止或推迟东南亚盟军的联合反攻,动摇重庆政府的抗战信心,以战逼降为种种目的,日军于1943年11月发动常德作战。当时外国记者称之为"谷仓之战",足以显现常德这一粮仓的重要性。在这之前,日军就多次进攻常德。1939年初,日军企图南下,开始轰炸常德。1941年11月4日,日军又公然违反国际法,在常德使用细菌武器,将大量感染鼠疫的谷、麦、豆子、高粱等从空中投掷下来,造成大量的百姓感染鼠疫,600多人死亡。

1943年末,日军再次侵犯常德。与以往的防御战不同,此次战役国民政府摆出了决战的架势。会战前夕,蒋介石电告第九战区司令长官薛岳和第74军军长王耀武:"一定要守住常德,驻军须与城共存亡。"随后,又下达了"不成功,则成仁"的训令,再一次命令74军57师死守常德。正是有了这一基调,这个在战场规模、兵力投入、战线长度仅次于台儿庄战役的会战,经过漫长的争夺,中国最后取得胜利。日军大部兵力被吸引到了常德,有力地配合了中国远征军在缅甸开辟新的战场,并最后在印、缅反击成功,取得辉煌胜利。

常德会战中,日军共投入了第11军5个师团和4个伪军师,具体为第11军的第3师团、第13师团、第39师团、第68师团、第116师团,计28个联队,还有飞行第44战队及伪军,共计10万余人。其中日军的攻城主力部队为第3师团、第68师团、第116师团(包括毒瓦斯部队),共计4万余人。而中国军队主要是第六、第九战区的16个军42个师约21万人。具体为第六战区的第29集团军所属第44军、第73军;第19集团军所属第79军、第66军、第18军、第86军、第30军、第32军;第33集团军所属第59军、第77军、第74军、第100军。第九战区的第99军、第10军、第58军、第72军。其中常德守城部队为陆军第74军57师,总兵力计8529人(大部分为山东人),代

第十四章 哪一次作战是最富特殊胜利意义的会战？

号"虎贲"。而这8000多人守城部队的战争故事在这次常德会战中尤为精彩，书写了可歌可泣的英雄传奇。这支部队在常德城无险可凭，在易攻难守的情况下，用血肉之躯对付装备精良的4万日军，孤军奋战16个昼夜，日军在常德城郊丢下了上万具尸体，给日军造成了重大伤亡，使其大伤元气。最后57师8000多名官兵除极少部分外几乎全师阵亡。师长余程万率部死守常德的战斗功绩，在我国抗日战争的民族英雄史上写下了精彩的一页！

1939年武汉失守后，日军沿江南下，占领安乡、华容、石首等地区，直接到了湖南边界，湖南形势日益险峻，常德作战在积极酝酿。1943年4月，中国军队第74军进驻常德地区，其中第57师驻守常德城，第58师驻守石门，第51师驻守桃源。

1943年10月，第74军副军长兼57师师长余程万召开军事会议，制订了"以确保战略要点固守防御"为目的的防御作战计划，拟定了防御作战指导方案。主要分三期进行：第一期为外围阻击战，以歼灭与消耗敌人为主；第二期为城垣守备战，严密封锁城垣，扑灭日寇破城企图；第三期为城内街巷战，拼死抵抗或短兵肉搏，以待援军，内外夹击，夺取胜利。而此后的战争进程正是按此方案进行，此次会战国民政府吸取中条山战役惨败的教训，进行了充足的准备，从一开始便占据主动。

1943年11月，常德局势日趋紧张，为了民众生命安全，减少无辜伤亡，常德城来了一次大撤离。第57师与地方政府合作，动员并强制城内外居民全部疏散。为了使市民迅速离开城区，57师还派出士兵帮助市民搬运物资出城，并发布纪律文告，不许士兵收取分文报酬，告诫全师官兵严守军纪，如有违反，就地枪决。一个向市民索要搬运费的上等兵被当场处决。11月15日市民全部撤离，常德城区成了一座空城。

1943年9月27日，日军大本营以"大陆令第853号"下达命令，"准予进行常德作战"，28日，派遣军总司令部下达命令："第11军于11月上旬发起此次作战，进攻常德及附近，摧毁敌人的战力。"11月24日，日军各部在飞机、大炮的配合下在常德城郊展开包围之势，中国军队第57师与之展开激战。国民政府军事委员会判断和分析日寇此次进攻的目的后，并制定了"以诱敌歼灭之目的，将敌人主力引到澧水及沅水两岸后，正面抵抗，再以外翼攻击，然后把敌人消灭在洞庭湖畔"的战略方针。

常德战役分为两大板块，一个板块为常德外围战役，一个板块为常德城郊战役。国民政府原计划是由守城部队在城郊及城内死守，外围战场的中国军队各部清理完外围的日军后，从外包围城内日军，一举歼灭。但战役的实际进程远出乎决策者的意料。

2. 激战滨湖，石门失守，暂 5 师伤亡殆尽

外围战中，中国军队约部署了 20 万兵力，日军部署了约 6 万兵力。但由于中国军队各军区、各集团军之间各自为政、协调配合不足等原因，在外围战场推进极慢，未能及时实现救援和合围，最后导致常德会战没能取得理想的结果。

1943 年 11 月 1 日，日军按照原定计划率 5 个师团兵分三路全线出击。左翼为第 39 师团与第 13 师团，直接指向守军第 10 集团军的主力阵地；第 68 师团占据居中位置，计划从我两个集团军交界的中间地带穿过，直指慈利；日军第 3 师团抢在中国军队第 29 集团军到来之前渡江，计划一举歼灭王缵绪集团军的主力。而作为进攻常德的攻城部队的日军第 116 师团（岩永汪）则渡过洞庭湖，从我第 29 集团军的右翼澧县一带登陆，然后兵分两路展开攻势，一路包抄第 44 军，一路兼程直取此次战役的核心——常德。日军的这个部署远远超出了中国军队的预料，日军华中方面军能动用的将近 9 万人的兵力全部被集结参与此次战役，再加上独立第 17 旅团、第 34、第 32、第 58 师团的一部，第 40 师团被安排协攻，全部用来牵制第九战区，兵力规模和战略部署上都表现出奋力一搏的趋势。在作战规划上，日军第 11 军希望能一举歼灭第九战区的两个集团军，而负责攻城的两个主力师团中第 116 师团被称为攻城"奇兵"，战术、战斗力都十分过硬。

1943 年 11 月 1 日，日军集中第 3、第 13、第 39 师团和第 68 师团的一部分，及独立第 17 旅团，大举进攻中国军队第 10 集团军长江南岸第一线的前哨部队第 98 师，双方展开激烈争夺，常德战役正式打响。敌军番号之多，人数之众完全出乎中国军队的预料。由于日军的前哨部队集中了如此多部兵力同时进攻，使中国军队一时无法准确判断出日军的进攻企图。第 10 集团军总司令王敬久通过第一批战报判明日军的主攻方向为暖水街、王家畈一带，和战区先前预测的一样，于是命令第 79 军和第 66 军将主力部队开往暖水街、王家畈，在这里设置防御主阵地，意图以暖水街为中心，阻止日军攻势，以等待战区派遣的援军抵达。接到命令后，两军一边留一支部队抗击日军进攻，为主力后撤赢得时间，主力部队则迅速撤离，11 月 4 日，顺利抵达预设主阵地。

第十四章 哪一次作战是最富特殊胜利意义的会战？

11月3日，驻守澧县的第73军、驻守东港的第44军、驻守街河市的第79军都遇到了日军主力部队的激烈进攻。中国守军顽强抵抗，沅江全线同时进入激战。

第六战区代司令长官孙连仲在研究日军动向和分析当前形势后，认为日军主力疑似已将常德作为最后的主攻目标。于是在11月4日晚上电令从第九战区开来的第74军开往桃源，作为第10集团军的后卫，同时命令该军已在常德附近构筑工事的第57师立即进入常德占领阵地。但由于日军参与首攻的兵团太多，迷惑性很大，而且鉴于鄂西会战中对日军进攻主力的误判导致战事造成大量伤亡的事实，孙连仲对日军主攻方向仍不能确定，而且还身负保卫陪都重庆大门的重任，在调兵布防方面一直犹豫不决，不敢轻举妄动。战区预备队第26集团军与第33集团军没有及时调往湘西战场，而是命令两集团军待命并策应江防军作战。而吴奇伟总司令统领的江防军，仍然电令其固守阵地，慎防日军侵犯。

1943年11月4日，一个戏剧性的变化解除了孙连仲司令的顾虑。而这个戏剧性的变化由一个日军参谋引起。据日军战史记载，第13师团作战参谋樱井中佐在一次战斗中被中国军队击毙，这个参谋身上带有这次攻势之重要命令和13师团战后将调往马里亚纳群岛的相关资料。这些资料要是落入我军之手，后果不堪想象。于是第13师团司令部命令侦察兵到处寻找该参谋的尸体，要求务必要将尸体和文件抢回来。虽然日军战史称该批文件"无损收回"，但我们从当时中国军队立即果断展开布防调整这一事实可以判断，中国军队已经从中得到了重要情报。于是，中国军队各兵团正在执行司令部之前布防命令的时候，11月5日第六战区代司令长官孙连仲重新调整了战区部署，江防军被调南下应援。此时，中国军队主力都已顺利抵达主阵地，与日军进行激烈战斗，迫使日军暴露了主力所在。但是要想改变已经处于被动的战局形态为时已晚。此时日军四路大军都已成功渡过长江，投入了战场，日军兵力激增，而我大军尚未完全到位。

11月7日，中国军队由两个集团军组成的第一线兵团已在王家畈、暖水街、红庙一线形成一整条防线，但以第74军为主的第二线兵团仍在抢占后方桃源等要点。已渡江完成集结的日军，以第3、13、39、68师团主力及协攻的第40、58师团部分部队（联队级支队）向中国军队阵地展开全线进攻，战争格局对中国军队来说十分不利。日军第39师团兵分多路从南县、津市一带围攻我军第44军，第44军一时分身无术，只能展开阵线，四处堵漏。这正中了日军下怀，日军利用兵力优势，围绕第44军100余华里的阵线，采取各个突破的方式，疯狂围攻。总司令王敬久电令前线各部奋勇逆袭，恢复阵地，但都未能成功。7日上午，位于第一线战场的第79军暂6师在街河市与日军经过4日激战后因伤亡惨重被迫撤退至第10集团军主阵地的中枢——暖水街。第79军的第98师与第194师努力与当面进攻的日军进行激战，第199师在暖水街侧翼机动支援各军。至此，第79军形成了以暖水街为核心的防御态势，整个这条战线的战况十分危急。

中国军队第29集团军的处境同样危险。此时日军第3师团已经全部渡江加入战斗，第116师团占据湖面机动助攻，在滨湖区对守军阵地实行各个击破。多面受敌的第44军已无暇他顾。

日军调转主攻方向后，中国军队第29集团军暂时稳住阵势，但因部队已经和日军打成一团，一时难以抽离，在日军突然增援后阵地防线被迅速突破，损失严重。司令长官孙连仲急令第29集团军暂时放弃滨湖区，撤守石门至澧县间之澧水防线。总司令王缵绪立即率集团军向澧水方向撤退，第44军驻守澧县及各渡口，石门由第73军主力据守。但第44军总司令王缵绪此时已斗志不足，曲意夸大解读长官孙连仲先前下达的相机撤退命令，于11月13日以久战疲乏之由，率领其嫡系第44军所部撤过澧水，留下不是其嫡系部队的第73军坚守石门。第73军军长汪之斌率部匆匆撤到石门的时候，居然发现湘西防务的中枢除了一条20公里多的散兵壕以外，没有一处像样的防御工事。而第44军已经逃过澧水，石门侧翼无险可依，无兵可守，成为绝境。汪之斌军长只好一边命令工兵迅速抢挖野战工事，一边安排部分部队阻击日军的进攻，背对澧水匆匆布防，令暂5师坚守石门，第77师与第15师在外围展开阻击野战。

此时日军两个完整师团的兵力集中在石门，疯狂地向第73军发起进攻，双方在石门酣战，但基本胜负已定，第73军伤亡巨大，局势非常危急。

11月14日，日军对石门发动总攻，日军主力继续在正面强攻，同时派遣一支部队穿过原应由第44军防守的区域越过澧水，阻断了第73军退路，石门右翼被突破，第73军面临被合围的危险。此时军委会慌了神，军令部次长刘斐越过第六战区，直接电告总司令王缵绪，准许第73军突围。14日晚间，军长汪之斌命令暂5师死踞石门，

彭士量

来掩护全军渡过澧水撤出石门。但此时撤退显然已晚了一步，日军已经绕攻到石门后方，阻断了退路。第73军在涉水突围时遭到日军前后截击，一片混乱，建制全散，两个师均失去掌控，只能各自夺路突围。汪军长率领军部退往慈利，在那里休整收容部队。

15日黄昏，暂编第5师掩护完主力突围后开始撤出石门，但等待他们的是澧水对岸严阵以待的日军。暂5师在渡河时立刻遭到日军围攻，师部被截击，部队大乱，死伤惨重。师长彭士量亲自指挥残部，拼死冲突，在南岩门口被敌机扫射命中，壮烈殉职。

彭士量，国民革命军陆军第73军暂5师中将师长。号秋湖，湖南浏阳人，生于1904年8月5日，是黄埔军校著名将领之一；陆军大学十一期高才生，是抗日战争中在常德会战中牺牲的第一位将军。

1942年中日战况激烈，有些人畏缩躲避，彭士量将军却积极要求到最艰苦的前线作战，上级调他到73军暂编第5师任副师长、师长，先后参加鄂西会战、湘北会战、常德会战。常德战役中，掩护73军撤退的任务完成后，暂5师于15日黄昏奉命撤出石门，但在渡河时遭遇日寇的围击。彭士量师长亲自指挥部队奋力突围，不幸在南岩门口被敌机机枪击中要害，身受重伤还喊杀不止，忠勇之气感动得在场的官兵哭声不绝。临终之前将军拼力高呼："大丈夫为国家尽忠，为民族尽孝，死何憾焉！"彭士量将军成为抗战中亲临前线、与日军拼搏战死沙场的著名爱国将领之一，他用鲜血和生命捍卫了祖国的神圣领土，鼓舞了全国抗日军民抗战必胜的斗志，为中华民族的子孙后代树立了光辉的榜样。

台湾文史资料有关常德会战的记录中写道：此役73军奉命撤退，痛失重镇、蹉跌良将，给73军造成重大损失。但73军暂5师在彭师长率领下与日寇死拼战斗，消耗了日军大量兵力，拖延了敌人攻略的时间，使我军得以充分准备，为常德会战赢得最终胜利，"彭师长厥功甚伟"。

暂5师在撤退中伤亡殆尽，将士基本全部殉国，石门失守。石门的失守与第六战区对原定的作战方针贯彻不利有极大关系，第44军的撤离使澧水防线直接暴露给了敌人，让日军趁机渡江直攻第73军镇守的石门。石门失守后，截断了我第10集团军与王耀武兵团的联系，使这两个主力兵团"不及发生统合战力"。

3. 汉寿、慈利、桃源陆续失守，外围增援无力，解围常德成为泡影

石门失守之后，日军以第 3 师团作为主力，冲过石门缺口，横渡澧水，直接扑向我第 29 集团军侧翼，迅速冲破我第 44 军第 150 师的防线，而第 161 师被节节击退。总司令王缵绪为了保存嫡系部队实力，不顾第 73 军的死活，轻易放弃澧水门户，使第 73 军遭受重创撤出主战场，轮到嫡系第 44 军首当其冲，自食了恶果。由于战线拉得过长，防线突破口过多等原因，第 44 军已抵挡不住，无法继续坚守，军长王泽浚只好后撤重整。而已经脱离主战场的第 73 军，此时奉令急开慈利重新布防。

11 月 17 日，日军在攻破石门后，正式启动攻城"奇兵"第 116 师团。该师团在前期战役中一直在洞庭湖滨机动，养精蓄锐。第 116 师团先派出一部协同第 3 师团由陆路打开出路，确定可以在常德会师之后，剩余部队立即全师渡过洞庭湖，直扑常德城。此时中国军队的第 10 集团军被日军横山勇的第 39 师团紧紧缠住，第 3 师团与第 13 师团正面主攻，与独主第 17 旅团及第 58 师团一部齐头并进，直取慈利。第 116 师团则从湖面侧击我第 44 军右翼。而第 68 师团通过水运顺利地攻取了汉寿，直接由常德侧翼登陆。

此时的战场形势对中国军队来说已极为不利，第一线兵团防线已被日军突破，主力部队第 29 集团军、第 10 集团军各军部被日军节节围攻，损失惨重。而日军的攻城主力第 116 师团已成功登陆，且攻势顺利。

日军第 13 师团在慈利失守后，快速向南突进，而第 68 师团已悄无声息地从三仙湖越过鄱阳湖，在常德东南的汉寿登陆。位于我第 10 集团军当面的日军第 39 师团为掩护南路攻击部队的侧翼，明显放慢攻击速度，与守军对峙着。而"奇兵"第 116 师团，在第 3 师团攻陷澧县后，立即由澧县渡过澧水，径直地向常德狂奔。

而日军第 11 军在渡过澧水后，企图在王耀武的第 100 军与第 74 军赶到之前越过沅江，一鼓作气拿下常德，于是使用第 3 师团与第 13 师团作为右翼，甩开北面勇猛善战久攻不下的第 10 集团军，转向猛攻第 44 军，抵御进援部队第 74 军。而日军第 68 师团组成左翼在安乡登船，直趋汉寿，在常德南面构成包围圈。日军第 116 师团兵分三路，尾追第 44 军，直指陬市、临澧。

11 月 21 日傍晚，日军第 11 军直接在桃源空投近一个中队的伞兵，并配备了一个步骑混成的旅团向桃源发起猛烈进攻。当地驻防的第 44 军独立团完全不敌日军飞机的轰炸和强火力的进攻，迅速溃逃。于是驻守陬市的第 29 集

团军第150师成为日军第3师团主力与第116师团第109联队的攻击目标。第29集团军司令部转来战区命令，严令守军第150师不得退过沅江，师长许国璋于是率部死守陬市，寸土必争。但日军的第116师团攻势太猛，第150师不到半天便几乎全军覆没，连工兵连也死伤殆尽。许国璋师长于是亲自率领450团残部上前冲杀，不幸被日军击中，重伤昏迷，被警卫紧急抬上渡船向后方护送，而第150师几乎全军覆没。许国璋将军醒来时见到自己已经渡过沅江，而部队已大部分死伤溃散，联络中断，顿时悲愤交加，在担架上痛斥左右随从不该让他身为一师之长丢下部队只身后退，夺过身边卫士佩枪自杀殉国。第29集团军总司令王缵绪听闻噩耗，十分悲痛惋惜，电调第162师副师长赵璧光上校代理第150师师长一职，率残部与第161师一道撤过沅江右岸整理。桃源和陬市沦陷。

桃源沦陷之后，前来救援的王耀武集团军第100军先头师第19师才赶到，一到战场便在黄石市与日军第3师团恶战。由于应援十分紧急，事关全局，第19师师长唐伯寅竟督促部队每日以70公里的速度强行军，到达黄石市，来不及进行任何休整，就直接投入了战斗，将士难以支撑，激战半日后撤出黄石市。此时，第100军第63师主力也正向桃源挺进，其先头部队第189团没有预料桃源守军完全无法抵抗日军的攻势，桃源迅速被攻占，在急行军中失却防御，被日军正面冲击打了个措手不及，队伍迅速被冲散，团长陶绍堂仓促迎战，在混战中阵亡。而第63师主力也被日军截击，副团长高鸿恩中校战死。第100军的解围失败，桃源与黄石市阵地未能被抢夺回来，只好在外围与敌人展开拼杀。

21日，日军第3师团及第116师团已经开到桃源，第13师团到了慈利；第68师团则于22日攻陷汉寿。至此，日军主攻的4个师团已对常德形成了包围之势，前锋已与常德守军交上了火。而中国军队第10集团军虽已转攻石门，企图突破日军第39师团的防线，夺回石门，但遇到日军的拼死抵抗，进展缓慢；第29集团军伤亡惨重，急待休整，不足决战。此时，日军已经到了常德城外，攻城战即将开始。

救援之战。1943年11月18日，第二板块的常德城保卫战已正式开始。为解常德之围，第六、第九战区及空中支援的救援战一直在艰难推进，只是由于各方原因，最终都未能及时到达常德，致使常德守军在死守14昼夜后被迫自行突围。

第六战区的救援。由于日军的攻城之战已经开始，常德城外沿战场的日军停止了大规模进攻，与中国军队的各防守军展开对峙防守，阻击中国军队救援。于是，孙连仲决心将第六战区第一线兵团各部从防御完全转入攻击，全力向日军第39师团与第13师团的防线猛攻，力图击破敌的阻击阵线，将日军主力压迫于常德城郊，并予包围歼灭，以求及时解救常德之围。但是常德城郊的4个日军师团防守严密，中国军队各部在前期战场上都受损严重，一时难以突破，无法与日军发起决战，双方在阵前处于胶着状态。

同样，第九战区的第10集团军、第29集团军以及王耀武集团两个军也均与日军外围掩护部队处于胶着状态，始终无法突破日军的外围防线，一时也无法解围常德。而在战役开始前就奉命侧击牵制日军的第九战区和第五战区的其他部队在侧面战场上动作不大，都不想把战争引向自己的战区。第五战区司令长官李宗仁只派出第30集团军3个挺进纵队扰乱敌后；第九战区司令长官薛岳则布置口袋阵形，在战区静候日军第68师团与第40师团入彀。

而此时蒋介石身在开罗，对国内激烈的战事指挥起来显得鞭长莫及，国民政府军事委员会由于蒋介石不在，在调派各战区部队及指挥各战区司令长官上显得气势不足。各大战区长官一方面出于对自己战区防守责任的重视，一方面力图避免将战事引入自己战区，在执行军委会的命令时显得极为慎重，致使整个应援部队遇到日军的强烈抵抗后与日军胶着难行。

11月18日军委会电令第九战区出兵北援，以解常德之急。但为了提防日军调军转攻，第九战区并未动用离前线最近的第99军，而是从长沙调入第10军向北支援常德。第10军也是一边向前推进，一边密切观察日军动态，日军稍有异动，便驻地防守，进展速度十分缓慢。到26日才跨越战区分界与从汉寿登陆的日军第68师团接上火，且作战攻势不强，后借口左翼暴露，几乎停止推进。

正面战场已失利严重，被视为常德存亡的希望所在的第九战区进援又不力，军委会十分着急，指挥显得有些慌乱，于是不顾第九战区实际，点名调用该区半数兵力要求其支援前线。但驻守于此的司令长官薛岳深知牵一发而动全身和贸然进军的危险，所以调兵谨慎。最后军委会拿薛岳没办法，只好动了一个歪脑筋：更改第六战区与第九战区的分界线，将沅江以南地区纳入第九战区防区，逼迫薛岳不得不快速调兵防守，并在电文中严厉批评第九战区的消极态度："各级指挥官应迅速掌握兵力求敌攻击之，切忌脱离掌握，或以广大一线专防守而遗失战机，贻误全局。"且直接下令调用离前线最近的第99军，随后又成立由第27集团军副总司令李玉堂任指挥官所辖第10军和第99军，负责南面解围攻势，明确规定其兵团两个军的进度。

而日军也防着这一手,除了原来防守的第 68 师团以外,第 3 师团也赶来增援该条战线,使被寄予重大希望的李玉堂兵团进援依旧缓慢。第九战区严令如期攻克,军委会天天发电督促,但截至 11 月 29 日,李玉堂兵团仍然与日军的两个师团处于胶着局面,令军委会一筹莫展。当日,蒋介石自开罗向两战区司令长官部发出谕令,29 日的晚间 10 时方先觉军长接获战区代转的蒋介石口谕后,发现距离命令期限不到半天时间,大惊失色,于是命令 3 个师展开强烈攻势。预 10 师将日军第 3 师团主力冲退,让第 3 师团师团长山本三男师误判为主力,遭到猛烈反扑,双方激战。由于预 10 师尚未立稳脚跟,攻势仓促且猛烈,师长孙明谨战死,全师溃散。而第 10 军第 3 师周庆祥师长紧抓日军与预 10 师激战的时机,一昼夜强行军 100 余华里,直接逼近主攻方向德山。12 月 1 日,司令长官孙连仲立即电告 57 师师长余程万说援军已到常德东南,可速与联络。余师长立遣副师长陈嘘云前往联络,但始终未能联络上。而常德城内的战事已经到了最后时刻,师长余程万向长官孙连仲发出最后一电:"弹尽人亡,城已破,友军观望不前。刻大街小巷混战成一团。职率副师长、参谋长死守中央银行。职余程万谨叩。"后留第 169 团死守,自己率部分将士突围。第 10 军的解围之战宣告失败。

空中支援之战。此次常德会战,空战给予了战事极大的支持,国民政府已开始掌握制空权,由防御向反攻转变,不再是过去被动挨打的局面。中国空军及援华美军的第 14 航空队经常主动出击,寻找日军航空兵主力,并对其机场及设备等进行广泛的轰炸,有时还能直接支援地面部队作战。此次常德会战中,空军就乘机轰炸了日军的台湾新竹机场,炸毁地面飞机 30 余架,击落升空飞机 4 架,从而使日军大本营、日军中国派遣军和第 11 军在是否长期占领常德问题上出现了争议,在是否撤退的问题上多次易令。此次会战中,中、美总计使用飞机约 200 架,共出动 216 批,使用战斗机 1467 架次、轰炸机 280 架次,重点打击了常德、石首、藕池口、华容等地的日军地面部队,共击落日机 25 架,击伤 19 架,炸毁地面飞机 12 架,日军第 6 联队联队长中畑护一也被击毙。

4. 守城之战,8000 名勇士誓与常德共存亡

11 月 18 日,日军进犯徐家湖,外围战正式打响,历经 6 天激战,11 月 23 日城郊河伏失守,战场转至第二阶段的城基保卫战。第一阶段的战役主要有徐家湖阻击战、河伏坚守战和德山拉锯战。

之一：激战徐家湖

11月18日，日寇第68师团户田部队所属先头部队500多人，利用汽艇向徐家湖进犯，徐家湖阻击战开始。中国军队守城部队第57师第169团第3营警戒哨两个排与日军展开激战，战场辗转绵延30多里，200多名日军被击毙，打响了常德保卫战的第一枪。

之二：河伏血战

11月20日，日军第116师团先头部队第120联队共600余人，在独立山炮兵第2联队3架飞机配合下，向常德市郊河伏进攻，河伏坚守战打响。中国军队第57师第171团第2营共500余人与敌激战一天一夜，日军7次发动进攻，都被守军拼死打退。22日，日军增援至3000余人，集中大小炮十多门，连续轰炸守军工事，并采用整排整连波浪式密集冲锋的战术，对中国军队阵地进行猛攻。守军官兵在伤亡近三分之二后仍然与日寇血拼肉搏，反复争夺，誓死守卫。23日在12架作战飞机的猛轰下，日军的攻势更加猛烈，上午10时许河伏失陷。守军第2营营长袁自强自杀殉国。守军共毙伤日军近1000人，有力地抵抗了日军的进攻，但全营500多名守军除少数几人侥幸逃出，其他全部阵亡，损失惨重。

之三：德山拉锯战，常德门户尽失

11月21日，日军第68师团户田部队4000多人，分两路进犯德山，德山拉锯战开始。由于临时配属第57师指挥的第63师188团在战争刚开始时就在团长的带领下擅自撤退，使仅余的守军57师169团3营8连和188团余部陷入非常被动的局面，与日军兵力悬殊达10：1，抵抗十分吃力。日军多次进攻，双方反复争夺，展开激烈的拉锯战。11月23日夜，终因实力太过悬殊，德山失守，守军除100余人突围外，其余全部壮烈牺牲。

德山的失守，使常德城守军失去了依靠和屏障，退路也被截断，给守城战带来极大困难。战区司令长官孙连仲十分清楚常德守军的困境，知道常德的得失事关全局，也心急如焚，在25日电谕中告诉第57师师长余程万，第10军已奉命驰援，26日一定可到达德山。余程万师长得知援军将近，非常高兴，立即向官兵们传达了司令长官的慰问电文和援军将至的消息，并向司令长官回电，表示愿与常德共存亡："职师四面受敌，血战七昼夜，虽伤亡惨重，将所有杂兵编入战斗,但士气旺盛,全体官兵谨遵钧座意旨,咸抱决心,愿与常城共存亡!"而第 57 师官兵士气大振,连伤员也要求参加作战。

之四:城门保卫战,常德成为一座废城

11 月 23 日,日军第 11 军所属 3 个师团向常德城区全力进攻,城基保卫战正式开始。由于德山失守,中国军队守军第 57 师进行了重新布防:第 171 团镇守西门和江面,第 170 团镇守西北城角,第 169 团镇守东门兼东北角。整个城基保卫战就围绕城墙四面展开。

东门之战。11 月 23 日,日军第 68 师团所部 5000 余人,在 9 架飞机配合下,分 5 路,每路各 1000 余人,向常德东门进攻,城东激战正式打响。由于日军火力猛烈,攻势凌厉,我守军 57 师 169 团第 1 营在日军的强大火力下死伤惨重,团长柴意新亲自率预备队增援,才算暂时稳住阵脚。11 月 24 日至 25 日,日军 116 师团第 133 联队与驻守东门城郊的 169 团第 2 营发生激战。2 营士兵依靠防御工事向日军猛烈开火,500 余名日军被当场击毙,7 人被俘,3 架日机被击落,日军遭受到了攻城以来的最大打击。11 月 25 日,日军第 11 军第 116 师团全部与第 3 师团第 6 联队、第 68 联队及第 68 师团第 234 联队再度联合发动大规模攻城。守城部队各式火炮炮弹已经用尽,只能用轻兵器应战。而日军由大队级步炮混成兵力编成攻城敢死队,凭借优势火力,从城外的四面八方寻找可能空隙猛烈冲锋,企图用绝对优势兵力和火力,突破守军的防线。169 团郭章嘉营长督队冲杀,壮烈殉职,第 170 团营长鄢鸿均在城垣死守不退,在近战中阵亡。11 月 26 日,日寇步兵第 109 联队的进攻同样也遭到惨败。在这次战斗中,日军共 24 次进攻都被守军打退,1000 多日军死伤在东门的近郊。

11 月 26 日下午,城郊地区终被日军占领,中国守军撤回城内,据城垣一带防守。27 日 10 时,六七百名日军又向东门城垣发起猛烈进攻,守军拼死抵抗,东门的拉锯战达到高潮。169 团第 1 营副营长董庆霞和机枪连连长来汝谦带一排人冲出战壕,用手榴弹还击,100 多名日军被炸死,而董副营长、来连长被日军击中,为国捐躯。守军的大无畏精神,令日军胆寒,猛烈的冲锋暂时停止了。这支日军未能快速地攻下东门,于是转攻大河街,向南门攻击。

固守大西门。11 月 23 日,攻下河伏的日军第 116 师团的步兵、第 120 联队加上第 133 联队的步兵等,共计 1.5 万余人,在几十门大、小炮的火力强

有力的支持下，开始向西郊全线进攻，逐步向大西门延伸推进。守军第170团第1营与日寇展开拉锯战，阵地多次易手，战场形势惨烈，第1营排以上军官全部牺牲，很多重伤失去战斗力的官兵，都用刺刀或步枪自杀成仁。11月26日，因持续被日军围攻，我第57师兵员大量减少，伙夫、勤杂兵、警察都被编入了战斗队伍，因为已经没有炮弹可用，大部分炮兵团战士也被改编成了步兵，直接加入到大西门守城战中。在收编常德警察时，发掘了常德警局埋藏的1万发枪弹，这成为了第57师之最后接济。坚守在大西门城墙的分别是171团团长杜鼎，他手下仅剩第3营残部和新加编进的几十名勤杂兵及20名警察，共100多人。另一位是炮兵团团长金定洲，他手下仅剩由炮兵改编的步兵40多名和新编进的勤杂兵40多名，共90多人，整个大西门的守军加起来已不足300人，而日军1.5万兵力仍剩大部，双方兵力悬殊越来越大。就在这样的条件下，两个团长依然身先士卒，率领部下在日军的猛烈炮火中，呼吸着敌人施放的致命毒气拼死抗战，死守大西门。11月30日上午，日军又一次从正面向大西门发动猛烈攻击，57师师长余程万亲率特务连督战。到12月2日止，日军始终没能攻下大西门。

北郊之战。日军在进攻西大门的同时，第109联队和第133联队分东、西和正面三路向城北郊发起进攻，进攻部队配备了独立山炮兵第2联队和迫击炮第四大队，包括工兵、后勤部队在内共计1万多人。中国守军分左右两路进行防守，左路为170团第2营，右路为169团第3营。经过3天鏖战，超过90%守军伤亡，北郊危在旦夕。

南城之战。常德的南面为沅江，是阻止日军的唯一一道天然屏障，对守军和日军来说都十分重要。日军第3师团第6联队主力及配属的野炮兵第3联队于11月25日向南城发动进攻。11月25日白天，共500多人的日军先头部队，动用20多艘汽艇、民船，在炮火和4架飞机掩护下，强渡沅江，57师第171团第3营开火猛烈还击，日军船只被打沉一半，余下的慑于守军的猛烈炮火被迫退了回去。而守军的飞机将在侦察途中的第6联队联队长炸死。

至11月26日，日军共进行了4次渡江作战，最终成功过江。27日拂晓，城南外围阵地多处失守，城外守军撤退至上、下南门城楼，利用城楼及城墙坚固工事，继续狙击日军。11月27日下午，57师各部分散在城墙四周各自为战。11月28日，57师还剩下作战人员2400多人，伤亡人员达5000多人，损失惨重。但此时，日军依然未能突破城墙，战争尚在城墙外围。

日军的招降书

由于中国军队死守，日军攻城伤亡惨重，久攻不下。11月28日，日军一边攻城，一边展开攻心战，向守军空投招降传单。其主要内容如下：

一、日军已全面包围常德城，后续部队陆续到达，57师将被全歼。

二、救援汝军之渝军，已被日军阻击，无再前进之意。

三、你们快停止无益之抵抗，速挂白旗，则日军立即停止攻击。

四、57师官兵，宜速停止为师长余程万等人之名誉而战。

五、日军对居民并无敌意，日军爱护汝等。

而余程万师长看到招降传单后，在招降传单上逐条进行了批注：

一、余受黄埔军校教育，只知不成功即成仁，余确信全师弟兄也是如此。

二、污蔑友军，且文字欠通。

三、四，忠贞传自领袖，光荣属于国家。

五、其谁欺，欺天乎？

城内守军断然拒绝了日军的招降，日军诱降失败。守军继续在城内坚守，在城门被突破后，又在街巷内与日军继续展开殊死搏斗。

之五：街巷战肉搏战

日军在围城战中，多次大规模地进攻城墙东、南、西、北各方，企图找到突破口，攻进城内，但都进展不大，只在城墙之下留下大量尸首。城墙无法攻破，日军利用侦察机不断地绕城观测，最终发现了守军的弱点，守军过分依赖于外壕的阻碍作用，重视城门，局限于其附近的防守，而忽视离城较远地方的防卫设施。日军利用这一弱项，选取了守军防守相对薄弱的北门的东北角一线作为突破口。11月28日拂晓，日军用26架飞机和大炮100余门，对北门城墙进行猛烈袭击，同时惨无人道地施放了3个小时之久的毒气，使城基上的守军丧失战斗力，几乎全部阵亡，被迫放弃北门，进入了更加残酷的巷战。为了与日军血拼到底，以等待援军的到来，57师剩余官兵将各条街道的房屋打通，在每条街道口处筑好巷战掩体，与日军逐屋争夺。

11月29日黎明，日军照搬进攻北门的办法，向东门发起总攻，先用炮火猛攻，然后用步兵快速冲锋。到30日22时，东门所有房屋基本上全部被炸毁烧光，整个战场一片废墟。守军失去最后的掩体，只能与日军展开近身肉搏，可谓是"一寸阵地一寸血"。进城日军受到守军的顽强抵抗，在巷战中也没有占到多少便宜，损失也很惨重。鉴于北门和东门连日被敌人突入，守军伤亡很大的情况，师长余程万于11月29日连续向总部发出两则紧急求救电文，希望援军能快速赶到，以解救全军覆没之险。同时严令各部坚守战斗岗位，与日寇血拼到底！

11月28日巷战开始的时候，守城部队已经只有2440人，到11月30日，近600人牺牲在巷战中，整个57师已不足1800人。到12月2日，城内守军只剩下三四百人。战至2日晚，仅剩文庙与中央银行两个孤立据点，还占据着一条师部通往沅江的唯一通道，守军不满200人，余程万师长也端着机枪上阵。但援军迟迟未到，守军已处于弹尽粮绝的边缘。英国《伦敦新闻纪事报》描述当时的战况时，在报道中这样写道："在这城墙的战斗，日渐惨烈，甚至好像在欧洲中世纪时代那样，以手格手，以颊撞颊作殊死的血战。"面对强敌，中国军队在守城战中展现了非凡的勇气。如自贾家巷阵地战斗，阵地只驻守第171团第3连一个排的兵力，日军先利用飞机进行集中轰炸，用一个大队的兵力猛烈冲锋，没能驱退这一排士兵的防守。于是又集中炮火对该阵地进行再次轰击，守军的防御工事全部被炸毁，仅剩的8名战士依然与日军激战，排长殷惠仁在日军迫近时引爆最后一枚手榴弹，与日军同归于尽了。

12月3日1时，师长余程万紧急召开57师团以上军官会议，研究决定为保存最后的有生力量，趁夜向沅水南岸突围，小部分向西北城郊转进，放弃守城。这违背了蒋介石"一定要守住常德，驻军须与城共存亡""不成功，则成仁"的命令，余程万师长由此遭受了牢狱之灾。针对余师长私自下达撤退命令和在常德废墟中最后生还的300人，英国《伦敦新闻纪事报》这样写道："人类的持久战争是有限度的，当战至最后的三百将士，余程万将军决定退出常德城垣，以求报国于他日……假如连这少数人都不能生还，那么保卫常德的英勇事迹将随他们英勇的死友埋葬于废墟之下，泯灭而无闻于世。"余程万师长点名让169团少将团长柴意新率部在城内继续坚持巷战，牵制日军，掩护伤兵撤退，迎接援军的到来。但此时该团全部人马为51人。团长柴意新和全体官兵已知道援军将无法及时赶到，而他们将与城同亡。但是柴意新团长依然率部扼守最后一个据点，与日寇死拼，在12月3日4时左右再次向日军阵地冲锋的时候，不幸中弹牺牲。

12月3日2时以后守军开始渡江突围，用5艘无桨小木船，借风力渡过沅江。因为船太小且只有5艘，无法装满所有人员，不少士兵抱着木板漂游过了沅江。过江的部队分几路撤退，炮兵团回到官庄留守处。此次配合57师作战的军炮兵团为炮兵3营和团辖高机连，共有官兵近1000人，最后包括被俘逃回者仅生还9人，其余的全部牺牲，损失巨大。余程万师长率兵20余人成功渡江到达南岸后，就遇到了日军的哨兵，余师长率队且战且走，不久队伍被冲散，身边仅剩下两个护卫，又因左腿旧伤复发，无法再行走，再次陷入绝境。好在从城中疏散逃避在此的一些市民碰到了余师长，并且认出了他，于是收留款待，保护了这位抗敌英雄。

12月3日8时常德城沦陷，日军占领了常德。因日、中、美空军都对城内进行过猛烈轰炸和袭击，城内所有建筑都被炮火所毁，此时的常德城基本上是一座空城和废城。《纽约时报》在描述当时常德城破后的场景时写道："这里举目尽是烧焦的围墙、残破的砖瓦和灰堆而已……要想在这个曾经有过16万人口的城里寻一未经摧残的东西，实在难乎其难。"由于没有驻军条件和防守的工事，日军大部队于当日下午就撤到外围的城郊村落，只留少量部队在城内警戒和防守。

5. 收复常德，一次最富特殊胜利意义的会战

是留在常德，还是撤离常德？从12月6日开始日军指挥层就不断下达各种自相矛盾的命令。费了那么大的劲打常德，如今攻下了这座城市，又要放弃它，那么，攻克这座城市的意义在哪里？后来考虑到：1943年11月25日驻华美国空军轰炸了日军占据的台湾新竹机场，日本空军损失严重；太平洋战场日军舰船也受到严重损失；中国常德外围战场援军的不断迫近，日军有被合围之势；加上日本大本营与中国派遣军正在研究打通大陆交通线、联络印度支那铁路，"以确保南方交通"和"摧毁美国驻华空军基地"作战问题等，这都也许是重要的决定他们撤离这座城市的原因。但是一个更不容忽视的原因是，当日军怀着胜利的喜悦攻下这座城市，他们发现，这不仅是一座空城，而且是一座死城。这里没有驻军的条件，也没有防守的工事，留在这里，只有挨打的可能。正是这个原因，更促使他们不得不放弃这座费尽千辛万苦打下的城市。按照最初制定的方针：作战目的一经完成，即按另行下达之命令开始返还，击灭残敌，恢复原态势。于是，日军高层于12月18日下令："第11军自今日起，选择适当时机，从澧水附近现在战线撤离，恢复原态势。"日军第11军向全军各部下达撤退命令："于19日夜开始行动，准备向松滋河右岸地区转进。"22日，日军各部分别到达松滋河右岸地区，由第13师团掩护，于23日、24日

先后渡过长江，分别返回原驻地。中国军队尾随进行了追击围剿，由于日军属于有准备性撤退，命令传达及时准确，故部署得当，撤退有序，只有少量的掩护部队被中国军队击伤，在这一时段，日军伤亡不大。而中国军队由于对日军的动态判断不准，且追击部队行动迟缓等原因，使之失去一次痛击敌人的机会。1943年12月25日，中国军队全部收复了失去的阵地，战场形势恢复到了会战前的状态。常德会战至此结束。常德会战，日军攻下了这座城市，又不得不放弃它，他们的胜利，什么也没有得到，是一次失败的胜利。而中国军队经过殊死的血战，让敌人付出惨痛的代价。他们虽然离开了这座城市，但很快不费一枪一弹，又从敌人手中收复了这座城市，收复了失去的阵地。这是中国抗日战争中最富有特殊意义的一次胜利，一次作战。

而在12月7日，欧震兵团新11师第一次收复常德的时候（此时日军已经奉命第一次撤退，后又重新占领），从常德的断瓦残垣中奇迹般地走出300余名第57师官兵。但这幸存的300多名官兵使蒋介石非常生气，立即拘押了违反其"不成功，则成仁"命令的余程万师长，并扬言要将其枪决。后在对常德战事进行重新评估以及在第74军军长王耀武等的力保下，余程万师长因此次事件被判两年有期徒刑。于是余程万成为一个争议人物。

余程万（1902—1955），国民党军第74军第57师师长，在上高会战中为保住上高核心阵地，坚守境山口与日军决战4昼夜未合眼，与敌肉搏7次，立下赫赫战功。上高会战前后，余程万几乎参加了国民党军对日的所有大型会战，但最为艰苦卓绝的，莫过于1943年11月的常德会战。"弹尽，援绝，人无，城已破。职率师部，扼守一屋，作最后抵抗，誓死为止，并祝胜利。"这是余程万师长在常德会战处于弹尽援绝时给战区司令长官孙连仲的电文，孙看到电

余程万

文即泪如雨下。其时，常德会战已进入最惨烈的时候，常德城区已成一片焦土，日军飞机不分日夜狂投烧夷弹，城内大火蔽天，余程万师长仍率残部死据城西南一角，拉锯搏斗。他已知援军不可能如期抵达，决意全师战死常德。从11月18日开始战斗至12月3日凌晨，第57师参战的8315名官兵，仅剩300余名，战斗激烈由此可见。当时，在开罗会议上的罗斯福通过国际舆论听说了这一战场的惨烈状况，特意向蒋介石询问了守城部队番号和主将姓名，并将余程万的名字记在备忘手册上。常德失

陷，战斗为全局争取了时间，实现了援军合围，将日寇赶到长江北岸，但守城的 57 师 8000 余官兵仅有 83 人生还。

作为战争的幸存者，余程万觉得有责任把那些壮烈的事迹记录下来，以纪念这次战斗。他派人多次联系著名作家张恨水，张恨水拗不过抗日英雄的热诚，于 1945 年春正式动笔写了《虎贲万岁》。"一师人守城，战死得只剩下 83 人，这是中日战争史上难找的一件事，我愿意这书借着 57 师烈士的英灵，流传下去！"张恨水如是说。小说完稿后，作家谢绝了余程万送来的丰厚酬金和吃请，却高兴地接受了余师长送来的一件礼物：一把从日俘手中缴获的战刀。

1949 年底，中国人民解放战争已处在完全胜利的最后关头。国民党政府云南省主席卢汉宣布起义，时任国民党第 26 军军长的余程万曾遭卢汉扣押，被卢汉释放后，因不满蒋介石的偏隘性格，转道海南，以"戴罪之身"在香港寓居，做起了米店和杂货店生意，并在郊区办了农场种菜养鸡，与人合伙开设了一个当铺。1955 年 8 月 27 日晚上，余程万单枪匹马去营救被香港黑社会绑架的妻子。警察接警后赶到，并与劫匪发生了枪战，余程万被劫匪在黑暗中当作盾牌打死。事后，警方公布说，余程万是被劫匪打死的。但是，当时在香港由于余程万在与黄埔老友闲聊论及老蒋时多有怨气，所以，也有人认为他是被台湾特工所害。但这永远也只能是猜测了。

常德会战从 1943 年 11 月 1 日开始至 12 月 25 日结束，历时 80 余天。据国民党参战部队上报阵亡数字：第六战区损失 4.5 万人，第九战区损失 1.5 万人，第五战区损失 3000 人，共计丧失 6 万余人，并有第 150 师师长许国璋，暂编第 5 师师长彭士量，预备第 10 师师长孙明瑾等将军于此役中殉国。而日军的损失双方统计有较大差异：国民政府统计的数字为 4 万多人，日方公布的数字为战死 1274 人，负伤 2977 人。据分析比较日军估计损失了 1 万多人。

常德会战，是抗战相持阶段规模最大、战斗最惨烈的一次会战。英国《泰晤士报》称常德保卫战为中国的"斯大林格勒保卫战"。是中国军队将士在抗日战场上谱写的气壮山河的史诗！有诗为证："孤军奋战保常德，官兵视死皆等闲；八千勇士血流尽，一寸土地一寸血。"

常德是抗日战争中常德会战的主战场，如今市内青年路东侧的常德会战抗日纪念碑一带，当年是抗日阵亡的国民革命军陆军第 74 军 57 师官兵墓地。常德会战结束后，国民党第 74 军军长王耀武将军为纪念捍卫国土而壮烈牺牲的将士们，决定在常德建造"烈士公墓"。公墓正门是一座高大的三门纪念牌坊，上方是王耀武所题"常德会战阵亡将士纪念坊"的横匾。纪念坊的四根水泥钢

常德会战中中国军队俘虏的日寇

筋方柱之间的上方架有三块横匾：正中是蒋介石所题"天地正气"，左侧为陈诚所题的"碧血丹心"，右侧是白崇禧题写的"旗常炳耀"。进大门数十步是一座9米高的纪念塔，基座四方刻有国民党政府考试院院长戴传贤，监察院院长于右任，立法院院长孙科，司法院院长居正四人题词，碑身正面为王耀武所题"陆军第74军常德会战阵亡将士纪念塔"，公墓落成当天，常德各界人士及74军代表举行了隆重集会，数十匹驰骋疆场的白马也参加了这次集会，以此来纪念在常德保卫战中牺牲的英雄们。

第十五章

哪次作战是日寇投降之前的最后一次大会战?
——湘西大会战

湘西大会战是以位于湘西的芷江机场为中心,中日军队在雪峰山附近地区展开的一次攻防大会战。从 1945 年 4 月 9 日至 6 月 7 日,会战历时 2 个月,是中国抗日战争接近胜利、日寇投降之前的最后一次大会战。日军方面以最精锐的第 20 军为主力,以坂西一郎中将为总指挥,共投入 5 个师团 17 个大队约 10 万人的兵力;中国军队则以陆军总司令何应钦亲自指挥,有 9 个军 26 个师约 25 万人参战。战役结果日军伤亡 2.8 万余人,我方伤亡 2.1 万余人,这是中国抗日战争中以最小的伤亡取得最大胜利的一次大会战。它成为中国抗日战争从防御转入进攻的重大转折点。

1. 穷途末路的日军,怎么把芷江机场变成了他们的进攻目标?

1945 年,日军已走上穷途末路,在各地战场上都处于极度被动局面。外部世界反法西斯联盟联合予以痛击,不断迫其放下武器投降;而在日本国内反战情绪达到制高点,国内局势极度不稳定。但内外交困的日军依然负隅顽抗,企图炸毁芷江机场,击倒中美的空军力量,借以扭转战局。湘西会战便围绕芷江机场展开,而主战场位于雪峰山附近,故又称为雪峰山战役。

芷江机场位于湖南省怀化市,1937 年 12 月,国民政府航空委员会征调芷江、麻阳、会同、黔阳、溆浦、沅陵、辰溪、凤凰等 11 个县的民工 1.9 万余人修建,机坪占地 2000 余亩。1938 年 10 月机场竣工投入使用后,国民党武汉航空第九总站及南昌飞机修理第二厂相继迁来芷江。这里成为重庆国民政府的前进机场,盟军东方第二大军用机场,为飞虎队支援中国抗战的一个重要基地。

从 1938 年冬至 1945 年 10 月,先后有苏联志愿空军中队、中国空军第 2 大队、美国空军第 14 航空队第 68 飞行联队、中美空军混合团第 1 大队(轰炸机队)、第 5 大队(战斗机队)和中国空军第 4 大队等空军进驻芷江机场。尤其是1944年初至1945年8月，中美空军的大批鲨鱼式、野马式、黑寡妇式战斗机、侦察机、中程B-25型轰炸机、大型C-46式运输机聚集在芷江机场，最多时达三四百架，担负着歼击敌机，断日补给线和空中增援等任务。1945年中日双方举世瞩目的"洽降会议"也在此举行，这里曾经宣告侵华日军的最后失败。这一山区机场在反法西斯战争中具有不可忽视的军事地位，发挥过重大作用。

1945年4月至6月中国第4、第3方面军及第10集团军对日军第6方面军所部进行的转守为攻的战役就在这里展开。

日军为了占领湖南芷江飞机场，维护湘桂（长沙至南宁）、粤汉（广州至武昌）两铁路的交通，于4月初就集结3个师团约7万多人的兵力，在第20军司令官坂西一郎中将统一指挥下，采取分进合击的战略，向湖南西部发起进攻。中国军队在陆军总司令何应钦统一指挥下，以第4方面军一部守备新宁、益阳、邵阳之线，以主力在新宁、武冈间与日军决战；以第3方面军第27集团军第26军守备龙胜、城步各要点，另以第27集团军第94军向武冈以东、第10集团军向新化以东地区进击；以新编第6军空运芷江为预备队，随时准备迎击来犯的日军。

鉴于芷江机场的重要性，此次湘西大会战成为抗战末期最后一次也是最重要的一次战役。

日军方面以第20军坂西一郎中将司令官为战役总指挥，计划战役共投入5个师团的兵力，总计约10万人。其中包括：第116师团，师团长为菱田元四郎，下辖步兵第109联队，第120联队，第133联队，骑兵第120大队，野战炮兵第166联队，还有辎重第116联队；第47师团，师团长为渡边洋，下辖步兵第131联队，第91联队，第105联队，骑兵第47联队，山炮第47联队，

抗日战争时的芷江机场

工兵第47联队，辎重兵第47联队。第116师团和第47师团一部战前集结于邵阳县以南地区；而第47师团主力（重广支队）集结于黑田铺地区；这两个作为主攻师团负责中央突破。还有第64师团、第68师团和第11军的第34师团，负责协助主攻部队完成对芷江的合围。第64师团，师团长船引正之，下辖步兵第69旅团的4个步兵大队。第68师团，师团长堤三树男，该师团1942年2月在华中以独立混成第14旅团为基干组建。本次参战的主要是其主力第58旅团和其他部队编成的关根支队，支队长关根久太郎，下辖独立步兵第65、第115、第116、117大队共4个大队。关根支队战役开始前集结于湖南东安；第34师团，师团长伴健雄，下辖第34步兵团，骑兵第34联队，野炮兵第34联队，野战工兵第34联队，辎重兵第34联队。

中国军队方面组成了以何应钦上将亲自指挥的9个军26个师为主的强大部队。会战主力为第4方面军，总司令为王耀武将军，下辖第74军、第18军、第73军、第100军4个军。具体序列为：第74军的第57师、第58师、第191师、暂6师、第196师，军长施中诚，它的作战目的是将主力集结于武冈和新华一线，与日军主力决战。第18军的第11师、第18师、第118师，军长胡琏。第73军的第15师、第77师，军长韩璇。第100军的第19师、第51师、第36师，军长李天霞。新6军的第14师、新22师、青年军207师，军长廖耀湘，并兼任青年军207师师长。

除了第4方面军以外，为保证对日军的绝对优势，中国军队还有两个集团军参战。分别是：汤恩伯中将指挥的第27集团军和王敬久将军的第10集团军。

湘西会战时的中国士兵

第27集团军下辖第20军,第26军,第94军,负责保护第4方面军右翼,作战目的主要是出动第94军协助武冈一带的第4方面军作战。第10集团军下辖第92军,军长侯镜如,负责第4面军的左翼,作战目的主要是以一部协助第4方面军在新化一带作战。

湘西会战主要分三个阶段进行:阵地防御战、全线反击战、全面围歼战。这次湘西会战与以往的战役有所不同,中国守军从一开始都占据着优势,三个阶段的战役中国军队在攻击上都非常积极,而日军相对来说基本上都处于守势状态,这预示着中国军队亦逐渐从战略防御转向了战略进攻。

2. 守军阵地防御与局部反攻相结合,武阳、武冈保卫战创造奇迹

1945年4月初,日军第47、第116师团分4路向我第4方面军进攻,一时间整个湘西地区战场遍地开花,湘西会战第一阶段的阵地防御战正式开始。

4月9日,日军第一路由黑田铺发动攻击,守军第73军边打边撤、边撤边打,沿路与之激战。4月29日,该路日军到达洋溪桥。4月12日,日军第二路向邵阳西北石马江攻击,守军第100军一部同样边打边退,力图避其锋芒,日军随之于28日达到了上查坪。30日进攻现江等地,遭到第74军的顽强阻击,双方陷入对峙;4月11日,日军第三路从邵阳攻向小塘;16日攻击白马山;17日攻放洞。中国军队第100军一部、第74军沿着阵地抗击,守军不敌日军的猛烈攻势,最后在第100军主力增援下才将日军击退。4月13日,日军第四路由九公桥强渡资水,迅速攻占了岩山铺、桃花坪,26日进抵洞口。日军第68、第64师团分路进攻益阳、大成桥,与守军第18军形成对峙状态,双方围绕阵地展开争夺。东安、全县、新宁、其良、梅江、长铺子、水东、关峡、武阳、白家坊、瓦屋塘、水口沿线众多地方都受到日军的激烈攻击,大部分地方的守军无法承受日军第一波攻击,阵地失守。而第74军主力在空军配合下不断向日军发起反击,围绕这些阵地展开激烈的争夺,不断上演攻击与反攻击争夺战,日军也受到重创。由于沿线守军没能抵挡住日军这一波猛烈

湘西会战中,中国军队奔向前线

的攻击，阵地失却较多。第 4 方面军迅速地进行战略调整，命令第 8 军由常德南下支援；第 27 集团军命令第 94 军主力由湘黔边境向武阳地区急进，准备夹击进攻的日军。

由于美国等盟军的空中支援，此时国民政府在空战领域的战斗力已大大提升，逐渐由单纯的防御性守势转为积极主动进攻。这次湘西会战中，空军发挥了重要作用。从 1945 年 4 月 8 日湘西会战刚刚打响，第 4 方面军一部分在阵前与日军进行防御性作战，而主力在中美空军配合下，向日军进行全线防御性反攻。

解救邵阳，半江峰东线反击战。4 月 10 日，第 74 军主力在半江峰以东一带发起反攻，该区域的 3000 多名日军被第 74 军打得落荒而逃，向金龙砦附近地区溃退，在金龙砦附近遭到第 18、第 74、第 73 军和 13 师合力截击，拼死突围，伤亡惨重。残部 1000 余人只好继续向东突围，在龙潭铺附近地区又被第 73、第 18 军各一部逮个正着，我军立即摆开阵势全力截击。日军无心恋战，率残部继续溃退，而第 18 军一部一路尾随追击，最终使邵阳方面恢复战前态势。

白马山围歼，放洞区域反击战。此时日军第三路、第四路各一部都抵达放洞地区，放洞地区守军不敌，被日军攻破。但日军还未站稳脚跟就被第 100 军主力包围攻击，日军伤亡甚重，其残部 700 余人向东南方向突围，在白马山附近被守军围歼了 300 余人，余下的 400 余人继续向东南突围，最后被所到之地的守军节节围击，终致全部覆灭。

保卫武冈，武冈区域反击战。第 94 军由长子出发，向东北方向的日军进行攻击，在武阳与日军增援部队激战。日军不敌，向武冈、花园市撤退，被守军分别在武冈北侧、高沙市、瓦屋塘、茶铺子等地追击、截击和围歼，最后日军全部被歼。汤恩伯中将麾下的第 27 集团军中的第 26 军反击也非常成功。第 26 军一部击破强渡巫水的日军后，分成两路。一路攻向武冈，以解武冈之围；另一路向新宁追击，拟克复新宁。此时武冈被日军第 58 师团一部猛攻，守军第 74 军一部虽予力抗，但因势均力敌，双方处于对峙中。很快，第 26 军一部的到来给武冈带来了希望，第 26 军与守军对日军第 58 师团一部进行内外夹击，日军不敌，向东北溃退。武冈之围遂解，守军集中全力向东追击。而新宁已被日军第 34 师团主力及第 68 师团、第 58 旅团各一部共 3000 多人于 4 月 16 日攻陷。新宁守军第 74 军一部与之激战，阻挡了日军的猛烈攻势，新宁暂时守住，双方形成对峙。其后局势稍稳之后，守军发起反击，日军死伤惨重。

以上几次反击战共毙、俘日军 2 万余人，中国军队在战场上由此转守为攻。

1945 年 4 月 9 日，日军右翼第 47 师团的主力重广支队 4000 余人，为策应第 116 师团，开始进攻蓝田。蓝田附近的中国守军第 73 军军长韩璇对日军的动向做了十分准确地判断，于是利用日军主力尚未完成集结，无法发起总攻的时机，用两个团的兵力抢先向日军主力方向发起进攻。日军措手不及，连续增兵两次才抵挡住中国军队的进攻，稳住局势。此次进攻一方面严重挫伤了日军的士气，另一方面也让韩璇军长摸清了日军 47 师团的底牌，对后面的战略部署更有信心了。4 月 14 日，日军 47 师团在稳住阵脚后开始强渡资水，而守军此时也不再着急，一线军队做了象征性的抵抗后向后撤退。日军因刚被攻击过而复仇心切，不知是计，喜出望外地开始渡河。韩璇军长等到日军主力正渡资水，命令埋伏已久的部队用重炮予以猛轰，同时出动飞机从空中向正在渡河的部队进行猛烈扫射。日军渡河部队因开始的顺利而导致防御意识不强，被打了个措手不及，一时被打懵。渡河日军的小船木筏在中国空军的扫射和炮火的猛击下一条条地沉没，日军伤亡惨重。双方沿河激战了一日，日军各部相距不过几千米，但被中国军队猛烈攻击，渡边师团长在一片混乱中根本无法指挥自己的部队，各部只求自保，各自为政，兵力始终无法完全完成集结。直到 15 日，日军才乘着夜色完成了部队的集结。

1945 年 4 月 28 日，从中路突破的日军第 116 师团在洋溪桥附近被我第 73 军团团围住，力拼不得脱身，只好紧急向第 47 师团求救。已集结完毕并在沿线展开攻势的日军第 47 师团立即对 116 师团展开救援，向我 73 军展开全力攻击，力图策应 116 师团突围。双方激战两昼夜，日军始终无法突破防线。这时，我 73 军要保持强大的火力渐感力不从心，伤亡也很严重，战事处于战事胶着状态。4 月 30 日，73 军军长韩璇认为敌军锐气已灭，时机成熟，命令发起反攻。73 军第 77 师唐生海师长率队在 47 师团正面展开强攻，第 15 师从侧面偷袭。5 月 2 日，第 15 师在空军掩护下从侧翼突然冲入日军 47 师团洋溪桥主阵地，日军正在与第 77 师激战，侧翼被袭，日军一线士兵顿时方寸大乱，在中国军队冲击下根本无力抵抗，很快全线溃败，丢掉了洋溪桥阵地。日军 47 师团未能使 116 师团脱困，自己也损失惨重。作战近一月，日军只占领了黑回铺、月光山几个无关紧要的区域，进展不大，在 73 军的狙击下伤亡惨重，遭遇了完全的失败。

1945 年 4 月 12 日，日军第 34 师团进攻新宁。当时驻守新宁的是中国军队第 74 军 58 师一个营，该营士兵凭借防御工事与日军展开了 3 天激战，日军

第十五章 哪次作战是日寇投降之前的最后一次大会战？

未能破城。于是在 4 月 15 日，日军派遣第 68 师团的 58 旅团增援 34 师团，双方又在新宁激战一日。这个营的将士与日军共激战了 4 天，杀伤日军数百人，但是自身也伤亡惨重，损失过半，只好撤出新宁。新宁被日军占领。

占领新宁后，日军休整了差不多一周时间，于 4 月 21 日经集结 68 师团 58 旅团 4000 多人从新宁出发，向梅口发起进攻。攻克后，23 日开始强渡巫水，向长铺子进攻。中国军队第 44 师采用诱敌深入的方式伏击强渡的日军，已过河的 200 多名日军几乎来不及抵抗就被守军全部歼灭。日军后来一次又一次的强渡，但都被守军的优势炮火击退，只得转向进攻武阳。武阳为绥宁、洞口至洪江地区的交通枢纽，处在中枢位置，战略地位重要。1945 年 4 月 27 日，日军第 68 师团一部正式向武阳发起进攻。由于中国守军兵力都布置在武阳周围区域，驻守武阳的守军很少，日军攻击了 2 天便占领了大半个武阳县城。得知武阳危机，4 月 29 日，第 27 集团军军长官汤恩伯命令第 94 军的 44 师火速增援，从侧翼突袭日军，支援守军抗战，日军侧翼很快被 44 师突破。为彻底击垮日军第 68 师团，汤恩伯命令 27 集团军 94 军从贵州黄平、镇远等地向北火速驰援武阳，计划将这股日军彻底击溃。4 月 30 日，在中美联合空军的两个编队的"野马式"和 14 架"P-40 鲨鱼式"战机的辅助下，94 军开始向武阳附近日军发动总攻，44 师及守军也与日军激烈开战。由于中方军队火力猛烈，攻势强烈，武阳附近日军又多面受击，没做有力的抵抗便狼狈逃窜。1945 年 5 月 1 日，武阳之围被轻松化解，94 军随后对溃逃的 68 师团展开猛烈追击，趁机成功占领全部制高点。

4 月 27 日，日军在进攻武阳的同时，第 68 师团余下所有主力包括师团的坦克部队在内，从新宁出发经过五里牌、石门、安心观等地强攻战役关键重镇武冈县城，从武阳溃退的日军也转向攻击武冈。守军第 74 军 58 师在师长蔡仁杰的率领下与日军这三路人马展开激战。经过 3 日猛攻，日军突破了城外二道防线，攻到中国军队第三道防线和武冈城墙下。这两道防线，守军建筑的防御工事都极为坚固，能有效地抗击日军炮火的轰击。武冈城的核心防线即第三道防线是战前 74 军紧急加固的一道防御工事，该防线护堤都是用老百姓提供的糯米配合三合土铸就而成，坚硬无比，连大炮轰上去也只是一个小的缺口。同时 58 师防御火力极为顽强，将士拼死搏杀，日军伤亡很大。1945 年 5 月 1 日，日军集中所有可以使用的火力进攻武冈西门，由数百人组建的特攻队队员身负炸药，在猛烈的炮火掩护下寻找守军火力空隙快速靠近城墙，少数没有被我军火力射杀的特攻队员最后靠近城墙引爆了炸药。炸药强大的威力顿时把城墙炸出十多个洞。但是城内守军早有防备，日军还没有来得及得意，守城的士兵和自发参战的老百姓迅速投出数百个大沙袋，一下子把十几个洞口全部堵死，一个日本兵都未能冲破缺口。

日军第68师团师团长关根一看特攻不成，又命令部队以人海战术进行强攻，架起云梯，让日军士兵接连不断地爬上城墙攻击。日军部分士兵一度也成功地爬上了城墙。守军果断使用美制喷火器不断沿着城墙边沿向攀墙士兵进行猛射。随着四处喷射的火焰，木梯被烧断，大量日军或被烧死，或跌落致死。同时守军用汤普森冲锋枪对城下日军进行远距离猛烈扫射，日军成批成批地倒下。双方激战一天，日军伤亡惨重，仍然无法攻破最后防线，靠近武冈县城。

此时中国守军一营经日军猛烈的炮火和多次冲锋，也已伤亡严重，即紧急向上级求援，王耀武命令武阳的44师一部立即增援。日军突遭44师一部袭击而措手不及。刚刚在武阳得胜的44师将士冲击极为凶狠，战斗力极强，日军一度认为中国军队有数万人来增援，顿时大乱。此时武冈守军乘乱全部出城，与44师对日军形成夹攻，日军大败。日军各级军官在性命攸关的时候再也顾不上武士道精神，扔下士兵，迅速逃跑。将走兵随，日军全面溃退。中国军队各部追击猛攻，日军被打得落花流水，全军狂奔至武阳外靠近绥宁一线方才停止。武阳、武冈保卫战取得胜利。

3. 日军兵败芙蓉山，而进军龙潭的日军也被包了"饺子"

中路的日军主力第116师团联合第47师团主力和独立混成第86旅团采取分击合围战术，分三路出击向芙蓉山发起攻击，每路约5000人。芙蓉山为雪峰山余脉是从东至西的一座天然屏障，攻破芙蓉山，日军就可利用湘黔公路输送兵员、辎重等物资，而不必绕道山区的崎岖小路。所以固守芙蓉山对整个会战极为重要。日军始终不能突破芙蓉山，从而补给线更为延长，在补给上耗费大量的时间及精力，极大地影响了日军战斗力的发挥，加速了日军在此次会战中的失败。

第一路：1945年4月17日，日军一部渡过资水，向中国军队第100军主阵地发动进攻。日军集中1400人从两侧迂回至桃花坪的东郊及南郊向中国军队阵地发起猛攻，中国守军第19师57团1营3连的将士面对数倍于己的敌人毫不胆怯，奋起迎战，与已经攻破阵地的日军展开激烈巷战，最终全部牺牲。日军首先集中1000名兵力攻击芙蓉山外围阵地岩口铺，而守军只有一个连的兵力，共 196 名官兵。而这一个连的兵力居然与 5 倍于自己的敌人周旋了 12 天，依然坚守着小镇岩口铺，击毙敌大尉田丁由五郎以下 190 余人。而我军阵亡排长以下官兵 17 人，伤 31 人，直至 4 月 29 日才奉命撤往紧挨芙蓉山的狮子山据点，与那里的守军一起抗击日军。第一阶段的芙蓉山争夺战，日军以 3000 主力并配有独立山炮第 2 联队以及独立工兵第 40 联队等攻坚部队助战，耗时十多天，伤亡惨重，却始终无法突破我军芙蓉山阵地，只能绕过芙蓉山。

日军绕过芙蓉山以后，从龙潭铺、高沙驱入全力进攻洞口镇。洞口守军为我第 19 军 57 团的一个营，他们利用极其险峻的地形，把阵地如货架子一样层层构筑在山梁上，并设有掩盖枪位的鹿砦。而阵地的前方是广阔的水田，视野开阔，轻重武器可交叉射击，组成极浓密的火网，给日军的攻击造成了极大困难。日军多次攻击不得后，只得又派出特工队，采取各个击破的方式一点点突破，然后利用人数优势大规模冲锋。守军措手不及，洞口镇被日军攻陷。洞口沦陷后，中国军队在洞口外围对日军进行了包围。

第二路：1945 年 4 月 18 日，日军 109 联队因为无法突破芙蓉山中国军队防线，只得迂回到隆回司一带，却不幸进入了中国军队防守最为严密、兵力部署最为充分的主阵地，双方在该区域激战，最后 109 联队被守军合围，全部歼灭。而坚守芙蓉山的我军第 19 师成为一道日军不可逾越的屏障，为其他战役提供了保障。

1945 年 4 月 21 日，日军 109 联队进攻中国军队第 100 军 19 师防区，第 19 师师长杨荫少将命令第 56 团从正面迎击日军，第 55 团则从后迂回侧攻，对日军形成前后夹击。隆回司背依白马山，地形都是连绵高地，日军被前后夹击，队形被打乱，各部向后退向这些高地，以高地复杂的地形做掩护，继续顽抗。因高山地形无法用火炮进行集中准确的攻击，师长杨荫决定派兵进入高山地区，与日军近距离搏杀，以歼灭来犯的敌人。4 月 22 日到 23 日，第 55、第 56 团分别派出几个营的兵力与日军展开白刃战。56 团团长刘光宇亲自手持刺刀带两营士兵冲入敌阵，拼命刺杀，日军士兵也不示弱，双方进行了两天的激烈厮杀。日军终于抵不过中国军队士兵的顽强攻击，全线溃散，中国军队趁机收复和占领全部高地。

1945 年 4 月 23 日，军长李天霞指挥第 100 军借助大雾天气向日军再次发动进攻，日军 109 联队随即进行反攻。双方激烈交火，第 51 师师长周志道亲自持手枪去一线督战，一线士兵见到师长和他们一起战斗，都士气大振，越攻越猛。51 师进攻采用美式进攻方法，首先用重炮对目标进行猛烈轰击，之后步兵发动冲锋，遭遇日军顽抗不能前进时再使用迫击炮精确打击。日军对中国军队的连番攻打很快支撑不住，51师仅用一天时间就将109联队全部击溃，109联队大部后退进入山区。

同时4月21日，日军第116师团先锋进攻高沙市和山门镇，中国守军第57师与日军进行了4天激战。4月25日，日军第116师团主力到达，对守军发起猛攻，双方势均力敌，战事处于胶着状态。

而这时，龙潭战役正在激烈进行中。

溆浦龙潭是雪峰山腹地一块难得的山间河谷地，有21座海拔1000米以上的高山将其铁桶般围住，只有几处险峻关隘与外界相通，龙潭司是当时连接湘中、湘西的一个经济重镇。所以，龙潭在湘西会战中具有十分重要的战略地位。龙潭战役是湘西会战的重要组成部分。战役包括两个主战场：一是圭洞及其以东的大黄沙、小黄沙战场，由中国军队第74军51师（师长周志道）抗击日陆军116师团之第109联队（团）4000来众；二是以雪峰天险第二制点青山界为中心的战场，由中国军队第100军之第19师（师长杨荫）、第63师（师长徐志勖）抗击敌109联队（部分）、133联队（部分）。战役于4月17日正式打响，5月14日结束，共28个昼夜。

4月9日会战开始，日军分左、中、右三线犯进，左线由广西边境向新宁、绥宁方向犯进；中线以第116师团为主力约3万人由邵阳沿湘黔公路向隆回、洞口方向犯进；右线由湘潭、邵阳等地向新化、溆浦、辰溪方向犯进。日军中路116师团泷寺联队加上炮兵、特种部队约5000人以迅捷动作从隆回小沙江抄小路向龙潭急进，并占住了龙潭青山界险隘和鹰形山及圭洞附近的松林高地，圭洞距龙潭司不足3公里，情况十万火急。17日下午6点泷寺联队的先遣队才到达圭洞，中国军队文昌部队晚上10点就回到龙潭，并很快占住了龙潭外围的主要战略要地；同时隆回小沙江守军给后续到达的日军以沉重打击、并堵住了退路。这样，泷寺部队反而被中国军队包了"饺子"。

泷寺联队自投罗网不说，更重要的是牵制了日军116师团主力。泷寺联队奇袭龙潭是为了开辟据点接应主力，谁知4月25日前后其师团主力陆续赶到洞口山门、渣坪一带时，泷寺联队已伤亡过半，危在旦夕，这样不但帮不了忙，反而成了主力部队的包袱。龙潭与洞口山门之间只有一条名叫"马颈骨"的8公里长的峡谷可以通关，最窄处只有1米多宽；中国军队文昌部队及19师和63师早在"马颈骨"两面山上设下埋伏。这让敌军主力救也不行不救也不行，最后只好横下心来下令133联队及辎重兵联队等全力营救。这样从5

月7日到14日，使营救和被营救的日军在穿越"马颈骨"的过程中伤亡更为惨重，仅5月13日就有2500人被击毙，其中泷寺联队包括联队长泷寺保三郎在内被打死1300人。当地群众多年以后到"马颈骨"砍柴打猪草时，日寇枯骨及军刀等遗物俯首可拾。据日本《中国派遣军编织》记载：包括救援部队在内，日军"进军龙潭兵力共15029人，战役后只剩216人"。

1945年4月下旬，中国军队第50师、第19师、第63师与日军在江口、青山界、松山、圭洞一带地区，互为攻守，展开拉锯战，激战了20昼夜，阵地几度易手。5月12日，残敌100余人被151团包围歼灭；13日中午12时战斗结束，历时27天，毙敌700余人，最后将日军尸体合葬在溆浦县龙潭镇弓形山北侧的倭寇墓；中国军队共牺牲400余人，合葬于溆浦县龙潭镇弓形山南端的英雄界，用以永远记住这些在战役中英勇抗击日军侵略的英雄们。

战役直接指挥者之一第51师师长周志道将军曾在回忆录中写道："斯役斩获之丰，打破本师抗战以来未有之记录。战后叙奖，全师有功官兵荣获国民政府四等宝鼎以下勋章数十座，团体及个人武功状各一轴，军事委员会颁赠师荣誉旗一面，又美国政府授赠志道铜标棕橡勋章一座，奖令一通……因此本师在抗战期间之荣誉，不但照耀国史，而且蜚声国际矣。"

出逃日军还惊魂未定，中国军队74军和100军以4个师的兵力乘胜出击，从四面八方将日军116师团残敌全部包围在洞口山门、石下江、竹蒿塘之间的狭小坪地，并层层封锁了后路，然后进行截击。由于日军中路受到毁灭性打击，左路和右路不能首尾照应形成合力，使日军布下的南北近200公里长战线很快土崩瓦解。

至此，日军各路进攻作战基本全线失败，大部分部队只前进了不到30公里，而前进最前方的日军109联队（6000多人）被中国军队围攻，处于全线被包围的状态，处境十分危险。而中国军队第四方面军和第27集团军只投入了一线几个军，大量预备队尚没有使用，就已击退和重创了日军。四方面军参谋长邱维达中将分析认为，日军猛烈攻势已被阻止，日军主力已经被中国军队打散，士气和锐气已经被消耗，此时应该立即投入预备队在日军撤退之前将其主力围歼。

1945年5月4日何、何应钦总司令批准了参谋长邱维达中将的建议，下令第一阶段防御作战结束，各部准备第二阶段的全线反击。

4. 中国军队全线反击，日军狼狈逃出湘西

战役中期，中国军队在集中准备全线反攻的时候，日军第六方面军和第20军就是否应该退兵展开激烈争论。日军的战斗意志已在动摇，前线部队对当前的战争局势持悲观态度。在战场上遭遇中国军队严厉打击的116师团师团长岩永汪和第47师团师团长渡边洋联合发电报给南京的冈村宁次，要求中止芷江作战。他们认为就第一阶段的攻势情况来看，右翼、左翼日军都已经惨败，中路日军不但没有攻陷任何一个重要据点，119联队还已经进入了中国军队的包围圈，其他各部也损失惨重，但整个进展不大，困难重重。而且中国军队芙蓉山阵地无法攻陷，日军只得依靠山间小路进行少量运输，不时遭受中国的游击队和空军打击，弹药和给养基本断绝，对日军前线部队来说境况十分不利，继续攻打可能会全线陷入中国军队的合围圈。

在日军为是否撤军争论不休的时候，1945年5月1日，中国军队第94军奉命向日军第68师团发动进攻，第二阶段的反击战正式打响。94军以第5师为主攻部队，26军第44师配合作战。此时日军第68师团的两个残部已经退往武阳附近，并在这里会合，其中主攻武冈的一部数千人仍然有一定的战斗力。但此时遭遇重大失败的日军战斗力和战斗意志已经在中国军队的猛烈攻击下消耗殆尽了。师部命令该部日军要在此地挖壕固守，但68师团外围部队刚和中国军队进攻部队一接触就溃散逃跑，使得日军主力部队不明就里也只得向后溃退。

1945年5月2日，我第5师主力强攻日军马鞍山主阵地，半天时间就拿下了日军大多数制高点，日军纷纷向核心阵地退却。我第44师进展同样顺利，将日军压缩至核心阵地数里的区域内。1945年5月3日，中国军队第5师和第44师联合发动总攻，日军第58旅团拼死抵抗。由于中国军队这两个师都只装备少量美械，其火力和日军相比没有优势，于是果断地采用近身作战方式，避开日军优势火力与其作战。日军再次不敌，不断向万福桥核心阵地退却。为尽快地打垮敌人，更加地弱化日军的战斗意志，此时中国军队第5师15团组成突击队，由第5师副师长邱行湘指挥，在当地少数民族山民的带领下，偷偷绕到日军侧面，突然攻入日军万福桥主阵地。日军被打了个措手不及，指挥部当场有200多名各级军官被中国军队突击队打死，旅团整个指挥系统一下子就处于瘫痪状态。另一部直接冲入日军的炮兵阵地，日军炮兵十分惊恐，丢下大炮四散奔逃。中国军队缴获了日军的全部大炮，损失严重。第5师和第44师

主力趁机发起强攻，日军整个旅团全线崩溃，被中国军队全歼，日军 115 大队处在后方跑得很快，得以幸免。在 58 旅团被围的时候，板西司令命令驻守新宁的第 34 师团立即营救 58 旅团残部。此时建制还比较完整的 34 师团以遭遇中国军队袭击，无法抽调兵力和新宁难保为由拒绝前往营救。58 旅团被歼灭后立即轮到了 34 师团，驻守在新宁的 34 师团在 94 军的攻势下迅速败下阵来，仓皇溃退，中国军队趁机收复了新宁。

而日军 115 大队没跑多远就落入了中国军队的包围圈。1945 年 5 月 6 日，第 94 军从侧翼袭击了正在行军中的 115 大队。此时日军早已成惊弓之鸟，中国军队刚一发动进攻，小笠原大队长的命令已经不起作用，日军拔腿四散奔逃，扔下了全部辎重和重武器。一半的日本兵当场被中国军队击毙或者刺死，军官几乎全部伤亡，115 大队同样损失惨重。中国军队获得大量的辎重和重武器。

而日军的主力第 116 师团知道大势已去，从 5 月 1 日开始突围行动。以 120 联队和 133 联队作为先锋连续向中国军队的青岩、铁山发起猛攻，驻守该区域的中国守军第 57 师 170 团与日军激战，抵挡住了日军 15 次猛烈冲锋，在青岩战斗就击毙日军 1600 多人，116 师团突围行动受阻，形势危急。1945 年 5 月 4 日，日军战役总指挥板西一郎中将终于清醒地认识到，中国军队今时已不同往日，战斗力和战斗意志都已在日军之上，而日军士气前所未有的低落，一触即溃。营救 109 联队的计划已经无法实现了，如果再坚持不退兵，整个 116 师团很可能全军覆没。于是在和小林参谋长多次会谈商议后，向冈村宁次总司令发电要求撤军。同时电令 116 师团做好撤退准备。5 月 6 日，蒋介石二次下令何应钦开始总攻的电报被日军电台截获，也送交到了冈村宁次手里，冈村宁次看了两份电报后深为震惊，不得不同意前线的撤退计划，承认此次战役即将失败。

5 月 10 日，第 116 师团收到了板西司令全军撤退的命令，随即从月溪撤退到洞口附近。但此时 109 联队的一个求救电报又把 116 师推向了危险境地。已经退到洞口的 116 师团在师团长菱田的命令下回头向月溪前进，以策应 109 联队突围。

针对日军第 116 师团的动向，四方面军王耀武司令命令第 18 军火速开往洞口，由第 74 军协助务必阻挡住 116 师团。同时命令以第 100 军为主攻，向日军 109 联队发起猛烈攻击，务必要将其全部歼灭。此时日军 116 师团已经孤军无援，成了孤家寡人了，58 旅团和 34 师团已经溃败或被全歼，而 47、64 师团正自顾不暇，处于被围歼的境地。

此时中国军队第100军与日军109联队已经激战了10天，109联队超过七成的士兵已经伤亡，幸存的1000余人被围困在几个小山上，中国军队的飞机和重炮不断向其发起攻击。走投无路的109联队甚至派一个汉奸来到中国军营游说，试图缴械投降，完全扔掉了日军宁死不降的武士道精神，主动投降在抗战的历史中还属首例，足见其战斗意志已经全部丧失了。中国方面由于不知真假，害怕是日军的缓兵之计，故没有接受日军的投降。

1945年5月12日，第100军发动总攻，依然沿用美军的攻击方法，首先以重炮压制轰击，之后再以中型轻型迫击炮精确打击，然后再由步兵进行冲锋。冲锋若是受阻，也不强攻，再次利用迫击炮、步兵炮和火箭筒轰击抵抗日军。这样的攻击方法虽然速度比较慢，但是推进十分有效，不仅能直接摧毁敌军的防御工事和战斗意志，而且能将己方的伤亡最小化。109联队无力抵抗中国军队一连串的炮轰和冲杀，阵地很快被截成数段，日军士兵大多稍加抵抗便溃败。5月13日，中国军队两个师长以下各级指挥官全部亲临第一线督战，士兵们的战斗激情也大为高涨，几小时以后，日军主阵地被攻陷。本来就没有多少抵抗意志的日军迅速各自分头逃生，包括109联队联队长泷寺保三郎在内的多数日军被中国军队当场击毙。其中1大队借助隐蔽的山地地形未被中国军队发现，躲避到18日，最终还是没能逃脱被歼的命运，大队长饭岛也被当场击毙。至此109联队被100军全部歼灭。完成歼灭109联队任务后，100军迅速回援74军，帮助合围116师团。

1945年5月10日中国军队第74军58师开到洞口，和日军外围部队发生激战。而中国军队18军一路收复白马山和赛市，并向山门发起猛烈进攻，以封锁敌军的退路，完成合围。

湘西战役胜利后，战士们举旗欢呼

山门是日军右侧交通隘道,对日军来说极为重要,日军为了保证后路不被中国军队截断,面对我国18军第11师32团的猛攻,日军133联队拼死抵抗,但是无法抵挡中国军队猛烈的火力和攻势,只得拼命向116师团总部求援,没想到其援军也被32团击退。经过3天激战,5月13日山门被收复,32团歼敌1000余人,缴获了日军大洋马300多匹,大获全胜。

由于洞口方面是日军第116师团的主力所在,我第74军攻击相对困难一些,直至5月12日洞口外围阵地才被74军暂6师攻占。但此时针对日军116师团是否撤退、何时撤退的问题总司令王耀武作出了错误的判断,这是本次会战最大的失误。因为74军攻城十分辛苦疲惫,他决定让军队修整一天,然后向日军发动总攻。但就是这一天,让中国军队失去了歼灭116师团的机会。第18军攻陷山门以后,从战俘口中得知日军可能总撤退的消息,但因为不敢确定情报的真假故没有告知74军,也没有向上进行汇报。

5. 日军大撤退,中国军队错失全歼良机

5月12日,日军第116师团已经接到全军立即撤退的命令。从5月4日就开始准备撤退的116师团早就做好了撤退准备,12日下令全军经洞口向东方后撤。等13日我第74军修整完毕,对洞口发动强攻时,亲眼看见116师团如潮水般地向东退去,主力部队基本上已撤进了安全区,大部日军漏网,我暂6师仅用了5个小时就收复洞口。对这个结果,暂6师感到非常震惊和气愤,赵季平师长立即率领部队趁夜向东追击,但在途中遭遇日军殿后部队的阻挡,加上部队完成攻击战十分疲劳,双方交战一时未能突破。74军军长施中诚此时已得知情况,也大为震惊,立即命令所有能动的部队全部追击过去。芷江机场也全面出动35架飞机追击轰炸,但由于日军116师团的撤退经过长时间的策划和准备,而且时机抓得非常到位,中国军队的追击并未造成其主力部队大的伤亡,最终只歼灭了日军殿后的一个联队1000多人,错失了大好良机。

日军第116师团主力比较成功地完成了后撤,第二阶段的反击战转为最后的围歼战。这一时期的战役主要围绕日军一直未攻克的芙蓉山进行。日军第58旅团和其他部队编成的关根支队和第47师团主力重广支队在后撤的路上在芙蓉山附近与中国军队展开生死争夺。

在武阳附近的战斗中,关根支队除旅团长带领部分军官和少量士兵逃出外,其余官兵被全部歼灭,实力大损。在1945年5月20日逃出的支队长关根

久太郎率部与第 34 师团会合，在该师团的帮助下恢复了部分实力。34 师团将自己一部分兵力分给关根支队使其重建了两个大队，加上原 217 联队，并没有参战，建制完整，初步恢复了一定的实力。

为保证第 116 师团残部全部成功突围，日军上级命令关根支队派出自己建制完整的第 217 联队夺取芙蓉山。5 月 22 日，关根支队在第 34 师团的掩护下，经桃花坪向西南撤退，6 月 1 日夜渡过资水在九公桥附近集结。而 217 联队在 20 日得到溃逃来的 116 师团 120 联队和 133 联队残部 2000 多人的支援，实力大增。

1945 年 5 月 21 日拂晓，芙蓉山攻坚战正式打响。日军第 217 联队首先出动 1000 余人进攻芙蓉山的狮子山高地，日军的一个大队在重炮的掩护下首先渡江，防守狮子山的中国军队第 19 师的一个连队凭借优势地形与渡江敌人进行激战，中国空军也派出 10 架飞机向正在渡江的日军进行扫射，逼得日军只能暂缓渡江。日军伤亡惨重。

到了夜晚，中国空军无法施展威力，日军趁着夜色以全部主力展开猛烈进攻，在优势炮火的掩护下终于全部完成了渡江，并猛攻狮子山阵地。由于来犯敌人人数众多，而且火力十分凶猛，中国军队在狮子山的防御工事几乎被日军炮火全部摧毁，无险可守的守军只好退守到芙蓉山主阵地。

1945 年 5 月 22 日凌晨，日军集中 12 门迫击炮、4 门步兵炮和 4 门山炮向我芙蓉山阵地接连发射炮弹 2000 余发，密集的炮火将芙蓉山的防御工事摧毁过半，许多山包、沟壑都被炸成平地。同时，日军出动大量的排雷兵，在守军布置的雷区中探出了一条险路。完成炮轰后日军以一个大队兵力向芙蓉山碉堡发起猛烈冲击，守军奋力抵抗，双方展开白刃战。日军最终反复冲杀 10 次也未能成功突破碉堡。夜晚，日军将 217 联队余下的 1000 人分成三队从三面同时攻击芙蓉山阵地，以支援前沿部队。而此时中国军队守军不足（仅有两个连 200 人）、弹药不足、防御工事被毁等问题凸显，面对日军的人海冲锋战术，他们只能凭借阵前的 30 米宽的雷区和两道铁丝网抵抗，等日军靠近时投掷手榴弹，然后展开白刃战阻击敌人的进攻。经过日军 6 次冲锋后，守军士兵伤亡过半，余下不到 100 人，而 1 连的韩连长也中弹阵亡，芙蓉山大半阵地被攻陷。正在此危急时刻，追击日军 116 师团的中国军队第 74 军暂 6 师一部轻装赶到，一举攻陷日军在芙蓉山占据的 3 个高地，日军第一大队被击败，向后方溃退。而日军第二大队残部 300 余人被中国军队包围，经过 2 小时激战，日军死亡 83 人，其余从小路溃逃。暂 6 师一部穷追不舍，终于在辰水边上将第二大队残部追到，正准备渡河逃生的士兵只得跳水，100余人或被淹死或被击毙于水中，只有数十人逃走。但是暂6师还是慢了一步，日军第116师团残部已经连夜走山路逃走。

至此，历时3昼夜的芙蓉山战役以日军的败退宣告结束，日军伤亡惨重。仅日方公布217联队当场战死军官17名，士兵300余人；重建的115大队几乎再次被歼，117大队残部也有大量死亡。中国军队夺获轻机枪1挺、迫击炮座板2个、步枪7支及其他战利品多件。战后，固守芙蓉山的营部受到重庆报纸大力赞扬，认为他们的抗战事迹可与上海四行仓库的"八百壮士"齐名。这两支部队分列抗战一前一后，相得益彰，令人称颂。为表彰其功，战后，国民政府给营长孙廷简颁发二等勋章一枚。至此针对关根支队的围歼战基本结束，而针对重广支队的围歼战也在同时进行中。

1945年5月11日，中国军队第73军军长韩璇命令15师和77师向日军第47师团发起正面进攻，18师迂回到敌人后方进行夹击。结果一直处于溃退中的47师团又一次即刻后撤，而最前方没有来得及撤退的重广支队被中国军队团团包围。5月12日中国军队以团为单位向重广支队发起轮番进攻，重广支队支队长带领部队拼死向后突围，试图和47师团主力会合。但是此时毫无斗志的47师团并没有接济支援重广支队的意思，而是将重广支队作为自己的掩护，加速了向后撤退。5月13日，芷江方面出动"P-51野马"飞机对被包围的日军进行轰炸，中国军队地面各部同时发动猛攻。被围攻的重广支队全面溃散，各部只得分头逃窜。实在被中美空军打得没地方逃的，跪在地上朝中国空军挥动白旗投降。最终重广支队除少量残兵逃出与47师团会合外，几乎全军覆没。1945年6月1日，日军47师团余部全线后撤至原防区。至此，日军各部全线退回湘西会战之前地域，长达55个昼夜的湘西会战到此结束。

据史料记载，此次战役日军伤亡27000人，其中死亡12498人，还有大约1000人被中国军队围困后失望自杀，日军1个旅团、4个联队被全歼，1个师团被重创。中国军队缴获迫击炮43门，榴弹炮13门，山炮5门，重机枪48挺，轻机枪240挺，掷弹筒260个，步枪无数，还得到了日军洋马1650匹。除此以外，中国军队还夺得日军军旗90多面（抗战中日军方面的命令是日军军旗必须死死保住，只要还剩一个人就必须保住军旗），并且俘虏日军447人（军官42人）。中国军队方面伤亡20660人，其中阵亡7817人（军官823人）。

湘西大会战中，中日双方均派出各自的精锐部队，战场厮杀历时近两个月，中国军队取得完胜，挫败了日军企图占领中国芷江空军机场的阴谋，提高

中国军队和"飞虎队"奋起抗敌

了中国军队的"反攻之士气",它是中国军队在正面战场从防御转入进攻的重大转折点,中国抗日战争胜利在望。

湘西大会战后,日军在整个战略态势中更处于被动地位,在整个中国战场都陷入混乱溃逃的狼狈境地,日军开始不断地从各地进行撤军,先是广西,接着又从广州和湘西撤兵。相反,中国国民政府军事委员会因"湘西会战我军士气日盛,敌之战志消沉,要求迅速收复桂柳,以开拓总反攻之机运"。湘西会战充分显示了广大爱国官兵崇高、赤诚的爱国主义精神,激励了中国抗战正面战场乃至敌后战场士气。同时湘西战役的胜利张扬了中国的国威,广泛传播了中国抗战在国际上的良好声誉。

人物篇

序言

身赴国难，浴血抗日

随着时间的流逝、时代的演进，很多历史我们都不再记得，很多人也湮灭在历史的长河中，我们不再说起他们的名字，不再传说他们的故事。

但是，发生在 20 世纪上半叶的历史，一场关乎中华民族命运的苦难战争，我们永远不曾忘记过。

一个民族面临危亡的时候，总有些人站出来，为了民族和国家的命运，抛头颅，洒热血，舍生忘我地为了民族大义蹈死赴难，也成就了他们一生的英名。

20 世纪 30 年代开始的日本侵华战争，一度将整个中华民族推向了生死存亡的边缘。在长达 14 年的漫长抗日战争中，涌现出许多对时局和战争起着决定性的关键人物。他们有的出身草莽，有的家世显达，他们可能属于不同的派系，有着不同的政治立场，从属于不同的利益集团。但是时代给了他们一次叱咤风云、各领风骚的机会。这也是那个特殊的时期，国家和民族面临危亡，中华民族救亡图存的需要。他们被卷进历史的苦难之中，不管是他们自己的选择，还是时势造就英雄，他们选择身赴国难、浴血抗击日本侵略者，创下了辉煌的战绩。

但是，随着时间的流逝，他们的名字并不完全被人们所记住，他们在战斗中做出的贡献甚至也没有得到过公允的评价。历史需要从这些人的身上去回顾在那场战争中发生的故事，也需要从他们身上反思，一个人面对国家民族大义时，应该如何抉择。

本部分一共选择了 15 位具有代表性的国民党高级将领，他们是那个时期，为了国家和民族的利益，在危急时刻做出抉择的那些将领的代表。他们有身先士卒、冲锋在前的猛将，也有运筹帷幄、决胜千里的统帅；有的亲临战场指挥战斗，奋勇作战杀敌无数，为抗战立下汗马功劳，有的虽然没有直接参与抗战，却对整个时局的走势起着决定性的影响；有的立志报国，慷慨赴死，也有的临阵退缩，避战自保，在历史上留下不光彩的一页。

中华民族的抗日战争是一场举全国之力，团结了各爱国人士、爱国党派、爱国团体等一切力量参加的一场全民族的抗战，中华民族在整个抗战中付出了重大牺牲。经过漫长的不懈战斗，中华民族终于成功地驱逐外敌，第 1 次完全取得了反抗外来侵略战争的胜利，成为世界反法西斯战争中不可分割的重要组成部分。本部分选择这14位具有代表性的国军将领，一方面充分展现在国民政府担纲的正面战场，前线将士血战到底的精神，另一方面也重现在那个动荡的时局里，那些手握重兵、对战争有着决定影响的人对抗战局势的认识，以及他们从家国大义考虑，最终做出的选择。

总体来说，在整个抗日战争中，国民政府为了阻止日军的大规模进攻，组织了多次会战，尽管在这些会战中，国民政府投入大量的兵力和物力，做出了重大的牺牲，但多数都以失败而告终。正面战场虽然一直不断反复着防御、抵抗、奋战、溃败模式，但在抗战期间，还是创下了辉煌的战绩。国民党正面战场先后进行大规模战役22次，重要战斗3117次，小战斗38931次，毙伤日军85000余人。这些都和国民党前线将领密不可分。同时，国民党也为此付出300多万人的重大伤亡。共牺牲了9位上将、41中将、71位少将、17000位校尉级军官，佟麟阁、赵登禹、张自忠、郝梦龄、戴安澜等多位高级将领为国捐躯。

通过本部分的描述，我们可以再次认识国民党正面战场上的这些将领，也可以适当给予他们更正确、更全面的评价。他们代表着国民党正面战场那些奋勇拼搏、抗击侵略的全体爱国官兵，他们英勇抗战、不怕流血牺牲的行为同样表现出了中华民族强烈的爱国主义精神。在一系列的战斗中，他们振奋了民族精神，增长了中华民族的志气。他们同仇敌忾、一致对敌，也促进了全国的团结和进步，坚定了中国军民抗战必胜的信念。以这些国民党高级将领为代表的抗战志士在对日抗战的岁月里，经历了壮烈的战斗，做出了惨烈的牺牲，正是因为有这样前仆后继、勇敢牺牲的精神，才保障了14年抗日斗争最终屡挫日本军国主义的侵华野心，赢得中华民族反对侵略的最终胜利。

但是，少数爱国将领的浴血奋战和勇抗日寇并不能掩盖整个国民党军阀集团的局限性和反动性，大批中高级将领投降充当汉奸、组织伪军，对同胞血腥屠杀，不同军阀派系之间勾心斗角、互相牵制甚至以邻为壑、保存实力。而且在抗战的前阶段，国民党统治集团在对日态度上有着既抗日又想与之妥协的一面，国民党军队还一次次的对抗日友军——中国共产党领导的八路军、新四军、地方抗日武装制造摩擦乃至武力镇压，这些都严重影响了抗日大局和对日作战进程，使得日军一度占领了大半个中国并肆掠多年。总的来说，国民党在正面抗战中采用的是不依靠人民群众的片面抗战路线，敌视和防范中国共产党领导的抗日武装，不愿意让人民的力量在抗战中发展壮大，从而威胁其日后的统治，挫伤和打击了人民群众的抗日积极性，也影响到国民党正面战场前线官兵的士气和战斗力。

第一章

谁是最早打响抗战枪声的中国人？
——王铁汉、黄显声等

王铁汉（1905—1995），又名王朝治，辽宁盘山人，抗战初期为东北军团长；黄显声（1896—1949），字警钟，辽宁岫岩人，抗战早期为辽宁警务处处长。"九一八"事变时，他们被称为"打响抗日第一枪"的人。

1931年9月18日，那是一个"悲惨的时刻"，600多名日本关东军士兵，闯进驻有近万人的东北军精锐部队的沈阳北大营，没有遇到任何有组织的抵抗。于是，日军轻而易举地占领了沈阳……

那一天也是中国人民抗日战争的起点，东北军独立第7旅第620团团长王铁汉违令"打响抗日第一枪"，卫队步兵总队2队2营5连连长张占元被誉为"中华抗战牺牲第一人"，"黄显声不买日本人的账"，从那天起率沈阳警察与日军激战3天……

这些抵抗虽然未能制止日军的侵略，但促进了中华民族的彻底觉醒。

1. 1931年9月18日那天，蒋介石、张学良等要人到哪里去了？

"九一八，九一八，从那个悲惨时刻……"

但在当天，中国政府和东北当局的军政要人，似乎什么也没有察觉到。

那一天，蒋介石在从南京至南昌的军舰上，准备前往江西指挥对共产党军队的作战，并处理汪精卫等人于1931年5月在广州建立国民政府的问题。

"九一八"这一天对蒋介石来说，是漫长而无聊的一天。他在当天的日记中这样写道："早起批阅，与妻谒陵告辞，九时半登永绥舰，舰中无研究地图，看中山全集，下关街中水深三尺，甚为忧虑。舰中无侣伴，寂寞不堪。下午研究地图，看中山全集，筹划对粤对匪策略。"

这一天，张学良在北平协和医院养病。当时，他的身体状况挺好，日子也过得比较丰富而愉快。

傍晚，他与他的外国顾问端纳去英国公使馆赴晚宴。

晚宴后，张学良前往前门中和剧院看戏，还点名要看梅兰芳主演的《宇宙锋》。这次演出名为"筹募辽北大水灾救灾基金"，十分隆重。"所有在平著名伶工，如梅兰芳等等，莫不参加演出，极一时之盛，各国住平使节及当地绅商名流，亦踊跃观赏，座无虚席。"

这一天，东北地区的代理长官张作相正在锦州老家处理父亲的丧事。

这一天，东北军参谋长荣臻在他的奉天（今沈阳）三经路公馆里宴请宾客，庆祝他父亲的寿诞。当时，荣公馆冠盖云集，表演京韵大鼓的名家张筱轩音喉嘹亮，余音绕梁，满屋大员喜笑颜开。

这一天，驻守沈阳的东北军第7旅旅长王以哲在沈阳城内参加赈灾募捐活动。日军第2师团第29联队联队长村田当天上午前往北大营拜访王以哲，旅部出面接待的长官只有参谋长赵镇藩。村田说："我们这些天发生了很多事情，容易发生不友好不信任的问题，但是咱们相处得很好，如果发生意外，不希望扩大事态。"赵镇藩表示："最好不要发生任何事故。"

这一天，第7旅的第619团团长张世贤、620团团长王铁汉、621团团长何立中，均归宿家中。其中，王铁汉是在家准备第二天给军需、军医训练班和军士队上课的讲课稿——《战争论之一：军士的素养与操守》。

这一天的下午，东北边防司令长官公署副官处助战副官李凤楼和许仲仁综合各种情报，认为大事不妙，慌慌张张地向副官处处长李济川报告说："处长，不得了了，情况严重，南站日本军队和在乡军人都成行成列拥挤不开，马路湾西边日本忠魂碑附近放有十余门大炮，情况危急，恐怕今天过不去了。"李济川急忙前往荣公馆报告，正在忙于应酬的东北军参谋长荣臻对他说："别慌，事情正在解决，先坐下来歇歇。"

这一天的晚上10点，位于商埠中心交通要道的奉天俱乐部里，照例举行舞会。各国派驻奉天的代表和侨居的外国人都参加了，日本驻奉天总领事林久治郎也若无其事地参加了这个舞会。一番寒暄应酬后，舞会正式开始，英国主持人走到主席台上，优雅地说："起舞吧，亲爱的来宾！"

话音未落，北大营西侧的满蒙铁路方向传来剧烈的爆炸声。

2. "那个悲惨的时刻"突然降临

制造爆炸事件的是日本关东军岛本大队川岛中队的河本末守中尉，他以巡查铁路线为名，带领7名日本工兵专家来到柳条湖，在距东北军兵营北大营西南约 800 米处的地点,将 42 包黄色炸药设置在南满铁路的轨道上。逼迫两名中国百姓穿上东北军士兵的军装,然后开枪把他们打死,制造了中国军人炸毁铁路的假现场。

10 时 20 分,"轰隆"一声巨响,炸坏一米半长的一段钢轨和两根枕木。随后,早已埋伏在北大营外围的日军,以中国军队破坏满蒙铁路为名,兵分 3 路向东北军独立第 7 旅驻地北大营发起进攻。与此同时,日军步兵第 29 联队的 1000 多人分 3 路向沈阳城逼近。攻打东三省兵工厂、飞机场和东大营的辽阳日军也开始了进攻。

改变中国历史的"九一八"事变,由此而爆发。

日军绘制的《北大营附近支那铁道爆破攻击行动战图》显示,进攻北大营的日军兵力约 600 名,中国军队兵力则有 8000—10000 名。

中国军史资料显示,东北军独立第 7 旅,按编制有约 10800 人。因有 620 团的 1 个营驻守皇姑屯,621 团的 3 个连驻守东大营,事变时驻北大营的兵力约为 8000 人。

独 7 旅由东北军少帅张学良原卫队改编而来,是仅次于张学良卫队的东北军第二大精锐部队,名为一个旅,实为一个师,武器精良,兵种齐全。

其武器装备,不但在当时全国首屈一指,在轻武器方面比之日本军队也有过之而无不及。

除了独立第 7 旅之外,沈阳守军还有张学良卫队 1 个营,但该营此时正在外地进行拉练,不知是有意避免冲突还是纯属巧合。另有讲武堂学兵 1 个总队,2300 余人。

10 点 25 分,东北军副官处处长李济川接到情报人员报称,日军步兵在坦克掩护下向北大营进逼。他急忙向参谋长荣臻汇报,荣臻犹豫地说:"日军在南满站的墙上贴了布告,说要举行秋操,这会不会是演习呢?"这时,电话铃响了,第 7 旅参谋长赵镇藩告急说,北大营的西门外有日军行动,已经动武了。此时,荣臻才确知日本真的动武了。他急忙打电话给北平协和医院向张学良报告。当时,张正在看戏,没有联系上,接电话的是在医院值班的侍卫副官长谭海。于是,荣臻根据张学良 9 月 12 日给他发的电报命令赵镇藩:"不准抵抗,把枪放在库房里,挺着死,大家成仁,为国牺牲。"

荣臻"不准抵抗"是真,"为国牺牲"是假。后来,他参加日伪政权,官至华北伪军中将副总司令、河北省伪省长。

柳条湖的爆炸声响后,北大营的官兵们纷纷前往各部队的集合场地集中,当他们正在排兵布阵时，现场长官接到旅长的电话，外面的声音只是日军的演习，队伍先稳住，把枪交回库里，士兵继续回营里睡觉。并说奉总部荣臻参谋长的指示："对进入营房的日军，任何人不准开枪还击，谁惹事，谁负责。"

张学良接到报告后，急忙从戏院返回医院，于19日1时召集东北军在北平高级将领召开紧急会议。张学良在会上表示："这次日本军队寻衅，又在柳河沟制造炸坏路轨事件，诬称我方军队所为。我们避免冲突，不予抵抗，如此正可证明我军对他们的进攻，都未予以还击，更无由我方炸坏柳河沟路轨之理，以免兵连祸结，波及全国。"天亮后，张学良在协和医院对天津《大公报》记者说："吾早下令我部士兵，对日兵挑衅，不得抵抗。故北大营我军，早令收缴军械，存于库房。"

根据张学良的最新命令，荣臻转告王以哲："令不抵抗，即使勒令缴械，占入营房，均可听其自便。"王以哲接令后，打电话给各团："张司令长官叫我们不要打，必要时可以退出北大营，留待政府向日本交涉，军人讲的是服从，希望大家忍耐一下。"

稍后。荣臻又接到报告，沈阳兵工厂、迫击炮厂、火药厂均被日军袭击。这是一个极其严峻的问题。

沈阳兵工厂当时号称是亚洲最大的兵工厂，每月最多可以生产步枪4000支、轻机枪40挺、重机枪100挺、子弹1500万发，每年可以生产各类大炮200余门。当时日本的陆军兵工厂年产量仅为步枪3600支，机枪540挺，火炮90门，坦克10辆。后来，日本在大陆作战的步枪、山野炮的45%是沈阳兵工厂生产的。弹药的70%是沈阳兵工厂生产的。迫击炮和掷弹筒基本全由沈阳兵工厂生产。

此外，沈阳城内外各种武器很多，据不完全统计，事变后，日军在沈阳共获得步枪约15万支、各式机关枪5864挺、迫击炮和各种口径大炮3019门、战车26辆、飞机262架、各种子弹1.8亿余发，各种炮弹50余万发，火药约40万磅。

面对这种严重后果，荣臻也不敢自己擅作主张，立即与王以哲、朱光沐（东北边防司令长官公署秘书兼东北电政管理局局长）同到辽宁省政府主席臧式毅宅研究办法。通过反复考虑后，他们决定："无论日军行动如何扩大，攻击如何猛烈，而我方均持镇静。"

东北军政要人的忍耐功夫，很有可能举世无双！即使是崇拜"忍者神龟"的日本人，也不敢想象。

"那个悲惨的时刻",最悲惨的莫过于东北当局"不准抵抗"!

大多数部队服从长官"不准抵抗"的命令,几乎没有抵抗,也非常可悲!

更为可悲的是,荣臻事后还夸耀似地向张学良报告说,由于他们保持镇静,"故全城商民军政各界,均无抵抗行为。"

张学良晚年承认,不抵抗的责任应当由他来负。1991年,他对为他录载口述历史的唐德刚说:"那个不抵抗命令是我下的。我下的所谓'不抵抗'命令,是指你不要跟他冲突,他来挑衅,你离开他,躲开他。"他解释当时他为什么下令"不抵抗":因为过去对日本的挑衅,一直"都是大事化小,小事化了。我当时也是大事化小、小事化了……东北那么大的事情,我没把日本人的情形看明白……我就没想到日本敢那么样来,我对这件事情,事前未料到,情报也不够,我作为一个封疆大吏,我要负这个责任"。他还对纽约东北同乡会会长徐松林等人说:"是我们东北军自己选择不抵抗的。我判断日本人不会占领全中国,我没认清他们的侵略意图,所以尽量避免刺激日本人,不给他们扩大战事的借口。'打不还手,骂不还口'是我下的指令,与蒋介石无关。"

尽管"东北军自己选择不抵抗",然而,也有少数部队对日军进行了还击。所以,在"九一八"事变中,中国军队也不是完全没有抵抗。

主要是哪些部队在"九一八"事变期间打响了抗日的枪声呢?

3. "不抵抗命令"下是谁"打响了抗日第一枪"?

王铁汉抗战的事迹,一直不太为人所知,一直到2005年9月16日,《辽沈晚报》发表记者王志东的采访文章,人们对此才有了较为具体的了解。这篇文章谈到了"不抵抗命令"下的"抗日第一枪"是如何打响的。

记者在2005年9月15日,采访了王铁汉将军的大女儿、在沈阳居住的王翠凤女士,她首次拿出其父亲临终前写的关于"打响第一枪内幕"的手记,希望揭开"九一八"事变的重重谜团:

> 事变当时,我任陆军独立旅第7旅第620团团长。第7旅有3个团,旅长为王以哲。只有本团第1营驻皇姑屯,第621团3个直属连驻东山嘴子(沈阳城东)营房,其余全部驻在北大营。
>
> 9月18日晚10时15分,忽闻南满铁路发生爆炸,事后查明日军自己炸坏南满铁路一段,谎称中国军队所为。我正在团部,以为是地雷爆

炸,这是多少天以来,司空见惯的事。但是5分钟后,北大营西墙外有手榴弹及断续的步枪声,接下就是炮声。这时候才觉得事态并不寻常。当即要通旅部电话,知道旅长在城内。又要621团电话,已无人接听。张士贤团长也不在营。

晚11时刚过,才得知619、621两团已分别向东山嘴子撤退。我在未奉到命令之前,不能自由行动。晚12时,旅长由城内来电指示:"不抵抗,等候交涉。"此后便失去联络。

我想,等候命令不等于挨打。敌人向本团营房进攻时,我决心还击。

19日凌晨1时40分,日军步兵200多人,后面还有跟进的部队,开始向我团接近。日本炮兵开始射击我团营房。这时,东北边防司令长官公署军事厅厅长荣臻来电话询问情况,并严令不准抵抗。我答"敌人侵我国土,攻我兵营,斯可忍,则国格、人格,全无法维持。而且现在官兵愤慨,都愿与北大营共存亡。敌人正在炮击本团营房,官兵不能持枪待毙。"荣臻当即指示:"将弹药入库。"我答:"在敌人炮攻下,实在无法遵命,我也不忍这样执行命令。"荣臻又问:"你为什么不撤出?"我答:"只奉到不抵抗、等候交涉的指示,并无撤出的命令。"荣臻说,"那么你就撤出营房,否则,你要负一切责任。"电话随即中断。

正在准备撤退的时候,敌人步兵400多人,开始向我团发起第二次进攻。我下令还击。毙伤敌人20多人。凌晨5时,就在敌人攻击顿挫之际,忍痛撤出北大营。撤出北大营后,我团进入锦州。

王铁汉违背"不准抵抗"的命令,"打响中国抗日第一枪",事后并没有被追究责任,而是得到了肯定。蒋介石召见王铁汉时称赞道:"我记得你,在沈阳北大营当时情况,你做得很好。"

王铁汉

王铁汉还继续得到重用,先后担任第67军少将参谋长、第49军105师师长、第49军军长,率部参加了长城抗战、淞沪抗战、长沙会战、南昌会战、浙赣战役。其中,在第一次长沙会战中立大功一次。

在"不准抵抗"命令的压制下,王铁汉抗战的程度极其有限,对此,他愧恨终生。

抗战胜利后，王铁汉出任辽宁省主席。

1947年11月，王铁汉陪同东北军的阚朝玺老将军到北大营参观。王铁汉对司机李明德说："车慢点儿开，咱们顺着北大营转一圈，我慢慢讲。"王铁汉边走边讲述"九一八"之夜，当车行至成片的杨树林时，王铁汉红着眼圈说："看到没？军队有，防护有，我们就这么被日本人侵占了。"王铁汉越说越激动，竟哭了起来，在场的阚老将军也不由得落泪。

1948年4月，王铁汉陪同马占山、周福成、董英斌、高崇明4人参观北大营。他十分激动地说："可惜啊，这北大营的情况！日本进攻北大营时我们兵力将近8000人，敌方不到几百人。可我们竟然要放弃！结果被他们一步步地撵，一直撵到关里啊！"说着说着，王铁汉哭了起来，连说："惨不惨？惨不惨？"马占山等人也跟着哭了。临走时，王铁汉又流着泪懊悔地说："我们那时怎么不能跟日军好好干上一仗呢？他们是侵略者，我们就是拿大刀与他们干，也赶上趟（能行）啊。"

的确如此，600名日军侵占拥有8000名精兵的北大营，竟然只付出了死2人、伤23人的微薄代价。而中国军队则伤亡335人，失踪483人。其中一些人是睡在床上或躲在床下被日军打死打伤的，真不知道这些人在那样的处境下怎么还睡得着觉！还有一些人是拿着枪不敢开，眼睁睁地望着日军将自己打死打伤的，真不知道是什么东西让这些人把人类最基本的自卫本能都丧失了！违令还击即使是被处死，也比白白让敌人打死强呀！

在大多数部队没有抵抗的背景下，王铁汉率部抗战的意义非常重大，标志着"九一八"事变既是日军侵华的开始，也是中国抗战的开始。由于当局"不准抵抗"，王铁汉下令还击时，北大营已经基本上为日军所控制，事实上基本成了"敌占区"，因此，王铁汉抗战不是严格意义上的正面抗战，可视为敌后抗战的开端。

王铁汉抗战是被迫还击，有没有主动出击的部队呢？

4."九一八"事变期间唯一一支主动出击的部队

北大营附近，有一个讲武堂，这是一所著名的军校，有"奉系黄埔"之称。其毕业生中后来至少有13人成为共和国的开国将军，他们是上将吕正操，中将万毅，少将贾陶、张志毅、于权伸、沙克、赵承金、赵东寰、封永顺、宋学飞、杨有山、王效明、李钟奇。此外，还有著名抗日将领黄显声，著名抗日英雄马本斋，东北军政要人张学良、孙烈臣、汤玉麟、张作相、张景惠等，也是出自这个讲武堂。

"九一八"期间，讲武堂的在校生为第 11 期学员，共有 2300 余人，被编成卫队步兵总队（旅），也被人称为学兵总队。这些学员，来自东北军各部队中没有接受过正规军事教育的军官与优秀军士，堪称东北军的精英，后来成为共和国将军的李钟奇就是这期学员中的骑兵科学生。"九一八"事变的当天，时年 18 岁的李钟奇会同校友抗拒"不准抵抗，把枪放在库房里"的命令，砸开军械仓库，拿起武器投入抗击日本侵略者的斗争。因此，这支队伍虽然不是一支战斗部队，但战斗力高于一般的部队。当然，这些学员是未来东北军的各级军官，东北当局不会将其作为战斗部队使用。

讲武堂学员是东北军的希望所在，属于重点保护对象。早在 9 月 17 日，校方听说日本人要捣乱，为避免冲突，天没亮就将学员转移，北行 50 华里到辉山一带躲了一夜。天亮后看到没有发生什么事情，又于 18 日晚回到了原驻地。"九一八"事变爆发后，学兵总队再次紧急撤退，跟随独立第 7 旅退往锦州。

学兵总队撤退时，2 队（团）2 营 5 连负责断后。当绕过敌军的阵地向西走，连长张占元发现铁路上的敌军不多，在与排长赵明义等人商量后，决定主动出击，出其不意地歼灭这股日军。当张占元带头率部前进至距敌 100 米时，被日军发现。这股日军人数不多，但工事坚固，火力猛烈，战斗力很强，东北军几次进攻未得手，连长张占元身中 3 弹，负了重伤。2 名排长也在战斗中负伤，再加上此前在途中有一名排长被敌机俯冲扫射时打伤，该连的军事指挥官至此全部负伤。此外，还有连司务长 1 人和 30 名战士负伤。部队只得放弃进攻，撤出战斗。当前进到 20 里外的阿吉堡子时，张占元因伤势严重不及抢救死去。就地安葬后，派人前往张家送信，为了防止日军报复，谎称是被土匪打死。

从目前的史料看，"九一八"事变当天，中国军队只有张占元任连长的卫队步兵总队（旅）2 队（团）2 营 5 连是主动出击，张占元因此而被誉为"中华抗战牺牲第一人"。

还有一些部队也自发地进行了抵抗。

时为东北军第 620 团第 3 营第 9 连士兵的陈广忠 97 岁时（2005 年 4 月 14 日）在接受记者采访时说：

> 我现在还记得，"九一八"那天正好是农历八月初七，我们发饷的日子。

第一章　谁是最早打响抗战枪声的中国人？

晚上十点多，我们都睡了，听到一声爆炸声——日本人炸轨的地方离北大营很近，只有一里地左右，我们都听见了，但没想到随后日本人就打来了。

爆炸后不多一会儿，机枪、步枪声就响了起来，而且越响越近。很快，就有炮弹落到了我们营区里。直到连长来叫我们，我们才知道，日本人打进来了。

我们连长正好当天晚上是值日官。敌人打来了，团长（应为营长）又没在，他就把全营4个连的连长都集中在一起，然后下令把部队带入战斗岗位。

我们都操起了步枪，准备战斗。这时候又来了命令，叫我们撤回来。大家都不明白，有的人哭了，有的人骂起来，有的甚至当面质问起了长官："日本人要我们的命，我们为什么不能还击？！"

日本人很快越过了西围墙，首先就打进了621团的营房。我们急着等命令，谁知道等来的却是"不准轻举妄动，不得还击，原地待命，最好仍然躺在床上不动，枪库不要打开"等命令。

连长把我们集合起来，让我们隐蔽待命。我们眼睁睁地看着，火光下，西营房前人影攒动，枪声不断，不断有人惨叫着扑倒。平时都在一个操场上训练的兄弟，现在被日本人追着打，却不敢还手，现在想起来，我心里还难过呢。

我们在焦急地等待。撤出来的弟兄们说：日本兵闯入营房，见人就杀，有的人躺在床上不动，竟被日军活活刺杀在床上。有的人虽然拿着枪，但不敢擅自还击，被日本兵追着开枪杀死。

我们问连长，日本人打过来，我们也要躺在床上让他们刺吗？连长还是说听命令。

但是听什么命令？电话线让日本人剪了。日本兵穿着黄军装，戴着王八帽子，就在我们对面喊喊杀杀的，跟鬼叫一样。连长一看没办法，说："咱打吧，别等命令了！"

我们这才打了。打着打着，我忽然觉得脸上一热——用手一摸，湿乎乎的，紧接着就疼起来，中小鬼子的枪了！

当时没顾上管，加上想报仇，还在那儿开枪，直到接到命令，要我们按演习计划向东大营大操场转移。到东大操场后才知道，我的嘴都被打穿了，牙龈和牙都被打没了。

我这还算是幸运的。最后一清点，光我们一个班就死了6个。

陈广忠所在部队就是王铁汉为团长的620团，从他的描述看，他所在的第3营第9连，是在失去了和团部的联系，又没有营长在现场指挥的情况下，由连长下令开枪的。这种还击，属于自发抵抗。

陈广忠曾经在2000年回忆说，他们当晚于9点钟按时熄灯睡觉。10点多，西南方传来爆炸声，接着是密集的枪声。长官告诉他们，那是日本人搞演习。结果炮弹就落进大营了，有人伤亡了。长官还是喊"原地待命"。动作快的去拿枪，床上床下那些手无寸铁的人，衣服没穿上就被冲进大营的日军打死了。服从命令的军官还在原地"挺着死"，结果死的死，俘的俘，还有被部下架出去的。仓库里轻重机枪、步枪、火炮、坦克，都整齐地摆放着，没一支一门射击过。陈广忠说："东北军算是把脸丢裤裆里了。"

2001年，陈广忠在接受中央电视台记者采访时强调："就是不让打，就是不让打，总是打电话，给电话，就是不让打，要哪给哪。""没有人管，谁管咱们，兵都打散了，谁管。"

这一回忆显示，陈广忠所在营、连的抵抗，不但组织程度很低，还击程度也极其有限。

5."九一八"事变期间，抗日最积极、最顽强而且最有准备的部队

黄显声，1896年生，辽宁岫岩人。1918年入北京大学，后因参加五四运动被迫辍学，回到沈阳考入东北讲武堂第3期炮科，毕业后在东北军中先后出任营长、旅长等职。1930年春，任辽宁省警务处处长兼沈阳市公安局局长。

黄显声

黄显声是张学良的亲信，他改任警职，是张学良对付日本人的一种策略。张作霖曾经对张学良讲过对付日本人的办法：召集辽宁各县的警察局局长开个会，动员人力，一夜之间就把南满铁路的铁轨都埋到地底下了。然后，20万东北军主动打大连的15000名日本兵。委任黄显声任警职，用的就是这一"祖传秘方"。希望在中日冲突时，避免两国正规军之间的冲突，由精明强干的黄显

声率领得力的警察部队最大限度地控制一线局面。

1931年7月,黄显声汇集各方面情报,了解到日本人要在沈阳动手,亲赴北平向张学良作了详细报告。张学良一方面指示黄显声镇定,万一打起来不抵抗,等待"九国公约"的调停;另一方面又说:"你们地方武装可以加紧训练,严加戒备。"

黄显声返回沈阳,立足于战,扩充公安部队编制,建立地区公安联防队,下令将下属58个县的警察队公安队扩充成12个总队。黄显声对沈阳的警察也进行了充分部署,将2000名警力编成一个总队。

8月底,黄显声已经通过当时的警务督察长熊飞弄到日军情报,知道事变即将发生。黄显声立即召开公安系统58个县的秘密大会,密令各公安系统,一旦战争爆发必须投入战斗。9月初,将辽宁库存的20万支枪各配备50发子弹,全部分发至各县。这些武器后来成为东北义勇军的主要武器来源之一。黄显声本人从9月初即昼夜不离办公室,随时准备应变。

在当局对日军一味忍让的背景下,黄显声积极备战的表现特别令人赞叹,因此,他在"九一八"事变前就赢得了"黄显声不买日本人的账"之名声。

9月18日下午,黄显声接到密报,日本关东军特务机关长土肥原贤二从日本飞回沈阳,与关东军司令本庄繁见面,在沈可能有行动,他坐镇公安局研究抵抗对策。日本人可能采取爆炸行动,黄显声当晚即到沈阳市公安局严阵以待。

晚10时20分,柳条湖爆炸声响起。不到5分钟,又响起了日军炮轰北大营的炮声。黄部警察的动作极快,第一声炮弹的爆炸声刚刚响过就开始行动,离开机关,前往各地布防,准备抵抗。

晚10时50分,第7旅旅长王以哲赶到公安局,与黄显声共商对策。黄显声说:"公安局各分局将尽力支持,非到不能抵御时,绝不放弃驻地。"又说:"市区不便打,我拉出去打,打到底。"这种严正立场,立即作为命令下达给沈阳警察部队。

在黄显声的得力领导下,沈阳县公安局、三经路警察署、商埠公安三分局、南市场警察大队及公安分队等沈阳警察部队2000多人与日军展开了激烈的战斗。他们用手枪、步枪等轻武器,凭借对地形的熟悉这个优势,对抗着装备了装甲车、重型武器的日本侵略者。由于实力相差悬殊,这种抵抗无法阻止日军的进攻。19日,日军占领沈阳市区商埠及大小西关。20日夜,沈阳各城门和公安总队防线被日军坦克攻开。沈阳警察继续坚持,与入城日军打巷战,激战一直持续到 9 月 21 日夜，消灭日军至少 100 人，警察部队伤亡也很大，今天的沈阳三经街、南市场、北市场，都曾洒下沈阳警察们的鲜血。

为了保存实力，黄显声于 9 月 21 日夜命令各部连夜撤出沈阳，向新民、锦州方向集中待命，并嘱咐尽量携带武器弹药撤退。由于准备充分，沈阳警察部队撤退到锦州是动作最快、损失最小的。

黄显声率领的沈阳警察抗战，历时 3 天 3 夜，是完全意义上的"打响抗日第一枪"，是"九一八"事变期间中国人民英勇抵抗最光彩的一页。

退出沈阳后，黄显声以全省的警察队伍为骨干，组织义勇军，对日抗战：转战于辽南、辽西一带，打击了日伪军的嚣张气焰。1932 年秋，其部队改编为骑兵第 2 师。1933 年长城抗战开始，他率部出关迎敌，在百马关一带进击日本侵略者。

在抗战一再遭受当局阻挠、破坏的严酷现实中，黄显声逐渐认识到，共产党才是真心抗日的。于是，他通过其秘书、共产党员刘澜波与中共北方局联系，派来一大批共产党员到骑 2 师开展工作，并在骑 2 师建立了中共党组织。

1935 年夏，张学良就任"西北剿总"副司令后，任黄显声为骑兵军副军长。他拒不执行"剿共"的命令，他的骑兵军成了驻西北地区的东北军中唯一没有和红军发生过摩擦的部队。

1936 年，张学良在西安建立培养抗日骨干的军官训练团，黄显声被任命为教育长。1936 年冬，他受张的委派到河北任 53 军副军长兼 119 师师长。他到任后，支持扶助了 116 师吕正操等部，使之成为该军的抗日中坚。

"七七"事变后，黄显声毅然拉出自己的部队独立抗战。同时，他继续帮助共产党。曾将中共从香港运来的物资以及他在西安和 53 军保存的武器，一次次送往延安；并组织东北籍进步青年和老部下，赴延安考察学习。

1938 年春，黄显声受周恩来的鼓励和邀请，准备去延安参加抗大的领导工作。就在他决定动身离开武汉的前夕，国民党特务秘密逮捕了他。1949 年 11 月 27 日下午，他在离白公馆约半里路的步云桥附近被刽子手枪杀。

第二章

谁是最早组织规模抗战的将领？
——马占山

马占山（1885—1950），字秀芳，吉林怀德县人，著名抗日爱国将领，国民党陆军中将加上将衔。

"九一八"后，黑龙江省一个月内事实上无人主政，参谋长谢珂挺身而出部署抵抗。10月20日，马占山就任黑龙江省代主席，黑龙江省主战派力量加强，率领爱国官兵进行了英勇的江城抗战。一批英勇的抗日将领在东三省涌现，他们的最早最主要的代表就是马占山。1938年8月，毛泽东在延安举行了欢迎大会，称赞"始终如一抗战到底的马占山将军"为"抗日同志"。①

1."九一八"事变初期，黑龙江省暂时得以保全

"九一八"事变爆发后，黑龙江省主席万福麟在北平，他将省府交给他的儿子万国宾代理，军事暂由警务处处长窦联芳负责。

万国宾最关心的是如何大捞一把，一走了之。据黑龙江信息网2011年4月12日转载《民国人物志——万福麟》一文中说，万国宾当年在代理主持省政期间，将黑龙江官银号所有库存席卷一空，并将印完尚未发行之江大洋运到哈尔滨，未经法定手续即盖上了"哈尔滨监理官印"，在哈尔滨市购买黄金，然后转到北京、重庆等地购置房地产，发了一大笔国难财。

警务处处长窦联芳也想一走了之，于1931年10月14日晚率省府众委员和各机关要员转移到哈尔滨。马占山到齐齐哈尔就任黑龙江省主席后，将其严电召回。窦联芳既不关心、也不负责抗战的事。

在这种危局中，黑龙江省国防处参谋长和督军署参谋长谢珂挺身而出，挑起了事实上主持黑省军事的重担。在步2旅旅长苏炳文、卫队团团长徐宝珍、炮兵团团长朴炳珊的支持下，支撑起了黑龙江省的大局。

---

① 1939年12月22日，毛泽东在中共中央和陕甘宁边区政府举行的欢迎马占山的晚会上的讲话。

谢珂可以说是东北军的"客卿",号召力有限,因而急电张学良,请其立即派大员前来主政。他与万国宾商量后,分电北平向张学良请示,请从马占山、苏炳文两人中选派一人担负黑省责任。

经过一番考虑,1931年10月10日,张学良任命黑河警备司令兼步兵第3旅旅长马占山为代理黑龙江省主席兼代东北边防军驻黑龙江省副司令官,任命谢珂为军事副指挥兼参谋长。

10月20日,马占山来到省城就任黑龙江省代主席。

2. 领导江桥抗战,马占山成为中国抗战第一位著名英雄

其时,中国政府和东北当局都没有改变不抵抗政策,黑龙江省内部的主和声音也很强烈。日军进入黑龙江省,也在欺骗、利诱、威胁,说他们只是前来保护修桥,只要中国军队在江桥修复之前不进入江桥10公里范围内,双方就会平安无事。如果进入,就会"视为对日军怀有敌意,当依法诉诸武力"。私底下,日本人对黑龙江省各军政要人,都像对张海鹏等汉奸一样,有很多收买、勾结。

马占山不识字,不懂那些委曲求全的高深道理,不相信日本人的那些鬼话,不害怕日军的威胁,没有那种宁死不抵抗的忍耐功夫。

他于10月22日发表对日抵抗宣言:"与此国家多难之秋,三省已亡其二,稍有人心者,莫不卧薪尝胆,誓求危亡,虽我黑龙江一隅,尚称一片干净土……尔后凡侵入我省者,誓必死一战。"

11月2日,日本人向马占山发出最后通牒。当天,就开始调集重兵向江桥进发。

嫩江桥(在今黑龙江省泰来县江桥镇境内)是洮昂铁路线上的一座铁路大桥,处在南北交通重要的战略位置上,也是黑龙江省城齐齐哈尔南部的重要门户。如果这里失守,黑龙江就会面临吉林和辽宁相同的命运。正因为如此,这里也是日本侵略军入侵黑龙江省的必经之路。早在10月16日,日本关东军就提出了无理的要求,要求中国军队撤离江桥。谢珂果断地回绝了这种无理要求。伪军张海鹏部随即向嫩江江桥发起进攻,在江桥部队的坚决抵抗下,伪军很快就被击溃了。

马占山接到关东军最后通牒之后,知道日军即将发动大规模进攻。于是他召集军政绅商人士在省府开会讨论对策。当时的情况很不乐观,马占山的抗日

主张得不到国民政府的认同，一旦战事开始，不会有后援的支持。同时黑龙江省政府物资储备匮乏，马占山手下的兵力也明显不足。很多人出于客观上的衡量，觉得完全不具备和强大的日本关东军对抗的条件。在这种分析下，多数人主张还是与日军妥协。但这种意见立即遭到另外一群人的反对，认为面对日军大兵压境的现实，应当给予坚决的回击，立即举旗抗日。马占山一直按捺住心中的怒火，听完众人的争吵。最后，他拍案而起，大声说道："我是一省长官，守土有责，决不能让黑龙江寸土尺地给敌人夺去。我知道自己的力量不够，但敌人欺负到咱们头上来了，咱们也只好与他拼命。为了保卫国家领土，为了保护父老乡亲，我马占山心意已决，就是要和日本拼命！要是我打错了，给国家惹下乱子来了，就请你们把我的头割下来，送到中央领罪。"

马占山说完后向他的卫队长看了一眼。卫队长领会了马占山的意思，从怀中抽出手枪大声喝道："在座的各位，谁再主张议和，就以汉奸论处！"与会者交流了一下眼神，谁也不敢再说什么。马占山于是当即宣布："凡侵入我省境者，誓必与其决一死战！"

在马占山、谢珂、苏炳文3员大将的指挥下，在徐宝珍、朴炳珊等猛将的率领下，黑龙江抗战进入一个新阶段。

黑龙江省驻军共有3万余人，其中，只有窦联芳的保安大队和边防军公署卫队团徐宝珍部驻省城齐齐哈尔，其他分驻各地。为了迎击日本侵略军，在马占山就职前，谢珂调朴炳珊炮兵团的两个营布防省城；调程志远第二骑兵旅的朱凤阳团从小蒿子站（今泰康）进抵泰来附近，担负对洮南方向的警戒；将驻拜泉的吴松林第一骑兵旅调齐齐哈尔城南布防；电告黑河马占山和省防军第一旅旅长张殿九，省防军第二旅旅长苏炳文各派一个步兵团进驻昂昂溪；电令驻满洲里的程志远旅做好准备待命而动。

马占山上任后，在谢珂部署的基础上进一步充实了布防，调1个步兵旅，2个骑兵旅，3个步兵团，1个炮团，连同原有的卫队团等，共约1.6万余人，分别部署在嫩江桥以北的大兴、汤池、三间房、昂昂溪、富拉尔基一带，基本完成了从江桥到榆树屯和昂昂溪的以铁路为轴线，纵深约40公里、宽约10公里的3道防御阻击阵地布置。

1931年11月4日，江桥抗战开始。

这天拂晓，300多名日军率先乘着晨雾还未散去的时机，就集中兵力向江桥发动了进攻。当敌人冲到面前，早已准备好的中国军队发动了坚决回击。

战斗刚一开始，激烈程度就超出了最初的预料。仓促之间，在日军的立体攻势之下，中国守军死伤达到数十名，大兴车站也在敌军飞机的轰炸中被炸毁。当天下午6时开始，日军进一步加强攻势，又增派了4000余人的兵力，同时出动铁甲车4辆，配合作战。在江面上，数十门大炮与数架飞机一起对中国守军发动进攻，掩护着大批的日军乘坐小船强行渡江。当时日军渡江的船只都有上百艘。

在这种严峻形势下，马占山领导黑龙江省军民竟然英勇抵抗了日军16天。

11月19日17时，日军5000余人侵占齐齐哈尔。马占山率部沿齐克路撤往克山、拜泉、海伦一带集结。江桥之战至此结束。

江桥抗战给了日军沉重打击，本庄繁在1931年12月10日给日本天皇的奏文中哀叹："齐齐哈尔、昂昂溪附近战斗，多数冻伤实为遗憾。此次战斗、千余将士战死，伤者、冻伤者甚多。"

当代中国江桥抗战研究者认为，此次战斗，日军总伤亡为四五千人，其中，死1000余人，冻伤1000余人，伤二三千人。张海鹏伪军伤亡5000人以上。

中国军队伤亡近5000人，马占山1934年4月在《黑龙江省抗日战斗详报》中说："江桥、大兴和三间房战役，江省军阵亡官130人，兵2331人；战伤官169人，兵2116人。"

江桥抗击日军的消息在全国传开以后，引起了强烈的反响。

1931年11月17日的《滨江时报》发表评论说：

> 黑龙江中国的军人在日军的横暴下孤军奋战。嫩江河畔赤血，是中国血性男儿的瑰宝，黑龙江的中国军队，是真正的卫国勇士。

> 我们对于中国军人不能不怀疑，究竟有多少可杀敌，我们在极度失望下，我们在失守东三省后的50天，才发现黑龙江的马占山是足以当中国军人四个字而无愧。

国内外爱国人士和全国各地学生纷纷通电、汇款支持马占山。教育家陶行知在《敬赠马占山主席》一诗中，盛赞马占山：

> 神武将军天上来，浩然正气系兴衰，
> 手抛日球归常轨，十二金牌召不回。

一时，江桥战役和马占山的名字在全国叫响。社会各界通过不同方式向黑龙江抗日前线将士发出慰问电。一时，马占山成了名人。当时，上海有一家福昌烟草公司还专门生产出了"马占山将军"牌香烟，并在报纸上刊登广告说"愿人人都学马将军"。"马占山将军"牌香烟上市之后，上海人争先购买，一时，出现了"马占山将军"牌香烟供不应求的局面，一些不吸烟的人也买回几包留作纪念。

这样，马占山成了第一位全国著名的抗日英雄。

3. 抗日英雄怎么会一下子变成了"降将军"？

1932年2月，"一·二八"淞沪抗战刚刚爆发，一条震惊的消息突然传了出来：马占山投靠了日本，做了黑龙江省伪政府的省长。

全国人民拥戴的抗日英雄、抗日领袖一下子变成了日军傀儡政府的一个要员。

1932年1月5日，哈尔滨沦陷。6日，马占山接受汉奸张景惠的游说，同意出席由臧式毅、熙洽、张景惠和他参加的东北"四巨头会议"，讨论"联省自治问题"。这个消息一传开，全国人民纷纷谴责马占山为"降将军"。各方面抨击马占山的舆论非常多。

2月16日，"四巨头"在沈阳举行会议。日本关东军参谋板垣征四郎迫使参加会议的"四巨头"接受日本事先拟定的建立伪满洲国的计划。作为抗日英雄的马占山抱病不起，没有在伪建国方案上签字。

3月9日，伪满洲国成立，马占山被任命为军政部总长兼黑龙江省省长。但是，马占山并没有到军政部就职。在他任伪省长期间，拒绝签署出卖"呼海铁路"等3项契约，后来又秘密把军械弹药输往外地，同时将家属由海伦转移到天津。他的投降只是一个缓兵之计。

从那以后，马占山开始为出走进行周密的策划。他表面上不动声色，暗地里加紧准备，对他手下副官也千叮咛万嘱咐，以防走漏风声。为避免敌人生疑，马占山一连3天在日本满铁公所召妓饮酒，打麻将，以掩人耳目。暗地里他却安排人陆续将黑龙江省盐款、呼海铁路借款、税款提出，同时调集军用汽车，将重要军需物资及300匹军马悄悄运出。

1932年4月1日凌晨，马占山做好了充分的部署，开始了他的潜逃计划。

他以检阅部队为名,率卫队步兵1营、骑兵1营,携带军政两署关防印信、重要文件和巨款,偷偷离开齐齐哈尔直趋拜泉。当时,马占山率第3旅官兵200余人,趁着夜雾正浓,从北门出发,离开了齐齐哈尔城。为了不让日军起疑心,马占山事先派人到拜泉、海伦、黑河等地,按时发电给特务机关长林义秀,离开齐齐哈尔的当天,马占山谎称军中有哗变的消息,必须亲自前往视察。利用这种方式,马占山瞒过了日本人的眼睛。

当时天气严寒,温度达零下40度,车辆人马行走艰难。4月3日,他和李杜、丁超、宫长海、冯占海、李海青诸部代表会晤,共同制订了攻取长春、哈尔滨、齐齐哈尔的联合作战计划。然后,马占山带领部队,继续转移,一路经讷河、嫩江、瑷珲,走了一个星期到达大黑河。为了继续稳住日本人,给自己争取更多的时间,马占山又发一电报,称自己在途中患了重病,要一段时间才能返回。日本人开始相信马占山的话,后来感觉情况不对,等到日军弄清真相,马占山已经在黑河重新打起抗日的大旗。

为了迅速壮大实力,马占山利用他抗日的影响力,收编了民众抗日武装,编成10余支义勇军,又将原来的部队整编为9个旅,组成黑龙江省抗日救国军。在一切准备就绪之后,马占山通电全国,他自己担任总司令。同时,他还以黑龙江省政府主席兼东北边防军驻江副司令的名义发电表示:"与日周旋,虽马革裹尸,亦所不惜。"马占山再一次用行为证明,他所谓的投降,只是不得已的权宜之计。

5月初,马占山决定联合吉林自卫军进攻哈尔滨,并于15日亲自率领部队向哈尔滨挺进。但是,情况发生了无法预知的意外,马占山没有想到程志远会在这个节骨眼上叛国投敌。这一变故让吉林自卫军出兵不利,只得一路退到富锦、同江。日军紧随着步步紧逼,马占山的军队在日、伪军重点围攻之下,不得不步步退却。

6月1日,马占山在海伦会见美国、瑞士记者,揭露伪满洲国内幕,阐述抗战经过及其意义。但是,形势已经急转直下,对马占山越来越不利。6月3日海伦也失守了。马占山的处境变得更加艰难。7月14日,日军第14师团和第8师团集中优势兵力,对东北各地抗日武装发起进攻。马占山被围困在绥棱县罗圈甸子一带,与日军激战了3天3夜,伤亡惨重,部队剩下只有100余人,最终冲出重重包围,收集残部,潜入大青山。在深山密林中辗转40余天,他们历尽千辛万苦,脱离险境,到达龙门。当马占山将军率部向大青山撤退的时候,日军一直紧追不舍,马占山残部被逼到张家湾大河。张家湾河深3丈,宽4丈，河流湍急，无桥可渡。一些士兵牵着马一走入水中，就被无情的急流吞没了。等到部队涉险过河之后，回头一看，河面上漂着不少被淹死的人和马匹，只有为数不多的人马死里逃生，算是暂时脱了险。

马占山的部队在阴雨连绵的大青山中过了50多天的艰苦生活，吃的是山里的野菜和野蘑菇，露宿在草地上。在这段日子里，马占山和他的部下从未洗过脸，头发长得像蓬草一样，最终走出大青山，像一群野人一样到达了龙门县。

不久，马占山率领部队重返黑河根据地，在那里住了2个月，进行整顿，又补充了一些新兵。老百姓成群结队前来投奔，有时还拦住正在行军的队伍，连声高喊："我们不当亡国奴，誓死保卫国土！求马将军收留！"马占山的实力得到扩充。然后他率部往中东路一带开拔，在那里和日本人再一次展开游击战。马占山的部队走到哪里，日军飞机就跟踪轰炸到哪里，马占山的处境仍然非常艰难。由于没有给养来源，也得不到更多的支持，马占山到达中东路满洲里，基本上已经是弹尽粮绝，形势十分严酷。

10月到11月间，马占山又与苏炳文合作，谋划攻取齐齐哈尔。但是，他的实力完全不具备和日军较量的能力，只能做更长远的计划。于是，他便经过甘南前往海拉尔。12月4日，马占山乘上了满洲里的火车，前往苏联，开始了他在欧洲的游历。

4. 国外宣传抗日，国内西安事变促统一

为保存力量，马占山不得已出国避难。当时随行的有苏炳文，张殿九、李杜、王德林、韩利如等人。

他们一行人于当年12月出发，到达苏联领土。当时正是数九寒冬，冰天雪地，马占山和部下的生活仍然非常艰苦，每天饮用的水是用雪化后的雪水。吃的是苏联政府每日配给的一小块"黑列巴"，也就是一块面包，他们所需的其他一切食品及日用品都是由部下采买，物质条件极度匮乏。

当马占山一行人抵达莫斯科，受到了国民党政府驻苏大使颜惠庆热情接待。他们一行人在莫斯科住了3个月的时间，因为人多，生活费用大，颜惠庆只得安排马占山一行人绕道欧洲回国。

马占山离开莫斯科之后，一路经过奥地利、波兰到达柏林。到达德国的时候，马占山也受到中国驻德国大使刘文岛以及工作人员和留学生的欢迎。当时

的影响是非常轰动的，柏林记者对马占山和当时东北抗日的情形进行了采访，第2天，马占山到达柏林的消息便通过新闻媒介报道出去，全柏林得知中国的抗日英雄马占山来到了柏林。

离开柏林后，马占山一行到达意大利著名的水城威尼斯，和正好在那里的张学良会晤，之后，马占山乘油船出发，途经地中海、苏伊士运河、红海、太平洋，到达印度孟买，再经过新加坡、香港回到上海。1933年6月，上海市市长吴铁城到吴淞口迎接马占山，上海街上悬挂着横幅标语，欢迎抗日英雄马占山回国。

辗转回国的马占山仍然一心想着抗战，在上海期间，马占山亲赴南昌，面见蒋介石，要求蒋介石支持他的抗日请求。蒋介石只给马占山一个军事委员会委员的头衔，并没有对于马占山的抗日愿望给予更多的支持。蒋介石的态度让一心抗日的马占山非常失望。

1934年，郁郁不得志的马占山到了天津，住天津英租46号路燕安里40号2楼。在天津期间，马占山只能和要好的换帖兄弟于学忠一起打牌，消磨时间。有一天马占山正与于学忠打牌，突然接到天津市公安局局长宁匡烈的密报："日本特务明天拂晓来炸马公馆，要炸死马占山。"于学忠立即照会英法租界，协助破获了这一案件，日本人的阴谋因此没能得逞。

日本特务不久以后又绑架了马占山的儿子马奎，并通知马占山马上交100万元，赎回儿子。第2天，马占山在天津《大公报》《益世报》上刊出声明，大意说马奎是浪荡公子，我与他已脱离父子关系。事情发展的一切后果，我概无责任。马占山这一反应再次让日本特务的阴谋落了空。

张学良与杨虎城

直到1936年12月8日，他收到蒋介石从洛阳发来的召电。这让马占山很高兴，以为蒋介石又要起用他率兵抗日。第2天，马占山就乘飞机飞抵洛阳。马占山还不知道，蒋介石这次准备起用他的目的，是要调派大批军队到陕甘地区，准备"剿灭"在那里的共产党军队。

但是，等马占山到了洛阳，蒋介石已经去了西安。马占山随后跟着也飞抵西安。马占山到西安后，还不知道"西安事变"即将发生。

12月12日天刚亮，马占山入住的招待所被包围了，他隔窗向外望去，杨虎城的手枪队正在东奔西跑地抓人，住在西京招待所的高级将领都被捕了。马占山和部下也被抓走。后来，当人们了解其中有马占山和他的部下，立即给予他们很礼貌的对待。到那时，马占山才得知，张学良、杨虎城对蒋介石进行兵谏，逼蒋介石抗日。

事态变化突然，马占山深知事态的严重性，他向张学良建议："国难关头，勿杀害蒋介石。"同时为了表明自己拥护抗日的决心，他也在张学良、杨虎城发表的《对时局宣言》上签了名，竭力促成全民族抗日统一战线的形成。

西安事变发生后，张学良委任马占山为抗日援绥骑兵集团军总指挥。马占山立即编组总指挥部，指令所属部队集结，为抗战做准备。但张学良被蒋介石扣留南京后，马占山组编抗日援绥骑兵集团军的计划也被搁浅了。

5. 再战东北，毛泽东称马占山为"抗日同志"

1937年，中国国内全面抗战爆发。马占山从天津赶到南京，向蒋介石请缨抗战。这一年8月21日，国民政府命令马占山赴山西大同，组建东北挺进军，兼管东北4省招抚事宜，做出收复东北态势。

3天以后，马占山就赶到了大同，着手以刘桂五将军的中央骑兵第6师和李大超的国民军为骨干，编组挺进军，成立挺进军司令部。同时，马占山开展政治攻心战，通过政治上的手段瓦解伪蒙军，先后招抚和收编了大量伪蒙军，壮大了挺进军的力量。马占山的感召力出乎意料，据说连蒋介石也曾感叹道："这个马小个子，还挺有号召力。"

1937年9月中旬，日寇占据了大同，然后继续进攻绥远。挺进军做好了迎战的准备。骑6师刘桂五部布防在旗下营，与日军对峙。马占山率骑1旅、蒙古军独立第1旅等部，联合布防于绥远城（今呼和浩特）东10余里的大黑河一线，保卫绥远。

9月28日，日寇进攻旗下营阵地，遭到刘桂五部的反击，日军伤亡惨重。于是日军又派出酒井旅团一部和伪蒙军一部，配备大炮10余门、装甲车100余辆，向大黑河一线发动新一轮进攻。马占山组织部属奋勇抵抗，激战又进行了一天一夜，双方伤亡都很严重，但挺进军仍然固守防线。

第2天，日寇以骑兵猛攻旗下营，刘桂五的骑1旅伤亡过多，渐渐难以支持。马占山亲临阵地督战，苦战到下午6时，这才利用黄昏撤离，向毕克齐转移。

10月3日，挺进军沿铁路退至包头。骑6师刘桂五部也转到磴口布防。16日晨，日伪军分派防地，第2天早晨，日军向包头西山出骑兵2个师，炮20余门、装甲车100余辆、飞机2架，进攻磴口咀一带。虽然挺进军做了顽强的抵抗，但是由于敌我力量悬殊太大，察哈尔和绥远大部分还是失陷了。

就在挺进军到达五原前后，日本人正极力制造汉蒙分裂，策动伊盟背叛中国。这一态势直接关系到西北抗战大局。马占山一面将这一情况向国民政府汇报，一面率领部队急行军进驻伊盟的东胜县，阻止日本人的分裂阴谋。马占山的军队刚到，伪蒙军第4师及达旗森盖部队企图趁马占山立足未稳，对东胜发动袭击。

经过激战，马占山军队围歼伪蒙军，歼敌过半，伪蒙军第4师残余向伪蒙康王府逃窜。马占山把握战机，乘胜追击，一直将伪蒙军追击到康王府，并俘获了康王及其以下100余人，毙敌200余人。后来，马占山接到国民政府电令，将康王送西安行营处理。

当时准格尔旗已经投靠日本人，马占山率部抵达准旗沙圪堵，当即致电沙圪堵宣抚使，电文称："康王附逆，罪有应得，其余均不咎既往，望代为宣布以安人心。"同时，约准旗东协理齐文英（准旗分东西2部，各设协理1员管理旗务）到沙圪堵，晓以大义；也允许西协理齐凤鸣改过自新，对于之前的投敌叛国罪行既往不咎。通过一场政治上的较量和说服，伊盟纷乱的局势暂时稳定下来。挺进军沿黄河一带驻防，与日军对峙。马占山将总部驻扎在准格尔旗沙圪堵南50余里的哈拉寨，以游击战术纵横伊克昭草原。

1938年3月初，日寇分3路包围驻在准格尔大营盘一带的挺进军。马占山率部突破敌人包围圈。16日夜间，马占山更是亲自率领本部，奇袭占河口镇。17日晚，收复了托克托县城，然后乘胜击退3路进犯的日伪军，生擒了伪蒙古军骑4师团长门树槐。刘桂五则率领骑6师攻占萨拉齐火车站，切断平绥铁路。日寇吸取了以往和挺进军骑兵作战的教训，组建了大编制的摩托化部队，并在飞机配合下攻击挺进军。挺进军的主力是传统骑兵，在日军新的进攻方式下陷入被动。于是，马占山命令部队迅速转移，日寇主力又一次扑了个空。

1938年4月1日，马占山率领部队由高隆渡口渡过黄河，向日军后方归化、武川及百灵庙挺进。10日，夜袭平绥线察素齐车站，俘虏众多伪蒙官兵。15日，他率部逼近张北敌人老巢，日寇慌忙调晋甫、晋北4个师团兵力，从阴山山脉中段赶来救援。两军相遇，连续激战7昼夜后，马占山不敌，率部退往固阳一带。之后，又被日军追击四面包围，情势危急。日军随后发起进攻，当时马占山正在卧病中，闻讯立即翻身跃起，不顾警卫员拦阻，亲率部队奋勇冲杀。战斗中，敌机投弹如雨，马占山的警卫排排长和身边警卫人员全部牺牲，随从指挥官盖克敏也被炸弹震晕，马占山仍然指挥部队顽强拼杀。战斗一直持续到下午 5 时，马占山终于突出敌人重围。但是，等他转战到大青山不久，又遭到敌人重重包围。马占山指挥部队与敌血战 8 昼夜，最后才得以最终突围。

4 月 20 日，后退中的挺进军被日寇截击战败。刘桂五将军率部断后，奋力阻击，激战 2 天 2 夜，20 日，刘桂五将军率部掩护军部撤离，不幸中弹殉国。东北挺进军在西北地区坚持顽强抗战，粉碎了日寇全歼挺进军的企图，使其在伊盟站稳了脚跟，也使保卫大西北、拒敌于黄河以北成为现实。

对于马占山的抗战。日本老兵吉木说：

> 50 多年前，我是关东军一个师团长的警卫员。在中国东北，有个"土匪"叫马占山。马占山是个神出鬼没的人物，狡猾至极。我们和他打了十几年的仗，可到日本投降时他还活着。当时我所在师团的任务，就是"剿灭"他……一次，"马匪"的游击队潜入我们军营，在井边立了块牌子，上面写着"有毒"，我们连人带马两天没敢用井水吃喝。抓来几个中国人，强迫他们喝。咳！屁事没有，多气人！一次，我们一千多人行军，居然有马"匪"小部队袭击我们。枪声一响，群山回荡。师团长腿部中弹翻落马下，等我们布置好作战队形，他们 20 多人早在雪地上飞滑而去，那速度连子弹都追不上……

1938 年 12 月，马占山由重庆返回陕西延安时，毛泽东设宴欢迎马占山到延安。毛泽东称他的这种精神值得敬佩。在延安各界盛大欢迎晚会上，毛泽东主席致欢迎辞说：

> 今天开会欢迎始终如一抗战到底的马占山将军。中国古代社会即是欢迎有始有终的人，一直到今天都是这样，半途而废的人不被欢迎。马将军 8 年前在黑龙江首先抗日，那时红军在南方即致电热烈支持。8 年之前，红军已与马将军成为抗日同志。我们相信马将军一定会抗战到底……马将

军年逾半百，仍在抗战前线与敌周旋，这种精神值得全国钦佩。①

马占山在延安各处参观访问，到处受到热烈欢迎。直到9月下旬，马占山才抱着十分感激的心情，惜别延安。

回到府谷县哈拉寨，他着手重新整编部队，率领东北挺进军始终与八路军协同作战，使日寇始终未能渡过黄河一步，为保卫大西北和陕甘宁作出了巨大贡献。

1940年5月3日，国民政府委任马占山为黑龙江省政府主席。1945年抗日战争胜利后，马占山又被任为东北行营政治委员会委员、东北保安副司令长官。但他就任不久，就称病避居北平。

1947年，蒋介石任命马占山为东北保安副司令，但他不肯就任。1948年平津战役时，马占山毅然决定弃暗投明，并劝告傅作义，不能当千古罪人，出面帮助傅作义拿定主意，推动了北平和平解放的进程。

1950年6月初，毛泽东派人电邀马占山出席中国人民政治协商会议全国委员会一届二次会议。马占山因患肺癌，未能出席。1950年11月29日，马占山病逝于北京寓所，终年65岁。中国人民政治协商会议、政务院送了挽联和花圈，中央人民政府副主席李济深亲自送灵，把马占山安葬在北京西郊万安公墓。

---

① 马志伟，《回忆祖父马占山：打响中国武装抗日第一枪》，中国共产党新闻网党史频道。

第三章

谁是早期华北地区最著名的抗日将领?
——傅作义

傅作义（1895—1974），字宜生，山西运城人，国民党二级陆军上将，爱国将领，抗日名将。

自1933年长城抗战以来，傅作义率领所部在北方战场坚持抗日，转战18000余里，进行大小战役、战斗近300次，屡立战功，成为国民党中坚决抗日的名将，是"七七"事变前中国北方最著名的国民党军抗日将领。

他领导的绥远抗战，历时数月，前后共歼灭和瓦解伪军1个步兵师、两个步兵旅和2个骑步旅，收复了百灵庙、锡拉木楞庙等战略要点多处，肃清了绥远境内的伪军，挫败了日军西侵绥远，妄图建立"蒙古帝国"的阴谋。绥远抗战胜利后，中共领袖毛泽东给傅作义写信，称赞其"捍卫边疆……跃然民族英雄之抱负，四万万人闻之，神为之王，气为之壮"。[1]

1. 怀柔克敌，傅作义为什么打得心情十分沮丧

傅作义是山西省荣河县（今临猗县）安昌村人，生于1895年6月27日。祖上世代务农。1905年，傅作义进荣河县立小学读书。1908年升入运城河东中学。次年，14岁的傅作义与本乡杨董村"张举人"之女张金强女士结婚。

1910年傅作义考入太原陆军小学。1912年，他被太原陆军小学保送到北京清河镇第一陆军中学深造（亦称军官预备学校）。1915年，升入保定陆军军官学校第五期步兵种。1918年，毕业分配回山西，在阎锡山部第10团当见习军官，不久转任排长、连长、营附，第3年升任第10团少校团附兼团技术队长。1922年，傅作义任第4团1营营长。1924年10月，参加第2次直奉战争，后被荐为第4旅第八团团长。

1926年，晋、奉、直联合反对国民军冯玉祥，傅作义固守天镇城有功，擢升为第4旅旅长。旋又升任为第4师中将师长，时年31岁。

---

[1]《毛泽东书信选集》，人民出版社1983年出版。

傅作义

1927年6月6日，阎锡山宣布就任国民革命军北方总司令。傅作义跟随阎锡山誓师讨奉有功，年底傅被任命为国民党国防委员会委员。

1928年6月初，阎锡山接管（北）平、（天）津，傅作义被阎重用为国民革命军第3集团军第5军团总指挥兼天津警备司令。

1930年7月，阎军在中原大战中惨败。阎锡山逃往大连后，所部归张学良节制。1931年1月16日，经张学良推荐，国民政府军事委员会任傅作义为陆军第7军军长兼第10师师长。7月改任第35军军长兼73师师长。同年8月18日，傅作义任绥远省代理主席。12月28日正式任命为主席。

在此期间，爆发了"九一八"事变，中日冲突升级，中国面临战争威胁。9月28日，傅作义与宋哲元等50余名北方将领联名通电，"呼吁全国各方团结一致，同舟共济，群策群力，共同奋斗"，表示"愿为抗日救国，捐躯摩踵"。他经常在各种军民集会上，发表抗日救国主张，要求部队以抗日救国思想为主旨，从各方面向部队官兵进行教育，并规定部队早晚点名后，齐声高呼"誓保国土，以尽责任，不惜牺牲，以雪耻辱""宁做战死鬼，不做亡国奴"等口号。与此同时，以日本侵略军为假设敌，针对敌惯用之战术，举行攻守战斗演习。

1933年1月3日，日军侵占山海关，揭开长城抗战的序幕。1月5日，傅作义分别致电阎锡山、张学良、蒋介石，主动请缨上前线杀敌。15日，傅作义以省主席名义发表《告全省民众书》，"希望全省同胞檩于困难的严重和绥远的危机，一致奋发，奋起救国御侮"。25日，傅作义率领第35军由绥远东进，开赴察哈尔、热河抗日最前线。

2月上旬，傅部在张家口编组华北军第7军团，傅作义任军团总指挥，下辖3个军，35军番号改为59军。傅令第61军李服膺部开往独石口、张北一带；第59军到昌平一带增防。

3月4日，日军侵占承德后向长城各关口进犯，遭到中国军队的顽强抵抗。由于蒋介石谋求对日妥协，长城各关口相继弃守，日军逼近平津。蒋介石担心平津地区丢失，使华北局面更加难以收拾，一面派黄郛向日方求和，一面在北平周围布防。4月30日傅作义部奉命开往牛栏山西至昌平一线布防。

第三章 谁是早期华北地区最著名的抗日将领？

5月14日夜晚，第59军奉命开至怀柔以西牛栏山一带，并在平古大道怀柔西北高地经石广、高各店之线占领阵地，构筑工事，准备阻击来犯之敌。

23日凌晨4时许，日军第8师团的铃木旅团及川原旅团的福田支队，在十几门野炮、山炮、十几辆坦克及十余架飞机的掩护下，向傅部前沿阵地发起猛烈攻击。傅作义亲临指挥，全体官兵抱定有我无敌，有敌无我的牺牲精神，英勇抵抗。激战3小时，双方均损失惨重。8时许，北平军分会委员长何应钦电话通知傅作义到北平商谈要事，傅答曰："正在激战中，不能离开。"遂派军参谋长苗玉田去北平。何见苗后即说："我们与日军停战，已于昨晚达成协议。你们可马上撤至既设阵地。"并要苗给傅传令。在3个小时内，苗给傅打了4次电话，傅均回答："仍在激战中。"最后，何迫不及待地写了手令："59军立即停止战斗，向高丽营附近集结撤退，详情另电。"傅接到此命令后，心情十分沉重，气愤地对陈炳谦说："这样的战斗打得毫无价值，牺牲了这么多的官兵，他们以自己宝贵的生命换来的却是妥协停战，战士们能死而瞑目吗？"陈炳谦等人劝说："别人都已停战不打，仅我们这点部队也难以战胜日本侵略者，既令停战撤退，只有服从。"傅却说："必须日军先撤，我们才能撤，否则我们绝不能后撤。"后经过交涉，决定双方同时后撤，傅作义才愤然下令撤兵。此役傅部牺牲367人，日军阵亡246人。

傅作义指挥的怀柔抗日之战胜利的消息传出后，全国各报均以大字标题登载报道。天津《大公报》谓"以血肉当敌利器，傅部空前大牺牲；肉搏千多次，使敌失所长；沙场战士血，死也重泰山"，赞誉第59军官兵。全国及海外各阶层群众代表纷纷来到北平慰劳，送来"为国干城""气壮山河""战史流芳"等锦旗。蒋介石也来电慰问，奖大洋5万元。阎锡山奖大洋5000元。日本报纸对傅部之勇敢善战甚表惊叹。日本《朝日新闻》上曾登载有如下一段："战地离北平城只有60余华里，如不是傅作义部的精锐部队阻击我军，日军早已进入北平城了。"

6月28日，傅作义奉命率军返回绥远。冯玉祥特到车站迎送，并向傅祝贺说："你们是抗日胜利的英雄部队。"

返绥后，傅作义将长城抗日牺牲的阵亡将士忠骸收敛安葬于城北大青山下，建立烈士陵园并立纪念碑。请胡适作了一篇白话体的长文及铭词，由钱玄同书写。碑文最后一段写道：

这里长眠的是203个中国好男子！

他们把他们的生命献给了他们的祖国。
我们和我们的子孙来这里凭吊敬礼的，
要想想我们应该用什么报答他们的血！

2. 白灵庙打胜仗，傅作义又被告知要"适可而止"

1935年4月，傅作义被晋升为二级陆军上将，时年40岁。

1936年，傅作义不顾蒋介石"不抵抗"和"攘外必先安内"的反动政策，成功地进行了绥远抗战。

长城战役后，日本侵略者利用《塘沽协定》不断在华北制造事变，又先后逼迫国民党当局签订《何梅协定》《秦土协定》等卖国条款，华北危机日益加深。

早在1933年日军夺取热河省后，就策划对绥远的进犯。1935年日军制定了《对内蒙措施要领》，1936年春，日军扶植蒙奸德王和李守信等成立所谓"蒙古军总司令部"，还收买伪军头目王英，组织所谓"蒙汉西北防共自治军"和"大汉义军"。

1936年1月，为了实现其"满蒙政策"，阻塞中国西北对外交通，割断与苏联的联系，日军指示李守信部侵占了察哈尔以北6县，妄图进而侵占绥远大青山以北各县，更进而推向西北甘、宁、新3省边界。

面对险恶局势，傅作义强力回击。当时西公旗的老王死去，德王支持其侄巴图巴雅尔，与老王的另一个侄子不拉布多济尔争位。傅作义命令王靖国派兵化装成西公旗保安队发起进攻，打死巴图巴雅尔等人。

傅作义还多次派乌兰夫（时任傅的俄文秘书）前往百灵庙，对其老同学、保安队队长云继先晓以大义，促成他起义。云继先为土默特蒙古族人，曾加入社会主义青年团，被李大钊于1925年以中共北方区委的名义送入黄埔军校第4期学习。云继先掌握的保安队是德王的蒙政会旗下主体军事武装。1936年2月11日，在傅作义和乌兰夫的策划下，云继先领导的百灵庙暴动爆发了。不但保安队参与了起义，连大部分文职官员因对德王勾结日寇早有不满，纷纷表示愿意脱离德王，参加暴动队伍，起义队伍达到1100多人。3月2日，由云继先领衔通电全国，声明脱离百灵庙蒙政会，这就是抗战史中有名的"圣电"，日本帝国主义嚣张的侵略气焰，遭到了狠狠的一击。百灵庙武装暴动在全国造成深远的影响，为中华民族全面抗战奏响了序曲。

不仅如此，傅作义在军事上积极备战，他令人在与察北接壤的集宁、陶林、红格尔图、土牧而台等地构筑大量的国防工事。在战技训练上，傅强调部队练习夜战和近战，提出"练两只夜眼"的口号，强调夜间射击和拼刺刀。他还任命乌兰夫的好友高伯玉为绥远省乡训所长，以共产党发动民众的某些方法训练乡建指导员和壮丁，先后训出壮丁10万人（受过1至3个月不等的军训）。

1936年7月底，在日军的督率下，伪"西北防共自治军"司令于志谦、副司令马子玉，数次进犯绥远。8月初，傅作义亲临前线，命师长彭毓斌、团长许书庭先后率部出击，毙敌数百，俘虏马子玉等60余人。为威慑汉奸死硬分子，傅作义下令将匪首全部处死。

在此期间，中共中央派南汉宸送来毛泽东的亲笔信，鼓励傅作义抗战到底。信中说："先生北方领袖，爱国宁肯后人？……如能毅然抗战，弟等决为后援。"①

不久，日本关东军参谋长板垣征四郎等来到绥远，向傅作义表示，宋哲元能力不够，请傅作义将军出面领导"华北独立"，并许给6000万大洋为个人赠款。傅作义斩钉截铁地回答说："内蒙古是中国领土，不允许任何人来分裂。"

10月初，在化德的日本特务机关长田中隆吉和德王经过反复研究，制定了具体的侵绥方案。10月底，得到风声的傅作义前往太原、洛阳，向蒋介石、阎锡山慷慨陈词，请求主动出击抗敌。但蒋介石要傅以忍让为主，不可轻易对敌作战。

11月5日，德王向傅作义发出宣战性的通电，田中隆吉更是狂妄地宣称："'九一八'时，东北军一打就跑，这回绥远军可能一吓唬就跑。"8日，傅作义复电痛斥德王投敌，甘当卖国贼。当晚，傅作义召开营以上军官秘密军事会议，坚定地说："岳武穆38岁壮烈殉国，我已过了38岁，为抗日死而无怨。"并当即进行了军事部署。

陶林县的红格尔图是商都通往百灵庙的必经之地。15日凌晨6时左右，在飞机大炮掩护下，田中隆吉亲自率日伪军5000余人向红格尔图发起猛攻。战斗十分激烈，日伪军先后冲锋7次都被击退。第2天，傅作义亲自赶到平地泉指挥。他命令彭毓斌、董其武率两个步兵团、4个骑兵团抄敌后路，内外夹

---

①《毛泽东书信选集》，人民出版社1983年出版。

攻。彭、董 2 部星夜出击，秘密集结在红格尔图西南的旦岱沟一带，于 17 日晚 2 时发起总攻，分路包抄，打得日伪军猝不及防。18 日上午 7 时，敌全面崩溃，红格尔图战斗胜利结束。

然而，就在傅作义准备趁胜追击，反攻百灵庙，收复失地时，蒋介石却要傅迅速停火，以避"影响中央誓死'剿共'政策"。蒋飞往太原，将傅作义从前线叫回来，当面训示，蒋对傅提出的扩大打击日伪军的军事行动明确表示反对。但傅作义决心已定，返绥后即部署收复百灵庙之战。他再次召开营以上军官会议，针对百灵庙四周环山、山外为平坦草地、方圆三四十公里内无村落、易守难攻等地形特点，制定了隐蔽接敌、正面攻击与迂回包抄相结合、速战速决、准备阻击援敌等行动方略，决定"以强袭之准备作奇袭之行为"，对百灵庙发起进攻，狠狠打击敌人。

百灵庙是我国与蒙古国接壤的边远县城之一，是通向新疆和蒙古国的交通要枢，地理位置十分重要。当时那里是日寇建立伪蒙组织的巢穴，驻有日本特务机关"善邻协会""大蒙公司""稽查处"等，著名日本特务山本、盛岛和小宾，都在这里潜伏。百灵庙名义上是国民政府的蒙政会所在地，实际上日本和德王把它经营成进行侵绥战争的后方基地。日伪军在四周的 9 大山口修筑有坚固的防御工事，并驻有伪骑兵第 7 师约 1800 人、德王直属骑兵 1000 余人，另有专任指导的日本军官四五十人，总计约为 3000 人。当时日军运来大批的粮秣和装备，存在该地的子弹有 100 万发以上，白面约两三万袋。

在傅作义的指挥下，23 日 18 时，骑第 2 师师长孙长胜、步兵第 211 旅旅长孙兰峰率步兵 8 个营、骑兵 8 个连、山炮 1 个营、装甲车 20 辆、汽车 24 辆，冒着零下 20 度严寒和没膝深的积雪前进，采取伪装办法，车、马、人全部披上白布，借茫茫白雪作掩护，向百灵庙附近集结。

夜半 23 时，抗日部队突然向百灵庙之敌发起猛攻，由于行动迅速，敌人无防备，战斗进展比较顺利，24 日凌晨 1 时，占领了全部外围山头。日特务机关长盛岛角芳组织日伪军据险死守，集中全部火力拼死阻击，战斗非常激烈。傅作义当即命令孙兰峰将山炮营推进至百灵庙东南高地附近，向女儿山进行摧毁性射击，并命令韩天春营长指挥装甲车车队，配以汽车多辆，向百灵庙东南山口冲击。经过七上七下的反复争夺，全歼了日伪军。与此同时，骑兵团攻占北山，控制了飞机场，断敌后路。敌由东北方向败退大庙，中国军队收复百灵庙。日本少将衔大特务胜岛角芳和伪第 2 军日本顾问烟草谷、伪第 7 师师长穆克登宝等人乘车逃跑中翻入沟内，侥幸逃脱。百灵庙一役，毙伤伪军七八百人，俘虏 300 余人，缴获炮 3 门、重机枪 5 挺、步枪 400 余支、电台 3 部，还缴获了弹药一批、面粉两万多袋和大量汽油。傅部伤亡官兵 300 余人。这就是中外闻名的"百灵庙大捷"，是中国军队自 1933 年长城抗战以来取得的唯一一次完全胜利，在日军步步进逼、南京政府步步退让、中国民众抗日愿望长期遭受压抑的情形下，极大地鼓舞了中国人民的抗战热情。

捷报传出，顿时全国欢腾，人人额手相庆。几天之内来绥慰问的团体就有八十几个，以黄炎培为团长的上海各界绥远慰劳团 25 日就到绥远，赠送慰劳金 10 万元。李宗仁等人也发表通电，要求把前往西安的中央军开往绥远，并愿意调广西军一部或全部北上援绥。阎锡山遵照父亲遗命，将 87 万元的遗产捐做了援绥款。可是，蒋介石派陈诚于 28 日来绥，命令傅作义迅速停战，"打到一定程度，要适可而止"。

12 月 1 日，中共中央及苏维埃中央政府发表关于支援绥远的通电，通电要求南京当局调集大军，增援晋绥前线，并警告说："若再因循延误，坐视傅作义将军等局部抗战而不救，则其结果不但将民族国家以不能补救的损失，而南京当局亦将自绝于国人。"

3. 联共抗日，"35 军已成为七路半了"

日伪军不甘心失败，12 月 2 日，田中隆吉命令王英"大汉义军"副司令雷中田率日伪军 4000 余人，乘一百多辆汽车，反扑百灵庙，遭到孙兰峰第 211 旅的迎头痛击。第 2 天上午 9 时，傅部击毙雷中田等 500 余人，其余伪军带着日本顾问，抱头鼠窜而去。

这时，王英"大汉义军"旅长金宪章、石玉山，感到再与王混下去毫无出路，派人联络傅作义表示愿意反正。傅作义即以万金相许，并提出先决条件：必须逮捕所有的日本顾问加以枪决。7 日、8 日两夜，金、石 2 人率 4000 人倒戈一击，将小滨大佐以下 29 名日本顾问全部逮捕并枪决，同时彻底歼灭了伪第 7 师残部。

9 日，傅作义下令收复大庙这一失地，同时命令孙长胜骑兵师长途奔袭小北号，将王英的 2000 名骑兵包围，经过激战，击溃敌人，只有匪首王英仅带卫队 100 余人向北方草地逃走。傅计划乘胜夺回商都，阎锡山复电制止，表示与百灵庙原属绥远不同，商都不属晋绥管辖，若攻商都，恐日方有所借口，会对晋绥不利。

1937年初,中共领导人毛泽东发贺电,称赞傅作义发起的绥远抗战是中国人民抗日的先声,并密派南汉宸到绥慰劳,赠送"为国御侮"锦旗一面。

半年后,"七七"事变爆发,傅作义被任命为第二战区第7集团军总司令,负责指挥平绥线作战。

8月,傅率部参加平绥路东段作战。8月11日起,日军第11旅团及第5师团先后向南口、横岭城发起攻击,傅作义指挥汤恩伯的第13军和陈长捷的第72师进行了英勇抗击。由于第68军军长刘汝明作战不力,加之傅部动作迟缓,未能给在南口、居庸关、延庆、怀来一线的汤恩伯部有力支援,平绥路东段于8月下旬相继失守。日本关东军参谋长东条英机亲率3个旅团和5个蒙古骑兵师组成的蒙疆兵团,从察北进犯张家口。在腹背受敌的险恶情况下,傅作义被迫率部向晋北撤退。

9月13日,太原会战开始。日军板垣第5师团由宣化南下攻取广灵,傅作义奉命在雁门关布防。日军以雁门易守难攻,倾主力向平型关进攻,傅奉命驰赴平型关接替杨爱源第6集团军作战。当日军向傅部猛攻时,适八路军115师伏击板垣师团预备队和辎重队,歼敌1000余人,给傅部以有力支援。日军在平型关受挫后,不甘心失败,马上纠集关东军蒙疆兵团一个旅团及两个蒙古骑兵师,突破茹越口晋军防线,于29日占领繁峙县城砂河镇,切断平型关后路。傅向阎锡山建议由晋军主力围歼孤军深入的东条部,然后向板垣师团反攻。阎为保存晋军实力,拒绝采纳。9月底,傅部被迫向五台山、代县、涡阳转移。平型关于30日被日寇占领。

10月13日,日军在飞机、坦克掩护下,大举向忻口地区进犯。此时,卫立煌为前敌总指挥,傅作义任副总指挥。在反击过程中,傅指挥董其武的第218旅,组织3000名突击队队员,利用暗夜,奇袭敌板垣司令部前线指挥所及敌炮兵阵地,收复了旧河北村;并派出第211旅援救另外两个旅的友军。忻口之战,双方对峙了23天,侵华日军遭受重创,被阻于忻口不能前进。后因东路娘子关失守,太原危急,傅作义部即向南转移,保卫太原。

当月下旬,阎锡山召开高级将领会议,讨论留守太原部队和军事部署,与会将领无人愿意承担防务。傅作义挺身而出,说:"太原城我守。"中共代表周恩来参加了这次会议,会后,他赞扬傅勇挑重担,并嘱他"请多保重"。

11月2日,傅作义对其所部发表讲话说:我们是活人躺在棺材里,就差盖盖子;困兽犹斗,属此国家危亡之秋,我们必须奋斗到底。他还给荣河老家的亲人写了一封遗书式的信,说:"作义自幼从军,戎马半生,只知为国为民,早置生死于度外,只要一息尚存,誓与日寇血战到底,为国捐躯,义无反顾。……'生,我所欲也;义,亦我所欲也,二者不可得兼,舍生而取义者也。'耿耿此心,有如日月,可以告慰国人和家人矣!"

4日,傅作义率部进入太原城。当时,傅部主力不过2个旅,虽训练有素,有一定的实战经验,但几个月来的南北转战,伤亡过半;仓促中扩充了部分新兵,又缺乏训练。次日,傅作义得知周恩来仍在城内动员群众转移军事物资,当即于晚上10时派人护送周恩来出城,且将一部分武器拨交八路军。话别时,周恩来对他说:"傅将军守城名将,是可信赖的。但抗日战争是长期的战争,焦土抗战的主张是错误的;只顾一城一地的得失也是不足为训的。要着眼于争取最后的胜利。能争取时间就是胜利,能保存有生力量就是胜利。务请深思。"①

6日,日军铃木军团、板垣师团及河边旅团3支部队向太原城发起进攻。此时,城内只剩下傅作义的第35军及友军杨维垣等2个旅1个团,其他友军因立足未稳,受敌攻击,纷纷南撤。7日,日军在数十架飞机和数百门各种大炮的配合及坦克掩护下,猛攻太原城。傅指挥守军顽强抵抗,挫败了日寇多次攻势,但是守军伤亡惨重。在傅作义视死如归的精神鼓舞下,全军将士咸抱死战决心,奋勇抗敌。8日敌突入城内,展开激烈巷战。这时,蒋介石发来了"相机撤离"的电令。下午,傅率余部出城突围,步行7天,到了山西中阳县,后至石楼、柳林一带休整。太原会战失利,从此中国军队在华北战场的正规战争宣告结束。

1938年初,蒋介石任命傅作义为第二战区北路军总司令,所部35军扩编为2师1旅,移防晋西北离石县柳林镇。

此时,毛泽东特派程子华等人会见傅作义,商谈合作抗日事宜。之后,傅也派周北峰到延安拜见毛泽东和中共有关领导,并请共产党派干部和进步青年来帮助开展抗日工作。3月,傅派代表到岢岚县参加晋西北地区动员新战士会议,该会为傅部动员了3000名新战士。会后,傅作义应约在兴县、临县之间的白文镇与关向应、续范亭、萧克等八路军将领会谈合作抗日问题。

4月,为策应徐州会战,打击日本侵略军,傅作义又发动了绥南战役,先后收复清水河、和林县城,一直攻到绥南之一间房。在和林县的察圪洞,傅部全歼了日军岩田骑兵联队,缴获战马300匹。是年初秋,傅率部从绥南经偏

---

① 松植著《平津战役秘密战》,当代中国出版社2008年出版。

关、三岔门等地，撤退到河曲县整顿，总部驻县城西关。

此时，傅部驻防区和陕北区八路军第120师贺龙部隔河相望，双方信使往来不断，交换情报，建立联防。傅作义还邀请八路军负责人程子华、南汉宸、续范亭等到其河曲总部联欢，共同交流抗战经验。傅又要求中共派出一批政治干部来加强所部的政治工作，并接受了毛泽东赠送的政治书籍和论述抗战的著作。通过120师政委关向应、政治部主任甘泗淇的帮助，延安陕北公学和抗大向35军输送了大批优秀学员，使傅部的抗日力量得到充实。

傅作义很赞赏八路军的政治工作制度。他仿照八路军的建军经验，建立了北路军政治工作委员会，自兼主任。总部设立政治指导室，指派周北峰为委员兼秘书，所部团以上设政治部，营以下设政治指导员，其中许多负责人由延安派遣的干部担任。傅还委托中共代表潘纪文草拟了一个《北路军政治工作守则》。这个《守则》的基本内容包括：废除打骂士兵的恶习；建立"奋斗室"，活跃士兵文化生活；帮助劳苦百姓，改善军民关系；实行军政统一，在军事指挥员领导下进行政治工作等。傅作义参照八路军的"三大纪律八项注意"，亲自为部队制定了"十项纪律"，主要内容是：说话和气；买卖公平；借物速还，损物赔偿；不许调戏妇女；不许打人骂人；部队行军时，不准踏坏禾苗；部队宿后，院落街道要打扫干净；行军前要缸满院净；部队煮饭烧柴，马食草料要付钱；不虐待俘虏，不搜俘虏腰包。

傅作义的这些做法，密切了军民关系，受到老百姓的称赞，显示了国共合作、团结抗战的气氛，但却遭到阎锡山的忌恨，攻击傅"把部队带赤化了"，"35军已成为七路半了"。并密电蒋介石，提出要将傅作义撤换。

1938年12月，傅作义参加了蒋介石在陕西武功召开的军事会议，被任命为第八战区副司令长官（司令长官是朱绍良）兼第二战区北路军总司令，一切补给由国民党中央直接拨给。傅从此脱离阎锡山的晋绥军体系。

1939年春，傅作义率部返回绥远河套，并在五原正式设立第八战区副司令长官部。他积极整饬军、政，除设立"动员委员会"，改组省政府外，5月亲自在百川堡举办"抗战建国讨论会"，轮训各级军政干部。参加人员有国民党员、共产党员和无党派人士。先后举办5期，历时3月有余，对壮大抗战力量起了积极作用。

是年12月，日军南犯长沙。重庆国民政府命令傅作义采取行动，牵制华北日寇不使其南调。当时，包头是日军的重要据点，驻有1万人左右。为了狠狠打击日寇，傅决定对包头发起进攻，采用长途奇袭、掏心与攻点截援、打援相结合的战法。

20日,总攻开始,攻城部队迅速突入城内,与日寇短兵相接,进行巷战;掏心部队则猛插直冲敌指挥中枢;其他部队密切配合,分割、围歼顽敌。因骑兵师未能完成破路阻敌任务,敌第2混成旅等部于21日赶到包头增援,军力对比发生了变化,傅作义即下令全军撤回河南。此役往返行程近千里,历时半月,歼灭包头守敌两个团及援敌三四百人,毁敌坦克4辆,汽车60余辆。

4. 收复五原,傅作义拒领"青天白日勋章"

1940年初,日军宣称"膺惩傅作义",纠集平绥、同蒲沿线小岛骑兵集团军、黑田重德师团、独立步兵第3大队、小林角太郎独立第4守备联队等日伪军3万余人,汽车1200辆、坦克40辆、各种野炮100余门,向河套地区疯狂进犯。

傅作义早有预防,在作出袭击包头的战略意图时,就对敌人的反扑预先准备了各种具体措施:命令兵站分散埋藏军用物资,粮秣;动员民众配合军队歼敌等等。包头战役结束后,他立即积极准备防御作战,调整部署,加强部队训练,给各部队划分了游击区,要求官兵熟悉地形,并找好向导,随时准备打击入侵之敌。

1月中旬,傅作义在五原召开团长以上干部会议,决定采取机动灵活的战略战术,同敌人进行运动战、游击战。他要求部队充分利用军民协作和我军对地形熟悉的有利条件,在敌运动中阻击,在敌宿营时袭击;要做到避不利,找胜利,不失机,不吃亏,使敌想打打不上,想走走不开,相机歼灭敌人有生力量;要做到以少牵多,以多歼少,积小胜为大胜。

2月3日,日伪军侵占百川堡、五原,4日进入临河,5日攻陷陕坝。这时,蒋介石认为绥西败局已定,电令傅作义去兰州代理朱绍良职务(当时第八战区司令长官朱绍良患病休养),并将傅部撤至石嘴山地区。傅坚决拒绝蒋的命令,回电说:"将不离兵,兵不离土,将不离兵兵有主,兵不离土土能存。为了保卫疆土,不惜任何牺牲,坚决与敌周旋到底。"

由于战线拉得过长,平绥、同蒲各地调来的日寇不得不缩短战线向东撤退。傅作义命令新32师兵分两路急进,收复了临河、陕坝两地。日伪军在傅部游击战配合运动战的打击下,处处被动,防不胜防,最后龟缩在五原新、旧两城及以东地区。傅作义命令部队加紧整训,准备反攻。

此时黄河解冻，道路泥泞，不利于敌人机械化部队的行动。傅作义令新6旅王子修部，掘开黄河水渠，让大水漫灌敌人机械化部队的必经之路；命孙兰峰率第31师、袁庆荣率第32师分别攻夺五原旧、新城；董其武率第101师直插五原东北，在五加河畔阻击从包头、安北、固阳前来增援之敌。

傅作义又趁敌主力东撤，兵力相对空虚时机，于3月20日夜率部对盘踞五原之敌发起猛攻，血战两昼夜，收复五原。此役击毙水川一夫中将、大桥大佐、桑原中佐等日军300余人，全歼以桑原为首的特务机关，俘浅治庆太郎等50余人，歼灭王英伪军2个师，共歼敌3400多人，缴获大炮16门、汽车50余辆，取得了五原战役的胜利。血战中，傅部也遭到重大牺牲，营、连、排长伤亡过半。至此，连续150余天的奇袭包头、会战绥西、收复五原三战役，以五原大捷告终。

五原战役的胜利，是全国抗战以来，国民党军队第一个收复失地的战役，影响很大，各报称之为"五原大捷"。全国各党派团体纷纷发电祝贺，各大报刊发表文章，交相称赞。4月5日，国民政府军事委员会致电傅作义嘉勉并为他请勋。17日，国民政府授予傅作义最高荣誉奖章"青天白日勋章"，这是该勋章继蒋介石之后发出的第2枚。但传5月23日呈文，傅作义以"五原大捷，乃所部全体官兵艰苦抗战，奋勇抗战的功绩，个人不应领此勋奖"为由，加以拒绝。他把阵亡将士的姓名、年龄、籍贯、阵亡时间写在白布上，挂在办公室以示怀念死者、激励生者之意。

傅作义自1933年长城抗战以来，满怀爱国热情，率领所部在抗日战场上转战18000余里，进行大小战役、战斗近300多次，屡立战功，成为国民党军队中抗日最坚决的将领之一，也是全面抗战爆发前和全面抗战早期北方最著名的中国军队抗日将领。

五原战役以后，日军再未能向西进犯。1940年4月，傅作义患伤寒病赴重庆医治。4月返回陕坝，为实现"政治民主、经济平等、言论自由"，着手对绥省政治、经济进行若干改革。

不久，"皖南事变"发生，后套地区卷入了蒋介石组织的第二次"反共"高潮中。为了反对蒋介石的渗透、控制，傅作义于1942年4月初派崔载之接管奋斗日报社，以代替中央社的王华灼；在长官部办公厅下设立了以秦丰川为首的文化室，夺回了舆论阵地。接着派王明德兼任三青团书记兼组织组长，代替蒋系人物赵仲容。

1945年5月，傅作义赴重庆，出席国民党第6次全国代表大会，被选为国民党中央委员。8月，就任第十二战区司令长官。

日本投降后，傅作义部下官兵和全国人民一样欣喜异常，希望从此过太平日子。傅奉蒋介石的命令，抢占了包头，接着从解放军手中夺取了归绥（今呼和浩特）、武川、陶林（今科布尔）、卓资山、丰镇、集宁，之后又夺取了兴和，逼近了天镇、柴沟堡，并企图向张家口的解放军发动进攻。

1946年6月，蒋介石撕毁停战协定，命令国民党部队对各解放区发动全面进攻。10月11日，傅作义侵占张家口后，国民党政府于15日任命傅作义为察哈尔省政府主席，董其武为绥远省政府主席。

1947年1月16日，第十二战区改组为张垣绥靖公署，傅作义被委为公署主任。12月，蒋介石撤销了北平行辕及保定、张垣两个绥靖公署，成立华北"剿总"司令部，以傅作义为总司令。

1948年5月，傅作义在北平成立河北省政府，以扩大自己控制的范围。

随着国共内战的进一步发展，国民党军队接连失败，战争的胜利天平逐渐倒向共产党一方，傅作义也在思考自己的退路。1948年底，辽沈战役结束后，他马上发电报给中共中央言和。

12月13日，解放军完成了对北平的包围，使傅作义部队与蒋介石嫡系部队分割于平津两地。第2天，傅作义即派平明日报社社长崔载之、记者李炳泉（中共地下党员）为代表，乘1辆吉普车出城驰往平山，希望能见到毛主席，使命是谈判从张家口起，平、津、唐全线和平解决。

12月15日，傅作义在中南海怀仁堂召集师长以上军官，秘密研商和平问题。大家表示，愿跟总司令走和平道路。

次日下午，傅作义又发帖请徐悲鸿、朱光潜、许德珩、马衡、叶浅予等学者名流到中南海勤政殿，座谈谋和问题。大家一致殷切盼望和平，不要战争，从而更坚定了傅顺从民意、采取和平行动的决心。

1949年1月14日，毛泽东发表了《关于时局的声明》，提出了和平谈判的八项条件。这天，傅作义又派华北"剿总"副司令邓宝珊、周北峰为代表至通县与林彪、聂荣臻、罗荣桓进行第三次和谈，签订了《北平和平初步协议》。

正当傅作义同解放军进行磋商和平解决办法之际，蒋介石对此有所察觉，四次派人来拉拢傅作义，被傅一一拒绝。

21日，傅作义在中南海召集所属高级军政人员会议，宣布了《关于和平解决北平问题的协议》，并正式下达各部门。22日，报纸正式公布了"为迅速缩短战事，获致人民公议的和平"的协议条文。

31日,人民解放军举行了入城仪式,平津战役胜利结束。

继北平和平解放之后,傅作义又为推动绥远"九一九"起义做出了重要的贡献。

新中国成立之后,傅作义当选为中国人民政治协商会议全国委员会委员。第1、第2、第3届全国人民代表大会代表、中央人民政府委员;出任政务院财政经济委员会委员、水利部部长及担任国防委员会副主席。1955年9月27日,在怀仁堂举行的隆重授勋典礼上,毛主席亲自授予傅作义一级解放勋章。1965年,傅当选政协第4届全国委员会副主席。

1972年10月17日,中央同意傅作义辞去水利部部长职务的请求。12月,傅因病入院治疗。1974年初,傅的病确诊为癌症。4月19日,傅作义逝世,终年79岁。

4月23日,傅作义追悼会在八宝山革命公墓礼堂举行。毛泽东主席送了花圈。追悼会由周恩来主持,叶剑英致悼词。

第四章

谁是促成抗日民族统一战线的最大功臣？
——张学良、杨虎城

> 张学良（1901—2001），字汉卿，号毅庵，辽宁鞍山人，国民党陆军1级上将，中华民国陆海空军副司令，著名爱国将领。
>
> 杨虎城（1893—1949），陕西蒲城人，国民党陆军二级上将，国民革命军第17路军总指挥、中华民国陕西省主席，著名爱国将领。
>
> 1936年12月，张学良和杨虎城一起发动震惊中外的"西安事变"，促成国共两党的第二次合作，结成抗日民族统一战线，对全民抗战起到极大的推动作用，是促成抗日民族统一战线的最大功臣。
>
> 周恩来曾经评价：张学良、杨虎城两将军发动"西安事变"的义举"有大功于抗战事业"，是中华民族的"千古功臣"。[①]

1. 皇姑屯负家仇，"九一八"难抵抗

1901年6月3日，张学良出生在辽宁省鞍山市台安县桓洞镇鄂家村张家窝堡屯，他的父亲就是大名鼎鼎的奉系军阀首领张作霖。

张学良是张作霖的长子。张学良6岁时，张作霖就请了当地的举人、名儒做张学良的家庭教师。

1917年，张学良在张作霖军中服役。1919年就读于奉天讲武堂，1920年后，张学良以炮兵科第一名毕业后，担任东北军第3混成旅第2团团长，负责保卫张作霖人身安全，同时负担奉天的治安维持。

1921年，张学良到日本观秋操，日本军方故意向张学良炫耀武力，这让他内心受了很大的刺激，决心"整军经武"充实军力。他回国后，购置飞机，建立了中国第一支空军。

1924年第2次直奉大战爆发，张作霖成为了北洋军阀领导人。这一战之

[①] 1946年12月12日《解放日报》。

后，张学良也被升为京榆地区卫戍总司令。1927年6月18日，张作霖在北京建立安国军政府，自称中华民国陆海军大元帅，成为北洋军阀政府末代统治者。张学良也成为显赫一时的"少帅"。

1928年5月，北伐军一路势如破竹，直逼京津地区，直接威胁到张作霖在京津地区的统治。日本人看到这个时机，一面支持张作霖，出兵山东对抗北伐军，一面又向张作霖施加压力，威逼张作霖及早退回东北，企图利用张作霖这个工具，使"满蒙"从中国本土肢解出去，置于日本势力之下。张作霖不愿意做这种冒天下之大不韪的事，坚决回复日本人："东三省及京、津为中国领土，主权所在，不容漠视。"

张作霖的答复得到了爱国人士的认同，但是也激怒了日本人。日本人看到张作霖不能完全为日本所用，就决意除掉张作霖。

1928年6月，张作霖抵挡不住南京国民政府军队的"北伐"，另外也得不到日本人的有力支持，只得通电求和，被迫放弃北京，回东北老家。6月4日清晨5时30分，皇姑屯事件爆发了。当张作霖乘列车驶至皇姑屯车站时，日本人设下的炸弹爆炸了，列车被炸，张作霖受了重伤，最终不治身亡。张学良身负国恨家仇就任东三省保安总司令，开始统治东北。

这一年7月1日，张学良向国民党南京政府发出《绝不妨碍统一电》，促使中国从形式上走向统一。

张学良毅然易帜的决定犹如晴天霹雳，打乱了日本人的如意算盘。日本总领事林久治郎几次和张学良会见，警告张学良不要与南京国民政府妥协。7月19日，林久治郎把日本政府的意图传达给了张学良，内容可谓软硬兼施：一、南京国民政府含有共产色彩，且地位尚未稳定，东北目前犯不着与南京方面发生联系；二、如果国民政府以武力进攻东北，日本愿意出兵相助；三、如果东北财政发生困难，日本正金银行愿予充分接济。

面对日本人的威胁和利诱，张学良从民意的角度予以回绝，他表示："东三省政治以民意为决定。如果人民主张改制，我是难以抗拒的。"

1928年12月29日，张学良按照原计划向全国通电："力谋统一，贯彻和平，已于即日起宣布遵守三民主义，服从国民政府，改易旗帜。"这一天，奉天省公署及机关、学校、商店都悬挂起青天白日旗，吉林、黑龙江、热河也同时易帜。这让蒋介石非常欣慰，他特意致电张学良，表示："此后修内对外，建设万端，匡济艰难，纳民轨物，愿与诸兄共策之。"张学良的易帜行为也得到国民党政府的嘉许，其发给张学良的电文表示："完成统一，捍卫边疆，并力一心，相与致中国于独立自由平等之盛，有厚望焉。"

31日，南京国民党政府正式批准任命张学良为东北边防军司令长官，张作相、万福麟为副司令。从此，奉系军阀脱离了日本人的控制，南京国民政府实现了形式上的全中国统一。

1930年，蒋介石、阎锡山、冯玉祥百万大军开始中原大战。9月18日，张学良发表通电，表示站在蒋介石一边。接着派兵入关，大军所到，势如破竹，使阎冯势力迅速瓦解。10月9日，张学良接受蒋介石的任命，就任全国陆海空军副司令。

11月，张学良受蒋介石邀请到南京参加国民党3届4中全会。张学良乘坐蒋介石派的专列进京，津浦沿线的车站上，到处悬挂着大标语："欢迎促进统一、竭诚拥护中央、劳苦功高的张副司令！"他到南京时，受到了隆重的欢迎，从车站到国民党中央党部大院，一路上彩旗飞舞，锣鼓喧天，警车开道，众人簇拥。年仅30岁的张学良成了人们恭维、赞颂的"英雄"，心中好不得意。

然而，一年以后，又是9月18日，日本蓄意发动侵略中国东北的战争。

张学良采取了一些防日和抗日措施，如将部分东北军改编为警察，授意东北军将领可以用义勇军、救国军、自卫军等名义进行抵抗。但他认为，完全靠东北军，不可能抵抗日军的侵略。为了保存实力，他对外而且在整体上实施不抵抗政策，尽可能地把东北军主力撤退到关内，从而加快了东北的沦陷，遭到全国人民的责难，从此背上了"不抵抗将军"的恶名。

2. 热河抗战失败，他极不情愿地来到"剿共"前线

1932年12月8日，锦州日本第8师团1列铁甲车，以追击义勇军为名，开到山海关站东端长城缺口，突然向城内发炮38发。炮声隆隆全城惊骇。9日早晨6点，日机两架在城内低空盘旋，铁甲车仍停在车站示威。日本母舰1艘、驱逐舰2艘开抵秦皇岛。晚7时许，3000名日军进入那道台坟阵地，向我军开枪射击。10日晨，日军仍在东罗城外的威远城线构筑工事。

山海关驻军将领何柱国赶往北平汇报。张学良主持召开军事秘密会议，并以海陆空军副总司令名义，做了军事部署。

1933年1月1日下午，日本守备军突然收缴了我山海关南关警察的枪械，并扣押了南关公安分局局长。

晚21时许，日本守备队儿玉中尉派人在日本宪兵队车站分驻所和伪满洲国国境警察厅门前各扔了一枚假手榴弹，制造爆炸事件，早就在车站附近等待的日本兵闻声开枪，形势大乱。

大批日军从关外开来，一部日军占领南关并向南门城上的守军密集射击，另一队日军则在东南城角攀登城墙，同时日军的铁甲车开进了车站并向城内开炮。至此，隐忍多时的中国军队终于打响了榆关抗战的第一枪。在历时3天的榆关抗战中，日军不断从东北增加兵力，集中陆海空三军，从地面、天空、海上向榆关城内发起猛烈进攻。

榆战爆发后，由张学良主持的北平军分会，向榆关前线及滦东驻军提出作战方针："滦东驻军，以掩护华北集中之目的，对滦东地区，务努力保持，以迟滞敌之西侵。"

当时中日双方无论是在兵力上还是在武器装备上都相差悬殊，日军调动了关东军精锐第8师团3000多名步兵攻打山海关，出动飞机8架、军舰2艘、铁甲车3列、坦克20辆、野战炮40门，从陆海空进攻山海关。而当时驻守山海关的只有东北军第9旅626团1346人，没有任何重型武器，最先进的武器是机关枪，战士们用手榴弹、步枪甚至大刀片和敌军对抗。

1月3日上午10时许，日军发起总攻。下午3时许，榆关全城沦陷。

日军占领榆关后，加快了进攻热河的步伐。

1月28日，关东军司令官武藤信义下达了"关于进攻热河的作战准备命令"命令，第8、第6师团迅速向热河边境集结，骑兵第4旅团，混成第14旅团待命出动。此前军部还下令增派部队，充实关东军。

2月17日，武藤下达了"进攻热河的作战命令"，规定于2月23日开始，分热北和热南两个地域展开作战。日伪进攻热河总兵力约10万余人。

张学良于1933年1月8日对中外新闻界发表谈话，表示放弃不抵抗政策，决心"以吾人之精神和血肉"，抵抗日本的侵略。18日，张又联合西北军、晋军将领发出"巧电"，表示要用"武力自卫"进行热河抗战。

在热河防务方面，张学良认为仅以东北军之力难以阻挡日军，遂多次致电蒋介石，请调中央军及晋军增援冀热。蒋以"剿共"为急务，只派杨杰赴平襄助张学良。张学良无奈，遂以北平军分会名义，将退往热河的义勇军冯占海部改编为第63军，调独立第106师沈克部至凌南一带，第41军孙殿英部调往热河。拟从东北军、西北军、晋军和中央军抽调部队，共同组成华北抗日军。初步编成第1—7军团，以及预备军团。其中第4、第5、第6军团担任热河防御。

不久，张学良又将在热河的东北军及义勇军编成2个集团军。第1集团军总司令由张学良兼任，指挥第4军团及若干部队，计5个旅，1个独立师。第2集团军总司令为张作相，指挥第5、第6军团、第63军，以及义勇军7个军团。参加热河作战的中国军队（包括义勇军）总计约13万人。

2月21日，战斗首先在热南打响。敌第8师团先遣队早川支队等部到达朝阳寺，然后向北票、朝阳进攻，沿途与东北军董福亭旅和义勇军朱霁青、耿继周等部展开战斗。至25日，北票、朝阳相继失守。热南战线，敌人继续推进。敌第8师团分两路向平泉推进，配属第8师的混成第14旅团从绥中向凌源方向夹攻。第8师团川原挺进队在叶柏寿遭到守军于兆麟旅和义勇军的抵抗，后于旅不支退走。但其684团仍坚持防守。敌混成第14旅团在纱帽山等地受到我军第19旅抗击，后又在庙岭附近遇我第8旅阻击，受到重创。

3月2日攻占了凌源。4日占领了热河省会承德。

热北战线，敌第6师团于23日分三路，从通辽、彰武等地向开鲁、下洼方向进攻。3月1日敌第6师团和骑兵第4旅团分路进击赤峰，在赤峰以东与守军孙殿英部第117旅及退守的冯占海部展开战斗。热北重镇赤峰、承德先后失陷，敌已攻占热河主要城镇及交通要道，随即向长城沿线推进。

热南战败，承德失守后，张学良命第7旅前进至青石梁反击敌人。敌第8师团探知后，派第16旅团前往攻击，双方在长山峪一带展开激战，后敌增加援兵，敌混成第14旅团，于3月4日占领冷口。混成第33旅团分数路向界岭口、义院口长城沿线推进，其先头部队于3月11日占领界岭口长城一角。

热北战线，敌第6师团主力于3月5日进入赤峰，于3月9日和14日占领了热北要地全宁（乌丹）和林西。至此，热河全境陷于敌手，热河作战基本结束。

热河沦陷，全国哗然，同声谴责国民党政府的军事和外交政策，并指责张学良未尽守土之责。在一片谴责声中，张学良于3月7日电请南京政府引咎辞职。而蒋介石为防火烧身，更把失地之责完全推给张学良。

3月10日，张学良正式通电下野，东北军改编为5个军，分由于学忠、万福麟、王以哲、何柱国、冯占海等统辖，命张学良出国考察。

1933年底，蒋介石为利用东北军"剿共"，电召张学良回国。

次年1月8日，张学良回到上海，被任命为"鄂豫皖剿匪总司令部"的副总司令。从此，东山再起的张学良和他的东北军被蒋介石推上与红军作战的道路。然而，他的内心是痛苦的。他曾对人说，"国人骂我不抵抗，我现在很希望领袖不叫我'剿共',叫我抗日。我觉得'剿共'牺牲不如抗日牺牲更有价值。"在武昌期间,张学良曾邀请流落武汉的东北同乡聚会。他请到会者每人喝一杯又苦又涩的黄连水,要大家卧薪尝胆,不忘国耻。

1935年,工农红军长征进入陕北,蒋介石便撤销了鄂豫皖"剿总",改在西安设立"西北剿匪总司令部",蒋自兼总司令,张学良仍任副总司令,代行总司令职务。于是,张学良又率领近20万东北军来到陕甘,可是与共产党领导的红军作战,又连吃败仗。而正在这个时候,日军加快了侵华步骤,国民党政府对于日军的军事进攻一直采取妥协态度。全国要求停止内战,共同抗日的呼声也越来越高。

接连的失利使张学良不得不正视自己的对手,这是一支不可轻视的力量。红军到达陕北不久,就消灭了东北军的两个师,他对部下说:"红军经过二万五千里长征,还能打败东北军,是值得深思的。我们都是带兵的,这万里长征,你们谁能带?谁能把军队带成这个样子,带得都跟你走?"后来,张学良在自己的回忆录中,又收入了这段话。晚年接受电视台采访,他依然说出同样的话。

他开始为东北军的前途和出路而忧虑:这样和红军打下去,打回老家去的梦想还能成为现实吗?这时,"一二·九"运动爆发,南京的青年学生举行了声势浩大的游行示威,"停止内战,一致抗日"的吼声就响在张学良的身边。出路在哪里呢?困惑中的他想起了老朋友杜重远。

杜重远是吉林怀德人,早年留学日本,曾任奉天省(今辽宁省)总商会副会长。"九一八"事变后到北平,与阎宝航等人成立"东北民众抗日救国会",一面进行抗日宣传,一面声援东北抗日义勇军。不久又到上海从事抗日救亡活动,并创办《新生周刊》。该杂志因刊登《闲话皇帝》一文,被日本驻沪总领事认为是污辱了日本天皇。杜重远因此被判处徒刑14个月。

张学良在南京开完会后,秘密到上海会晤了仍在狱中的杜重远。杜重远诚恳地提出了张学良过去的错误,建议他联合红军抗日,并指出,西北军将领杨虎城有抗日进步思想,身边又有一批爱国之士,可以与他合作,以形成西北大联合,共同抗日的局面。杜重远的一席话,使张学良受到很大启发。此后,他又找了从苏联回国的东北义勇军将领李杜,希望李杜能帮助他沟通与苏联的关系,并郑重请李杜替他介绍中国共产党的关系,相机进行商谈。

在上海的最后一天,张学良又专程拜访了孙中山的遗孀宋庆龄女士。宋庆龄在听了他的倾诉后,热情鼓励他要振作精神,用积极抗日的实际行动来改变

"不抵抗将军"的形象。

3. 报国恨，杨虎城与红军签订共同抗战的《汉中密约》

1893年11月26日，杨虎城出生在陕西蒲城县孙镇甘北村一户农民家里。

1908年，父亲杨怀福因为杀人被清政府绞死在西安。杨虎城后来在家乡组织一个丧葬互助组织孝义会，当年中秋扩大为以打富济贫为宗旨的中秋会。

1911年，武昌起义爆发，杨虎城率会众参加陕西民军向字营与清军作战。

1915年，杨虎城再次率众参加陕西护国军，参与反对袁世凯的战斗。1917年，孙中山在广州树立护法的大旗，于右任在陕西三原设立陕西靖国军司令部，杨虎城顺势加入了于右任的部队，参加护法战争，被任命陕西靖国军左翼军支队司令。

1924年1月，孙中山通过杨的代表，批准他为国民党党员。也就在这时，著名进步教育家，榆林中学校长杜斌丞，为杨虎城介绍了中共陕西地区党组织创始人之一魏野畴，两人一见如故，多次彻夜长谈。

驻军陕北，是杨虎城一生中至关重要的时期。在杜斌丞、魏野畴的建议帮助下，他在自己的部队中成立了教导队，聘请了几位军事专家，还招收了一批青年学生，这些人以后在杨虎城部都担任重要职务，有的还参加了共产党。

1924年冬，冯玉祥发动北京政变，杨虎城以陕北国民军前敌总指挥的名义率部南下，参与战斗。1925年5月，孙岳的国民军第3军入陕后，杨虎城被任命为国民3军第3师师长。

1926年，北方国民军开始北伐。杨虎城所部进入西安，打响了北伐3大守城战之一的西安保卫战。

9月，冯玉祥从苏联回到绥远，向全国发表参加国民革命宣言，就任国民联军总司令，并立即组织军队救援西安。西安城被围8个月之后，终于在增援部队的支援之下解围。

西安防御战让杨虎城声名大振，1927年初，冯玉祥邀请杨虎城担任国民革命军联军第10路军司令，随后又改任国民革命军第2集团军第10军军长，率领部队协同冯玉祥共同攻打河南。

1927年，"四一二"反革命政变爆发后，南京派"反共"大同盟系统的韩镇声到达杨虎城的部队，监督他清除部队中的共产党人。杨虎城不仅没有执行"清党"命令，与共产党的关系却日趋密切，任命共产党员蒋听松为军部秘书长，魏野畴为军部政治部主任，南汉宸为军事政治干部学校校长。在他的部队中，共产党组织发展到200多人。由于叛徒向国民党交出了共产党员名单，蒋介石下令逼迫杨虎城逮捕南汉宸等共产党员。杨虎城毅然抗命不遵，仍然我行我素，不但没有逮捕共产党员，而且给他们发放路费，礼送出境。

第二年，蒋介石与冯玉祥关系破裂，在慎重考虑之后，杨虎城选择了归顺蒋介石，被任命为新编第14师师长驻防河南。

1929年冬，唐生智担任讨逆军第5路总指挥讨伐蒋介石，1930年元旦，杨虎城以迅雷不及掩耳之势攻入驻马店唐军司令部。唐生智措手不及，损失很大。1930年1月9日，唐生智被迫通电下野。为了表彰杨虎城所立奇功，南京国民党政府于1930年1月和2月先后授予杨虎城2等、3等宝鼎勋章各1枚，同时下令把17师扩编为第7军，由杨虎城任军长兼17师师长。

1930年，蒋、冯、阎之间的战争爆发，杨虎城先后担任第7军军长、第17路军总指挥，在平汉线正面堵击冯玉祥的军队。随着张学良率兵入关，战局形势胜负大局已定。

1930年10月24日国民政府国务会议通过了决议，正式任命杨虎城为陕西省政府主席。

杨虎城并不是蒋介石的嫡系，也不是蒋介石的亲信。两人合作时间也不过两年。蒋介石之所以将陕西省交给杨虎城管理，考虑的是利用杨虎城清剿北洋政府和冯玉祥的后方残余力量，同时利用杨虎城在陕西一带的威望。杨虎城在陕西征战多年，特别是西安守城后在地方享很高的声望和社会基础，用杨虎城能够增加在地方上的号召力。出于各种考虑，蒋介石最终把陕西的政权交给了杨虎城。蒋、杨之间的关系可以说是进入"蜜月"期。

杨虎城文化程度不高，但不是一个粗人。他对当时的整个形势认识非常清楚，对蒋介石这个人也有自己的看法。对于蒋介石的安排，杨虎城在自己的根本利益不受危及的情况下，以服从合作为主，在政治上表面与蒋介石保持一致。

"九一八"事变后，全国抗日气氛高涨，具有强烈爱国思想的杨虎城在民族大义面前，也明确反对蒋介石的"攘外必先安内"政策，积极主张抗日。1933年，他曾亲自到石家庄面见蒋介石，主动请缨抗日，但是却遭到了冷遇，这也深深伤害了杨虎城的一腔报国之心。这一年6月，杨虎城与川北的中国工农红军第4方面军签署了《汉中密约》，达成互不侵犯默契，双方承诺不打内战，一致把矛头指向日本人。

虽然抗日主张被蒋介石拒绝，但杨虎城并没有放弃初衷，他对部下说，"国家民族不抗战，没有出路，我们17路军也没有出路。"他办起了步兵训练班，进行以抗日为主的教育，在军中教唱《义勇军进行曲》《大刀进行曲》等歌曲。

1933年5月，共产党员吉鸿昌与冯玉祥合作在张家口打起抗日同盟军的旗帜。他立即通电拥护，并为抗日同盟军提供武器弹药。

1934年"九一八"3周年之际，杨虎城在西安绥靖公署操场上阅兵，公署大门的横幅是："摒绝一切内战，统一意志，以图救亡。"

4. 图合作，陕西北实现"三位一体"

1935年，中共中央红军主力经过一年多的长征胜利到达陕北，在日寇侵略的紧张形势下，中共中央召开瓦窑堡会议，确立了抗日民族统一战线政策，同时也把张学良的东北军、杨虎城的西北军作为统一战线工作重点。

1936年1月中旬的一个傍晚，张学良从"剿总"办公地点回到金家巷公馆，机要参谋把译好的电文交给张学良。电报是驻军洛川的67军军长王以哲打来的，只见上面写道："被红军俘去两个月的高福源团长，现被红军派回，据云有机密要事，要求向副司令面陈。"

阅罢电报，张学良的心中似翻江倒海，他没有想到高福源还活着，更没有想到会被红军放回来。张学良立即自己驾机前往洛川，接见这位突如其来的"俘虏使者"。

原来，高福源被俘后，红军不仅没有杀他，还给他认真换药，医治枪伤，派专人向他介绍共产党停止内战，一致抗日的主张。在瓦窑堡的两个月生活，这位性格耿直的东北军军官思想发生了很大变化。他向中共中央联络局局长李克农主动提出，回去说服东北军和张学良与红军联合抗日。他的要求得到了批准。

张学良到了洛川王以哲军部后，连茶也没喝一口，就吩咐把高福源带来。高福源虽是一身陕北农民的打扮，羊肚白毛巾，黑衣黑裤，还是立正向张学良行了个标准的军礼，"报告副司令，我回来了。是红军让我回来的，有许多情况要向副司令报告。"

张学良右手猛地往桌子上一拍，大声喝道："你好大的胆子，打了败仗，当了俘虏，还有什么脸面回来见我！我枪毙了你！"

高福源毫不示弱，慷慨陈词："副司令，你要杀我，就像踩死一只蚂蚁一样,那太容易了。但你不要忘了,我们东北3000万同胞当了亡国奴,不要忘了先大帅是怎么死的。现在人家共产党提出停止内战,一致抗日,诚心诚意要帮助我们东北军打回老家去。你有什么理由拒绝人家的好意,有什么理由骂人家是'匪'?副司令,再继续打内战,我们东北军就要被消灭完了。"高福源越说越激动,不禁泪如泉涌、失声痛哭。张学良也流下了滚烫的泪珠,他从椅子上站起来,双手搂住高福源的肩膀,激动地说:"你说得对,你说得对,刚才我是想试试你的胆量。不错,你是好样的。"

高福源擦了擦泪水,把他在瓦窑堡的所见所闻向张学良做了详细汇报。最后,他说道:"如果副司令愿意同共产党合作,他们可以派正式代表来和我们进行谈判。"听到这里,张学良立即对高福源说:"你休息两天赶快回去,请红军派一位正式代表来,我们正式商谈一下。你就放心去做这个工作,万一出什么危险,你家属的生活和子女的教育,都由我和王军长负责。"

高福源回到瓦窑堡后,叙述了他和张学良见面的经过,受到了毛泽东、周恩来的亲切接见和热情鼓励。中共中央决定派李克农为代表与张学良会谈。

3月4日,张学良在洛川与李克农进行了会谈,并达成了3项口头协议:(1)为进一步商谈抗日救国大计,中共派一位全权代表,最好是毛泽东或周恩来,与张再次商谈;(2)红军代表经新疆去苏联,由张负责和盛世才交涉通道问题;(3)中共派一位联络代表常驻西安。

4月8日上午,周恩来、李克农和随行人员按预定时间赶到延安城东北的川口村。由于这天风雪交加,加上双方联络失时,张学良没能按时到达。第2天下午,天晴云散,张学良的专机才在延河边的一个简易机场降落。下了飞机以后,张学良与同行的王以哲等急速向会谈预定地点、城内的天主教堂走去。

周恩来与张学良作了彻夜长谈。张学良完全同意关于"停战合作,一致抗日"的总方针。他说:"我是国家至上,民族至上。"周恩来说:"我们也是这样。"张学良特别向周恩来提出,抗日统一战线应包括蒋介石,并详细谈了他的看法。周恩来表示要认真考虑这个意见(中共中央后来接受了张学良的意见,并考虑其他因素将反蒋抗日方针改为逼蒋抗日方针)。双方还就停止内战,组织国防政府和抗日联军,红军北上抗日,经济通商,互派代表,进行抗日教育等问题达成了一致。

会谈结束时,张学良、周恩来"共誓永不毁约",张学良把一本中国地图赠送给周恩来,说"共同保卫中国",还赠送私款2万元银洋(后又赠送20万法币),并招待周恩来一行吃了一顿丰盛的晚餐。周恩来一行告别张学良时,已天色大明。

延安会谈，在张学良坎坷不平的戎马生涯中掀开了新的一页，他终于找到了报仇雪恨、抗日救国的道路。

中国共产党在争取张学良共同抗日之时，也没有忘记长期与共产党合作的杨虎城，加强了同杨虎城的联系。

1935年12月，中共中央委派红26军政委汪锋携带毛泽东的亲笔函件去西安会见杨虎城，商谈联合抗日事宜。

汪锋在西安期间，3次会见杨虎城。但因杨虎城还有些疑忌，会谈没有取得实质性的结果。

1936年2月，中共北方局负责人之一王世英来到西安，与杨虎城秘密会面。双方经过交谈，达成口头协议：（1）红军愿与17路军建立抗日友好互不侵犯协定，双方各守原防，互不侵犯；（2）双方可以互派代表；（3）17路军建立交通站，帮助红军运输物资和掩护人员往来；（4）双方同时做抗日准备工作。

4月底，王世英再次来到西安，告诉杨虎城，中共中央已同意他们所达成的口头协议，同时说明汪锋是毛泽东所派的。杨虎城表示对协议原则同意。8月下旬，中共中央又派毛泽东的秘书张文彬为代表，继续与杨虎城谈判。9月7日，双方达成3条口头协议：（1）互不侵犯；（2）取消经济封锁；（3）建立军事联络。这次会谈确定了红军与17路军的联合。

在红军分别与东北军、17路军实现联合后，剩下的就是东北军与17路军之间的联合问题了。张学良与杨虎城原只限于官场应酬来往，但2人都有与对方搞好关系的愿望，经过一段时间的接触、试探，相互之间情谊日增，双方还各自派人组成联席会议，不定期举行。由于联席会议的沟通，张、杨之间商谈的问题日渐深入，可以深谈停止内战和抗日等问题了。1936年6月，广东、广西发生"反蒋事变"，张、杨经过反复商量，决定分别致电蒋介石，反对对两广用兵，要求和平解决事变，实现国内统一，共商抗日大计。如果蒋介石对两广用兵，即出兵援助两广。为避免引起蒋介石的猜忌，两封电报的措辞不同。

对"两广事变"的态度，表明张学良、杨虎城已联合一致。这样就形成了红军、东北军、17路军三方面联合抗日的统一战线。三方之间，互相信任，通力合作，为团结抗日共同奋斗。人们把这种局面称为"三位一体"。三位一体的抗日阵线，在陕西北大地迅速发展，正以倒海翻江之势掀起扭转乾坤的狂澜。

抗日救国事业把东北军、17路军和各阶层民众紧紧联结在一起，在爱国热情激励下，在各界抗日热情的鼓舞下，张学良向蒋介石上书，恳请蒋介石允许他援绥抗日，但是遭到了蒋介石的严词拒绝，为了实现他的"剿共"愿望，蒋介石调集了30个师的嫡系部队进入陕甘，图谋全歼红军。

12月4日，蒋介石看两人与红军作战不力，为了威逼张学良和杨虎城进一步"围剿"红军，他亲自赶到西安，坐镇指挥。面对两人提出的抗日主张，蒋介石向张学良、杨虎城摊了牌，同时提出两个办法让他们选择：第一个是服从命令，把东北军和17路军全部投入陕北前线，在其嫡系部队监视之下积极"进剿"红军；第二个选择是如果两人不愿执行"围剿"红军的命令，就要把东北军调到福建，把17路军调到安徽。这样一来，陕甘地区就落到了蒋介石嫡系部队的手里。

蒋介石的两个办法都是张学良和杨虎城无法接受的。他们不愿再替蒋介石打内战，也不想带着自己的部队离开西北这个根据地。

为了争取蒋介石能同意联共抗日的要求，12月7日，张学良流着眼泪向蒋介石进谏，停止对红军的"围剿"，联共抗日。

张学良站在民族大义的立场上，向蒋介石陈明了利害关系，希望蒋介石能够接受自己的意见。他没有意识到，主张"攘外必先安内"的蒋介石一直把红军作为最重要的敌人，把共产党视作心腹大患。蒋介石听了张学良的进谏以后，勃然大怒，大骂张学良年轻无知，是受了共产党的迷惑。劝说蒋介石抗日的方式行不通，摆在张学良和杨虎城面前的出路只有一条，就是实行兵谏，逼蒋介石抗日。西安事变随即爆发了。

5. 西安事变和平解决，成了扭转时局的枢纽

12月9日，是"一二·九"运动1周年纪念日。在中共西北特别支部的领导下，西安各大学、中学的青年学生举行了轰轰烈烈的爱国游行请愿活动。

爱国学生先后到国民党西北总部、陕西省政府、西安绥靖公署请愿，要求"停止内战，一致抗日"。下午三四点钟，队伍又向临潼行进，准备向住在华清池的蒋介石请愿示威。张学良把学生去临潼请愿的事用电话报告了蒋介石。蒋介石暴跳如雷，立即电令张学良派兵镇压，连声吼叫"要格杀勿论"。张学良怕学生吃亏，连忙乘车追赶游行队伍，劝学生回去，"否则会发生流血惨案。"

学生们回答："我们愿为救国而流血！我们愿为救国而牺牲！"一个学生大

声说:"张先生,你的家乡东北已沦亡了五六年,你的祖宗坟墓还在那里,忘记了吗?现在,眼看日寇要全面进攻,你们的枪还要打自己人,是何居心?我们要同蒋介石去算账!"说罢放声大哭,不一会儿,全场哭成了一片。青年学生们边哭边喊着:"我们不愿做亡国奴,我们情愿为救国而死!"

张学良也抑制不住内心的冲动,他激动地说:"各位同胞!各位同学!我张学良是国家的军人,不是蒋某人的走狗。我的枪决不打自己人,你们的要求也就是我的要求。请相信我吧,我没有忘记家乡,也没有忘记祖宗坟墓。我不是愿意做亡国奴的人,我的最后一滴血一定要流在抗日的战场上。我不辜负你们的救国心愿,绝不欺骗大家,一周内我用事实答复你们。如果逾期欺骗了大家,我张学良甘愿你们群众在任何地方把我处死。请同学们先回城去吧!"学生们见张学良如此动情、如此恳切,才折回西安,避免了一场流血事件。

当晚,张学良再去见蒋介石,转达了学生的要求,随后乘机进谏。蒋介石怒气冲冲地打断了张学良的话:"你到底是学生的立场呢?还是国家大员的立场呢?告诉你,对于这些青年,除了用枪打,除了用刀杀,是没有办法对付的。"至此,张学良不想再说什么了,发动事变的决心已定。

10日,张学良、杨虎城经过商谈,一致认为时不待人,决定当天准备好,11日夜间(实为12日清晨)行动。一场暴风雨已经是不可避免的了。

1936年12月11日晚,杨虎城公馆新城大楼宴会厅,灯火辉煌,觥筹交错。张学良、杨虎城正在这里联合宴请南京政府军政大员和西安的各界名流。赴宴者谁也感觉不出异样。

宴会结束后,张学良回到金家巷公馆,与他的亲信干部举行紧急会议,当众宣布"兵谏"计划。他激愤而严肃地对大家说:"我们东北军亡省亡家,又背了不抵抗的骂名,为全国人民所不谅解。这样的闷气,我们实在受够了。现在委员长死逼着我们东北军去打内战,不服从他的命令,他就要把我们调开消灭掉。我们真是再也不能忍受下去了!我们再也无路可走了!"说到这里,他看了看大家,又继续说道:"我已经和杨主任商量好,明晨5时临潼、西安一起行动,采取非常措施,把他扣起来,请到城里,逼着他答应我们抗日!"

接着,张学良布置了具体行动计划:以105师刘多荃为临潼行动的总指挥;以105师2旅旅长唐君尧指挥一个团包围华清池,不使一个落网;以骑兵6师师长白凤翔、18团团长刘桂五、卫队营营长孙铭九率卫队营冲入华清池,活捉蒋介石;同时电令驻兰州、洛阳的东北军部队一齐行动。

12月12日凌晨4时,华清池五间厅内,蒋介石还在被窝内做着两个月消灭"共匪"的迷梦。"砰！砰！砰！"几声枪响，蒋介石一骨碌翻起身来，他以为是红军打进来了，惊慌失措，衣服也来不及穿，只披着睡袍，拖着鞋就往外跑。当他由两名贴身侍卫搀扶着翻越围墙时，心慌意乱，不慎跌下墙外的深沟，鞋也丢了一只。最后由侍卫把他背到虎畔石后休息。后来，蒋介石回到南京，为了遮掩他的丑态，下令把这块石头叫作"民族复兴石"，还让人在这里修了一个亭子，叫作"民族复兴亭"。现在，人们把这个亭子改名"兵谏亭"。

孙铭九等冲进五间厅时，发现蒋介石已不见了，但蒋的衣帽还挂在衣架上，公文包、假牙也都摆在桌子上。刘多荃用电话向张学良报告说，蒋介石不见了。

张学良和杨虎城接到报告，感觉事态严重了。张学良立刻对孙铭九下了死命令，一定要找到蒋介石。挂了电话，气氛变得凝重起来。张学良和杨虎城走到室外散步，两个人心情忐忑，无法预测接下来会发生什么。他们最后在假山旁边站住谈话，两人的情绪都很紧张，心情都有些不安。

张学良对杨虎城说："虎城兄，如果委员长到西安后，采纳了我们的意见，我便送他回南京。"张学良这是已经决定，如果蒋介石接受他们联共抗日的意见，他会亲自护送蒋介石回南京。后来他确实是这样做的。

杨虎城低头沉思了片刻说："委员长生死未知，是否能找到？"但是，事态已经容不得他们过多的思考。孙铭九很快又有电话打过来，汇报说蒋介石已经抓到了。听到这个消息，让两个人忧虑一下子消失了。

原来，孙铭九接到张学良的命令后，立即率领卫队营搜山。此时，天边已露出晨光，蒋介石的一个亲信侍卫听见人声，探出头来观察，刚一露头，"砰"的一枪就被送上了西天。蒋介石见势不妙，连忙喊"我在这里，我在这里"。孙铭九听见喊声跑了过来，只见蒋介石身穿一件古铜色睡袍、白衬裤，光着头，赤着脚，满身是土，早没了昔日盛气凌人、耀武扬威的神气。蒋介石不知来的是什么部队，连问："你们是哪里来的？"孙铭九答称："奉副司令命令，请委员长进城，领导我们抗日，打回老家去。"蒋介石这才明白，搜山的是东北军，便带着发怒的口气说："叫你们副司令来！"孙铭九说："此地不安全，还是请委员长下山吧。"然后，几个士兵把他架下了山。到了华清池门口，蒋介石又要赖，说要回自己的卧室去，东北军官兵坚决不依，孙铭九等人把他拖上了事先准备好的汽车。汽车飞也似的向西安驶去，一直把蒋介石押送到新城大楼。

在临潼方面枪声响起之时，西安城内立即按计划行动。17路军突然袭击，使对手猝不及防，7点钟即顺利结束战斗，共缴获枪支4000多支，扣留飞机45架，南京方面军警宪特死亡200多人，17路军伤亡六七十人。南京来西安的军政大员蒋鼎文、卫立煌、陈诚、朱绍良、陈继承、陈调元、蒋作宾等全部被抓。

华清池行动结束以后，张学良立即致电毛泽东、周恩来。电称："蒋之反革命面目已毕现，吾等为中华民族及抗日前途利益计，今已将蒋及重要将领陈诚、朱绍良、蒋鼎文、卫立煌等扣留，迫其释放爱国分子，改组南京政府。兄等有何高见，速复，并望红军全部集结于环县，以便共同行动，以防胡（宗南）北进。"其后张、杨又联名电邀中共中央派人来西安共商大计。

12日上午，张学良、杨虎城向全国和南京政府发出通电，说明发动兵谏的意图，提出8项救国政治主张：（1）改组南京政府，容纳各党各派，共同负责救国。（2）停止一切内战。（3）立即释放上海被捕之爱国领袖。（4）释放全国一切政治犯。（5）开放民众爱国运动。（6）保障人民集会结社之政治自由。（7）确实遵行总理遗嘱。（8）立即召开救国会议。

通电之后，张学良又分别致电南京政府行政院副院长孔祥熙和蒋介石夫人宋美龄，说明只要接受抗日要求，将保证蒋介石的安全。

中共中央在获得西安事变的确实消息后，立即召开了政治局会议，正确分析了当时错综复杂的政治形势，经过反复研究，确定了和平解决的方针，并派周恩来、秦邦宪、叶剑英等前往西安参加谈判。

12月17日，以周恩来为代表的中共代表团抵达西安，与张学良、杨虎城进行协商。与此同时，宋子文、宋美龄和端纳作为蒋介石的代表，也匆忙抵达西安。3方经过谈判，迫使蒋介石最终接受了张学良、杨虎城二人联共抗日的要求。

12月25日，张学良和杨虎城2人释放了蒋介石。张学良信守了自己的承诺，释放蒋介石之后，亲自护驾把蒋介石送回到南京。至此西安事变宣告和平解决，促成了国共联合抗战的民族统一战线形成。

西安事变是中国抗战历史的重大转折点，西安事变的和平解决是各种力量相互作用的结果。中共中央对西安事变和张学良、杨虎城一直评价很高，认为此举挽救了国家民族的一大危机。

西安事变和平解决之后，张学良和杨虎城的命运也发生了翻天覆地的改变。虽然他们最终放了蒋介石，但是蒋介石并没有打算放过他们。回到南京以后，蒋介石就违背了他在西安的承诺，扣留了陪他一同到南京的张学良。从那之后，张学良一直被蒋介石软禁。后来，国民党政府战败退守台湾之后，张学良也被蒋介石带到台湾继续软禁，一生再也没有踏回大陆，最终于 2001 年 10 月 14 日在美国过世。

与张学良相比，杨虎城的命运更加悲惨。西安事变后，杨虎城失去了对西北军的控制权，被迫"出国考察"。"七七"事变发生之后，1937 年 12 月，杨虎城偷偷回到中国，准备参与到抗战事业中。但是，他和家人很快就在南昌被国民党特务逮捕，关进监狱长达 12 年之久。1949 年 9 月 6 日，国民党政府弃守重庆前夕，杨虎城和家人、秘书一共 8 人在重庆戴公祠被国民党特务杀害。

1949 年 11 月 30 日，重庆解放，12 月 1 日，杨虎城的遗体被发现。1950 年 1 月 15 日，重庆隆重举行杨虎城追悼大会，邓小平、刘伯承等西南区党政军领导都参加了追悼会。16 日，中共中央和中央人民政府分别向杨虎城的家属发了唁电，高度评价了杨虎城有功于国家民族的伟大业绩。中共中央的唁电指出："杨虎城将军在 1936 年与中国共产党合作，推动全国一致抗日，有功于国家民族。""杨将军的英名，将为全国人民所永远纪念。"30 日，杨虎城的忠骸和随同死难者的灵柩从重庆运到西安。以彭德怀为首的西北区党政军领导和各界人士，在西安车站举行了迎灵公祭。2 月 7 日，根据家属意见，杨虎城的遗骨被安葬在西安南乡韦曲少陵原杜甫祠西侧。

毛泽东在 1945 年《论联合政府》的文章中指出："西安事变的和平解决成了时局转换的枢纽：在新形势下的国内的合作形成了，全国的抗日战争发动了。"

1946 年延安各界集会纪念西安事变 10 周年，周恩来在集会上讲话，赞扬张、杨两将军"是有大功于抗战事业的"。

2009 年 9 月 10 日，在中共中央宣传部、组织部、统战部、文献研究室、党史研究室等 11 个部门联合组织的"100 位为新中国成立作出突出贡献的英雄模范人物和 100 位新中国成立以来感动中国人物"评选活动中，张学良和杨虎城都被评为"100 位为新中国成立作出突出贡献的英雄模范人物"。

第五章

谁是全面抗战后最早殉国的高级将领？
——佟麟阁

佟麟阁（1892—1937），原名凌阁，字捷三，满族人，河北高阳人，国民党追赠二级陆军上将，国民革命军第29军副军长。

佟麟阁1933年率部参加长城抗战，取得喜峰口大捷。同年5月，参加察哈尔抗日同盟军，任第1军军长兼代理察哈尔省主席，跟随冯玉祥驰骋察省，打击日军，收复失地。卢沟桥事变爆发后，佟麟阁将军率部与日军作战，头部受重伤，壮烈殉国，为中国全面抗战爆发后最早捐躯疆场的一位高级将领。

中国共产党在巴黎出版的《救国时报》载文敬悼佟麟阁将军，称赞他为"奋战至最后一滴血""足为全国军人的模范"。

国民政府在佟麟阁表彰令中称："以捍卫国家、保守疆土为职志，迭次冲锋，奋厉无前。论其忠勇，洵足发扬士气，表率戎行。不幸身陷重围，死于战阵。追怀壮烈，痛悼良深！"

1. 衷心救国，立马江山望东北

1892年10月29日，佟麟阁出生在河北省高阳县渡口乡边家坞村一个满族农民家庭。7岁那年，佟麟阁就拜舅父胡先生为师，开始发奋读书。

1911年11月，滦州起义爆发，冯玉祥等人发动了起义。1912年，冯玉祥到河北景县招募，佟麟阁成为冯玉祥麾下的一名哨兵。很快就被提拔为哨长。1914年，佟麟阁担任第16混成旅第1团第3营第2连连长，在陕西驻防。1917年，驻防廊坊的佟麟阁参加了冯玉祥领导的"廊坊起义"。张勋被打败以后，佟麟阁升任第1团第1营副营长，1920年，又在第4团担任营长，在湖北驻防，不久又调到了信阳。

第一次直奉战争爆发，河南督军赵倜被打败以后，冯玉祥在河南扩充和整顿军队，编练了两个补充团，每团2000人，佟麟阁升为团长。1924年，佟麟阁升任陆军第25混成旅旅长。同年随冯玉祥参加北京政变。冯玉祥控制北京，决定组织国民军，佟麟阁担任国民军第11师31混成旅旅长。1925年，苏联

佟麟阁

顾问来到国民军,进一步扩大编制,国民军步兵被编为12个师,佟麟阁升任第4师师长。

1926年,段祺瑞和冯玉祥之间的矛盾爆发。段祺瑞等人以国民军"赤化"为借口,纠集50余万之众,组织"讨赤"联军,分5路向国民军进攻。国民军被迫撤出北京。

1926年9月17日,冯玉祥举行"五原誓师"响应北伐,宣布全军官兵加入国民党。当时,国民军的杨虎城等部被吴佩孚的刘镇华部包围在西安,已有8个多月,十分危急。佟麟阁接到冯玉祥的命令,率领本部和吉鸿昌第5军为先头部队,赶赴咸阳。经过激战,先是解了赵登禹部之围,之后又进军西安,击败刘镇华的部队,西安之围终于解除。

不久,国民军被改编为国民革命军第2集团军,冯玉祥任总司令。在西安就职之后,冯玉祥把所部分为五路向河南进军,佟麟阁为第五路副总司令,和总司令石友三率领11师等部东出潼关,攻占了洛阳、孟津。1927年5月30日,占领孝义、郑州。6月1日,又占领了开封,与北伐军唐生智部会师。1928年1月,国民党南京政府再次北伐。佟麟阁任第2集团军第35军军长兼第11师师长。转战豫、鲁、冀各省,屡立战功。

1929年1月,南京国民政府召开整编会议,第11师经过整编以后,佟麟阁仍然担任师长。1930年中原大战爆发,佟麟阁奉冯玉祥之命,在西安建立新1军,任军长兼第27师师长,负责召集西北军旧部,并招募新兵,积极训练,巩固后方。

中原大战中,西北军被蒋介石打败,各派势力瓦解,冯玉祥残部被蒋介石收编为陆军第29军,佟麟阁被任命为副军长,军长为宋哲元。但是,佟麟阁对军阀混战已经厌倦了,他并没有到任,而是追随冯玉祥过起了隐居生活。

1931年9月23日,也就是"九一八"事变之后第五天,冯玉祥发表了抨击蒋介石"不抵抗"政策的通电,谴责蒋介石媚外误国。10月21日,冯玉祥又通电全国,提出了抗日救国13项主张,即实行全体动员,鼓励军心;恢复党的民主;恢复民众运动;启用革命有功人员;严肃法纪以清吏治等。对于这些主张,佟麟阁极力拥护,并积极地付诸实际行动。为了实现冯玉祥提出的抗日主张,佟麟阁离开峪道河,来到地处抗日最前沿的张家口29军驻地,帮助宋哲元训练军队。练兵有方的佟麟阁在这国家危难时期,练兵更卖力,突出强调对士兵的思想教育。抵御外侮,抗日救国是他经常挂在口边的话。在对士兵训话时,佟麟阁常引用冯玉祥说的话:"你忘了没有,东三省为日本占了去,有硬骨头的人,应当拼命去夺回来。"

2. 满腔热血,临危受命抗日寇

1932年10月,一直隐居泰山的冯玉祥突然由山东泰安赶到张家口,专门找佟麟阁商议有关组建同盟军进行武装抗日的事宜。由于冯玉祥来得突然,佟夫人没有准备,不知如何招待,就很焦急地跟佟麟阁说:"家里什么都没有,拿什么招待他呢?"佟麟阁深知冯玉祥秉性,就毫不在意地说:"冯先生来有啥准备的。就拿咱家常吃的小米面窝头,外加大萝卜咸菜招待好了。"然而,冯玉祥对这顿饭很满意。这顿饭不仅很合他的脾胃,更重要的是冯玉祥由此看出,他的这位心腹爱将身居高职仍保持着艰苦朴素的本色。他高兴地夸奖佟麟阁说:"你不愧是我的好部下,做了大官还没有丢失农民的本色。"

饭后,两个人就开始密谈。冯玉祥告诉佟麟阁说:"目前国势危急,我们不能坐以待毙。我这次复出,决心走武装抗日的道路,国家危亡之际,只有拿起枪来,才能救亡图存。"佟麟阁听后深有同感,极力赞成,并表示愿意为之努力。两人进行了十分详尽地探讨,最后他们决定组建一支抗日同盟军,实行武装抗日。送走了冯玉祥之后,佟麟阁心情非常激动,立即挥毫写下了唐代边塞诗人王昌龄的《出塞》:

秦时明月汉时关,万里长征人未还。
但使龙城飞将在,不教胡马度阴山。

此后,佟麟阁就按照与冯玉祥探讨的计划,多方联系,积极奔走,开始做建立一支抗日武装的各种筹备组织工作。

机会很快来了。1933年5月初,察哈尔省北方重镇多伦失守,日本关东军参谋长小矶国昭接受法国路透社记者的采访时,狂妄地叫嚣:"为保卫'满洲国'西境的安全,日军有进驻张家口的必要。"紧接着,沽源又告失守,整个察省形势危急。

在此国难当头,中国民众格外团结,5月26日,聚集在张家口的各界军民立即行动起来，宣布成立察哈尔民众抗日同盟军，全军约10余万人，共同推举冯玉祥出任总司令。冯玉祥向全国发出了通电，号召全民武装抗日。

随即，佟麟阁、高树勋等14名高级将领联名通电全国，宣布响应冯玉祥的号召，参加察哈尔抗日同盟军。通电文中指出，我们愿意在冯玉祥将军的领导下，团结全国各界民众，武装民众，誓以满腔热血，洒满疆场，保我河山，收复失地。

随即，佟麟阁被任命为抗日同盟军第1军军长，仍代理察哈尔省主席。

6月15日，召开了抗日同盟军第一次军民代表大会。大会制定了抗日救国的政治、军事等各项纲领，并推选出了11人组成的军事委员会常务委员，身兼军政要职的佟麟阁成为其中一员。

20日，佟麟阁、吉鸿昌、方振武等26名将领联名通电全国，庄严地宣布："为民族生存而战，应民众的要求而奋起，敢对国人一掏肺腑。凡与敌人同一战线者皆为吾仇。我们抗日盟军一定要重整义师，克日北上作战，克复察哈尔省的失地，再图还我河山。东3省及察哈尔省不收复，此誓不渝。"这封电文在全国引起了强烈的震动，全国各界纷纷响应，抗日的热潮风起云涌。

佟麟阁积极与北路前敌总指挥吉鸿昌、北路前敌总司令方振武配合，并指令自己的部属第1军第2师直接归第2军军长吉鸿昌指挥，出兵张北，收复失地。佟麟阁自己坐镇后方，运筹帷幄，筹备军饷，为前方的战事提供强有力的保证。他为了前方战事殚思极虑，不遗余力，还积极组织出版了《国民新报》，宣传抗日主张，组织民众，为前方输送粮草弹药，救护伤员，收容难民，种种事情不胜枚举。

抗日同盟军一鼓作气，连续收复了康保、宝昌、沽源，又乘胜追击，一路挺进，7月12日收复了多伦，将日伪军逐出察哈尔省，击毙了日军茂木骑兵第4团及伪军李华岑等一千多人，俘数百人，是"九一八"事变以来，中国军民抗日的首次空前大捷。接连的胜利让抗日同盟军军威大振。在全国人民的拥护和支持下，同盟军抗日情绪更加高涨。

7月26日，同盟军在张家口正式成立"收复东北四省计划委员会"，准备进一步收复东北失地。

由于有中共参与并在收复多伦时起了主导作用，察哈尔抗战引起了南京国民党政府及蒋介石集团的嫉恨和恐慌。他们不仅不给抗日同盟军补充给养，反而与日伪秘密合谋，企图两面合围，将冯玉祥的势力扼杀。7月8日，国民党调集10万兵力，向张家口逼近，攻击同盟军。28日，蒋介石、汪精卫向冯玉祥发出最后通牒，逼冯玉祥停止抗日。在外援断绝、内养不继的情况下，冯玉祥为了保存这批宝贵的抗日力量，被迫于8月5日通电全国，宣布下野，将收复国土的重任交诸国人。10日后，冯玉祥又迫于蒋介石的压力，离开了张家口回泰山。至此，威慑日寇的察哈尔民众抗日同盟军夭折了。

抗日同盟军遭遇夭折，满腔悲愤的佟麟阁当即离开了部队，退居北平的香山寓所，以示对蒋介石集团和南京国民政府的反抗。

1935年6、7月间，何应钦与日方的梅津美治郎秘密签订了《何梅协定》，对于日方提出的"取消河北省和北平、天津两市的国民党总部；撤退驻河北的国民党中央军、东北军和宪兵3团；撤换河北省主席和北平、天津两市市长；撤销北平军分会政治处；禁止全国的抗日活动"等要求，何应钦都表示承诺。这个协定实际上是中国政府放弃了华北主权，也使得察哈尔省成为与日伪直接接触的前沿。

此时，29军军长宋哲元刚刚回到察哈尔省任省主席，他既要忙于省政应付，又要疲于外交应付，根本没有时间来训练军队，更谈不上秣马厉兵来加强武备。因此宋哲元一连写了3封书信，力请佟麟阁出山助自己一臂之力。29军的冯治安、赵登禹、张自忠和刘汝明等4位师长是佟麟阁昔日的老部下和挚友，他们也联袂相邀，请佟麟阁出山与他们一起共同抗日。

1936年春，佟麟阁在二女儿佟雅侬的陪同下，离开了香山寓所，前往北平，就任29军副军长，并兼任抗日军事训练团的团长。

受命负责维持冀察政局的宋哲元的心态是十分复杂的。作为29军的统帅，从其内心世界而言，他是想抗日的。当年就是他的军队最早喊出"宁作战死鬼，不当亡国奴"这样响亮的口号，他本人也有过长城喜峰口抗日英雄旧日的辉煌。但是，国民政府各派势力的互相倾轧，以及蒋介石集团"不抵抗"的大政方针，又使得他顾虑重重。为了保存实力和地盘，进退维谷的宋哲元选择了回避。

1937年2月，宋哲元借口为父亲修墓和养病，离开了北平，任命佟麟阁代理29军军长。佟麟阁"临危受命"，成为整个北平地区最高军队首脑，直面咄咄逼人的日寇。

佟麟阁没有推辞，没有犹豫，毅然担负起这副艰巨的重担。他一方面训练军队，教育官兵；另一方面随时将日军的情况报告冯玉祥（这时冯玉祥在南京任军事委员会副委员长），保持着信息的畅通，随时和自己的老上级保持联系。他还与冯治安、赵登禹、张自忠、刘汝明各位师长精诚团结，随时准备共同御敌。他慷慨激昂地对官兵们说:"中央如下令抗日,佟某若不身先士卒,君等可执往天安门前,挖我双眼,割我双耳。"佟麟阁将军主动请缨抗战的消息迅速地传遍四方,全国各地的爱国青年,慕其威名,纷纷不远千里地来到南苑军事训练团,入团接受训练。甚至于他的威名都传到了海外,有的海外赤子也从海外归来,投军练武。南苑宛然成了北方抗日的集中地,也是热血青年心中向往的地方。

3. 捍卫卢沟,打响全面抗战第一枪

1937年7月7日夜,震惊中外的"卢沟桥事变"爆发,标志着中华民族全面抗战的历史从此开始。

卢沟桥事变又称"七七"事变,是日本军国主义多年来蓄意策划的结果。随着日本法西斯战争体制的建立和侵华活动的日益加剧,充分表明日本全面侵华战争已势在必行。

"七七"事变前夕,北平的外围形势是这样的:西起丰台东至山海关的铁路沿线已经被日本的华北驻屯军控制;北平的东面属于"冀东防共自治政府"统治区,也是日寇控制的傀儡政府;北平的北面和西北面被日寇的走狗"察北伪蒙军"控制;只有北平的西南面还属29军的防守之地。这里既是29军抗敌的前沿,更是29军与大后方联系的唯一通道,29军所辖的4个师就散驻于冀察各地,而佟麟阁所率的军部直属部队及军事训练团就驻屯于北平南苑。

早在1936年下半年,日本陆海军就极力鼓吹对华全面开战。9月15日,日本参谋本部在《对华时局对策》中就提出:"在华北,万一发生有关帝国军队威信的事件时,中国驻屯军应果断地立即给予惩罚。"并为此"将给中国驻屯军增加从国内派往锦州待机的一个师团和关东军的部分兵力。日军的进攻,要求行动神速机敏,在最短的时间内给中国以闪电般的打击,就地解决问题。"这就实际上授权中国驻屯军,随时可以对中国使用武力。

1936年5月中旬,日军在没有征得中国同意的情况下,开始在丰台车站东侧建筑营房,为下一步驻军做准备。6月26日上午,中国第29军第37师一部赴丰台驻防,由于火车鸣笛,军马受惊,其中一匹军马奔入丰台正在建筑中的日本兵营,被日军扣留。中国士兵要求日军归还,遭到日军毒打。次日,日军派出一朝鲜人到中国军队兵营交涉,要求中国军队退出兵营。这一无理要求遭中国军队坚决拒绝,该名朝鲜人立即拔出短刀,并招来数名日军同中国

士兵械斗。日本中国驻屯军即以此为借口向宋哲元提出抗议，并无理要求第29军向日方道歉、赔款、惩戒当事军官，从丰台撤兵。宋哲元大体上同意了日军的要求，但拒绝撤兵，只同意换防。这就是日军为占领丰台所制造的第一次丰台事件。这次事件以中方的让步而解决，但日军企图将中国军队从丰台赶出的目的没有得逞。

9月18日下午，丰台中国驻军第6连，在野外演习的归途中，与一个中队的日军迎面相遇，双方各不相让。日军小队长岩牛少尉策马冲进中国军队队列，中国军队在忍无可忍的情况下，遂用枪托击马。日军中队长当即下令包围中国军队，并扣留了前来交涉的中国军队连长。不久，日军第1联队联队长牟田口廉也率领第1大队从北平赶来增援丰台日军，并在丰台附近的大井村，与中国军队发生冲突，双方开枪射击。宋哲元一面命令丰台中国驻军停火，一面派出代表与日军交涉。19日晨，中日双方达成协议：中国军队指挥官向日军道歉，中国军队全部撤离丰台2公里以外。当日上午，中国军队被迫撤出丰台，丰台遂完全落入日军之手。这就是日军为占领丰台所制造的第二次丰台事件，它使日军达到了完全占领丰台的目的。

到1936年底，北平已是处于日军的三面包围之中，西南面的宛平城成了中国军队进入北平的唯一门户，宛平一旦失守，平汉线被切断，北平便成了一座孤城，日军就能轻取北平，控制平津地区。

平汉路上的卢沟桥是北平这一门户上的插销，中国军队据守此处，则门户紧闭，进可攻，退可守；若卢沟桥为日军所占领，则北平就成了一座孤立无援的死城。所以，卢沟桥这一战略要点，就成了中日双方的必争之地。自日军夺占丰台之后，就一直对宛平城虎视眈眈，觊觎着卢沟桥。

从1937年5月开始，驻华北日军频频举行大规模的军事演习。演习从白天发展到黑夜，从虚弹发展到实弹。特别是驻丰台的日军，更是经常在宛平北郊举行以宛平县城为目标的演习。7月6日，即"七七"事变爆发的前一天，驻丰台日军要求通过宛平县城到长辛店地区演习，遭到宛平中国驻军的拒绝，日军纠缠达10余小时之久，至天黑才退走。这一切迹象都充分预示着日军全面侵华战争的腥风血雨即将来临。

1937年7月7日，这是一个在中国历史上极不寻常的日子。这天夜晚7时30分，由于没有月亮，静静的黑夜，能见度极差。驻丰台的日军第1联队第3大队第8中队官兵携带实弹，全副武装，以卢沟桥为假想目标，在卢沟桥附近的龙王庙——大瓦窑之间进行夜间军事演习。

当时，驻守卢沟桥的是29军37师109旅（旅长何基沣）吉星文团的一个营。午夜时分，日本北平特务机关长松井太久郎大佐电话通知国民党冀察当局，称丰台日军一个中队在卢沟桥附近演习期间，忽闻宛平城内发枪数响，致使演习部队一时呈现混乱，结果1名士兵失踪。要求进入宛平城搜索，遭到中国驻军的断然拒绝。片刻过后，冀察绥署的日本顾问缨井又来电话，声称上述条件如国民党方面不允，他们将以军队包围宛平城。这时，中方得到报告：丰台日军1个大队，携带6门大炮，正在向卢沟桥方向前进。第29军在部署军事防御的同时，副军长秦德纯委派当时的宛平县县长王冷斋等人与北平日本特务机关交涉。

中方所派代表为河北省第四区行政督察专员兼宛平县县长王冷斋、冀察政务委员会外交委员会专员林耕宇、冀察绥靖公署交通处副处长周永业3人；日方所派代表为樱井、日军特务机关副官寺平、秘书斋腾3人。与此同时，日本中国驻屯军混成旅团司令部于7月8日凌晨，命令驻丰台的第3大队于卢沟桥火车站西南方向附近随时准备战斗，并派出1个步兵中队和1个机枪小队随谈判代表进入宛平城内。王冷斋等人在前往宛平的路上，看到日军300余人，分乘8辆汽车正在向卢沟桥出发。当王冷斋一行到达宛平东北郊的沙岗时，见日军已摆好了进攻阵势。4时许，双方代表进入宛平县署。谈判还没有正式开始，日方代表寺平便气势汹汹地对王冷斋说道，现在事态十分严重，已来不及调查、谈判，中国驻城内守军必须马上退至宛平城西，待日军进入宛平城东门内时再开始谈判，中国代表坚决拒绝了日方的蛮横无理要求。4时30分，日军即向宛平发起了第一次攻击，负责宛平守卫的吉星文团金振中营长奋起自卫。双方互射1个小时左右，5时许，樱井持白旗站在宛平城墙上与日军联络，日军才停止射击，双方代表开始正式谈判。在谈判中，日方代表强令中国军队必须于当晚8时前撤退至永定河以西，否则日方将终止谈判进行武力解决。这种带有最后通牒性质的所谓谈判，理所当然地为中方代表所再次拒绝。5时30分，日军再次发起攻击，曾一度夺去29军所守卫的龙王庙、五里店、卢沟桥火车站等处阵地，并于6时左右开始以大炮猛烈轰击宛平县城。谈判即告结束，双方撤回各自的谈判代表。

是战？是退？在没有接到南京政府命令的情况下，这个选择摆在佟麟阁的面前。

佟麟阁知道，不管是从民族大义还是从军事战略的需要，都必须打这一战。日军已经发动进攻，消极等待南京政府的命令就会错失战机。他立即以军部名义向第 29 军官兵发布了命令:"凡有日军进犯,坚决抵抗,誓与卢沟桥共存亡!"

随后,佟麟阁在南苑召开军事会议,会上他表达了以死报国的决心,他说:"中日战争是不可避免的。日寇进犯,我军首当其冲。战死者光荣,偷生者耻辱;荣辱系于一人者轻,而系于国家民族者重。国家多难,军人应当马革裹尸,以死报国。"

坚守卢沟桥的战斗打响了,中国守军在佟麟阁等抗战将领的鼓舞之下,冒着日军的枪林弹雨,与进犯的日军展开了激战。一时之间,卢沟桥两岸炮声轰鸣、杀声四起。中国军队一次一次成功阻击了日军的疯狂进攻。

4. 血洒南苑,壮志未酬惊天地

7 月 7 日,卢沟桥战斗打响,8 日上午日军稍作停歇之后,再次发动猛烈进攻。日军两次向卢沟桥密集发炮,卢沟桥车站附近很快被日军占领。同时,日军由永定河东岸向西岸进攻,企图强攻卢沟桥。桥西金振中营守军一个排与进攻的日军顽强战斗,全排壮烈牺牲。战斗的惨烈激怒了宛平城西门城楼一位连长,他不等下令就派出一个排的兵力,手持大刀增援,与进犯的日军展开白刃战。战斗的激烈可见一斑,《北平时报》也刊登了当时的情况:

> 佟副军长善治军。29 军纪律严明,勇于作战。而于老百姓则秋毫不犯,佟将军训练之力也。当"七七"后,军士于烈日下守城,每一队前,置水 1 桶,用开水以止渴。商民感激欲泣,竟献西瓜,坚却不受。对老百姓恭而有礼,杀敌则勇猛无伦,堪称模范军人。

7 月 12 日,《世界日报》以《日贼侵犯宛卢,被我军击退;29 军之大刀队大杀日贼》为标题,报道 29 军战果:

(一)11 日,日军二百多名,进攻大王庙,被宋部大刀队迎头痛击,血肉相搏,此队日军被砍断头颅者三分之一,人心大快。

(二)日军新开到之援军,昨日图攻南苑(在北平南六公里,为中国空军根据地)。29 军大刀队急向日军冲锋,相与肉搏,白刃下处,日军头颅即落,遂获大胜,日军向丰台退却。

（三）日军前锋，昨拟沿铁路桥攻过永定河。华军对河隐伏，不发一枪，迨日军行近，大刀队突起，挥刀大杀，日军头颅随刀而下。后路日军大乱，纷纷溃退，华军即用机关枪扫，日军伤亡无数，两军肉搏，历2小时之久。

29军大刀队的威风，在长城抗战中，曾让日军领教，闻之胆寒，经过卢沟桥一战，更加赫赫有名。上海从事救亡运动的著名音乐家麦新写下了献给29军大刀队的战歌《大刀进行曲》：

大刀向鬼子们的头上砍去
二十九军的弟兄们
抗战的一天来到了
抗战的一天来到了

前面有东北的义勇军
后面有全国的老百姓
咱们二十九军不是孤军
看准那敌人把它消灭把它消灭
冲啊
大刀向鬼子们的头上砍去
杀

这首歌一问世，就产生了极其热烈的反响。8月8日，当时的国民救亡歌咏协会在上海文庙成立"音乐会"。自发而来的一千多名群众以激昂的情绪高唱《大刀进行曲》，越唱人越多，越唱越是群情激昂。亲自指挥唱歌的麦新更是激动，指挥棒被挥断了，他就攥起拳头指挥。后来，这首歌成为29军军歌，在全国一直鼓舞着中国军民在抗战中英勇杀敌。

就在战斗进入白热化的时候，佟麟阁的夫人彭静智来到阵前指挥所，告诉佟麟阁，他父亲佟焕文病重。

大敌当前，战局也瞬息万变。佟麟阁未及多想，深情地对夫人说："忠孝难两全，大敌当前移孝作忠吧，你代我侍奉父亲，我谢谢你！"

带着对丈夫的理解和支持，彭静智默默地点点头，噙着泪离开南苑，赶回北平。他们可能都没有意识到，接下来面临的将是永别。

面对日军连续向卢沟桥、宛平城发动的疯狂进攻。第29军坚定地执行了佟麟阁誓死捍卫卢沟桥的命令。佟麟阁更是屡次冒着敌人的炮火，到前线指挥战斗。但是，此时的后方却发生变化。日军一面进攻宛平城，一面通过和谈和恐吓等手段，对第29军军长宋哲元施压。这让宋哲元一时举棋不定。

佟麟阁知道，宋哲元如果妥协了，卢沟桥的战事将会前功尽弃。于是他对犹豫不决的宋哲元坚决表示："军长苟有不便，请去保定，平津责之，佟某可也。万一变异而敌犯，我决心以死赴之，不敢负托。"

27日，早前有些犹豫不决的宋哲元终于下定了抗日决心，发出通电表示：日人欺我太甚，不可再忍，拒绝日方一切无理要求，为国家民族生存而战。各方面的抗日决心一下，立刻就对各处防卫做了重新部署。当时佟麟阁率领29路军在南苑驻扎，宋哲元考虑佟麟阁的安全，下令将南苑29军军部迁入北平。生死存亡的关头，佟麟阁做出了自己的决定，他决心与南苑官兵和军事训练团的学员、大学生军训班的学生等一同死守南苑。

佟麟阁抗战的决心打动了宋哲元，他们连夜作出战略部署后，宋哲元发布命令，同时调派赵登禹师进驻北平。赵登禹接到命令，星夜赶到南苑阵地，和老朋友佟麟阁再次见了面。他们已经为生死一战做好了准备。此时，日军从东面丰台至山海关铁路沿线驻扎着新调进关的日军1个旅团。北面和西面有4万多伪军集结备战，对于佟麟阁和赵登禹来说，可谓是危机四伏。两个人都知道，第29军部队将会面临一场恶战。但是佟麟阁对老战友表示，"国运垂危，无论战局怎样，坚决抗战！"

和佟麟阁料想的一样，日军对南苑的进攻很快就发动了，从一开始就是一场死战。

28日凌晨3时，日军聚集5个师团，10万以上兵力，在几十辆坦克的掩护下，突然从东、南、西3面向29军发起全面进攻。当时南苑守军有29军卫队旅、骑兵第9师留守的一部、军事训练团、平津大学生军训班等共5000余人，武器装备极差。面对占有绝对优势的日军，佟麟阁丝毫没有退让，他对部属官兵表达了誓死坚守的决心，他说："既然敌人找上来，就要和它死拼，这是军人天职。没有什么可说的。"

日军派出主力第20师团在飞机、大炮和装甲车的掩护下，朝着南苑方向直扑过来，同时，日军混成第4旅团切断了南苑和北平之间的联系。从山海关外关东军中抽调的混成旅和来自朝鲜的日军1个师团，协同从日本本土派出的航空兵和3个步兵师团，也向华北战场迅速推进，增援卢沟桥。

佟麟阁率领部队官兵，冒着日军的炮火冲向敌人的阵营，和敌人展开了白刃战。他们一次一次击退日军的进攻。但是，兵力和装备远远落后于日军的中国守军在多次击退日军之后，也伤亡惨重，第29军南苑的所有军事设施在日军的疯狂轰炸下荡然无存，营房也化为一片废墟。佟麟阁本人也在参谋人员陪同下来到庄稼地里，向殉国的士兵告别，向负伤的战友送上安慰。就在这个时候，佟麟阁接到士兵的报告，另外一个不好的消息传来了，日军对大红门发起了猛烈进攻。大红门位于永定门和南苑之间，是南苑和北平的通路，如果被日军占据，南苑就会陷入日军全面包围之中，坚守南苑的守军官兵就会四面受敌，孤立无援。佟麟阁当然知道这一战略要塞的重要性，立即集合身边的部下将士，直奔大红门，亲自前去救援。

佟麟阁率领部队冒着敌人密集的炮火，从北面进击大红门。从黎明苦战到中午，当他们一路血战，打到大红门时，佟麟阁等人还没有完成部署，就陷入了大批日军的层层包围之中，日军出动了伞兵和步兵，步步向佟麟阁逼近。佟麟阁的部队通讯设备完全被破坏，联络中断，统一指挥也失灵了。部队只能各自为战。面对这种情况，佟麟阁只得命令部队统一组编，他一面大声呼喊："凡是军官站出来，由我统一指挥!"一面召集分散的各部很快重组战斗序列，迎击敌人。

就在佟鳞阁指挥右翼部队突击时，被敌机枪射中腿部，部下劝他暂时退下包扎伤口，被他拒绝了，他说："情况紧急，抗敌事大，个人安危事小……"

佟麟阁完全不顾腿上的伤势，继续指挥士兵，身先士卒向日军冲去。但是，无论他们如何英勇，也敌不过日军发疯似的攻击。日军的后援部队源源不断补充上来，佟麟阁拖着流血的伤腿，指挥部队阻击敌兵坚守阵地。

日军久攻不下，就派出飞机狂轰滥炸。在敌机的疯狂轰炸中，许多马匹被炸死，不少士兵被炸伤。一颗炸弹在佟麟阁身边爆炸，佟麟阁的头部又受了重伤，当即壮烈牺牲，以身殉国。一颗将星就这样陨落了，英年45岁。

佟麟阁殉难的第2天，冀察外交委员会派秘书欧阳夫率领警卫10余人，架着红十字会的车辆赴大红门，寻回将军的遗体。佟麟阁的尸骨被运回北平城内，佟夫人彭静智和子女含悲收殓，隐姓埋名把佟麟阁的尸骨寄存在雍和宫附近柏林寺。当时北平已经沦陷，寺里的老方丈仰慕佟麟阁为国献身精神，冒着被日军枪杀的危险，一直保守着寄柩的秘密，直到抗战胜利。

佟麟阁是中华民族全面抗战开始后为国捐躯的第一位高级将领，他拼死抗敌的牺牲精神为全国人民所敬仰。国民政府于1937年7月31日发布褒奖令，追赠佟麟阁为陆军上将。

中国共产党在巴黎出版的《救国时报》载文敬悼佟麟阁将军，称赞他为"奋战至最后一滴血，光荣地完成了保国卫民的天职，足为全国军人的模范。"

1943年元旦，国民政府在陪都重庆举行表忠盛典，宣布抗日英烈佟麟阁、赵登禹入祀首都忠烈祠。国民政府在表彰令中称赞佟麟阁："以捍卫国家，保守疆土为职志，迭次冲锋，奋厉无前。论其忠勇，洵足发扬士气，表率戎行。不幸身陷重围，死于战阵。追怀壮烈，痛悼良深！"

1946年7月28日，在佟麟阁殉难9周年、抗战胜利1周年之际，北平人民在中山公园举行隆重的追悼大会。大会上挽联、花圈如林，公祭的队伍络绎不绝，极尽哀荣，将军最后被移葬于香山公园内。北平各界人士并一致决定，将北平西城的南沟沿街命名为"佟麟阁路"，以志永久纪念。

2009年9月10日，在中共中央宣传部、组织部、统战部、文献研究室、党史研究室等11个部门联合组织的"100位为新中国成立作出突出贡献的英雄模范人物和100位新中国成立以来感动中国人物"评选活动中，佟麟阁被评为"100位为新中国成立作出突出贡献的英雄模范人物"。

2014年9月1日，经中共中央、国务院批准，民政部公布第一批在抗日战争中顽强奋战、为国捐躯的300名著名抗日英烈和英雄群体名录，佟麟阁再次名列其中。

第六章

谁是抗战中战死沙场的最高级别将领？
——张自忠

张自忠（1891—1940），字荩忱，山东临清人。抗日名将，国民党上将衔陆军中将，追授2级上将，全面抗战期间任第59军军长、第33集团军总司令。

1938年率部取得临沂大捷，击溃敌3个团，歼敌5000多人，击毙敌1名大佐、1名中佐和数十名军官。蒋介石通电嘉奖称张自忠的部队是"最优部队"，张自忠的防区是"模范战场"。

1940年5月，随枣战役中，张自忠亲临前线，在与日军战斗中流尽最后一滴血，壮烈殉国。这一仗就连日军也不得不佩服张自忠将军的忠勇，战斗结束后，日军列队脱帽向张自忠遗体敬军礼。

8月15日，延安各界1000余人举行隆重追悼大会，中共中央领导人毛泽东、朱德、周恩来题写了挽词，分别是："尽忠报国""取义成仁""为国捐躯"。

11月16日，国民政府在北碚双柏树雨台山，为张自忠举行隆重的下葬仪式。蒋介石主持移灵祭祀，并亲题"英烈千秋"4字，刻石立碑。

张自忠是中国抗日战争中以集团军总司令身份为国捐躯的唯一一人，是抗战中牺牲的中国军队最高级别将领，也是反法西斯同盟国50余个国家和地区在"二战"中战死沙场的最高将领。

1. 长城抗战，喜峰口罗文峪歼敌

1891年8月11日，张自忠出生在山东临清。1907年，张自忠16岁，娶本县咨议局议员李化南之女——17岁的李敏慧为妻。1908年，考入临清高等小学堂。1910年，考入当时中国北方有名的法律学校天津北洋法政学堂。1911年底，张自忠秘密加入同盟会。

1914年暑假期间，张自忠不顾家人的反对，偕同5位同学一起去参军。

1916年9月,隐居故里的车震将军,将他推荐给16混成旅旅长冯玉祥。不久以后,张自忠升任排长。

1918年9月,冯玉祥在常德设立了军官教导团,张自忠进入教导团军官队深造。半年之后,学习期满结业的张自忠升任学兵队第2连连长。

1921年,张自忠升任冯玉祥卫队团第3营营长。此后,他一直追随冯玉祥参加了两次直奉战争、北伐战争等多个重要战斗,逐渐成为西北军中一员名将。张自忠先后担任过学兵团团长、第10混成旅旅长、第28师(后改编为第25师)师长。

张自忠

1929年,宋哲元任第2集团军代总司令后,任命张自忠为第11军副军长兼第22师师长。

1930年5月,蒋冯阎中原大战反蒋联军以失败告终。西北军的残部陆续进入山西,总数约六七万人。张自忠也率部进入山西。此时他的第6师尚有2个旅、1个团,兵力有数千人,是西北军较为完整、兵力最多的一支部队。

1931年1月16日,蒋介石、张学良正式宣布西北军改编为陆军第29军,宋哲元任军长,下辖3个师:第37师,师长冯治安;第38师,师长张自忠;暂编第2师,师长刘汝明。全军共2万余人。从此,西北军的名号消失了。

中原大战的失败对于张自忠犹如一次脱胎换骨。西北军惨遭败绩、冯玉祥下野隐退固然令他难过,但作为一名爱国军人,他更渴望全国的军人能够团结一致,枪口对外,为捍卫祖国而效力!

"九一八"事变后,日本侵略者一方面炮制伪"满洲国",另一方面大造"热河为满洲国土""长城为满洲国界"的舆论,加紧对华北的侵略。

1933年元旦,日本在山海关制造事端,炮击临榆县城。驻临榆的东北军忍无可忍,奋起还击,揭开了长城抗战的序幕。3日,山海关失守。日军继续向锦州、通辽、绥中集结,准备兵分3路进攻热河省。

山海关陷落后,张学良将受其节制的宋哲元第29军调至北平东边的通州、蓟县、三河、宝坻等县待命。第29军既不是蒋介石的嫡系,也不属于张学良的东北军,装备落后,武器不足。全军只有野炮、山炮10余门,重机枪不过100挺。每连只有轻机枪2挺。所用步枪陈旧,型号不一,弹药补给困难。按照西北军的传统,每名士兵配备大刀一把。这古老的武器后来在歼灭日寇中大显神威。

2月下旬，日军继续向热河进犯。中国军队毫无战斗力，日军仅以128人，没费一枪一弹，于3月4日占领了热河省省会承德。紧接着，日军进犯长城，华北长城沿线抗战爆发了。张学良令第29军赶赴长城的喜峰口，策应友军作战。

喜峰口位于河北省迁西县北部，燕山山脉中段，是长城的重要关隘，也是塞北通向京都的交通要冲。沿山脊修筑的长城，依势蜿蜒，成为华北的屏障。

宋哲元任命张自忠为第29军前线总指挥，指挥长城防线。第29军赶到喜峰口时，中国守军已撤至口内，日军占领了喜峰口东北的制高点，居高临下，以火力控制喜峰口，对我军极为不利。

3月9日午后，第29军赵登禹旅赶到喜峰口，与敌遭遇，激战至深夜。10日拂晓，敌集中炮火向我阵地猛烈攻击。赵令官兵离开战壕，埋伏于各峰峦处。待敌步兵距战壕数十米时，鸣号出击，中国官兵挥舞大刀，与敌肉搏。赵登禹亦冲入敌阵，左砍右杀，如入无人之境。赵身材魁梧，体格健壮，武功高强，是西北军有名的勇将。经过整日激战，打退敌人多次进攻，但我伤亡1000多人，赵登禹负伤。张自忠及时改变战术，以29军惯于夜战、近战的优势，出其不意，夜袭敌营。

11日夜，29军两个团分两路奔袭敌营。赵登禹强忍剧痛，率1个团出征。拂晓前，赵率部摸到敌骑兵宿营区。官兵们挥舞大刀，向酣睡的敌兵砍去。日军从梦中惊起，还未清醒，已身首异处。29军将士越杀越勇，一个敌兵也不放过。时间不长，干净利索地结束了战斗。

另一个团12日凌晨进入敌炮兵阵地，官兵奋力砍杀。由于敌援兵赶到，该团伤亡600多人，1名团副、2名营长阵亡。他们将敌野炮、汽车、弹药车焚毁后撤回，歼敌数百人，缴获机枪20余挺。

日军遭到重创后，13日对29军发动大规模反扑，战斗异常激烈。14日，张自忠指挥两个旅，实施拂晓攻击，毙敌数百人。15日，张自忠亲临前线，视察阵地，给官兵们很大鼓舞。

喜峰口6天鏖战，日军重重受阻，"异常疲惫""士气馁败"，于是改变主攻方向，把进攻矛头转向罗文峪。罗文峪的守军是刘汝明的暂编第2师。面对形势万分危急，张自忠令自己的38师两个团急援罗文峪，并亲率师直属部队和手枪营到第一线督战。

17日，日军以飞机、大炮作掩护，5000多名敌兵向罗文峪等处猛烈攻击。

张自忠令部队诱敌迫近，先是一阵手榴弹投向敌人，然后挥舞大刀冲出阵地，与敌肉搏。战斗竟日，阵地几次易手，战况异常惨烈。

18日凌晨，日军调集步兵、骑兵、炮兵混合部队3000余人，再次发动进攻。刘汝明师长亲率手枪队督战，顶住了敌人的进攻，在机枪、手榴弹和大刀的顽强抵御下，敌人被迫退去。午时，敌在猛烈炮火掩护下，分两路再次向中国军队阵地进攻，激战至黄昏。深夜，中国派出两个团，分两路奔袭敌侧背。两路勇士奋勇出击，搏战通宵。张自忠见敌阵动摇，令全线反攻，实行前后夹攻，一举将三岔口、快活林、水泉峪、马道沟一带的敌人击溃，残敌狼狈逃窜。这是继喜峰口大捷之后的罗文峪大捷。

此后，第29军除一部分兵力在长城口外据守前沿阵地，监视敌人外，主力则在喜峰口、罗文峪、马兰峪长城沿线构筑工事，与敌处于对峙状态。敌人从哪一点进攻，都要付出很大代价。

4月11日，战局发生重大变化，日军从长城防线右翼的冷口突破，攻入长城以内。第29军陷于腹背受敌、孤立无援的境地。4月13日，第29军奉命撤出这两个阵地。

2. 背负"汉奸""亲日"恶名，忍辱与敌周旋

长城抗战后，第29军驻防察哈尔省，宋哲元任察省主席。张自忠的第38师驻宣化。

1935年1月18日，日军在察东无理挑衅，挑起事端，制造扩大侵略的借口。张自忠命所部坚守阵地，并亲临前线督战。由于国民政府的软弱退让，使日军达到了"用侧击旁敲办法，逐步前进"的目的。第二年夏，日军接连制造事端，强迫中国政府签订了屈辱的《何梅协定》，致使国民党的中央军、张学良的东北军及国民党的党务、特务机关从河北省、察哈尔省和北平、天津两市撤出。日本攫取了冀、察两省大部分领土的主权。

紧接着，日本又搞了"华北五省自治运动"，妄图在华北建立亲日的傀儡政权。恰在此时，汉奸、土匪在天津、北平发动武装暴乱，气焰嚣张，宋哲元以此为理由，命第29军一部进入北平。在中央军、东北军被日军驱逐出华北的情况下，蒋介石只得承认这个既成事实，任命宋哲元为平津卫戍司令。这样，第29军不仅可驻军于冀察两省，而且控制了平津两市，宋哲元则成为华北第一号实力人物。

宋哲元为了在华北站住脚，谋求第 29 军的生存和发展，想利用日、蒋之间的矛盾；而南京政府感到在华北形势日趋紧张、复杂的时候，需要宋哲元从中缓冲，出面与日周旋；日本为了肢解华北，则把第 29 军作为拉拢的对象。在这种错综复杂的形势下，1935 年 12 月 8 日，冀察政务委员会成立，宋哲元任委员长，下辖冀、察两省和平、津两市。

政务委员会成立不久，张自忠被任命为察哈尔省政府主席，兼察省保安司令，第 38 师移驻张家口市。

张自忠主察前夕，日本利用伪蒙保安队占领了察北 6 县，气焰嚣张。张自忠上任后，极为愤怒，欲发兵击败敌寇，收复失地。宋哲元考虑到，政务委员会成立不久，第 29 军在华北立足未稳，不愿与日军发生冲突。张为此情绪低沉，非常苦恼。他对友人说："日本指使伪蒙军，强占沽源等县，这明明是日军进行侵略，无理欺压。不打吧，我有守土之责；打吧，宋委员长又不准。军人又必须服从命令，硬打又属犯上。只有自杀，才是出路。"

张自忠主察期间，对日军的无理挑衅，蓄意制造事端，也想进行反击，借以维护民族尊严，但这不是他所能决定的。他只能谨慎地同日本人周旋，对敌伪方面的人员曲意应酬，甚至作出"友好""亲善"的姿态，为抗战积蓄力量，张自忠以很大的精力抓部队的整备、训练。第 38 师成立了教导大队，培训中、初级军官。到 1936 年初，第 38 师下辖 4 个旅，总兵力达 16000 人，武器装备也有很大改善。

张自忠任察哈尔省主席不到 8 个月，1936 年 6 月调任天津市长。

天津是中国北方重镇，当时北方最大的商业中心，是北宁、津浦铁路的交点，是帝国主义势力在华的会聚地。当时有 39 个国家在津设有领事馆，法、英、日、意等国在天津有租界和驻军。日本则把天津视为"征服中国的咽喉"，千方百计要控制它，华北驻屯军司令部就设在这里。

冀察政务委员会成立初期，宋哲元在华北立足未稳，想借重日本的势力，对日以"睦邻亲善"为主。张自忠认真执行了这个政策，主持津政伊始，他先后宴请了日本驻天津总领事、华北驻屯军司令官和参谋长，每次都有亲日派人物王揖唐、曹汝霖、陆宗舆、齐燮元等作陪。日本军政要员也纷纷来天津访问。仅 1936 年 8 月、9 月，就有关东军参谋长、日本驻华大使和驻苏联大使来访。

此时，中日关系已很紧张。1937 年元旦后，宋哲元连续发表声明，表示拥护南京中央政府，执行中央的命令。第 29 军广大官兵更是摩拳擦掌，抗日热情高涨。日本为了控制宋哲元，乃向他发出访日"邀请"。对日的"邀请"，宋哲元不好拒绝，决定由张自忠率团访日，张在日遇到难以回答的问题，可以须请示宋为由不予直接答复。

1937年4月，张自忠率"冀察平津国外旅行团"赴日本访问。这件事使国人对张自忠疑惑不解，引起种种猜测，甚至使他的政治面貌也模糊不清了。

张自忠可谓一心为国，忍辱负重，从他访日期间发生的两件事，就可看出他还是保持了爱国立场和民族大节。

旅行团到达名古屋后，张自忠接到中国驻日大使馆的通知，说中国大使回国述职，国际博览会明天开幕，请张代表中国大使主持中国馆的揭幕仪式。张派两个人先去博览会了解情况，发现在中国馆的对面是伪满洲国馆，并挂有伪满的"国旗"。张自忠十分气愤，立即派人向日方交涉，明确指出：东北是中国的领土，我们不承认什么"满洲国"。博览会把所谓的"满洲国"馆放在中国馆的对面，是对中国的极大侮辱，必须立即撤除，否则，旅行团将立即回国。由于我方态度坚决，日方被迫答应了我们的要求。次日，张自忠才主持了中国馆的揭幕仪式。

还有一次，日方安排张自忠参观明治天皇神社，随即邀张到神社对面的几座平房参观。听去过那里的人讲，元朝忽必烈东征日本时，曾有船队在对马海峡遭遇暴风沉没，日本将打捞上来的一些东西，作为战利品陈列在那几座平房里，夸耀日本自古就是一个强国。张自忠知道这些情况后，拒绝去参观。

5月底，张自忠回到国内。由于日本报纸的宣传，国民对他的苦衷并不了解，认定了他是"华北特号汉奸"，国内报纸上都一律称他"张逆自忠"。在国人的各种非议之下，张自忠背负着"亲日派"的名声，这使他十分苦闷。

1937年7月7日，日军进攻北平西南郊的卢沟桥，炮轰宛平城，日本军国主义蓄谋已久的全面侵华战争爆发了。

冀察当局遵照南京政府"不到最后关头决不轻易牺牲"的原则，事变前一直奉行"但有一线希望，总以弭患为是"的方针。

此时，日方也诡称：这是"地方事件"，可以进行和平谈判。

在前线的第29军一些将领，曾想趁日本大部队尚未开到之时，夜袭丰台敌军。张自忠却向部队发布"只许抵抗，不许出击"的命令，致使我军丧失了一次主动歼敌的好机会。

殊不知，日军在卢沟桥事变发生后提出的"和平谈判"完全是缓兵之计。到25日，日本在平、津一带的兵力，已从1万多人增加到5万人以上，而且还在不断增兵。

直到这时，宋哲元才认识到"大战势所难免"，"决心固守北平，誓与城共存亡"。张自忠也命令驻守北平和天津附近的第38师官兵，坚决打击来犯之敌。蒋介石下令给第29军补充300万发子弹，各兵站仓库向平津推移。这些都表明中央政府和冀察当局对抗战的态度，有了很大变化。但为时已晚，大局无法扭转。

日本做好全局进攻准备后，27日向平津地区发动大规模进攻，北平已成一座孤岛。28日，日军向北平南郊南苑的我军夹击，数十架飞机低空轮番轰炸。我军前仆后继，英勇抗击，29军副军长佟麟阁、师长赵登禹为国捐躯，南苑失守。

该日下午，宋哲元决定，29军于当日夜从北平撤往保定，但仍幻想与日本谈判，以保住第29军的地盘。但要留下得力人员与日本人周旋，以缓和局势。宋想把这项艰巨任务交给张自忠。他对张说："我今晚就走，明天你就和日本人接触，好维持局面。谈得好的话，第29军兴许还能返回平津。谈不成也不要紧，只要能拖延几天时间就行。"

对这项有很大政治风险又十分棘手的任务，张自忠颇为踌躇。部队对张一再与日本谈判，不让我军主动出击歼敌的做法有不满情绪。如张再留下来与日本人周旋，跳进黄河也洗不清了。但在宋哲元一再要求下，张自忠表示："既然委员长这样决定，军人以服从为天职，只要于我军及国家民族有利，虽赴汤蹈火，在所不辞！不过，委曲求全，关系个人名誉，恐不能为国人所谅解，事后应请委员长代为剖白。"宋答应了张的请求，即写下手谕，委任张自忠代理冀察政务委员会委员长、冀察绥靖公署主任、北平市市长等职，全权处理北平事务。当晚，宋哲元率第29军撤离北平。

事情决定后，张自忠身边只留下副官、勤务、炊事员，其他人员都到作战部队。他还给第38师的主要将领写信，要他们服从指挥，团结抗战。

为了与日本人接触、交涉，张自忠将一些亲日派甚至汉奸拉进冀察政务委员会。这样一来，人们对他的误解更加深了。许多报刊对张痛加辱骂，张自忠已成众矢之的。后来，宋哲元虽然作了很多解释，为张剖白，主动承担了责任，但舆论界对他的批评，一直没有完全消除。

这件事给张自忠造成精神上的痛苦是可想而知的。后来，他多次谈及此事。

3. 誓死报国，沙场建功洗雪冤屈

张自忠的苦心安排，未起到任何作用。日本人不承认张的冀察政务委员会，更不与他谈判。日本人网罗了一批汉奸、亲日派拼凑了一个"北平治安维持会"，作为他们的傀儡。

张自忠此时才感到处境危险，要想办法立即离开北平。7月30日，日军攻陷了天津，8月8日，北平也沦陷了。当时的形势已经不可逆转，远不是张自忠所能左右的。事实上，北平沦陷之后，日本人曾经要求张自忠通电反蒋，张自忠面对日本人的威逼利诱，严词拒绝了。从这一次的张自忠的态度上，日本人也知道无法拉拢张自忠，就再也不与张自忠进行对等的谈判。8月6日，他通过报纸宣布辞去所有代理职务，决定离开北平。

此时北平已完全沦陷，张自忠身陷敌区，无异在虎口之中。他先秘密住进东交民巷使馆区的一家德国医院。过了几日，他化装成学者，隐藏在一位美国朋友家里。9月3日凌晨4时许，张自忠化装成工人，潜离北平，到达天津英租界内一位友人家。

第2天深夜，张自忠回到法租界内自己家中。他在夫人房中只待了很短时间，然后向家人简单嘱咐勤俭生活、教育儿女的话，就怀着沉重的心情与家人告别了。此时，他预感到这是与家人的永别。因为他已下定决心，重返沙场，誓死报国。也唯有如此，才能洗雪自己的不白之冤。

离开天津以后，张自忠又悄悄搭乘英国轮船赶到烟台，再转到济南，最后到达南京，这才最终脱离了日本人的控制。但"汉奸"恶名还一直背在张自忠的身上，要洗脱这一罪名并不容易。当他悄悄抵达济南，希望和山东省主席韩复榘见上一面。

让张自忠没有想到的是，当他来到韩复榘的门外，韩复榘拒绝接见他。他在门外等候了很长一段时间，就听见韩复榘大声对副官说："他当他的汉奸，我救我的国，见什么见！"

听了这话，张自忠再也按捺不住了，他不顾阻拦，一头闯了进去，当着韩复榘的面出示了宋哲元命他留守北平的手谕。直到这时韩复榘这才明白了事情真相。

蒋介石知道张自忠到了济南，也对韩复榘下达命令，让他把张自忠押解到南京接受处理。张自忠一时无法摆脱各界的误解，舆论界仍在对张自忠大加鞭挞。

正在前线的宋哲元得知张自忠离开了北平，知道他一时无法改变外界对他的看法，担心张自忠到达南京后会有危险，立即派秦德纯赶到济南，专程陪同张自忠前往南京面见蒋介石。

张自忠抵达南京，面临的是来自蒋介石的怀疑和责难。宋哲元、冯玉祥等人再三向蒋介石说明情况，为张自忠求情，蒋介石很快弄清楚了真相。但是整个社会的舆论仍然把张自忠视为卖国贼，这种印象无法一时改变。由于影响在外，社会反响太大，张自忠一时难以公开露面，蒋介石也无法在这样的环境下给张自忠安排职务。在蒙冤受屈的这段时间，张自忠没有为自己进行任何辩白，他渴望的是能够等到一个机会，通过行动证明，自己不是人们认为的那样。

两个月后，抗日战事紧急，在冯玉祥、李宗仁、程潜等高级将领一再要求下，蒋介石终于批准张自忠暂代第59军军长，"戴罪图功"。此前的8月中旬，第29军扩编为第1集团军，宋哲元任总司令，张自忠的第38师改编为第59军。

张自忠对这项任命，惊喜万分，感激涕零。他郑重而深情地说："蒙各位成全，恩同再造。我张某有生之日，当以热血生命报答国家，报答长官，报答知遇！"

1937年12月7日，张自忠到第59军就任军长。该军下辖2个师，共5个旅，总兵力约3万人。全军热烈欢迎老长官归来。张自忠在欢迎会上讲了奉命滞留北平的情况，并说："现在敌人气焰嚣张，正是我们戴罪图功的时候。无论什么部队都可以打败仗，唯有我们不能打败仗，我们只有下定死战的决心，与敌人一拼到底，才能求得国人的谅解，也才能对得起自己的良心。"

1938年1月初，第59军由第一战区（宋哲元为副司令长官）改属李宗仁的第五战区。同年2月4日，第59军奉命南下，增援淮河前线。张自忠抓住战机，指挥部队在淮北痛歼敌军，敌阵脚大乱，伤亡2500多人，被迫放弃淮河北岸阵地，退守南岸。张自忠首战告捷。

日军由于淮河一线受阻，遂改以北路军队，从青岛出发，直攻临沂，并沿津浦铁路南下，攻击台儿庄和徐州。攻击临沂的板垣征四郎的日本陆军第5师团，是日军战斗力最强的4个师团之一，号称"铁军"。该师团下辖4个步兵团，还有骑兵团、工兵团、野炮兵团、辎重兵团各1个，总兵力2.5万人，拥有一流装备和7600匹战马。

3月10日，张自忠部奉命增援临沂。14日凌晨，第59军向敌发起猛烈进攻，经过3天浴血奋战，给敌以沉重打击，自身伤亡3500多人。第五战区准备将第 59 军撤出战斗休整，张自忠要求再战。16 日夜，第 59 军在友军配合下，再次向敌猛攻。经整日激战，英勇拼杀，至 17 日下午，击溃敌 3 个团，歼敌 500 多人，击毙敌 1 名大佐、1 名中佐和其他数十名军官。

临沂大捷，振奋人心，举国同贺，大大鼓舞了全国人民抗战胜利的信心。蒋介石致电李宗仁、张自忠："临沂捷报频传，殊堪嘉慰。仍希督励所部，确切协同，包围敌人于战场附近而歼灭之。"临沂之战，由于敌板垣第 5 师团被击溃，粉碎了他与矶谷师团会师台儿庄的图谋，造成矶谷部孤军深入被中国军队围歼的局面，因而临沂的胜利为台儿庄大捷拉开了序幕。

1938 年 5 月中旬，日军调集大批兵力，形成对徐州地区的包围，妄图一举围歼第五战区的主力 40 余万人。数量如此之大的部队如被围困，后果不堪设想。李宗仁决定突围，将掩护大部队后撤的艰巨任务交给张自忠的第 59 军和另外 3 个师。此时，张已升任第 27 军团军团长，兼第 59 军军长。

5 月 16 日，大部队开始撤退。由于各路军队混杂，缺乏统一指挥，且后有敌兵追击，上有敌机轰炸，几十万大军行动迟缓。富有带兵经验的张自忠，下令第 59 军官兵反戴军帽，与兄弟部队相区别，便于指挥和行动。中国军队在撤退中，不断遭到日军拦击。张自忠命令所部全力投入战斗，掩护大部队突围。危急时，张亲率手枪营走在全军的最后。

经过近半个月的千里行军作战，历尽艰难险阻，6 月 1 日，第 59 军胜利完成掩护大部队后撤的任务，抵达新的集结地。徐州突围的成功，使中国军队保存了数十万有生力量，这对以后坚持持久抗战具有重大意义。

1938 年 8 月 22 日，日军由合肥西犯，图谋占领河南省南部的潢川、商城，以配合其对武汉的进攻。第五战区急令第 59 军奔赴潢川布防。9 月 7 日，日军进至潢川的东部，遭中国军队阻击。日军连日进攻没有进展，竟大量施放毒瓦斯弹。在危急时刻，张自忠进入潢川城，决心与守城官兵共存亡。16 日午后，日军集中大量野炮和重炮，对潢川城进行更猛烈的轰击，毒气弹的施放量也增加了几倍。17 日中午，敌军冲入城内，张自忠下令，架起刺刀，与敌肉搏。面对敌军不断涌入城内的险恶局面，张自忠一面组织敢死队发起攻击，将敌人的突破口封住；一面指挥官兵消灭冲入城内的敌军。至 18 日，第 59 军完成了阻击日军的任务，于 19 日凌晨撤出潢川。

潢川守城战，第 59 军孤军抗敌，阻击敌兵 12 天，为后方友军的集结争取了时间。此役共歼敌 3000 余人。日本电台广播说："皇军在潢川方面曾遭到华军极强烈之抵抗，致蒙受巨大之损失。"在这次战斗中，张自忠的部队伤亡

4000余人，4名营长殉国，可见战斗之惨烈。

张自忠参加抗战以来，连战皆捷，战功显赫，名声大震。1938年10月，升任第33集团军总司令，冯治安为副总司令，下辖3个军，总兵力55000人。一个月后，张自忠被任为第五战区右翼兵团（又称右集团军）总司令。

1939年4月初，中国军队发动"四月攻势"，张自忠率部向襄河东岸的日军出击，并亲临前线督战。是役歼敌2000多人，并收复了部分失地。蒋介石特致电张自忠："此次京山之役，贵部坚强抗战，屡挫凶锋，使全线稳定，厥功甚伟，特奖赏洋两万元，代备死伤官兵抚慰等临时补充之用。"

从1938年11月到1939年4月初，短短4个月里，张自忠指挥率领59军，先后进行了4次中小规模的战役，歼灭日军不下4000人。这在当时的抗日战场上已经是不小的胜利，也用行动证明了他的抗日决心，洗清了汉奸卖国贼的罪名。国民政府主席林森签发命令，授予张自忠宝鼎勋章一枚。

1939年5月，枣宜会战爆发，中日两军在鄂北地区展开第一次大交锋。

5月1日清晨，在强大火力支援下，日军向襄河以东张自忠右翼兵团180师和37师发起猛烈进攻。张自忠率领部队官兵，凭借防御工事顽强抗击，以血肉之躯支撑着并不坚固的防线，连续打退日军3次进攻。

战斗进行到第6天，日军发起第4次进攻。这一次，面对日军的炮火，守军的阵地防御工事终于被突破，再也无法组织起有效的反攻。很快，狮子山、杨家岗、长寿店、普门冲、黄起庵一线的阵地都相继失守了。

第8天，张自忠率领部队冒雨渡河，向东快速挺进。

第10天，张自忠的部队抵达田家集以西的大家畈，伏击日军辎重联队，一举歼灭了日军1000多人，并缴获军马数十匹、运输艇30余艘、军用地图、弹药给养和药品一大批。这一战史称"鄂北大捷"。

由于辎重联队覆灭，日军渡河攻击襄樊的计划落空。在整个枣宜会战中，张自忠率领的部队可谓战功卓著，中国军队共歼灭日军1万多人，其中4500多人是被张自忠部队歼灭的。激烈的战斗也让张自忠部队伤亡惨重，会战结束后，张自忠所部伤亡人数也达到4414人，失踪者有2702人。

同年12月，日军又集中大量兵力向长寿店地区发起进攻，当时该区为第33集团军所属第132师等部据守。面对日军的汹汹来势，张自忠做好了迎战的准备。12月10日，随着张自忠一声令下，右翼兵团数万大军一齐向日军正面部队猛扑过去，发起猛烈攻势。双方的激战进行了7天7夜，中国军队的阵地多次被日军突破，形势很不乐观。

张自忠看到这种情况，知道硬拼已经无法取得胜利，决定启用奇袭计划，他命令 132 师 395 团（团长任廷材）和 394 团 1 个营集结成一支部队，对日军第 13 师团第 103 旅团旅团部实施夜袭。当天夜里，这支部队偷偷绕道接近日军设在钟祥县的总指挥部，突然发动了袭击，攻下了日军的指挥部。正面进攻的日军惊闻指挥部被张自忠的军队拿下，大为恐慌。就在日军还没来得及做出反应的时机，张自忠果断出击，指挥部队趁势发起猛烈反攻，日军被打得大败，撤退了 60 里。这一仗后来被称"襄东大捷"。

在这次战役中，张自忠共歼灭日军近 1000 人，缴获的战利品也非常丰富，用两个运输营的驮马搬运两天，才最终运完。蒋介石得到消息后，通电嘉奖，称张自忠的部队是"最优部队"，张自忠的防区是"模范战场"。

4. 力战殉国，举国同悲，痛悼忠魂

1940 年，全世界反法西斯战争进入艰苦的一年。日军计划在 4 月下旬至 5 月初大规模投入兵力发起新的战役，争取歼灭中方第五战区主力，以纪念日本天皇的生日。

1940 年 4 月，日军集中 30 万兵力再次向鄂北的随县、枣阳地区进犯。

5 月 1 日，敌分 3 路发起攻击,(随)枣、宜(昌)会战开始。经过一周激战，襄河东岸我军危急，张自忠决定东渡襄河亲临前线督战。当时第 33 集团军只有 74 师的两个团驻守襄河西岸。张自忠作为有上将军衔的集团军总司令，本可不必亲率部队出击作战，但他不顾部众的再三劝阻，坚持由副总司令冯治安留守，而他自己亲率仅剩的两个团，还有总司令部的直属特务营共 2000 多人渡河作战。

张自忠重返部队后，就已下定决心：誓死报国。从他这次出发前，写给副总司令冯治安的信，也可看出：

> 因为战区全面战事之关系及本身之责任，均须过河与敌一拼。现已决定于今晚往襄河东岸进发。到河东后，如能与 38 师、179 师取得联络即率该两部与马师不顾一切与北进之敌死拼；设若与 179 师、38 师取不上联络，即带马之 3 个团，奔着我们最终之目标往北迈进。无论做好做坏，一定求良心得到安慰。

他同时还亲笔谕告所部各将领：

> 看最近之情况，敌人或再来碰一下钉子，只要敌来犯，兄即到河东与弟等共同去牺牲。国家到了如此地步，除我等为其死，毫无其他办法。更相信，只要我等能本此决心，我们国家及我五千年历史之民族，决不至于亡于区区三岛倭奴之手。为国家民族死之决心，海不清，石不烂，决不半点改变。愿与诸弟共勉之。

从书信中也可以看出，张自忠在出战之前，知道接下来的这一战会是一场苦战，他本人也已经做好了拼死一战的准备。

7日拂晓前，张自忠率总部人员渡过襄河，与河东各部取得了联络。官兵们得知总司令亲临前线指挥，士气大振。经数日激战，毙敌甚众。

15日，张自忠及总部人员驻于宜城县沟沿里。日军根据通讯侦察，判断出张及其总部的驻地，遂调五六千人和飞机、大炮向沟沿里合围，使张陷于重重包围之中。

16日拂晓，战斗打响，敌军的攻势一浪高过一浪，敌我往返冲杀，阵地失而复得者4次。战到中午，我军弹药将尽，无法得到补充。张自忠指示部下："敌人要狠狠地打！子弹打完了用刺刀拼，刺刀断了用拳头打，用牙咬！"

敌军从东、西、南3面以猛烈炮火轰击我军不到1平方公里的阵地，打得土石飞溅，硝烟弥漫。由于局势恶化，张自忠令总部非战斗人员撤离战场，并将军中的苏联顾问派人护送到安全地带。手枪营是张自忠的近卫部队，作战勇猛，斗志顽强，屡在危急时刻建立战功。在鏖战中，营长腹部受伤，被抬下战场。代营长继续搏杀，不幸中弹牺牲。全营4名连长，1个阵亡，2人重伤，全营士兵伤亡过半。

敌人的包围圈越缩越小，炮弹如雨点般飞来，步枪、机枪的枪声一阵紧过一阵。张自忠镇定如常，从容指挥战斗。突然，一颗炮弹在指挥所附近爆炸，张自忠右肩受伤。紧接着，又飞来一颗子弹，将张自忠左臂打穿，卫兵们见状，惊呼："总司令，您……"张自忠不等他们说完，镇定地说："没什么，不要大惊小怪。"卫兵们担心再出意外，都围到他的身边，以作掩护。

中午过后，敌军攻势更加猛烈，其前锋距指挥所越来越近。十几名士兵将张自忠簇拥着转移到杏仁山。

13时许，日军调集大批山炮，在距杏仁山1500米的山头上，对我军疯狂攻击。为了减少伤亡，张自忠命令参谋和随从人员四处散开。由于张身穿黄色军装，目标十分明显，敌人的炮弹连连在他的前后左右炸落。张身边的副官阵亡了，他右腿被炸伤，裤腿、袜子都被血染透。

14时左右，敌军步兵在炮火掩护下发起攻击。张自忠虽身负重伤，仍坚持指挥战斗，他只是希望在战死之前多杀死几个日本鬼子。由于敌我力量悬殊，我军占据的山头失守了。敌兵从山顶冲下来，张自忠身边的士兵一面奋勇抵挡敌兵，一面高喊："总司令快走！"这喊声更引起了敌人的注意，更加紧了对他们的围攻。

15时许，天空下起了霏霏细雨。

跟随张自忠多年的手枪营士兵，紧紧围护着总司令。他们面对步步逼近、怪声吼叫的大批敌兵，表现出惊人的镇定和勇敢，他们早把生死置之度外，与敌人展开了殊死的肉搏战。

战斗在雨中持续着，手枪营的士兵只有几个了。

张自忠眼看着自己的弟兄一个个倒下去，再也按捺不住了，他大吼一声，向敌人冲去，扣动扳机将几名敌军击毙。就在这时，敌人的机枪向张自忠射来，他身上数处中弹，血如泉涌。敌军一窝蜂地冲上来。

张自忠对身旁的人说："我不行了，你们快走！我自己有办法。"大家执意不从，张拔出腰间短剑自裁。卫士大惊，急忙将他死死抱住。

张自忠弥留之际，躺在地上，脸色苍白，平静地说："我这样死得好，死得光荣。对国家、对民族、对长官，良心很平安。你们快走！"

此刻，敌兵已冲至跟前，张身边的两个卫士，一个被敌兵乱刀捅死，敌兵端着刺刀又向另一个卫士刺来。刹那间，张自忠双目圆睁，大吼一声，猛然站起，抓住敌兵的枪身，以自己的身躯挡住敌人的刺刀。

突然，一颗子弹从他的胸部穿过。他向后一个踉跄，又一颗子弹从他的右额射入。这位怀着满腔热血、誓死忠心报国的抗日名将，身中7弹，再也支持不住，轰然倒下了。

一代名将就这样壮烈殉国了。

随着张自忠牺牲，当时东渡作战的2000多名官兵也在南瓜店10里长山与日军激烈作战，最后全部牺牲。

这一仗就连日军也不得不佩服张自忠将军的忠勇，战斗结束后，日军列队脱帽向张自忠遗体敬军礼。日军军医用酒精仔细清洗张自忠的遗体，并包扎好伤口，郑重装殓，放进赶制的棺材里，用上好棺木盛殓并树起了灵牌。

当天深夜，日军设在汉口的广播电台中断正常广播，插播了张自忠阵亡的消息，并称："我皇军第39师团官兵在荒凉的战场上，对壮烈战死的绝代勇将，奉上了最虔诚的崇敬的默祷，并将遗骸庄重收殓入棺，拟用专机运送汉口。"

张自忠殉国的消息震惊了蒋介石，他立即向第五战区下令，不惜任何代价也要夺回张自忠的遗骸。黄维纲接替张自忠任第59军军长，为了抢回张自忠的遗体，他率领部队再次度过襄河。黄维刚亲自带领敢死队，端着轻机枪于16日夜间突袭南瓜店，顶着日军的炮弹轰炸，几进几出终于夺回了张自忠的遗体。当敢死队撤退的时候，日军下令停止飞机轰炸，以免伤到张自忠将军遗体。

5月21日，张自忠的灵柩护送去重庆。

下午3时许，灵车抵宜昌县境，湖北省代主席、宜昌警备司令等军政官员在城郊迎灵，举行了沉痛、肃穆的迎灵仪式。沿途许多民众自发加入了送灵队伍。自发送灵的群众越来越多，最后达到10万人。

由于沿途各地人民纷纷致祭、悼念，直到5月28日，张自忠的灵柩才抵达重庆。

这一天，蒋介石、冯玉祥、孔祥熙、何应钦、孙科、于右任等军政官员，臂缀黑纱，肃立于码头迎灵，然后登轮绕棺致哀。蒋介石"抚棺大恸"，在场者无不十分悲痛。

28日下午3时，蒋介石率文武官员举行了盛大隆重的祭奠仪式，蒋亲自主祭，气氛庄严肃穆。当日，蒋介石还以军事委员会委员长的名义通电全军，表彰张自忠一生的勋绩。关于张的抗战功绩写道：

> 追维荩忱生平与敌作战，始于（民国）二十二年（1933年）喜峰口之役，迄于今豫鄂之役，无役不身先士卒。当喜峰口之役，歼敌步兵两连队、骑兵一大队，是为荩忱与敌搏战之始。抗战以来，一战于淝水，再战于临沂，三战于徐州，四战于随枣。而临沂之役，荩忱率所部疾趋战地，一日夜达百八十里，与敌板垣师团号称铁军者鏖战七昼夜，卒歼敌师，是为我抗战以来，克敌制胜之始。今兹随枣之役，敌悉其全力，三路来攻。荩忱在枣阳之方家集，独挡正面，断其归路，毙敌无算，我军大捷。假荩忱不死，则此役收效当不止此。

11月16日，国民政府在北碚双柏树雨台山，为张自忠举行隆重的下葬仪式。蒋介石很早就来到灵堂,伫立默哀,并主持移灵祭祀。蒋率官员步行到墓地,在张将军的棺上覆盖青天白日旗。蒋介石亲题"英烈千秋"4字,刻石立碑。

张自忠殉国后,为避免影响全国抗战士气,未立即公开发表消息,直到当年7月7日,抗战3周年纪念日,才将此事公布。同日,国民政府颁布褒恤令,并追晋张自忠为陆军2级上将。

噩耗传出,举国痛悼。各地军政当局和广大群众纷纷举行隆重的悼念活动,甚至沦陷区人民也冒着危险暗中举行追悼仪式。

由于通讯不畅,直到8月6日,延安才获悉张自忠将军殉国的消息。《新中华报》当天发表了《悼张自忠将军》的社论,指出:"张将军对抗战之功极大,今并以身殉国,将其最后一滴血献给了抗战,既成功又成仁,的确配称为炎黄的优秀子孙,模范的民族革命军人,流芳百世的民族英雄。"

8月15日下午,延安各界1000余人举行隆重追悼大会,中共中央领导人毛泽东、朱德、周恩来题写了挽词,分别是:"尽忠报国""取义成仁""为国捐躯"。朱德总司令敬献花圈,并发表讲话,号召全国将士学习张自忠将军的爱国主义精神,坚持团结,坚持抗战,为民族解放,为战胜日本侵略者英勇奋斗。

国民政府在1942年12月31日,明令张自忠入祀全国忠烈祠。

1946年,张自忠获颁国民政府荣字第1号荣哀状。

1947年3月13日,北平市政府颁令将铁狮子胡同改为张自忠路以志纪念。

1982年4月16日,中华人民共和国民政部追认张自忠为革命烈士。

2009年9月10日,在中共中央宣传部、组织部、统战部、文献研究室、党史研究室等11个部门联合组织的"100位为新中国成立作出突出贡献的英雄模范人物和100位新中国成立以来感动中国人物"评选活动中,张自忠被评为"100位为新中国成立作出突出贡献的英雄模范人物"。

第七章

谁是战死沙场的中国远征军最高级别将领?
——戴安澜

戴安澜(1904—1942),原名戴炳阳、字衍功,自号海鸥,安徽无为人,国民党陆军第200师少将师长,抗日名将,曾参加古北口抗战、台儿庄战役、武汉会战诸役与昆仑关战役。

1942年,戴安澜奉命率第200师作为中国远征军的先头部队赴缅甸参战。取得东瓜保卫战、同古会战、收复棠吉等战役,歼敌上万人。同年5月18日,戴安澜将军在郎科地区指挥突围中负重伤,26日下午5时,在缅甸北部茅邦村殉国,成为中国远征军战死沙场最高级别将领,是第二次世界大战反法西斯战争中第一位获得美国勋章的中国军人。

1. 长城拒敌,多年难忘惨痛的教训

戴安澜1904年11月25日出生在安徽省无为县仁泉乡(今洪巷乡)练溪社区风和村。原名叫戴炳阳,后来他参加了国民革命军后,看到祖国处在危难之中,为了表达自己镇狂飙于原野,挽巨澜于既倒,誓死振兴中华的凌云壮志,他正式改名为"安澜"。

戴安澜自幼家境清贫,小时候只读过私塾。1923年,戴安澜考入陶行知先生创办的安徽公学高中部学习。

1924年,戴安澜凭着一腔热血投笔从戎,后来,被保送到广东黄埔陆军军官学校第三期学习,毕业后又参加了北伐战争,作战中更是身先士卒,屡立战功,很快被晋升为团长。

"九一八"事变后,日军占领了中国东三省,并一步一步蚕食华北。到了1933年3月4日,热河省会承德失陷,日军逼近长城,华北地区危在旦夕。

戴安澜时任国民革命军第17军第25师73旅145团团长。其所在部队奉命参加长城抗日作战。2月26日,戴安澜率145团和兄弟部队一起北上。

10日,日军第8师团第16旅团发起对长城古北口的进攻。戴安澜的第145团和友邻团146团分别占领古北口南城东、西两侧高地,他们加紧修筑

防御工事,与敌人展开顽强的阵地战。

11日拂晓,敌人向古北口发动总攻击,以飞机、大炮掩护其步兵进攻,占领将军楼口高地及古北口关口,并从两翼包围第145团,致使该团伤亡惨重。

12日晨,敌人增加主炮和飞机向中国军队阵地疯狂攻击,主力指向第145团,同时以大部兵力向右翼延伸包围,战斗比前两天更加激烈。由于第一线阵地失守,第25师陷于孤立,全线处于敌人钳制之下。激战到下午3时,中国军队战斗力消耗很大,右翼包围之敌有增无减,又由于通讯联络中断,全线战况逐渐恶化。为缩短战线,取得好的战机,戴安澜指挥部队将阵地转移至古北口西南5公里的南天门一带高地。经过3昼夜激战,连续3次击退敌人进攻,使进犯之敌遭受重大伤亡,狠狠打击了日军的嚣张气焰。

戴安澜

在古北口的抗日战役中,戴安澜所率领全团官兵英勇顽强,前赴后继地浴血苦战,就连敌人都十分敬佩。该团派出的1个军士哨所,因远离主力,未及撤退,大部队变换阵地以后,这个哨所仍在原地继续战斗,先后毙伤日军100多人。后来,日军调动了飞机大炮,将这个哨所摧毁。敌人前往察看,发现哨所里只有7名士兵,全部阵亡。他们的英勇精神,日军钦佩异常,随即把7具尸体埋葬起来,并插上木牌"支那七勇士之墓"以示纪念。在这场殊死的战斗中,戴安澜英勇负伤。此战结束以后,他荣获5等云麾勋章。

戴安澜带领所部官兵在古北口血战了3昼夜,战斗非常艰苦,面对侵华日军的精锐之师,他的部队付出了惨痛的代价。在古北口的战斗中,25师虽然毙伤日军2000多人,全师却付出了4000多名将士的伤亡代价。

在之后4年间,戴安澜一直念念不忘这一仗的惨痛教训。他清楚看到中国军队在对日作战及训练上存在的严重缺点和错误。"七七"事变发生之后,平津失陷,全面抗战爆发,这时长城抗战已经过去4年多,古北口的血战仍然在戴安澜记忆中无法释怀。他写下自己军旅生涯的第一本书《痛苦的回忆》。

他在书中说:"长城之役,迄今四年,而印象新鲜,犹如昨日,此盖因死难胞泽惨烈情形,感人之深,而动人之切。每一回忆,痛苦万分,故撰此书,定名为痛苦的回忆,亦示永久不忘之意耳。"他在书中甚至表现出深深的自责,他觉得,如果他更精通战术,当时很多士兵可能就不会牺牲,他认为这个责任可能还是和自己有关，所以他把那这本书叫《痛苦的回忆》，一方面是思念在古北口血战中牺牲的那些士兵，另外也是要从和日军的第一次交锋中总结出正确的战术，以免在以后的战斗中重蹈覆辙。在该书中，戴安澜针对中日双方军队的实际情况，提出了"三个不打"等具体操作方法，用来指导士兵保护自己、消灭敌人。这"三个不打"原则就是：第一是看不见敌人不要打，第二是瞄不准不要打，第三是打不死不要打。这3个原则让他的部队在以后的战斗中屡立战功。

古北口血战的惨痛代价让戴安澜认识到，这次失利"非器之罪，乃人之罪也。要转败为胜，非有训练之指挥官，以后才有强悍之军队"。针对这次失利，他制定出新的作战要诀："长兵要短用，短兵要长用；低兵要高用，高兵要低用。才能做到势险节短，因敌制宜，也才能战无不胜，守无不固。"在这种战术思想的指导下，戴安澜带出来的部队勇敢善战，后来配备了机械化装备之后，更是如虎添翼。

2. 出任中国军队唯一机械化师师长

"七七"事变爆发后，戴安澜任第73旅旅长，先后参加过台儿庄战役、武汉保卫战等著名战役。在平汉铁路沿线的漕河、彰德等战役中多次重创日军。在台儿庄战役中，戴安澜火攻陶墩、计取宋庄，为台儿庄大捷作出了重大贡献。尤其是在中艾山之战中，戴安澜率领部下官兵重创日军，让日军闻风丧胆。当时，戴安澜率兵守中艾山，日军向阵地发动猛攻，戴安澜率部奋勇抵抗，战斗持续了4个昼夜，日军发动多次进攻，戴安澜和部队官兵一直坚守阵地，一一将进攻的日军击退。

1938年5月，戴安澜晋升为第89师副师长，在师长徐庭瑶的领导下供职。

1939年1月，徐庭瑶调升装甲兵团司令，戴安澜担任89师师长，后来又调升为第5军第200师少将师长。

第200师当时是中国军队的第一个，也是唯一的一个机械化师，倾注了蒋介石和国民政府多年的心血。

早在1932年，国民政府就成立汽车训练班，请了德国顾问皮尔纳父女2人做教官，训练机械化部队。那时的装备，其实只是普通汽车加装钢板，号称"装甲汽车"，另外，还配备了10余辆摩托车和1辆奔驰履带拖拉机，并没有真正意义上的战车。

第七章 谁是战死沙场的中国远征军最高级别将领？

1935年夏天，蒋介石在南京丁家桥组建了交辎学校，自兼校长，还是由德国顾问皮尔纳教授机械化部队的战斗、战术及战防炮使用，从这个时候开始，国民政府的机械化兵种才正式成为一个独立兵种。

1936年5月，蒋介石又在南京方山扩建了陆军装甲兵团，由蒋介石的亲信杜聿明担任团长，以新近购买的德国"克虏伯"式轻型战车和"毫须"式装甲车为基本装备。其他兵种的团长都是上校，唯独装甲团的团长是少将，足见蒋介石对这一兵种的重视程度。

淞沪会战爆发时，杜聿明接到命令，率领装甲兵团参战。当时，这支机械化部队配属给第87师，联合作战攻击杨树浦的日军阵地。但是第87师的步兵从来没有进行过与战车协同作战的训练，在淞沪会战的战场上，当战车进入街市内，步兵任凭战车在前面突击，不知道对战车做任何的掩护。是役战车被日军击毁3辆、击伤8辆，完全没有发挥出机械化部队的优势。

抗战全面爆发之后，装甲兵团陆续撤退到湖南湘潭休整。1938年初，陆军装甲兵团被扩编为陆军第200师，仍由杜聿明任师长。

200师是当时中国军队中唯一的机械化部队，下辖1个战车团，1个装甲团，1个摩托化步兵团，1个炮兵团。

据首任师长杜聿明回忆，200师于1938年1月15日成立时，共接收70辆T–26、4辆BT–5、18辆菲亚特CV–33（有资料称是20辆，是1934年孔祥熙到意大利考察航空时采购）。装甲团有苏联的BAE系列装甲车50余辆。摩托化步兵团装备的也是苏联卡车。炮兵团有12门122榴弹炮，还有45毫米战防炮，75毫米野战炮。步兵使用的是苏联步机枪，装备有1300挺勃郎乌格宁重机枪，轻机枪有两种，一种是马克沁–托卡列夫轻机枪，一种是弹盘供弹版的捷格佳廖夫轻机枪，步枪则是很著名的莫辛–甘纳1891步枪。

这种武器装备水平不但让国军党军队的其他部队羡慕不已，让八路军、新四军不敢想象，还超过了日军。例如,200师所装备的T-26坦克与日军的94型、95型、97型坦克相比具有非常明显的优势；而重炮方面，200师所装备的苏制M-30型122毫米加农炮也完全可以压制日军师团级的150毫米重炮；步枪差距更明显，日军的三八式步枪的有效射程为460米，而200师装备莫辛–甘纳1891步枪的有效射程为2000米。由于苏式武器多，在后来的昆仑山战役时，日军以为他们遇到了苏军。

4月，第200师的搜索营出动装甲车12辆，参加了台儿庄会战，终于一显神威，在战场上发挥了很大的作用。

10月，第200师扩编为新11军，1939年又改称第5军。

扩编后，部队移驻到广西全州，杜聿明担任中将军长，戴安澜出任第200师的师长。

由于一些重武器部队和机械化部队成为军直辖部队，这时的200师，已经不同于此前的超级王牌师，但显然仍是国民党军队的头号王牌师。

3. 攻击战重挫"钢军"，昆仑关扬我军威

戴安澜出任200师师长后，首战昆仑关。

1939年9月，为了彻底切断中国的最主要补给路线，即获得外援最重要的路线——法属印度支那线，日军发动了桂南战役。

桂南战役打响之前，日本在南京设立了中国派遣军总司令部，西尾寿造大将担任总司令，由板垣征四郎中将担任总参谋长。日军参与桂南战役的主力第5师团是日本陆军第一流精锐机械化部队，参加过南口、忻口、平型关、太原、上海、台儿庄、广州等战役，屡次担任主攻任务，号称"钢军"。日军派出这样的部队参战，说明这一战从一开始日军就做好了势在必得的计划。

面对日军的精锐部队，蒋介石也决定投入他的老本，来打赢这场战役。1939年11月16日，他把最精锐的第5军调配给了白崇禧指挥，投入昆仑关战役中。

昆仑关位于广西南宁东北50里的昆仑山上，居于曲折的柳州、宾阳至南宁的公路上，战略位置非常优越。中国军队从这里居高临下，拥有险要的地理优势，同时，这一带山岭绵延，无论往北往南，又都是平坦的地势。在昆仑关东面2公里处，有653高地，西面两公里处屹立着440高地和441高地，可以说，这里是一夫当关、万夫莫开的兵家必争战略要地。

11月25日凌晨，昆仑关战役打响了。日军第21、42两个联队在飞机掩护下，对戴安澜的阵地发动猛攻。戴安澜指挥第200师第600团进行抵抗。战斗非常激烈，第600团团长邵一之、团附吴其升在激烈的战斗中相继阵亡。战况变得对中国军队非常不利，于是戴安澜决定在黄昏后撤退到高峰隘。这次阻击并没能够阻止日军前进，但这也是日军自钦、防登陆后遇到的最激烈抵抗，战斗进行了两天两夜。12月1日，中国军队失守高峰隘，3天之后，日军占领昆仑关，双方以昆仑关一线山地为界，形成对峙局面。

昆仑关的失守让蒋介石非常恼火，12月7日，蒋介石下达了命令，以"攻

第七章　谁是战死沙场的中国远征军最高级别将领？

略昆仑关而后收复南宁"为目标，决定发动反攻。15 日，白崇禧接到命令，以北路军第 5 军主攻昆仑关。第 5 军军长杜聿明接到白崇禧的命令后，紧急召开团长以上军事会议，布置对昆仑关之攻坚战，制定了"关门打虎"的包围全歼战术，命令以戴安澜第 200 师、郑洞国荣誉第 1 师正面进攻昆仑关，担任主攻的任务。

18 日凌晨，战斗打响，中日两军最精锐部队在昆仑关碰撞了。防守昆仑关的日军第 5 师团主力是第 21 旅团松本总三郎大队，战斗一开始，日军就以炮火和飞机对中国军队进行了猛烈的轰炸，第 5 军也毫不示弱，重炮兵团以及各师炮营朝着日军同时开火。在密集的炮火掩护下，戴安澜指挥第 200 师与荣誉第 1 师开始攻坚战，战斗持续到夜晚，荣誉第 1 师攻占了昆仑关附近的几个高地；第 200 师先后攻占了 653、600 两个高地，并一举攻占日军在昆仑关的主阵地。

戴安澜虽然拿下了昆仑关，但是要想守住主阵地，并没有那么容易。日军在失去主阵地之后，再次出动飞机狂轰滥炸，随后发动地面攻势，又把昆仑关夺了回去。昆仑关得而复失，战役进展缓慢，让蒋介石非常不满。21 日，蒋介石给各参战部队再次下达了死命令："前方各部队与炮兵等，如有不积极努力进攻，或不能如限期达成任务者，应即以畏敌论罪，就地处置可也。"

日军夺回昆仑关之后，中国军队不得不寻找时机，再次发动进攻，夺回主阵地。这一天，在昆仑关主攻阵地上，荣誉 1 师第 3 团团长的郑庭笈用望远镜观察敌情，发现九塘公路边大草地上有日军军官正集合开会，马上命令第 1 营以轻重机枪、迫击炮集中火力猛击。炮弹击中了正在开会的日军军官，日军军官死伤惨重，日军第 21 旅团旅团长中村正雄少将被炮火击中，也于 24 日身亡。没有人指挥主阵地的士兵作战，日军的阵地乱作一团。看到这种紧急情况，日军不得不空投军官来补充作战。

12 月 23 日和 24 日两天，战斗进行得更加激烈，中日双方伤亡惨重，当时第 5 军正面进攻的两个师伤亡就达 2000 余人，日本军伤亡也在 1000 人以上。尽管如此，中国军队想夺下昆仑关却没那么容易。昆仑关日军工事非常坚固，上两层下一层碉堡构成交叉火力，中国军队一时难以突破。

战斗进入空前激烈的缠斗状态，此时，戴安澜见这样持续下去并没有好处，于是亲自率领两个团兵力，以大刀、铲刀和血肉之躯，一路斩草开路，割破日军设下的满山遍野的铁丝网，向昆仑关最后一道大门——界首阵地发起猛攻。

界首高地位于昆仑关北,是日军最坚固的据点。戴安澜指挥郑庭笈团,于28日晚开始攻击界首高地。当时敌机在头上扫射、轰炸。中国士兵组成敢死队,舍命向前,终于在29日上午攻克界首高地,参战的郑庭笈团有9个步兵连,其中7个连长伤亡。

　　12月31日,昆仑关战役胜利,中国反攻军队肃清了全部残敌。打扫战场时发现了中村正雄的尸体,并从他身上搜出了1本日记本。在这本日记上记录着中村正雄对中国军队的看法,他在战死前的日记上写道:"帝国皇军第5师第21旅团之所以在日俄战争中有'钢军'称号,那是因为我的顽强战胜了俄国人的顽强。但是,在昆仑关我应该承认,我遇到了一支比俄国军队更顽强的军队。"

　　日本战后公布这次战役的伤亡情况,在昆仑关战役中,日军第5师团第21旅团,包括中村正雄少将旅团长、第42联队长坂田原一大佐、第21联队队长三木大佐以及第1、第2、第3大队的长官,该旅团班以上的军官死亡达85%,士兵死亡4000余人。

　　昆仑关战役之后,日军第21旅团已经名存实亡。中国军队伤亡也高达14000余人,但基本干部仍然健全,主力没有受到太大的损失。中国军队能全歼日军一个精锐旅团,基本消灭了日军各级指挥官,首次创造了以攻坚战打败日本"钢军"的战例,在中国战争史上,涂上了一笔浓彩。

　　戴安澜指挥的第200师因战功卓著,全师受到国民政府集体嘉奖一次,参战人员提薪饷两级。师长戴安澜因指挥有方和重伤不下火线,荣获4级青天白日宝鼎勋章1枚,被蒋介石称赞为"当代之标准青年将领"。

4. 远征异域,创造中日交战前所未有的战果

　　1941年秋,日本军国主义者为了尽快实现其建立所谓"大东亚共荣圈"的战略目标,紧张地策划和酝酿着太平洋战争,积极策划对南太平洋地区的进攻。

　　同年12月7日,日军偷袭了美国太平洋舰队的基地珍珠港,从而爆发了太平洋战争。日军在迅速占领了菲律宾、马来西亚、新加坡、印度尼西亚等广大地区以后,积极准备占领缅甸,以保障其进攻南洋军队右翼之安全,夺取缅甸资源,切断滇缅公路这条我国唯一的国际通道,再由缅甸入侵我国云南,逼使中国政府屈服,把中国变成他们的殖民地。

12月下旬，中、英两国政府签订《中、英共同防御滇缅路协定》，成立中、英军事同盟。国民党政府军事委员会决定以杜聿明的第5军、甘丽初的第6军、张轸的第66军组成远征军，成立中国远征军第1路军司令部，任命卫立煌为司令长官（未到职），第5军军长杜聿明为副司令长官。在司令长官未到任之前，由杜聿明暂时代理。1942年4月2日，改派罗卓英为司令长官。

早在1941年12月16日，蒋介石就已经命令第5军动员开入缅甸，协同英军作战。

戴安澜师长万分兴奋。他集合全师官兵，进行远征动员。他给大家讲述了三国时期蜀汉丞相诸葛亮为国家安危"鞠躬尽瘁，死而后已"的高尚思想情操，勉励部属扬威国外，英勇杀敌，为国争光。

第二天，他精神焕发，斗志昂扬，率领第200师离开昆明，浩浩荡荡地向西进发。第200师到达保山附近，随即停止前进，整训待命。

时在远征军任翻译的归国华侨凌伯昂回忆了他在板桥听戴安澜讲保山历史和文化的一段往事：

> 他（戴安澜）滔滔不绝地如数家珍："第一，保山是云南少有的富庶之地，历来被称为'滇西粮仓'；这里民风淳朴，民众吃苦耐劳，待人热情礼貌，这些都胜于我到过的其他地方；第二，保山的文化积淀丰厚，这个远离内地的边徼之地，竟然有着与中原一脉传承的文化根基，实在令人惊叹不已。保山古称永昌，为哀牢故地。……据传，诸葛亮南征时，大量蜀军来到永昌屯垦戍边，至今留下与此相关的许多地名，如诸葛营、诸葛堰、火烧营、八达营、马王屯等等。保山城西太保山上有座武侯祠，那是很值得一看的。诸葛亮的影响还远及缅甸，直到现在，缅北许多地方还保留着放孔明灯的习俗……"

后来也投笔从戎的板桥人刘志声对来访者说："那是什么样的军纪，板桥街上有300家茶馆，但茶馆里没有一个军人。"他还说，200师出发远征之日，自师长起，全体军人上路，从几里外的金鸡村到板桥镇街上，扫到干净得连一根草都没有。他还有些夸张地说，200师出征时除了必备的弹药粮草，还在保山征发了几万具棺材。

3月1日夜，赴缅英国盟军电话通知戴安澜，说蒋介石将在缅甸腊戍召见他，要他迅速前往。

时任驻缅英军联络官的王楚英回忆说：

1942年3月1日，国民政府军事委员会驻滇参谋团（入缅后改称驻缅参谋团）团长林蔚，随蒋介石来到腊戌。临时决定由我亲自驾车带领英军汽车队赶往滇西的遮放，把在那里待命的入缅远征军第200师师长戴安澜将军及其部队接来腊戌，为其安排住宿补给。

2日下午，我开车从南窑军营接戴安澜来波特酒家，由林蔚陪其晋见蒋介石。蒋介石听取戴安澜关于200师现况的汇报，并详细垂询其训练、装备、士气和官兵健康状况后，对戴安澜、林蔚说："日军第33和第55这两个师团，目前仍在锡当河东岸……然而，上午韦维尔将军（英国驻印度部队司令）却对我说，日军缺乏渡河器具，锡当河是一道天然地障，他认为日军近期是无力渡河进攻的。我已向他指出，他的判断不确。现在大战迫在眉睫，而英军统帅却对敌情漫不经心。因此，中国远征军必须独立自主地规划缅甸作战……对于缅甸的英军，我们仍然要适时适切地给予帮助，使其免遭挫折。盖唇亡而齿必寒故也！"

蒋介石接着向林蔚、戴安澜宣示他对缅甸战役的指导方针。他说："日军即将有大规模的作战行动，攻占仰光只是他们作战行动的第一步，其战役目标当在夺取全缅甸，进而威胁印度和昆明……唯今之计，拟以200师前出同古附近，构筑工事固守，掩护我军主力向平满纳附近集中，乘日军兵力分散或攻势顿挫之机，断然反攻，先歼其一部，再破其余，期收各个击破之效。"

他还亲切地问戴安澜有什么困难和要求。戴师长答道："蒙校长厚爱，委我重任，至感荣幸。当率全师官兵谨慎将事，奋勇作战，誓歼日军，达成任务。本师尚缺士兵1306名，轻机枪90挺，重机枪18挺，迫击炮18门，战防炮8门，请予补充；因应日军装备好、火力强的特点，决定采取夜战、近战对敌，故请从待运回国的军械中，先发给本师冲锋枪300挺，以利作战。"蒋介石当即首肯，嘱林蔚从速办理。

3日上午10时，蒋介石再召见杜聿明、戴安澜，在座的还有商震、林蔚和周至柔，共同研究200师守同古和第5军入缅后的集中问题。

是日深夜，蒋介石得知日军已开始渡河后，又召杜聿明、甘丽初、戴安澜前去议事。我和皮宗敢在一旁作记录。蒋介石说："敌既来攻，200师首当其冲，应速赴同古布防，以强有力之一部推进到皮尤河占领阵地，加强搜索警戒，掩护英军向西线转移；该师主力应依托同古城墙在其周围构筑主阵地带，对两翼和后方应有充分之防范，阻敌迂回钻隙；在同古至皮尤河之间约八九十公里地域内应配置有力部队构筑前进据点，逐次消耗敌人，每一寸土地都要使日军付出高昂的代价。总之要以各种手段打击并阻止敌人。"

当夜，甘丽初赶回雷列姆军部，戴安澜回南窑师部，杜聿明仍留腊戍。

3月4日，戴安澜将军率师出征。

这一天，第200师官兵个个穿着草黄色单军服，脚穿草鞋，背挂斗笠，戴着特别少有的树胶眼镜，肩挎各式武器，英姿飒爽，威风凛凛。军用卡车"一"字形排列着长队，每辆车头上插着青天白日小国旗，车身上贴满了用中、缅两国文字写的标语："中国军队为保卫缅甸人民而来！""加强中英军事合作！""缅甸是中国最好的邻邦！"如此等等。

军车徐徐开动了，包括有英军提供的268辆大卡车在内的庞大车队，载着200师的官兵，浩浩荡荡地从云南遮放出发了。

一路上，200师的官兵高唱着他们的军歌《义勇军进行曲》。

今天成为《中华人民共和国国歌》的这首歌，与古北口抗战和200师及第5军关系密切。当时，这支部队的前身为古北口抗战的主力。杜聿明时任25师副师长兼73旅旅长，师长关麟征负伤后还临阵代理师长。戴安澜时任73旅145团团长，后任73旅旅长。有人还认为，"用我们的血肉筑成我们新的长城"，是对当时145团战场的一种写实。为了抵抗日军，145团的勇士用战友的尸体堵住被敌人炸毁的长城缺口。还有人认为，"冒着敌人的炮火前进"原为"冒着敌人的飞机大炮前进"，这也是一种写实。在突围时，戴安澜手持一挺机枪，在敌机和敌人大炮猛烈轰炸时率部奋勇前进，并喊出了类似"冒着敌人的飞机大炮前进"之类口号。对这些看法，人们有不同意见，但当年《义勇军进行曲》在国际社会广泛传播，一个重要途径毫无疑问是远征军。他们每到一地，每到重要时刻，都要高唱这首歌。这样，这首歌为盟军所熟悉，所敬重。第二次世界大战即将结束之际，在盟军凯旋的曲目中，《义勇军进行曲》赫然名列其中。美国还将它与美国的《美丽的美利坚》、法国的《马赛曲》等一齐定为同盟国胜利之日预定的音乐节目广播歌曲。

一路上，200师的官兵们还唱着师长戴安澜作词谱写的歌曲《战场行》：

弟兄们，向前走！

弟兄们，向前走！

五千年历史的责任已经落在我们的肩头，

落在我们的肩头。

日本强盗它要灭亡我们国家，

奴役我们民族。

我们不愿做亡国奴，

我们不愿做亡国奴，

只有誓死奋斗，

只有誓死奋斗，

只有誓死奋斗。

1942年3月8日，200师进抵同古（亦称东瓜）。

同古当时人口11万，距仰光260公里，占据着公路、铁路和水路等关键要塞，城北还有一座永久性的军用机场，战略地位十分重要。

同古大战拉开了中国远征军第一次入缅作战的序幕。战前，蒋介石曾经单独召见了戴安澜，询问戴安澜能否在同古坚守一两周。蒋介石也知道，这是一个非常艰巨的任务，他自己也没有信心。戴安澜听到蒋介石这话，立下军令状说："此次远征，系唐明以来扬威国外之盛举，戴某虽战至一兵一卒，也必定挫敌凶焰，固守同古。"

日军为拿下同古城，也派出了重兵。日军第55师团从正面进攻，西路是33师团联合发动攻击。另外，日军还派出两个主力师团增援，从海路赶往仰光，在仰光登陆以后，迅速往同古方向集结。

在进入缅甸作战的部队中，戴安澜率领的200师是作为中国远征军的先头部队首先进入缅甸的。作战目的是救援被日军围困的英军部队。此时，英缅军已经在日军的攻击之下，溃不成军，一路仓皇撤退。

戴安澜的军队一到，英军看有人接手防线，就放弃了同古城，留给中国军队把守。面对即将赶到的日军，被吓破了胆的英国军队再也指望不上了。同古只剩下戴安澜的第200师孤军镇守。

此时，戴安澜的军队经过长途跋涉，还没有来得及做任何的休整，就要面临一场大战。他立刻亲率全师干部到各处侦察，研究地形、判断敌情，采取集思广益的方式来确定阵地选择、兵力配备和作战方案,最后做出如下决定:(1)军骑兵团附598团第1连和工兵连占领皮尤河,担任搜索警戒和掩护英军并竭力阻击日军诸任务。(2)599团和600团各附迫击炮、平射炮两个连,依托同古城垣,沿喀巴温河构筑主阵地带,各班、排、连分别建成能互相支援、能独立作战的据点,用火力急袭与突击歼敌于阵前或阵内,实行100米内消灭敌人的原则;并须各以一部归黄景升指挥,配合598团第1营在坦德宾、屋墩、耶索至巧背一带构筑前进据点,利用埋伏、奇袭和迂回、钻隙诸手段,给敌以出其不意的打击,逐次消耗其有生力量,务使日军在这一地带内遭受到极其惨重的损失。(3)以598团主力为预备队,守开道机场,并在同古北郊构设预备阵地。(4)师骑兵连、搜索连在河东活动,掩护师的左翼安全。(5)野战医院设于叶达西,各裹伤所就近开设。(6)师指挥所设于南松宾,兵站设于开道机场。

部署完毕后,戴师长便夜以继日地到各部队去巡视,指导他们进行备战和应战演练,并派政工人员访问华侨和当地缅人,组建华侨志愿队协助部队作战;亲自同官兵谈话以激励士气。

3月15日,盟军中国战区参谋长兼中缅印战区美军司令史迪威便带着梅里尔、费尔德等人乘坐美国志愿队的联络机飞到同古机场,然后借用机场的两辆吉普车开往戴安澜的指挥所。随即在戴师长的陪同下,一同前往200师的各个防区看望部队、察看地形和防御设施。

3月18日上午,英缅第2旅刚经卡纽昆北撤,日军即跟踪而至,与骑兵团摩托车连发生战斗。当以一排在现地阻敌,主力移到道格威英北方大桥设伏,14时许,日军一股窜到桥上遭到我军伏击,遗尸30多具而逃。摩托车连乘夜撤回皮尤河。

戴师长得报,即令林承熙团长以两个骑兵连和598团第1连分别在铁路和公路桥两侧设伏,其余部队移至皮尤河北方15公里处良赤道克设伏。19日中午日军六七百人在大炮、装甲车掩护下猛攻皮尤,已有100余日军冲到了北岸,部分步兵仍伴随装甲车由大桥北窜,我伏击部队立即向其开火,同时炸桥,几声震天巨响,行进在桥上的4辆装甲车和数十名日军顿时葬身河内,已到北岸的日军被打得非死即伤,幸存者则举枪反击,激战中我骑兵团副团长黄行宪上校中弹牺牲。

这是中国远征军进入缅甸的第一仗,这一仗打得非常成功,共击退日军1个大队,毙敌200多人,伤毁其装甲车4辆,缴获步枪20余支、轻机枪2挺,以及19辆摩托车。

3月20日拂晓,日军约1个营,又附装甲车4辆、炮4门,向良赤道克扑来,林承熙团长依照戴师长的既定方案,以598团第1连和工兵连在皮尤河到良赤道克的道路上设第1道埋伏,以骑兵各连和平射炮连在良赤道克村前设第2道埋伏。日军遭到第1道埋伏后,即以其后续部绕道进攻良赤道克,又在村外遭到伏击,敌被击毙200余人,被迫弃尸后撤。中国远征军在一个名叫几部柱一的日军少尉尸体上找到地图文件,知该敌属143联队2大队。戴安澜指挥第200师与日军第55师团在同古城外发生了激战。

22日黎明后,日军约2000人在飞机、坦克、大炮掩护下,分途猛攻开威布威、坦德宾、屋墩、耶索,同我守军激战两昼两夜。23日晚,在屋墩激战中,黄景升率预备队向突入阵地之敌背后迂回,以图将该敌围而歼之,忽遭敌狙击,不幸牺牲,但该敌最终被我歼灭过半,先后打死日军第55骑兵联队副长横田大佐和112联队2大队长冈田少佐以下官兵500多人,毁其坦克3辆、装甲车7辆,俘战马38匹,轻、重机枪9挺,92式步炮1门,步枪266支和其他弹药装具,敌不支而退。

日军进入缅甸,一路势如破竹,本以为会毫不费力地拿下同古。他们万万没有想到,一到同古城外,就遭到了入缅作战以来最为猛烈的抵抗。在戴安澜部的顽强抵抗下,日军第55师团第143、第144两联队伤亡惨重,对守卫同古的中国军队的攻击渐渐变缓,在这种情况下,日军不得不调派另外两个联队,一起投入战斗。战斗中,日军空军每天从仰光机场出动100余架次飞机,对同古进行狂轰滥炸,同时还投下燃烧弹毒气弹。在这种残酷的立体攻势之下,戴安澜的部队伤亡也很大。即便如此,第200师的防线仍然没有被日军突破,城内中国守军始终没有动摇或败退的迹象。

24日下午2时,缅军也赶来为日军助战,加入了对第200师进攻的行列,这也大大增强了日军的实力。日军在缅甸独立义勇军带领下经小路迂回到城北,企图从背后奇袭中国守军。就在日军试图实施偷袭的时候,与正在破坏铁路的中国工兵团意外遭遇了。日军偷袭的计划败露了。日军于是发起冲锋,一个冲锋下来,就打垮了工兵团,而后对同古机场发动了进攻。机场守军进行了英勇的抵抗,最后还是因为寡不敌众,只好退回城里。

面对敌人的层层围困,戴安澜第200师的将士在强敌面前表现了罕见的战斗勇气和高度的牺牲精神。他们只能凭借简陋的工事和武器和敌人周旋,但始终把日军控制在同古城外。在日军的猛烈攻击之下,同古城被夷为平地,守军断粮断水。在战斗进行中,每天都有肉搏战发生,每天都有官兵拉响手榴弹与敌人同归于尽。守军的顽抗让进攻的日军恼羞成怒。他们向城内发射糜烂性芥子毒气弹上百发。值得庆幸的是,当时正逢夏季干旱,季风吹散了毒气,只有十几人中毒。戴安澜本人在激战中也屡次身处险境。有一次,日军趁着夜色偷袭戴安澜的指挥部,等发现日军的时候,日军已经到了眼前。激战进行了一整夜,通讯联络也一度中断。戴安澜在这种情势之下也亲自上阵,握着一挺机枪与日军战斗,一直到拂晓援兵赶到,这才脱了险。

29日,日军对同古城的攻势渐渐弱了,前线阵地出现少有的平静气氛。可是就在这时,在缅甸的英国军队突然撤退了,撤退之前,没有和中国友军进行任何通报。英国军队的仓皇撤退,把戴安澜部的侧翼暴露给日军。日军当然不会放弃这样的天赐良机。此时,日军增援部队第56师团已经星夜兼程赶到同古,戴安澜部情势更加危急。

紧急之中,戴安澜给杜聿明发了电报,告诉杜聿明:"敌与我接触战自19日,激战至28日,凡十余日矣。我已濒弹尽粮绝之境,官兵两日无以果腹,仍固守同古铁路以东阵地……自交战之初,敌势之猛,前所未有,尤以24日至今,敌机更不断轰炸,掩护其战车纵横,且炮兵使用大量毒气弹,昼夜轮番向我阵地进攻……援兵不至,我虽欲与同古城共存亡,然难遏倭寇之凶焰……何益之有?"

日军在坦克、装甲车掩护下,最后突入同古城内,并从南北两面把第200师分割开来,另一部日军占领锡塘河以东阵地,掐断了第200师往东突围的最后一丝希望。

戴安澜亲自指挥部队在城内各交通要道修好坚固的堡垒,用轻重武器构成交叉火力网,一次一次打退日军进攻。激战中,他和参谋、后勤人员也拿起武器,参加战斗。

战斗打响前,戴安澜带头立下遗嘱:只要还有一兵一卒,也要坚守到底。如他本人战死,以副师长代之,副师长战死以参谋长代之。参谋长战死,以某某团长代之。全师各级指挥官纷纷效仿,誓与同古共存亡。

在日军的猛烈进攻下,伤亡不断猛增,掩体也炸毁了,戴安澜指挥将士利用残垣断壁、炸弹坑继续抵抗。他还采取百米决斗术,等攻击的敌人到达50米处时,才从战壕里一跃而出,或用手榴弹集中投掷,或用刺刀进行肉搏,给日军造成了沉重打击,重创日军的同时,也打出了中国军人的士气。其间日军再次逼近师指挥部,戴安澜指挥特务连与日军激战,一直到傍晚才将这股敌人击退。

当日傍晚,为了增援第200师,杜聿明命新22师的2个团,配属3个战车连,猛攻包围同古的日军,救援戴安澜部突围。在战车的配合下,中国远征军一举拿下南阳车站四周及部分建筑物,并摧毁日军炮兵阵地。戴安澜率第200师趁势突围。这天夜里,枪炮声彻夜不息,双方在黑暗中混战。

战到30日凌晨,中国守军大部分渡过锡塘河,跳出了日军包围圈。

同古保卫战终于以中国军队主动撤退宣告结束。

同古保卫战历时12天,从3月20日起,200师与5倍于己的日军3个师团在同古城激战12天。经过顽强的战斗,共歼灭日军5000人,掩护了英军的撤退,取得了出国参战的首次胜利。中国军队也牺牲了1000多人,以1∶5的战绩力克日军,创造了中日交战史上前所未有的战果,国际舆论也为这一战大为震动。

美国军方认为,同古保卫战是"所有缅甸保卫战所坚持的最长的防卫行动,并为该师和他的指挥官赢得了巨大的荣誉"。

英国的《泰晤士报》也在报道中称:"同古之命运如何,姑且不论。但被围守军,以寡敌众与其英勇作战之经过,实使中国军队光荣簿中增一新页。"

国内的舆论更是对戴安澜赞誉有加,蒋介石把同古保卫战称作是"中国军队的黄埔精神战胜了日军的武士道精神",重庆的报纸更是称同古保卫战"无论在中国抗战史或世界大战史均有其不朽的价值"。

5. 野人山撤退中伤重不治,身死为国殇

就在舆论对中国军人善战而兴奋的时候,一场灾难已经降临到这支远征军队的身上。

出于对全球战局的考虑,英、美的战略目标重点是欧洲,虽然他们愿意和中国联合抗日,但主力并没有投放在亚洲大陆。在缅甸的英军根本不和中国诚心诚意联合作战,只希望中国军队掩护他们撤退。就在同古战役进行得正激烈的时候,西线英军一路在不打招呼的情况下,突然撤退,导致缅北战局急转直下,腹背受敌的远征军被迫撤退突围。

在这种情况下,英国开出条件,要求远征军申请难民身份,由英国军队收容。这个提议被中国远征军指挥官杜聿明断然拒绝。戴安澜也表明:生为中华军人,死为中华雄鬼,绝不到印度去听洋鬼子使唤,他发誓,我戴某人宁愿与

日寇战死，绝不苟且偷生。

4月24日，戴安澜所部奉命收复棠吉。在战斗中，戴安澜亲赴前线指挥战斗，在敌人密集的攻势下，他的随从副官受伤，一名卫士也牺牲了。战斗一直进行到午夜，戴安澜部终于攻克了棠吉。这一仗的胜利不仅给了中国远征军以极大的鼓舞，而且也使东线战局的转危为安有了希望。戴安澜的名字再次出现在中国、美国和英国的各家报纸上。随后，杜聿明命令第200师立即放弃棠吉，迅速向密支那、八莫一线集结，然后夺路回国。1942年5月10日，戴安澜率领第200师官兵安全渡过了南渡河，按照计划向国内撤退。

当时远征军大部队已经退到胡康河谷，受到日军第56师团阻击。在进行地面攻击的同时，大批日本飞机还不断向路面俯冲，对着中国军队密集扫射。决定撤退的远征军已经没有了斗志，不战自乱，争相逃入山林躲避。负责在温佐一带掩护撤退的戴安澜第200师，一时与军部失去了联系。在后有追兵、前路不通的情形下，戴安澜决定带部队进入缅甸中北部山区打游击，打算寻隙退回国内。

腊戌被日军占领后，军委会滇缅参谋团团长林蔚曾电令戴安澜率师改道东进，渡萨尔温江，至景东一带，与甘丽初率领的第6军会合，然后退往西双版纳。这条路沿途日军兵力很少，还有友军的掩护，从这条路撤退成功的概率比较大，同时也是一条近路。但是，遗憾的是戴安澜并没有接到这条指令，他带领部队官兵往北撤退，在他看来，即使要穿过日军的重重包围，也要和正在危难之中的军长合兵突出重围。

戴安澜没有想到的是，第200师官兵一渡过南渡河，部队就进入缅北热带丛林，走进了野人山。这是一条死路，官兵们在阴暗闷热的密林里，艰难行军，每天面临的都是无法预知的各种危险。此时日军电台也不断广播："要奠定东亚和平，非消灭第5军，尤其第200师不可。"丝毫不放弃对戴安澜部队的追击。

5月18日黄昏，第200师官兵隐蔽前进，到达腊戌西南侧的朗科地区，这里接近腊戌西侧细包至摩谷公路，也是戴安澜归国途中要穿越的最后一条公路。这里离国境线只有一百五六十里，回国的路程已走完9/10。

夜里11时，戴安澜的部队继续隐蔽接近腊戌西侧细包至摩谷公路。突然间枪声大作，埋伏在这里的日军开火了。戴安澜的部队陷入敌人的包围之中，仓促之间不得不组织突围。遭遇日军埋伏时，戴安澜身边就剩下18人。突围时戴安澜走在最前面，周维汉参谋长走在第二，其余的战士们跟在后面。但是他们很快就被敌人发现了。日军立刻开了火，戴安澜腹部连中 3 枪，倒在草丛中，流血不止。当时身后的参谋长毕业于日本士官学校，会日语，他连忙用日语跟日本人喊话，日军以为是自己人，就停止了射击，众人才趁机得以突围。

当时已经是 5 月下旬，缅甸正处于雨季，连日都是大雨滂沱。在缅甸的原始丛林中，满地沼泽，道路泥泞，行进非常困难。由于戴安澜身负重伤，士兵们砍下树枝，做成担架，抬着他前行。当时部队已经断粮了，更没有药物，连一块干净的绷带也找不到。连日大雨加上蚊虫叮咬，戴安澜身上的伤口开始感染、溃烂、化脓，还长了蛆。

就这样戴安澜一直熬到了 5 月 26 日，他们到了缅甸的茅邦村，这个时候距离回国的路程已经不远了，只有三五天的路程了。戴安澜伤口已经严重化脓，几次昏厥，已经生命垂危。他感到自己的生命已经到了尽头，于是吩咐卫士整理衣冠。当他最后从昏迷中醒来的时候，他让身边的这个士兵扶起他，朝着北方祖国的方向，望了他生命中的最后一眼。然后喃喃地说："反攻，反攻，祖国万岁！"

1942 年 5 月 26 日下午 5 时，戴安澜伤重去世，年仅 38 岁。戴安澜在给妻子遗书中写道："现在孤军奋斗，决以全部牺牲，以报国家养育！为国战死，事极光荣。"

按照戴安澜的遗愿，随行突围的官兵将他的遗体轮流抬回国内。当时缅甸高温，不久，戴安澜的遗体已经开始高度腐烂。一路上，官兵们把军装脱下来裹在他的遗体上。6 月 2 日，官兵终于通过了中缅边境的国境线，回到祖国。

6 个星期后，云南省腾冲县的县长张问德率全县父老乡亲 20 万人，沿街跪接戴安澜的遗体。在腾冲附近，官兵们买来一口棺木，把戴安澜遗骸重新装殓，由第 200 师副师长高吉人率兵护送灵柩去昆明。路过安宁县时，戴安澜的灵柩停放在一位老华侨家里。这位老者献出了为自己百年之后备下的楠木棺材，装殓戴安澜的遗体。

接着戴安澜的遗体由昆明一路运到广西全州，沿途各城也都摆设供桌，倾城祭奠。1943 年 4 月 1 日，国民政府在远征军出发地，广西全州香山寺隆重举行戴安澜将军万人国葬，葬礼上挂着蒋介石和毛泽东的挽词。

毛泽东题写挽词《海鸥将军千古》：

外侮需人御，将军赋采薇。
师称机械化，勇夺虎罴威。

浴血东瓜守，驱倭棠吉归。
沙场竟殒命，壮志也无违。

蒋介石题写挽词：

虎头食肉负雄姿，看万里长征，
与敌周旋欣不忝；马革裹尸酹壮志，
惜大勋未集，虚予期望痛何如。

1942年10月29日，美国政府向戴安澜颁授懋绩勋章1枚，表彰他在入缅作战中做出的牺牲。美国总统罗斯福签署命令说："中华民国陆军第二〇〇师师长戴安澜将军于1942年同盟国缅甸战场协同援英抗日时期，作战英勇，指挥卓越，圆满完成所负任务，实为我同盟国军人之优良楷模。本总统依据美国国会授权特追赠军团功勋勋章一枚，以示表彰。"

这样，戴安澜将军成为第二次世界大战反法西斯斗争中第一位获得美国勋章的中国军人。

盟军中国战区参谋长兼中缅印战区美军司令史迪威这样评价："近代立功异域，扬大汉之声威者殆以戴安澜将军为第一人。"

1943年，美国又为戴安澜颁发由杜鲁门总统和史汀生陆军部部长签署的授予军团功勋勋章的荣誉状。荣誉嘉奖令称："戴安澜少将作为中国陆军第二〇〇师师长，在1942年缅甸战役中著有丰功伟绩，声誉卓著。戴将军出色地继承和发掘了军事行动之最佳传统，为他自己和中国陆军建树了卓越的声誉。"

1956年，新中国中央人民政府追认戴安澜为革命烈士。

2009年9月10日，在中共中央宣传部、组织部、统战部、文献研究室、党史研究室等11个部门联合组织的"100位为新中国成立作出突出贡献的英雄模范人物和100位新中国成立以来感动中国人物"评选活动中，戴安澜被评为"100位为新中国成立作出突出贡献的英雄模范人物"。

第八章

谁是最先赢得抗战战役规模大捷的将领?
——李宗仁

李宗仁(1891—1969),字德邻,广西临桂(今桂林)人,国民党一级陆军上将,新桂系创建人,桂系三巨头之一。曾任中华民国副总统、代总统。

在1938年的徐州会战中,他受命担任第五战区司令官,指挥60万大军在津浦、陇海沿线对日作战。在台儿庄一战中,他亲临前线,指挥中国军队歼敌1.6万余人,取得了著名的台儿庄大捷。这是中国抗战以来首场战役规模的大捷,也是中国抗战以来取得的最大一场胜利。特别是面对敌强我弱的形势,在日军大兵压境时,中国军队化整为零,展开运动战和游击战,使这场胜利成为正面战场开展运动战和游击战的成功范例,是从消极防御到积极防御的重大转变。

1. 国难弃前嫌,临危受命奔赴徐州抗战前线

李宗仁生于1891年3月13日,在本房同辈男性中他排行第九。祖上历代务农,他父亲李培英是私塾先生。李宗仁6岁那年,跟着身为私塾先生的父亲开始读书。

1908年冬天,李宗仁考入广西陆军小学(第3期生)。

武昌起义爆发后,广西陆军小学改为陆军速成学堂。李宗仁被编入第2队,学习步科。

1913年秋天,李宗仁毕业了,他被安排到南宁将校讲习所,先后担任准尉见习官、少尉队附等职。第2年春天,李宗仁应聘到桂林省模范小学,在那里担任高级班军训教官。

1915年12月,袁世凯公然称帝,李宗仁投入林虎为总司令的护国军第6军,在步兵7旅13团2营,当了一名中尉排长。

后来李宗仁又参加了护法战争、第一次粤桂战争、第二次粤桂战争,因勇敢善战接连提升,手下的军力增加到6000余人,并很快控制了玉林、梧州

等7个县市。1920年，广东军阀陈炯明收编了李宗仁的部队，把他的部队改为"粤桂边防军第3路"，李宗仁担任司令。

在士绅商人的支持下，李宗仁很快把"粤桂边防军第3路"改为"广西自治军第2路"，仍然担任总司令。后来，由于黄绍竑率领部队加入，让李宗仁的实力大增。

1923年10月，李宗仁、黄绍竑、白崇禧宣誓加入正在实行"联俄联共"改组中的中国国民党。

李宗仁

此后不出3年的时间里，李宗仁和黄绍竑、白崇禧在广西通过合纵连横，彻底铲除了陆荣廷、沈鸿英、陆云高各部的旧军阀势力，于1925年秋统一了广西。

就在李宗仁统一广西的同时，全国革命形势也发生了巨大的变化。经过两次东征，广东也初告统一。

1926年初，广东、广西两股势力会晤，决定两广正式统一在国民政府之下，共同推进革命进程。在之后召开的国民党第二次代表大会上，李宗仁被选为候补中央监察委员。两个月以后，广西两个军合编为国民革命军第7军，李宗仁担任军长。在其后的北伐战争中，李宗仁率领的第7军被誉为"钢军"。战后，李宗仁被选为国民政府委员和军事委员会委员。

当时，南京政府与武汉政府对立。1927年7月初，武汉政府汪精卫派唐生智、张发奎两部共20余万大军东征南京，企图一举击败蒋介石。8月，李宗仁代表的新桂系成功联合何应钦，逼迫蒋介石下野。随后，李宗仁又先后打败唐生智、张发奎和汪精卫，于1927年12月主导国民政府。势力最大时，李宗仁为首的桂系控制的地区从两广、两湖直达平津，总兵力达到20余万人。

"九一八"事变后，面对日本人的强大攻势，中国如何展开抵抗，李宗仁有自己的看法。他曾发表《焦土抗战论》，讨论抗日战略，做抗战动员准备。

1936年6月，李宗仁、陈济棠发动具有逼蒋抗日性质的"两广事变"，组建抗日救国军第1军团，李任副总司令，陈任总司令。7月，蒋桂达成统一，桂系军队被蒋介石改编为第5路军，李宗仁被任命为总指挥。1937年2月，任第5路军总司令。

1937年7月7日，卢沟桥事变爆发，日军全面侵略中国。

李宗仁在民族灾难的呼唤和催促下，坚决站了出来，与蒋介石摒弃前嫌，联合抗日。

在这之前的四五年内，由于持续多年的国民党持续的内部斗争给广西带来沉重的伤害，为了修复战争创伤，李宗仁精简省内军民两政，制定了"广西建设纲领"，在广西实施"寓兵于民"政策。同时，一面向外国购买枪械，一面建立兵工厂，希望能够自给自足。为了增强实力，他还扩建空军，开办航空军事学校，配备了美、英、日各式飞机五六十架。卢沟桥事变之后，他在两个月之内，将原来14个团的常备军，迅速扩编到48个团，组编成4个军，开赴抗日前线。其后，先后有100万广西子弟兵走上抗日战场，出色地打击了日本侵略者，在中国抗战史上，留下了永不磨灭的篇章。

7月30日，平、津失陷，日军以40万兵力，分4路全面举兵南侵。10月12日李宗仁受命驻守徐州，担任第五战区司令长官，指挥津浦路沿线作战。此时淞沪会战已经结束，上海已经落入日本人手中，南京也危在旦夕。

李宗仁判断只要淞沪会战战事一结束，南京失守，津浦线必然成为日本人攻击的下一个目标。他详细地对当时形势进行了分析，提出"以空间换取时间"的抗战战略。

徐州是江苏省西北部一个重要城市，是津浦、陇海两铁路之枢纽；徐州四周重峦叠嶂，河川纵横，在我国历史上历来是兵家必争之地。南京政府鉴于徐州战场的安危直接关系到全国的抗日大事，决心全力防守，在此进行一次会战。这次会战以徐州为中心，史称"徐州会战"。

当时的徐州城非常萧条，城里的居民知道日本人要来进攻，纷纷迁徙。为了安定人心，11月初，李宗仁到达徐州之后，每天清晨或午后，都要骑着马在街道上巡视一番，他还是故意做出悠闲的样子。李宗仁作为司令长官表现如此镇定，也让群众相信战局是稳定的，于是又纷纷回城，市面上又恢复了繁荣的景象。不久，李宗仁又组织抗战青年团，发动民众抗日运动，为徐州会战做好充分准备。

2. 临沂激战让日军板垣师团损兵折将

李宗仁受命担任第五战区司令官后，即选派徐祖贻任战区参谋长，组织战区司令长官部。投入这次会战的中国军队有数十万人，但部队战斗力强弱差异较大。李宗仁调兵遣将，按其所长，作了细致部署。第31军军长刘毅辖131师、135师、138师，军中班排长以上干部，均系李宗仁亲自从广西征调而来，颇有作战经验，指挥也得心应手，因此李宗仁将其部署在海州，以防敌人在该处登陆。51军军长于学忠，辖113师、114师，战斗力较强，李命其在临沂方面堵截日军前进。57军军长缪澂流，辖111师和112师，该部装备尚可，但战斗力不强，李宗仁便命其驻防苏北。第3集团军总司令韩复榘部的12军、55军，训练、装备以及人员素质较差，李宗仁让其驻扎山东境内。部署就绪，李宗仁密切注视着敌人的动向。

1937年12月，山东省主席、第五战区副司令长官、第3集团军司令韩复榘，在日军的强大攻势下，为了保存自己的实力不战而退，使日军得以长驱直入，接连占领了长清、肥城、莱芜、泰安等地。

1938年1月1日，日军仅靠100余人就轻取大汶口，4日侵入宁阳、兖州、曲阜、蒙阳，前锋部队直逼运河前方最重要的据点汶上、济宁。

运河为山东的最后防线，汶上、济宁如果保不住，运河也就难守了，运河一失，不仅山东省全部陷入日军之手，陇海路也将被日军切断，直接威胁徐州、郑州。国民政府军事委员会一再电令韩复榘要死守运河，蒋介石、李宗仁都致电韩复榘，陈述保住运河不失的重要性。韩复榘此时已经彻底被日军的强大攻势吓住了，他只在运河一线派了1个师、1个旅，其余师、旅全部撤至成武、单县、曹县一带，第3集团军的辎重也早已运往河南的漯河、舞阳附近。韩复榘显然不把军令当回事，更无视蒋介石、李宗仁的忠告，无意守运河，已做好随时撤退到河南的准备。

在不到20天的时间内，韩复榘轻易放弃了黄河天险，一退数百里，将济南、泰安乃至运河防线丢给了敌人，打乱了第5战区整个作战部署。日军不费吹灰之力便侵占了大半个山东，使得津浦北段大门洞开，徐州和陇海线暴露在日军的直接攻击之下。北路日军矶谷廉介第10师团自1月上旬占领兖州、济宁、邹县一线后，非常轻狂，认为中国军队不堪一击，攻占徐州易如反掌。

日军企图南、北两路夹击徐州，矶谷廉介第10师团沿津浦路向南突进，直逼台儿庄以西的邹县、滕县，北路日军的左翼部队板垣征四郎第5师团主力沿胶济路西进，至潍县后，沿台潍公路南下，试图夺取鲁南重地临沂，从东路包抄徐州。为了使中国政府有充分时间来部署武汉保卫战，李宗仁与第5战区长官部准备与日军在徐州一带展开大规模的会战，以拖住日军，并寻找战机歼灭一部分有生力量。

徐州会战分两期，第一期是津浦路的初期保卫战，第二期是台儿庄会战。第一期的津浦路保卫战是从1937年12月中旬开始的。日军以津浦路南端为主攻，北段为辅攻，分别从南、北向徐州推进。

山东峄县的台儿庄，位于津浦路台枣（庄）支线及台潍（坊）公路的交叉点，是运河的咽喉，徐州的门户，在军事上具有重要的地位，当北路日军两个师团到达临沂、滕县一带准备会攻台儿庄时，与临沂、滕县的中国守军发生了激烈的战斗，揭开了徐州会战的序幕。

日军南路敌军指挥官畑俊六大将，于12月中旬，指挥8个师团约近9万人，先后自镇江、南京、芜湖渡江北上。日军第3师团主力攻陷滁县后，循津浦路正面北进至盱眙、张八岭附近；另一部分攻占扬州后，即进击邵伯、天长一线，以掩护镇江防线。

日军第9师团一部攻陷裕溪口后，循淮南铁路北进至巢县、全椒，企图攻占蚌埠。行至明光以南，日军碰上早就等在这里的中国军队，阻挠他们的是李品仙的第11集团军和于学忠的第51军。中国军队利用淮河、泚河、汇河等地形堵截日军，双方血战月余，不分胜负。畑俊六原以为拿下蚌埠已是易如反掌之事，结果被堵住进退不得，竟不能越雷池一步，这大出所料，畑俊六不由得十分恼怒，于是自南京调集援兵及坦克、野战炮等重武器，倾巢来犯。

面对强敌，李宗仁感到硬碰硬可能吃亏，决定暂时避让。敌援军聚集明光一带时，李宗仁命坐镇蚌埠的李品仙率31军于1月28日自明光全线西撤，将津浦路南端正面让开；将于学忠的51军南调，布防淮河北岸，凭借险要地形拒敌，以防止日军越河北进。

日军援军以饿狼扑食之势猛扑明光，结果扑了个空，没有捕捉到中国军队的主力。接着日军攻下定远、怀远等地，却一无所获。此时西撤的31军在李宗仁指挥下，从敌军左侧向东出击，将津浦路之敌截成数段，力图围而歼之。淮海前线之敌后路忽被斩断，不知凶吉，日军即调援军从津浦线向西压。李宗仁命令部队采用敌进我退、敌退我进的战术，牢牢地盯住津浦线，与日军混战。此时参加淞沪会战的21集团军北调进入合肥，日军有了后顾之忧不敢随意北进，一时津浦路南端战事，形成敌我双方胶着对峙局面。

李宗仁在指挥津浦路艰难抵抗北进之敌的同时，又积极阻截华北方面军司令官寺内寿一指挥的北路日军南下。津浦路保卫战原由第五战区副司令长官兼第3集团军总司令韩复榘指挥，但韩复榘已经无意抵抗，接连退却，致使北段津浦路正面大门洞开，使日军得以沿津浦线长驱直入，给徐州会战投下阴影。李宗仁屡屡严电韩复榘夺回泰安，并以此为根据地阻截南下之敌。

韩复榘对李宗仁的命令置若罔闻，打小算盘，舍不得派自己的部队与日军

第八章 谁是最先赢得抗战战役规模大捷的将领？

作战，一心保住自己的实力。为了坚定各派系将领抗日信心，打消部分人的避战自保心态，1938年1月11日，韩复榘被蒋介石派特务逮捕，24日遭到秘密处决。韩复榘被抓后，由于学忠任第3集团军总司令，孙桐萱为副总司令，曹福林为前敌总指挥。

为确保徐州地区的安全，李宗仁命孙桐萱部向运河以西推进，袭取济宁、汶上的日军据点，以牵制敌人主力。孙部第22师负责攻取济宁，该师于2月12日晚从大长沟渡过运河，14日晚22师派出一支突击队攀登进入济宁。双方短兵相接，激战3日，终因力量悬殊，入城部队伤亡极大，17日晚22师撤至运河西岸。

与此同时，第12军81师也直取汶上，于12日晚由开河镇渡过运河，由城西北攻入汶上城内，与日军进行激烈巷战。终因入城部队人少势弱，损失严重。13日奉李宗仁之命81师也撤回运河西岸。

19日，日军攻陷安居镇。22日，突破曹福林第55军阵地。

25日，日军突破杏花村阵地，中国守军被迫撤至相里集、羊山集、巨野一线。李宗仁在这一线布置大量兵力，与南下之敌展开激战，双方攻守频繁，日军被迁延在这一带徘徊不能南进。战局暂时稳定下来，摆脱了危机。

日军主力在津浦线南攻不成，遂改变策略，企图由少壮派军人板垣征四

板垣征四郎与部下研究攻击方案

郎、矶谷廉介率 2 个师团会师台儿庄。台儿庄位于津浦路台枣（庄）支线及台潍（坊）公路的交叉点上，是徐州的门户，扼运河的咽喉，在军事上具有重要地位。台儿庄一旦落入日军之手，便可与津浦路南端日军双面夹击，一举拿下徐州。

2 月下旬，日军以七八万兵力，在华北方面军司令官西尾寿造指挥下，分两路向台儿庄进发。一路为板垣第 5 师团，沿胶济路西进，至潍县转南，经高密、循诸城、莒县一线，进逼临沂；一路为矶谷的第 10 师团，沿津浦路南下，直取台儿庄。

板垣、矶谷两师团，都是日军精锐之师。此次进攻，日军来势相当凶猛，大有一举围歼中国军队之势。中国军队为堵截日军前进，在临沂、滕县同日军发生了激烈的战斗，揭开了台儿庄会战的序幕。

2 月下旬，日军进攻莒县，临沂告急。该地是鲁南军事重镇，距台儿庄 90 公里，是徐州东北的屏障，如果临沂保不住，日军则可源源不断地从青岛登陆，长驱直入台儿庄、徐州，威胁陇海、津浦两条铁路干线的安全。

紧急关头，李宗仁令守防海州的第 40 军庞炳勋军驰往临沂解救。刚到临沂，还未来得及休息，第 40 军便与日军展开激烈攻防战，日军以 1 个师团的优势兵力，向庞部猛扑，夜以继日，反复冲杀。临沂城墙高大而又坚固，野山炮也打不穿，庞部凭借这优势，据城死守，使敌人不能越雷池一步，城下敌尸枕藉。

第 40 军的据城死守，一直被称为最优秀的"皇军"竟然在中国的这支"杂牌军"面前寸步难行，使日本号称强大的板垣师团丢尽了脸面。日军更加强了攻势，40 军连续奋斗，渐感不支，庞炳勋急电请援。

李宗仁担心庞部势孤不能长守，于 3 月 11 日，令 59 军张自忠部由滕县增援临沂。此时正在鲁南、徐州附近集结待命的第 59 军，是抗日民族英雄、爱国将领张自忠领导的部队，有第 38、第 180 两个师。早在 3 月 3 日，他们就接到了主力向济宁、兖州之敌进攻的命令，部队迅速开动。急行军途中，张自忠又接到驰援临沂庞炳勋第 40 军的命令。第 59 军将士立即乘火车南下峄县，然后在一昼夜内以 90 公里急行军于 3 月 12 前到达临沂城西郊。

12 日，日军又向临沂大举进攻，第 40 军将士奋勇抵抗，激战进行到当日下午，阵地上传来振奋人心的消息：第 59 军军长张自忠率部来到临沂增援。一时间阵地上欢呼声振天，士气大增，敌我形势转变。两军内外夹攻，如疾风骤雨向板垣师团反击，板垣从莒县增兵 2000 人，以飞机大炮掩护，配合坦克、装甲车进攻。庞、张两部咬紧牙根,坚决顶住,与日军激战数日,反复肉搏,击溃板垣师团1旅,日军死伤过半。3月17日晚,日军向沂水退却,庞、张合力穷追一昼夜,日军一退90里,缩进莒县城内死守。

在李宗仁的指挥下,临沂之战取得了胜利,日军板垣师团损兵折将,被阻不能西进,它砍断了津浦路北段日军的左臂,粉碎了日军会攻台儿庄的计划,促成了以后台儿庄会战中,李宗仁围歼孤军深入台儿庄的矶谷师团的契机。

3. 血战台儿庄,取得中国抗战以来首次规模作战大捷

沿津浦线南下的正面日军,是由第10师团师团长矶谷廉介指挥的日军第10师团、第106师团、第108师团的一部分组成。板垣败绩累累,矶谷仍然武士道精神十足,不顾一切,积极向南推进。日军携带有大炮70多门,战车四五十辆,作战飞机四五十架,气势汹汹而来。

矶谷比板垣更凶,李宗仁令郑州来的邓锡侯第22集团军所属41军孙震赶往滕县,拒敌南下。3月15日,41军刚在滕县部署就绪,矶谷师团就发动了攻击。日军以数十架飞机、30余门大炮狂轰滥炸,41军前线总指挥、122师长王铭章督战死守,与日军血战3天,数十次打退日军进攻,双方都损失惨重。李宗仁见滕县危险,又急令新拨归第五战区指挥的第20军团司令汤恩伯派部驰援。汤的主力81军王仲廉部因行程过远,未能及时赶到。

出乎矶谷的意料之外,日军在界河、龙山,普阳山一带、在滕县城关等战场处处碰钉子,伤亡惨重。连攻几日竟没有得到什么进展,这使矶谷廉介大为恼火,他下令调集了第10师团和第106师团的1个旅团约3万余人,并配属70多门大炮,四五十辆战车,包围了滕县城东、南、北3面。

17日早晨,日军飞机20余架飞抵滕县上空投弹、扫射,日军大炮也向城内倾泻炮弹,整个滕县爆炸声震天撼地,硝烟弥漫,成了一片废墟、火海。由于中国守军死伤殆尽,下午3时,日军占领南城墙和东关,王铭章师长亲临城中心的十字街口指挥督战,下午5时,西门也被日军攻破。王铭章师长和他的幕僚、随从在不得已的情况下,准备出城到火车站372旅那里继续指挥作战。当他们出城之后,被西城门楼的日军发现,随着一阵密集的机枪响过,王铭章等人中弹殉国,实现了他战前给孙震军长立下的"决以死拼,以报国家"的誓言。王铭章将军牺牲后,守城官兵仍继续与日军搏斗,除17人突围外,其余皆洒尽最后一滴血。

第五战区司令长官李宗仁对王铭章及其所部坚守滕县作了高度评价，台儿庄战役结束后，他说："若无滕县之死守，焉有台儿庄之大捷，是台儿庄之战果，实滕县先烈造成之也。"

对于王铭章的牺牲，国共两党领导人均在他的追悼会上题词。中共中央领导人毛泽东与秦邦宪、吴玉章、董必武等还联名题写了"奋战守孤城，视死如归是革命军人本色；决心歼强敌，以身殉国为中华民族争光"的挽联。

国民政府于4月发出褒扬令称："陆军122师师长王铭章，赋性刚毅，忠行忠贞，此次滕县之役，苦守要区逾三昼夜……率部奋力巷战，竟尔殉职，缅怀壮烈，悼惜殊深，应予特令褒扬，追赠陆军上将。"

17日晚，日军占领了滕县，并自滕县大举南下。

与此同时，日军濑谷旅团第63联队攻陷临城，直逼台儿庄、运河一线。20日，矶谷师团、濑谷旅团攻占峄县，并沿台枣支线向台儿庄阵地突进。

李宗仁考虑到孙连仲的第2集团军最善防守，即令孙派3个师，沿运河布防，扼守台儿庄正面阵地。李宗仁判断矶谷前次战役占了上风，骄狂不可一世，一定不待蚌埠方面援军北进，便会直扑台儿庄，以期一举而下徐州，夺取打通津浦路的首功。因此，李便决定设圈套，请其入瓮。于是，他命令汤恩伯第20军团的两个师让开津浦路正面，诱敌深入，待矶谷直扑台儿庄后，再回头击敌之背，与孙连仲一起将敌围而歼灭之。

事态的发展正如李宗仁所预料的那样，日军从滕县南下，舍汤恩伯军不顾，直扑台儿庄。敌军总数约有4万，拥有100余门山野炮和重炮、七八十辆坦克。

3月23日，矶谷大军冲到台儿庄北泥沟车站，徐州城内已炮声可闻，台儿庄会战的战幕正式拉开。

3月24日，敌军采用攻打滕县的战术，先猛烈轰击孙连仲第2集团军的防御工事，接着以坦克为前导，向孙部阵地推进。狂风暴雨般的枪炮弹，把台儿庄外围阵地工事基本摧毁。孙连仲部在一无平射炮、二无坦克的条件下，只能以血肉之躯与靠近的日军拼杀，与横冲直撞的日军坦克同归于尽。尽管孙部士兵英勇抵抗，仍被日军冲入城内，孙部与日军展开了激烈的巷战。

此时，担负台儿庄中央防线北面作战的汤恩伯军团，在峰山、枣庄一带同日军作战后不久，置台儿庄危急于不顾，转移到姑婆山区躲起来。

李宗仁严令汤恩伯军团迅速南下，协同孙连仲夹击台儿庄正面之敌。汤仗着有蒋介石为后台，置军令于不顾，在姑婆山迟疑不进，以保存实力。李宗仁

第八章 谁是最先赢得抗战战役规模大捷的将领？

深知汤恩伯一贯自恃是蒋介石的嫡系,骄横跋扈,也不敢轻易得罪,因此三令五申,晓以大义,汤恩伯仍不予理睬。军情危急,李宗仁无可奈何之下,再次发电汤恩伯:"如再不听命令,贻误战机,当以军法论处,同韩复榘同样下场。"汤这才同意挥师南下。

从3月27日开始。敌我双方在台儿庄内作拉锯式肉搏战,一天比一天激烈,我军3个师1个旅的部队,再加上2个新兵补充团,就这样1个团、1个营、1个连地轮番填了进去。

3月28日晨,日军又开始了激烈地攻击,由东向西,全力向台儿庄压来。日军带来了掷弹筒、步兵小炮等。当日军掷弹筒发射时,中国守军就利用掩蔽部保护自己。等炮声一停,战士们立即跳出掩蔽部,用手榴弹打击日军,阻止他们前进。日军靠近了就和他们展开肉搏战,日军每前进一步都要付出昂贵的代价。

正在敌我双方较量的关键时刻,中国空军飞机出现在台儿庄上空。日军起初认为是自己的飞机来参战,立即欢呼起来,以示前线敌我的位置,为飞机指路。而中国守军则跳进掩体,待飞机飞近时,中国守军才认出是自己空军的飞机,立即跳出掩体欢呼雀跃,勇气倍增,打退了日军的进攻。

4月3日,整个台儿庄3/4地盘被日军占据。日军一面在电台宣称已将台儿庄占领,一面调集重炮、坦克疯狂冲击,企图一鼓作气,完全夺下台儿庄。

此时,孙连仲部守军已伤亡殆尽,中国守军指挥官第31师师长池峰城认为再这样下去,必将导致全军覆灭。孙连仲4月5日直接与李宗仁通电话,要求把部队暂时撤到运河南岸,让他的第2集团军留点"种子"。李宗仁听得出,孙连仲讲这番话时,语调几乎是在哀求。

李宗仁深知台儿庄战役目前到了关键时刻,万万不能懈怠。他估算着汤恩伯军团第2天中午可赶至台儿庄北部,因此鼓励孙连仲说:"敌我在台儿庄已血战1周,胜负之数决定于最后5分钟。援军明日中午可到,我本人也将于明晨来台儿庄督战,你务必守至明天拂晓。"

李宗仁同时又指示孙连仲:"今夜你还须向敌夜袭,以打破敌军明晨拂晓攻击的计划,则汤军团明日中午到达后,我们便可对敌人实行内外夹击。"孙表示预备队已用完,夜袭不容易。李马上说:"我现在悬赏10万元,你将后方凡可拿枪的士兵、担架兵、炊事兵与前线士兵一起集合起来,组织一支敢死队,实行夜袭。这10万块钱将来按人平分,重赏之下,必有勇夫,你好自为之。胜败之数,在此一举。"

孙连仲将李宗仁的命令传达后，一支数百人的敢死队很快成立起来。孙连仲奉命亲自到台儿庄督战。4月5日午夜，敢死队分组向敌出袭，冲击敌阵。他们个个精神异常振奋，勇猛异常，手执大刀，各自为战，见敌就砍就杀，有如神助一般。日军万万没有料到血战十数日，已筋疲力尽的中国守军还能如此神勇，遭到袭击的日军仓皇应战，乱作一团，到处逃窜。就这样，被日军占领的台儿庄阵地，竟被中国守军夺回3/4，日军被逼退守北门。

李宗仁得报孙连仲夜袭成功的喜讯，又得汤恩伯部翌日天明前可赶到台儿庄的消息，高兴极了，他立即率随员，连夜赶到台儿庄郊外，准备亲自指挥对矶谷师团的歼灭战。

矶谷师团的厄运终于降临了。6日黎明之后，台儿庄北面，枪炮声渐密，养精蓄锐多日的汤恩伯军团向敌人猛烈开火。矶谷知道已陷入重围，开始动摇，下令部队全线撤退。6日晚，李宗仁亲自指挥台儿庄守军全线出击。一直被动防守挨打的孙连仲部，听说反击，神情振奋，命令一下，杀声震天。此时日军已成强弩之末，弹药汽油也用完，机动车多被击毁，全军失魂落魄，狼狈逃窜。

7日，中国军队冲出台儿庄向北追击，歼灭了刘家湖、三里庄的日军。日军无招架之力，弹尽缓绝后全线动摇，于是，他们放火焚尸，丢弃辎重向北败退，困守在峄城、枣庄之内。至此，台儿庄会战胜利结束。

台儿庄战役前后进行了近1个月，在李宗仁的统一指挥下，中国军队依靠步枪、大刀、手榴弹、机关枪和少量重武器，击溃日军第5、第10两个精锐师团的主力，歼灭日军1.6万余人，缴获大批武器、弹药，严重地挫伤了日军的气焰，振奋了全民族的抗战精神，坚定了国人抗战胜利的信念。台儿庄一役，是抗战以来中国人民的一个空前的胜利，也是日本新式陆军建立以来的第一次惨败。

台儿庄战役是中国抗战以来首场战役规模的大捷，指挥该次战役的李宗仁将军立下了不可磨灭的功勋，赢得了中国人民的尊重，成为抗日名将。

台儿庄捷报传出，举国欢腾，全国各地都举行了盛大的祝捷会；国民政府军委会政治部第3厅在武汉举办了宣传周，印制了著名作家老舍写的大鼓词《抗战将领李宗仁》，颂扬了他领导的台儿庄大捷。

4. 大兵压境，化整为零，用游击战扩大战果

台儿庄的挫败让日军统帅部知道徐州不可轻取。如果不调集重兵，四面合

围，很难打通津浦线。于是，日军展开了新一轮的更大规模的用兵部署。4月，日军从平、津、晋、绥、苏、皖一带增调精锐部队，组织了13个师团、共30万余人的兵力，配备各种重武器，在数百架飞机的掩护下，采取南北对进，侧翼迂回的战法，分6路对徐州实行大包围。日军企图通过速战速决，歼灭第五战区野战军主力。

为了抵御日军的再次进攻，第五战区和赶到的增援部队总兵力也不下60万人。面对新的战事局面，李宗仁谨慎做出分析，以避免与日军优势主力打消耗战，当各路日军向徐州步步逼近，形成合围之势，他指挥60万大军有序、成功地突围撤退，使部队未出现淞沪会战、南京保卫战撤退时的混乱景象。李宗仁命令各路守军，稍作抵抗之后，就寻找机会撤向山区、湖沼等地区，化整为零开展游击战。通过这种运动战的方式，中国守军又与日军缠斗了1个多月。最后在力量不济的情况下，不得不于1938年5月放弃了徐州。在这1个多月的战斗中，中国军队又取得了歼敌约2.6万余人的战果。

在整个徐州会战中，李宗仁充分运用内线作战的有利条件，面对南北两路日军的夹击，与敌人周旋了5个月零6天。持续的战斗粉碎了日军迅速打通津浦线的企图，充分实现了以空间争取时间的目的，从而为中国军队在武汉的集结，为武汉会战的布防赢得了时间。

李宗仁作为徐州会战的最高指挥官，以自己成功的战役战术行动，给当时最高统帅部业已制定的"持久消耗战略"作了完美的注解。早在抗战初期，李宗仁对于像中国这样一个古老庞大而落后的国家，如何有效抵抗外族入侵的问题，就从战略上作过深入思考。他曾在其《焦土抗战论》中，分析了当时中国工业，交通的落后状况，指出："从战略方面说，若日本侵略者实行堂堂正正的阵地战，则彼强我弱"，"故敌人利在速战速决"，"但吾人必须避我所短，而发挥我之所长，利用我广土民众、山川险阻等条件，作计划的节节抵抗的长期消耗战"，"到敌人被深入我国广大无边原野时，我则实行坚壁清野"，"发动敌后区域游击战"，"使敌人疲于奔命，顾此失彼，陷于泥沼之中"。1937

李宗仁题词"焦土抗战"

年10月12日，李宗仁就任第五战区司令长官时正值上海已失，南京危在旦夕。他从战略上判断：京沪战事一旦结束，津浦线必然是敌人攻击的目标。并根据对形势的分析，提出抗战的战略重点是"以空间换取时间"。南京失守后，面对日军三路大军以猛虎扑羊之势，向徐州夹攻，李宗仁深知自己的部队难与敌军相火拼，他抓住敌军骄狂之弱点，运用自己数万之哀兵，与敌展开运动战，"敌进我退，敌退我打"。

徐州会战虽然未能全部歼灭敌军，但它却把阵地战、运动战和游击战有机地结合起来，通过主动歼敌一部达到防御的目的，从战略上来讲是正确的。它标志着南京国民政府的军事已由消极防御向积极防御的某些转变。正如陈诚所讲："台儿庄之战胜即我游击战、运动战在战略上之功效也。"

5. 抗战战功显赫，蒋、李矛盾终致分道扬镳

徐州会战后，从1938年6月起，李总仁率部参加武汉会战。1939年4月至5月，指挥随枣会战、枣宜会战；1941年1月至2月，又指挥豫南会战，战功显赫。同时让蒋介石也感觉到李宗仁在抗战中的声誉对他权力的影响，深恐形成尾大不掉的局面，因此有意识地开始对他实施排挤。在徐州会战结束后的武汉会战中，李宗仁是名义上的指挥官之一，实际上不让其参与全局的决策和指挥，让其充当有名无实的敲边鼓的角色。为防止以李宗仁为首的桂系势力不断壮大，1943年秋，蒋介石又将李宗仁调离了第五战区，担任军事委员会委员长驻汉中行营主任，指挥第一、五、十共计3个战区战事。名义上职务调升，职权更大，实则这只是一个虚设机构，以巧妙的明升暗降之策，削去了他实际指挥军队的权力。

1945年抗战胜利后，围绕处理国共关系和如何对待共产党的问题，李宗仁和蒋介石又有许多不同的观点，个人之间的嫌隙进一步加深。这一年，李宗仁被任命为国民党政府主席北平行辕主任，表面上统辖冀、鲁、察、绥、青、热、平、津8省（市）的领导权，实际上根本没有调动所属军队、驾控各省市行政事务的实权。

1947年底，李宗仁拒绝在没有实际权力的情况下，承担华北、东北事务总责，尤其在东北战事吃紧时，李宗仁曾三次拒绝指挥东北战事，坚决参选国民党政府副总统。1948年3月，国民党所操控的"国民大会"召开，选举第一任"行宪"总统、副总统，李宗仁在蒋介石公开反对的强大压力下，坚持参

选，最终当选副总统。

至1949年初，国民党军队在中共领导发动的辽沈、淮海、平津三大战役中大败，国、共军事力量逆转为150万：400万。经济上，上海爆发金圆券风暴。外交上，杜鲁门上台后表示对蒋介石失去信心。1949年1月1日，蒋介石发布元旦文告宣告引退，由李宗仁"代行"总统职权。李于1月21日正式接任中华民国代总统。

李宗仁一方面希望透过和谈，再依仗长江天险。可以阻止人民解放军的进攻；另一方面，则希望争取到美国的支持，以挽救国民党政权。可是李宗仁上台后，国民党政府军政机构处处仍受到蒋介石暗中操控，而李宗仁试图稳定货币之努力，因蒋介石擅自命令蒋经国、汤恩伯、桂永清将中央银行所有黄金、白银、美元外汇转运台湾亦告失败。1949年4月，李宗仁派以张治中为首的6人谈判团抵达北平，与共产党展开谈判，和谈也最终宣告破裂。

11月16日，李宗仁胃病复发，出现十二指肠出血，加之蒋介石复出已暗流汹涌，遂决定以治病为由转往香港，并将中枢军政交由阎锡山主持，12月5日，与夫人郭德洁、两个儿子及随从从中国香港飞往美国纽约。

1956年4月到1965年6月10年间，李宗仁先后五次派程思远到北京，会见中华人民共和国国务院总理周恩来，为回归中国大陆做准备。

1965年7月20日，李宗仁偕妻郭德洁正式回到中国大陆，周恩来、彭真、贺龙、郭沫若等111名政要亲自接机。

1969年1月30日，李宗仁因肺气肿在北京逝世，时年78岁。李宗仁去世后葬于八宝山革命公墓。

第九章

谁是抗战中歼灭日军最多的将领?
——薛岳

薛岳（1896—1998），广东韶关客家人，抗日名将，国民党陆军一级上将。

抗日战争时期，他曾率部参加淞沪会战、武汉会战、徐州会战等著名战役，指挥了兰封会战、长沙会战。

薛岳从抗战爆发到抗战胜利连年征战，功勋累累，尤其在指挥三次长沙会战中，获得歼敌10余万人的辉煌成绩，被认为是"抗战中歼灭日军最多的中国将领"，也是抗战中获得国民政府最高荣誉勋章的将领。美国总统盛赞他"已经赢得美国的最高赞赏"。甚至日本人都不得不佩服他，称他为"中国战神""长沙之虎"，日本军队打到薛岳广东老家时，还把薛家的祖坟清得干干净净，杀鸡、杀羊、杀牛来祭祀。

1. 在淞沪战场展开阵地争夺战，让日军死伤惨重

薛岳

薛岳，字伯陵，绰号"老虎仔"。不到7岁便被母亲送到伯父开的私塾接受启蒙教育。1911年进入黄埔陆军小学，1916年12月，薛岳在武昌陆军第二预备学校毕业，次年春，升入保定陆军学校。1918年，参加孙中山新建立的援闽粤军，任司令部上尉参谋。1920年8月，薛岳随部回广东讨伐桂军。次年5月，与叶挺、张发奎分任孙中山总统府警卫团的第1、第2和第3营营长。

1922年6月，陈炯明公开叛变革命，他率部与警卫团叶挺营一起坚守总统府。孙中山登上"永丰"舰，薛岳带着部分警卫战士到"永丰"舰，继续守卫在孙中山身边。

随后几年中，薛岳参加了东征和北伐。在东征中，薛岳担任第14师副师长兼14团团长。北伐战争中，薛岳任第1师师长。

蒋介石"反共""清党"时，薛岳被视为"具有'左'倾迹象"而解除职务。其间虽有任职，终因不能见容于蒋介石，被迫到九龙闲居。

1933年5月，薛岳被蒋介石起用为第5军军长，参加对江西中央革命根据地的第五次"围剿"。1935年1月，参与对长征红军的追击。1935年4月5日，晋升陆军中将。

1937年8月，淞沪会战打响之后，薛岳被任命为第19集团军总司令，加入左翼军战斗序列，驻节安亭。9月24日，薛岳奔赴上海，开始指挥作战。

此时的淞沪会战战场上的战斗已经进入白热化阶段，中国守军处在日军疯狂的攻势之下，伤亡过重，战局已经陷入被动。薛岳一到任，对战况进行了分析总结，发现原来的作战部署具有很大的缺陷。于是就对战局进行了调整，他首先了改变战场部署，由原来的一线阵地改变为纵深配备，大量构筑堡垒工事，形成坚强的纵深型防线，使得中国守军阵地全线南北呼应。

薛岳的战场防线部署刚刚完成，就迎来了日军大举进攻。9月下旬，日军进攻刘行、罗店，战斗的激烈程度让薛岳都感到意外，中国守军在敌人的炮火轰炸之下，用血肉之躯防守和反击，伤亡惨重。薛岳日夜守在前线指挥部的电话机旁，关注着整个战局的动态，一有情况就立即发布战斗命令，调整部署。在战斗略有松懈的时候，薛岳累了就在帆布床上休息片刻。前沿阵地上硝烟四起，炮弹像雨一样落下来，很多就落在薛岳和随从人员的周围。跟随薛岳的人都很害怕，薛岳本人却没有任何顾忌，完全不在意敌人炮火猛烈。

淞沪会战中，虽然中国守军顽强抵抗，但是无论在武器装备和兵力部署上，都很难和日军匹敌，只能凭借顽强的意志和牺牲坚守阵地。在日军猛烈的攻击之下，刘行、罗店相继失守，日军分路进犯蕴藻浜、杨泾等地。10月8日，薛岳临危受命，担任左翼军中央作战区总指挥，在蕴藻浜南岸一带坚守半个多月。10月28日，战场移到江桥镇、小南翔、陈家行、广福镇地区。薛岳指挥第19集团军在竹园村与日军展开争夺战，指挥军队向日军发动了5次猛攻，让日军为此付出了惨痛的代价。但是，残酷的战斗也让薛岳部损失严重，生存者不足十分之二三。中国守军的有生兵力在战斗中不断被消耗，战局也越来越被动。

10月31日上午，日军发动了更猛烈的进攻。首先，日军派出20辆战车为前导，一直冲到中国守军阵地前沿10米处。薛岳早就做好准备，等到日军的战车到眼前，立即下令部队集中火力反击，一时之间，机枪、迫击炮齐鸣，手榴弹弹如雨下，投向日军战车和跟进的士兵。日军好几部战车顿时深陷火海，尾随的日军步兵扭头想逃，没来得及跑，就被消灭了。这一仗让日军死伤惨重。

11月1日，战局出现了关键性的转折。一个不幸的消息传过来，日军绕到杭州湾在金山卫登陆了。这意味着中国守军的左翼军侧背完全暴露在日军的攻击之下，参加淞沪会战的中国军队随时会处在日军的夹击之中。是拼死一战还是保存有生力量，最后，中国守军选择了后者，被迫撤离上海，退守到吴福线。

11月13日，薛岳再一次临危受命，被任命为左翼军总司令，组织退守的中国军队在吴福线迎击追过来的日军。为了有效阻止日军的进攻，他将中国军队第15集团军、19集团军、23集团军、第9集团军划分为左翼和右翼防军，准备通过左右呼应把日军暂时阻止在吴福线阵地之前。但是，日军并没有给他充分的时间，薛岳的部署还没到位，日军已经从长江茆口、徐六泾口、浒浦口等处登陆了。看着来势汹汹的日军，薛岳知道自己连打一场防守战的机会都没有了，他不得不组织部队向锡澄防线撤退。就在中国军队几十万人向锡澄后撤的过程中，日军乘胜追击，派出空军轰炸机一路狂轰滥炸，再加上道路泥泞，部队行动缓慢，撤退的部队官兵陷入一片混乱。等到达锡澄防线时，混乱的士兵已经无法利用防御工事对日军组织起有效地反击。阵地不断失守，中国守军不断向西溃逃，最后日军进逼到南京城下，只花了几天时间，就攻陷了南京城，制造了惨无人道的南京大屠杀。

在淞沪会战几个月的攻防战中，在武器装备和战术兵力上，中国守军都无法占据任何优势。薛岳很清楚这一点，同时也对战术进行了有效的调整。每当大批日军步兵协同战车发动进攻，首先会受到中国守军炮兵群的坚决反击，这让日军始终无法在战场上获得突破性进展。薛岳组织部队瞅准时机，利用日军大炮间歇准备对我发动冲锋时的时间差，立刻给予快速回击，这种作战方式给日军造成重大打击。

这天下午，日军更以催泪弹投袭我军，不料这时风向突变，催泪弹释出的催泪毒气反朝日军飘去，他指挥中国军队立刻利用天赐良机反攻，打得日方溃不成军。

这期间，薛岳在与云南省主席龙云函电联系时称：上海战局在他手上是"血战半载，寸土未失"。

淞沪会战爆发前，日本希望在3个月的时间内占领中国。让日军没想到的是，仅仅是在上海中国军队就死守了半年，而薛岳正是粉碎日本3个月"亡华梦"的重要人物之一。

2. 武汉会战阻敌南浔线，几次"修改"军委会的命令

1938年5月，日军土肥原的第13师团率领数百辆战车、汽车和大炮牵引车，从菏泽向南，一路发动一系列疯狂攻势，在短短的几天时间，日本接连攻陷内黄、仪封、野鸡岗、楚庄砦等多个地区。日军当时企图在消灭兰封地区守军主力之后，进一步控制京汉铁路，形成对武汉的包围之势，发动对武汉的进攻。

当时薛岳已经被调任第一战区第1兵团总司令，驻节河南开封。日军一路迅速南侵的计划受到薛岳的阻击。针对日军的战略部署，薛岳组织发动了兰封会战。薛岳首先确定，要在兰封一带消灭从菏泽向南进犯的日军第13师团，然后再进一步歼灭鲁西、豫东地区的日军，进而保卫京汉铁路，阻止日军向西推进。

5月14日，在薛岳的部署之下，中国军队连续打了几场漂亮仗，先后收复了内黄、野鸡岗多个地区。但是，由于第27军军长桂永清擅自弃守兰封，让之前的战果功亏一篑。薛岳不得不重新调整布置，夺回兰封，并成功地把日军压制在三义砦、兴集和罗王砦3个据点。就在这个关键时刻，第8军受命负责阻击从鲁西南下增援日军，却违令退出归德。被围困的日军得到支援。在持续两个多星期的战斗中，薛岳在阻止日军进一步向西推进的同时，重创了土肥原师团。

5月30日，薛岳升任第一战区前敌总司令。6月1日，日军兵分两路，分别向兰封、杞县和太康发动攻势，解救被围困在三义砦、曲兴集、罗王砦的土肥原部。面对日军的进攻，蒋介石怕主力被消灭，为保存有生力量，再一次对薛岳下达了撤退的命令，薛岳将部队撤往京汉铁路以西，前敌总司令部也迁往洛阳。

6月9日，蒋介石颁布武汉卫戍区战斗序列。薛岳担任卫戍区第1兵团总司令，没过多久，又担任第九战区第1兵团总司令。薛岳奉命指挥南浔铁路沿线和鄱阳湖沿岸的防卫，目的是粉碎日军占领南昌，进而占据长沙和粤汉铁路，包围武汉的企图。

1938年7月，日军开始进攻武汉外围广大地区。日军为了打赢这一仗，投入总兵力达35万人，同时还调集40万大军配合作战。空军投入飞机500余

架，海军投入军舰 120 余艘，作战经费 32 亿多日元。连日本本土仅留的一个近卫师团，也待命随时增援武汉大战。

为抵抗日军的疯狂进攻。国民政府同样调集全部海陆空军，投入战舰 40 余艘，飞机 100 余架，陆军 120 个师，总兵力约 110 万人。蒋介石亲自坐镇武汉指挥作战。

武汉会战一开始，虽然中国军队做了积极的准备，并没能有效阻止住日军的疯狂进攻，战斗打到 7 月 26 日，首先是第九战区第 2 兵团司令张发奎把守的九江阵地失守。8 月 1 日，薛岳奉命指挥九江至南昌以及鄱阳湖周围战事。

对日军的部署作了充分的分析之后，薛岳把 7 个军的兵力部署在德安、瑞昌、庐山地区，摆下一个他自称为"反八字阵"的阵势，迎战冈村宁次的第 11 军。薛岳说："我这个反八字阵势，如袋捕鼠，又如飞剪，敌犯右则左应，犯左则右应。敌若钻进来，就很难逃出去。"

薛岳将第 4 军、8 军、70 军部署于南浔线正面的金官桥一带，第 25 军、66 军布阵于星子、东西孤岭一带，第 29 军、74 军设防于德安一线。

金官桥是日军阻断南浔铁路的正面突破点，战略地位十分重要。薛岳令 64 军军长李汉魂率其统辖的粤军两个师和第 10 军部队防守右翼；以第 4 军、第 73 军、第 74 军等部队防守左翼，第 70 军为预备队，准备迎击来犯之敌。

7 月 31 日，日军第 106 师团主力在 10 余架飞机的掩护之下，分两路沿南浔线南下，集中炮火，猛轰 64 军阵地。

在日军的强大攻势之下，64 军官兵前赴后继，英勇奋战，但低劣的武器使他们不到两天时间里便几乎伤亡殆尽。薛岳只得将 70 军换了上去。

70 军是一支湖南部队，战斗力较差，很快就支撑不下，金官桥阵地眼看要被突破，薛岳给俞济时的 74 军连拍了两个"AAA"级电报，命令他无论如何 1 日之内赶赴金官桥，守住 70 军的阵地。

74 军正在德安一线警戒日军 101 师团的佐枝支队，突然接到这份军令，俞济时很是不快，何况从德安到金官桥有 300 多里的路程，加上启运装备，全军 1 万多人，1 日之内不吃不喝不睡也未必能按时赶到。

这样想来，俞济时便压下薛岳的命令，按兵不动。

70 军的右翼阵地已经丢失，薛岳左右等不来 74 军，气得直跺双脚。拍电报问 74 军现在何处，俞济时推说被敌纠缠，走脱不得。

"你如儿戏命令，我就儿戏汝命！"薛岳气愤之下给俞济时拍了一封中外战史上恐怕都少有的"奇电"。

俞济时则满不在乎地跟薛岳玩起文字游戏来："我敬军令，更惜性命，奈山重水复，插翅难飞，怎办？"

薛岳被噎得半死，黄埔嫡系部队的骄横他总算领教到了。他连忙给蒋介石拍电述说情况。蒋介石见俞济时闹得也实在过分，当即令74军沿德（安）浔（九江）铁路连夜赶赴金官桥阵地，"抗令当以韩向方为鉴！"蒋介石拿出韩复榘的事当然是做给薛岳看的：你看我蒋某人，关键时刻还是会不论亲疏的。

有了蒋介石的"严令"，俞济时极不情愿地赶到了金官桥前线。从此之后，他与薛岳，包括64军的李汉魂等便结下了一个解不开的疙瘩。

74军到底是一支能打硬仗的队伍，他们把70军的残部往后一拉，自己往前几个冲锋，即把金官桥丢失的阵地又给夺了回来！

106师团啃不动74军，南浔线上敌我呈虎视眈眈的胶着状态。同时，东、西孤岭一线，101师团也被25军、66军粘在那里，只能望"岭"兴叹。

这种状态对中国军队有利，但让日军第11军司令官冈村宁次如坐针毡。武汉会战之初，大本营对他寄予的希望最大，把他从关东军第2师团师团长提拔到现在这个位置。在进攻武汉3路人马中，他握有的兵力最多，但两个多月过去了，他竟被庐山的峻岭峰峦和甩不掉打不垮的薛岳兵团缠在这里，让他特别头疼！

他稍感安慰的是，第27师团在强悍的波田支队的支援之下，将瑞武线上的中国人打得颇为被动。于是，驻在九江城内的冈村宁次就在8月下旬趁机往返于瑞武与九江之间来回指挥战事，以期以瑞武线的攻势打乱薛岳的整个阵线。

这天正午，当冈村宁次飞临庐山上空时，见我守南浔线（南昌—九江）与瑞武线（瑞昌—武宁）两支部队阵地之间的接合部空隙甚大，以为找到了破阵之法，便以101师团接替106师团，加紧攻击金官桥线，吸引中国军队的注意力，而调106师团，乘隙穿过中国第20兵团商震和第九兵团吴奇伟两支部队的防地，占领马回岭、万家岭一带，以实现前后夹击金官桥线的战略意图。

9月3日，106师团攻占马回岭后，薛岳识破了日本人的阴谋，于5日即将金官桥一线的守军撤下来，以第4、第74、第27军占领左起白云山，中经乌石门、戴家山，东至庐山西麓的"反八字阵"阵地（简称乌石门线）；以第64军控制德安西南地区，将第70军调至靖安补训。

但106师团进入马回岭地区后不久，第101师团在东面受到我军重创，日军原先的战略部署难以实施，这样，第106师团只好待在原地，徘徊不前，南浔线战况一度沉寂。

9月中旬，蒋介石来电，要调74军到长沙休整。

薛岳对蒋介石的这道命令却是思忖再三的。最后，他决定来一个将在外，军令有所不受，复电蒋说："调不下来。"蒋暗自吃惊，再来电说："第74军伤亡甚大，应予调下整补。"薛岳寸步不让地发电给蒋说："赣北各军作战时间都比74军长，伤亡都比74军大，各军都未调下整补，对74军也请缓予调下整补！"蒋介石没法，只得让薛岳"修正"了命令！这时，广东方面战况吃紧，国民政府军事委员会又来电调64军赴粤作战。64军是一支广东部队，现在家乡危急，调他们回去保卫家园，名正言顺，薛岳放走了64军，却将187师强留了下来。

正当薛岳布重兵于马回岭一带，准备张网捕雀之时，瑞武线外日军第27师团在师团长本间稚清的指挥下，由瑞昌向武宁发起大规模进攻，欲借此冲破中国军队的防线，与106师团会合，以将庐山地区中国的军事部署打乱，再逐一消灭。

9月23日，日军第27师团与张发奎的第2兵团激战于小坳地区，才战一天，第2兵团渐感不支。次日，军委会急电薛岳，令其率一切机动部队赶赴武宁，替代张发奎指挥瑞武路作战。

形势急迫，一向沉稳的薛岳也急得抓耳挠腮：马回岭周围的部队是不可调动的，他能抽出来作机动的队伍少之又少。不得已，薛岳再一次"修改"了军委会的命令：对来势迅猛的27师团，与其迎头拒止，不如拊背侧攻，扰其小坳后方，围魏以救赵。军委会一看薛岳此招合乎情理，立即来电同意了他的作战方案。

于是，薛岳一面将兵团总部连夜转到德安西南一小村，靠近前线指挥作战。一面率部在瑞武路西侧向东逆袭敌人。

这一着棋立即奏效，27师团不仅前进遭阻，且小坳也频频告急，它就像一头陷进泥潭的斗牛，进不得、退亦不得了。

冈村宁次没有想到，自己的如意算盘竟被薛岳给搅得稀乱，他下令106师团长松浦淳六郎，设法解救27师团的困境。

3. 以再包围对反包围，万家岭大捷全歼敌106师团

9月25日，静待马回岭20余天的106师团主力轻装疾进，绕过我乌石门

线阵地之左翼白云山地，偷偷摸摸地窜到万家岭一带。松浦这一招就是通过攻击乌石门线"反八字阵"阵地之左翼，迫使中国人从瑞武线撤兵，只是狡猾的松浦没有预察到，他这般孤军深入，冒险一搏，无异于自投罗网，他钻入了我南浔线与瑞武线两大主力包裹而成的夹袋之中了！

冒进到万家岭的主力是青木旅团。见敌人已进了口袋，薛岳断然收缩瑞武和南浔一线兵力于万家岭地区，将青木旅团围了个严严实实。

但9月30日，当我90师、102师与敌酣战之时，106师团的山地部队突然冲破重围，赶到万家岭，对我军来了个反包围，战局骤然大变。

好在薛岳有备在先，他手下尚有足可调遣的兵力，他下令第74军、32军及91师4下合围，又对日军实施了一个再包围。

这下冈村宁次急了，10月1日，他下令101师团，不惜一切代价救援106师团。101师团之149联队遂冲破重围，杀到万家岭地区，又将我军第二次围困日军的部队包围了起来。

薛岳索性一不做二不休，一边报告，一边将66军调来投入战斗。中国人又第3次将日本人围了起来！

10月2日，中国军队采取分割包围之法，以数倍于敌的兵力逐个山头驱赶、追歼、击破106师团。106师团自入中国以来，从来没遭到过这种铁桶般的围困战术，他们向来狂妄跋扈，以为3天即可突破万家岭阵地，所以自马回岭出发之时，官兵每人仅分发5天的给养，180发子弹，两枚手榴弹，而此时已战至第7天，他们不仅未走出万家岭一步，反而陷入中国军队的追击痛打之中，粮、弹所剩无几。

日军一方面动用飞机空投粮弹，另一方面在华中派遣军司令官畑俊六大将的亲自组织、指挥下，先后派出了3个支队来救援奄奄待毙的106师团。在此节骨眼上，薛岳只得调出正在万家岭作战的部队阻敌东进。3天之后，日军渐感不支，我军以优势兵力乘势兜击，远远地将增援之敌挡在了万家岭的西面。

至此，日军已无援兵可调，106师团已处于四面楚歌声中。松浦师团长绝望地第一次发出了"AAA"急电，请求冈村宁次派飞机支持。

由于敌我双方每个山头、每个村庄都要反复搏杀，一日数易其手，致使敌前来助战的飞机，有时因双方绞成一团而不敢投弹。有几次敌机空投弹药和粮食时，第4军和第74军的官兵在白布中间贴上红布圆心，做成假太阳旗，铺在地面，引诱日机将给养空投到我军阵地上，这就使106师团愈发陷入悲观绝望之中。

10月7日早晨6时整，东山的山顶上微微露出几缕曙色，第1兵团的各个阵地同时吹响了嘹亮的冲锋号，159师从北、51师和58师从南、90师从东、61师从西，把106师团的残部里里外外围了3层，昔日骄狂无比的106师团至此真正成了"瓮中之鳖"。

　　张古山之北的鹰绝岭是山地旅团把守的要地，此据点山势陡峭，工事坚固，易守难攻，51师两次攻山，两次失利，且损失不小。这时，305团团长张灵甫向师长王耀武提出偷渡奇袭的建议，王耀武遂命张灵甫率两支突击队于8日晚上，沿南面无人防守的陡峰攀藤附葛而上。日军根本没料到中国人会在这黑灯瞎火的黑夜爬上鸟兽绝迹的鹰绝岭，所以当中国人的大刀砍到他们头上的时候，他们中的许多人还在睡梦之中打着呼噜，说着梦话。这次奇袭使阵前日军遗尸七八百具之多。而张灵甫从此声名大噪，旋即被提升为旅长。

　　与张灵甫夜袭张古山的同时，杨家岭、老虎尖、笔架山、背溪街、蔡家桥、箭楼苏等地，敌我也展开了大规模的肉搏战，双方整营、整团的部队多以拼刺刀来解决战斗。当日日军被歼3000余人，大金山的我90师炮兵，还利用地势之利，将106师团的司令部轰了个底朝天。

　　战至10月9日，我包围圈进一步缩小，106师团只能龟缩于南田铺、刘挽鼓一带。上午9时，敌机10余架，一边轰炸我方阵地，一边空投下200余名士官，以图拼死一搏。我90师官兵以绝对优势迅即荡平了这股增援之敌。

　　是夜20时，薛岳下达总攻击令，全体官兵以猛虎扑食之势，向106师团展开最后的攻击，万家岭上空杀声与哭声激荡，火光与星辉齐耀。据俘虏说："（你们）几次冲到师团部附近，司令部勤务人员全都出动参加战斗，师团长手中也持枪了，如你们前进100公尺，松浦就被俘或者切腹了。"至次日凌晨，除松浦师团长率残部两三百人向西北方向趁夜幕掩护逃窜以外，余下1000余人均被歼灭。

　　薛岳指挥的万家岭战役，取得辉煌胜利。各部队于7日开始总攻，10日结束战斗。除日军106师团有几百人逃逸之外，其余日军1万余人全部被歼，其中俘虏300余人。这是中国军队全歼日军1个师团的漂亮仗，而在整个武汉保卫战过程中，日军也没能创造歼灭中国军队1个师的战绩。

　　但是，和抗日战争中的多数正面战场一样，虽然中国军队顽强抵抗，并取得了局部战场的胜利，但最终无法改变整体战局失败的命运。武汉会战最终也失败了，中国军队未能保住武汉地区。这次会战虽然失败了，却实现了预定的消灭敌军有生力量的目的，奠定了持久抗战的基础，让日本"发动攻略汉口之战，使其成为战争一决雌雄的最大机会"企图再度落空。日军自1937年7月中国抗战至1938年底，共伤亡14万余人，从此不得不陷入"持久抗战"的泥沼里不能自拔，直至战败投降。而在武汉会战中，薛岳则是当之无愧的战绩最辉煌的大将。

4. 抗命守长沙，让日军遭受侵华以来一次战役中最惨重的损失

1939年9月1日，德国发动闪电战突袭波兰，欧洲大战由此爆发。这种变化也让日军在中国战场上倍感压力。日本迅速占领整个中国的计划在中国军队的抵抗下一直无法实现，时间拖得越久，对侵华日军的形势越不利。日军为了因应新的世界战局的形势变化，想通过一场漂亮的会战给德国看看，同时也想用这一仗让日军摆脱陷于泥沼的对华战事局面。就是在这样的整体局势下，第一次长沙会战爆发了。

为了确保这次会战的胜利，日军做了充分的准备。日本成立了"对华派遣军司令部"，任命西尾寿造为总司令，板垣征四郎为总参谋长，由第11军司令官冈村宁次负责战地指挥。地面部队出动了6个师团的兵力，包括第101师团、第106师团、第33师团、第6师团等4个师团的全部；第3师团的34及68联队的全部及18联队的一部；第13师团的一部；独立第14混成旅团；奈良昂支队（系以第13师团第26旅团为基干）；上村干男支队（系以第3师团第6旅团为基干）；海军陆战队两个大队等，地面部队共约10余万人的兵力。海军也出动了兵舰12艘和100艘汽艇。空军则出动了一个飞行团，配有飞机100余架，气势汹汹地扑向长沙。

当时正是"小老虎"薛岳代第九战区司令，负责守卫湖南和长沙。日军还没到，薛岳早已经准备好了迎敌。在薛岳第九战区辖下，为了阻击日军可能的侵略攻势，薛岳做了充分的部署。他在湖南集中了5个集团军，包括罗卓英的第19集团军、王陵基的第30集团军、杨森的第27集团军、关麟征的第15集团军、商震的第20集团军之一部，14个军，还包括了工兵、炮兵、通讯兵各若干团，总兵力近18万人，严阵以待。

第一次长沙会战发生之前，国民政府军方内部对这次会战的看法并不统一。以蒋介石为首的国民政府军委会从战略考虑决定弃守长沙。但薛岳坚信长沙一定守得住。薛岳电呈军委会，表达"与长沙共存亡"的决心。为了争取蒋介石的军令和支持，那一段时间薛岳几乎每天都要直接与蒋介石通话，表达自

己坚决抗敌、死而后已的决心。蒋介石开始还耐心地与薛岳通话，劝他"稍安毋躁，静待时机"，后来看到说服不了薛岳，就干脆不接他的电话了。薛岳并没有放弃据守长沙的想法，没有办法，只好直接打电话找宋美龄，让宋美龄转告蒋介石，如果日军再敢向长沙逼近一步，他就要立即开打。

此话经宋美龄转告蒋介石后，也吓住了蒋介石。蒋介石怕薛岳蛮干，连续给薛岳打电话。这一次换成薛岳不接电话了，他只让参谋人员回话给蒋介石说："薛长官上前沿阵地了，不知道何时能回来。"蒋介石和薛岳就在是否放弃长沙的问题上僵持下来。蒋介石为了说服薛岳，特意派出陈诚和白崇禧坐飞机从重庆到长沙来做薛岳的工作。

当时白崇禧任国民党军副总参谋长，陈诚任政治部部长，共同到湖南株洲视察薛岳的第九战区，提出要把部队后撤到湖南醴陵、衡山、湘潭地区，放弃长沙以北区域。这正是蒋介石的意见。薛岳一听，就明白了什么意思，他拒绝两人的调停，仍然坚持不肯后撤一步。薛岳从战略和战术上对当时的战局进行详细分析，在他看来，自古谁得到河南和湖南，谁就能得天下。当时日本已经占领河南，如果再丢掉了湖南，中国就有灭亡的危险。所以薛岳从这个角度考虑，长沙这一仗必须要打。同时，从战术上来看，湘北地区的地形复杂，山川纵横，湖沼错综，中国军队凭借地理优势，可以诱敌深入，伺机歼灭。为了实现这一战术目的，迎战来犯的日军，薛岳已经命令破坏了湘北所有的铁路、公路。在这种情况下，日军机械化部队的优势完全丧失。日军机械化部队一旦进入湘北地区，连大炮都不容易开进来，根本无从发挥作用。在这样的战争环境中，日本人要想同中国军队打仗，就是步机枪对步机枪，刺刀对刺刀的战斗。中国军队有把握打赢这一仗。

不管怎么说，白崇禧并没有听薛岳的分析，坚持要薛岳撤兵。薛岳索性立下"军令状"，表示："如果湖南战胜，是国家和委员长之福，如果战败，我就自杀以谢国人！"白崇禧和陈诚劝服不成，无功而返。这个时候战争已经箭在弦上。

陈诚和白崇禧回到重庆后，薛岳再次给蒋介石打了电话。宋美龄接了电话。薛岳向宋美龄表示说："让我守半个月就撤离长沙，我不准备这样做，我就要在长沙打，打败了我自杀，以谢国人；打赢了算我抗命，你们枪毙我！"宋美龄说："薛伯陵，不要这样讲。我跟你向委员长转达。"

薛岳的坚定最终还是得到了蒋介石的认可，最后蒋介石给薛岳下了命令，让薛岳就在长沙打这一仗。为了确保战力，蒋介石在第九战区部署了包括第

1、第15、第19、第20、第27、第30等6个集团军及湘鄂赣边区挺进军，共52个步兵师和特种部队、游击部队，全归薛岳统一指挥。可以说当时薛岳兵力之多是各战区之首。

为报万家岭一箭之仇，日军11军司令官冈村宁次指挥日军精锐部队18多万人，在海空军的配合下直取长沙。不顾大雨滂沱，动用飞机大炮，从赣北、鄂南、湘北，分4路向湖南长沙发动进攻。同时还违反国际法施放毒气。日军来势汹汹，5天内就突破中国守军正面阵地，沿公路大道疾驰南下。

当时日军的4路大军进攻线路是这样的：一路是正面主攻部队，为日军第3师团、第6师团、第13师团，沿着粤汉铁路南下，意图直下长沙。另一路以海军舰艇载送之海军陆战队及波田支队，沿洞庭湖驶入湘江，在汨罗江南岸的营田登陆，向我军左翼进攻。第3路以33师团为主力，由湖北通城南下，直攻平江、浏阳，图取长沙。第4路从江西奉新、上高出发，向湖南攻击，企图从东侧包围长沙。

第一次长沙会战打得最激烈的是湘北战场。

日军第6师团及奈良支队于9月18日早晨集中炮火，猛烈炮击新墙河北岸的守军前线警戒阵地，遭到胡春华营与史思华营拼死抵抗。接下来的3天，日军不断地发起一轮又一轮疯狂进攻。中国守军阵地的防御工事在激烈的炮击之下几乎完全被毁。战斗持续到21日黄昏时分，日军终于攻占了胡春华营与史思华营所在的警戒阵地，两营官兵全部壮烈殉国。到了9月24日，日军在飞机和强大炮火掩护下，突破了新墙河正面主阵地。薛岳当机立断，命主力即刻向汨罗江以南转移，占领第二线阵地。

中国守军有计划地顺利撤退，让日军围歼第九战区主力于新墙河畔的预定计划完全落空。这一结果激怒了冈村宁次。冈村宁次紧急命令日军紧追不舍，死死咬住后撤中的中国军队，想和中国军队发动一场决战。薛岳当然不会上当，他要把日军引入实现设定的包围之中。很快情况就和薛岳当初预料的一样，当日军渡过新墙河后，发现交通道路已经被中国军队和民众破坏了，日军的机械化优势无从发挥，只能在中国军队的屁股后面徒步跟进。

9月28日，追击的日军渐渐进入薛岳的圈套。当时赣北、鄂南的部队成功地阻挡了日军助攻长沙的部队，湘北部队也逐步到达指定地区，薛岳感觉到围歼日军的时机已经来临，要在长沙附近完成一次漂亮的伏击。他通知各部："候敌进入伏击区域，突起包围敌人而歼灭之。"

伏击战还没有开始，冈村宁次特地乘飞机观察战场。当他从空中往下看，长沙城就在眼前。但他的目光停留在幕阜山、九岭山的崇山峻岭时，让他一下子紧张起来。他隐约感受到，就在苍茫的群山之间，隐藏着随时都会冲出来的中国军队，正等着他一步一步走进死亡之地。冈村宁次立刻醒悟过来，薛岳一直撤退并不是抵挡不住。以薛岳手里掌握的大量有生力量，足以以长沙城为中心，布下一个口袋阵，只等日军自投罗网。再看这个时候的日军，各路部队已经被中国部队冲得七零八落，如果继续打下去，日军就会被一个个切割包围、然后逐个歼灭。冈村宁次带着极其复杂的情绪对正在前进的日军下达命令："全线撤退！"

一得知日军撤退，薛岳马上下达全线追击令。命令一下，中国军队全线杀声四起，对奉命撤退的日军一路猛追猛打。日军损失惨重。

第一次长沙会战的战果，诚如"长沙会战碑"碑文所记："鏖战24昼夜，遂奏肤功，歼寇4万，长驱300里。"蒋介石得到胜利的消息后大喜，在一次演讲中说："自从月初湘北战争以来，我国抗战局势，已临到胜利的一个大转变，国际外交形势，亦随之一天一天好转，……"

第一次长沙会战打退了日军进攻，共歼敌近4万人，成为日军侵华以来遭受最大损失的战役，对日军士气打击严重。这次会战极大地鼓舞了国民对于抗日胜利的信心，各地民众奔走相告。美联社、合众国际社、《泰晤士报》、塔斯社等国际知名媒体组织联合战地记者团，赴湘北考察证明此次大捷确有其事，纷纷向世界报道。

5. 长沙会战，歼敌10余万

1941年，阿南惟几接任日军第11军司令官，继续把长沙作为进攻的目标，并制订出一个"加号计划"，决定集中12万精锐兵力，力争歼灭中国军队第九战区主力。这一年的9月18日，日军发动对长沙的再次进攻。这一天是"九一八"事变10周年纪念日。阿南惟几决定这一天为正式进攻日别有意味。

薛岳早就算准了日军的再次进攻长沙的计划。但是，他在预判日军这一次进攻的兵力部署及进攻方向上犯了一个严重错误。薛岳以为日军这一次进攻还是会按照第一次长沙会战的老套子，从赣北、湘北、鄂南3路进攻。按照这种想法，薛岳在兵力部署和防御重点上，基本上还是根据第一次长沙会战时敌进攻路线，作为中国军队的防御重点。这直接导致了中国军队的兵力分散，第二次长沙会战还没开打，薛岳已经先输了一筹。

9月18日晨，日军如期发动全面攻势。战斗一打响，就和第一次长沙会战的战况完全不同。新城河防线只抵抗了1天，就被日军突破。3路队伍齐头并进，如入无人之境，直指汨罗江。薛岳知道情况不容乐观，一边急电重庆国民政府军事委员会，请求增派3到4个军增援；一边急电湘北各部队迅速行动，计划在汨罗江一线与日军一决雌雄。

意外的事情再次发生，薛岳下达的作战命令在电波传送中被日军截获，并被破译。阿南惟几得到情报，兴奋异常，立即把原定在湘江两岸消灭中国军队的计划作了改动，部署日军在捞刀河以北捕捉中国军队主力，然后直取长沙。此时的第九战区各部队完全不知道电令已经被日军截获并破译，各部队一接到命令，就立刻向各自的指定方向开进，一步步进入了日军设好的陷阱。

在第九战区的部队中，有两支王牌部队，就是素有"泰山军"之称的第10军和以"抗日铁军"闻名的第74军。第10军接到增援命令后，经过3天日夜行军，赶到金井地区，阿南惟几设下的包围圈已经等在那里。第10军预备第10师、第190师一到，就先后遭到日军的突然袭击。虽然中国官兵奋起反击，但伤亡依旧非常惨重，190师师长朱岳重伤，副师长赖侍湘牺牲。于此同时，一股精锐日军包围了第10军军部。军长李玉堂亲率特务营，舍命向西北突围，一直跑到青山铺才脱离了战场。

在第一次长沙会战中，中国军队没有一个整师被击溃的记录，第二次长沙会战战况突变，在短短的一个星期内，第九战区第26、第37、第10军3个主力军先后被日军击溃，9月25日，薛岳不得不再次下令，命令第九战区司令长官部从长沙撤往湘潭。此刻，薛岳手里还有一张王牌，这就是第74军。

9月25日，薛岳电令第74军以先头部队两个师急速挺进黄花市，保卫长沙城。然而薛岳的电令再次被日军破译。在掌握了薛岳的意图后，阿南惟几立即改变部署，打算先吃掉中国最精锐的第74军再进攻长沙。

当时日军已抢占了制高点，面对这种情况，第74军军长王耀武命令第57师不惜代价拿下春华山，同时命令第58师变被动挨打为主动进攻，先扫清春华山附近各日军据点。经过3天的苦战，第74军终于突出敌围，避免了全军覆灭的后果。29日，日军第4师团开进长沙。薛岳守住长沙的愿望被打破。

就在日军向长沙长驱直入时，中国军队紧随而来，在日军后方四面打击，让日军后勤补给线几乎全部被切断。阿南惟几虽然眼看胜利的果实就要到手，但由于兵力不足，只能下达"全线撤退"命令。

薛岳见状，迅速指挥中国军队各部对撤退中的日军进行包围。日军完全是在苦战之中艰难北撤的，伤亡极为惨重。

在第二次长沙会战中，中国军队最后可谓反败为胜。侥幸的胜利并没有让薛岳盲目乐观。在总结第一、第二次长沙会战的经验教训基础上，薛岳提出了一套利用湘北复杂地形，与敌后退决战的"天炉战法"，等待着日军的第三次进攻。

尽管在第二次长沙会战中，薛岳的"天炉战法"发挥了有效的作用，但是，中国军队的损伤也很惨重。根据薛岳提出的统计数字，中国军队伤亡人数约在59000人以上。薛岳指出日军的死伤人数在4万人以上，并缴获日军武器步枪1347支，机枪38挺，山炮6门，步兵炮9门，战马871匹，装甲车8辆，俘虏日军269名。击落军机3架，击沉汽艇7艘（据日方统计，整个会战中中国军队遗弃尸体54000具，被俘4300人；日军伤5184人，亡1670人）。

1941年12月7日，日军偷袭珍珠港，太平洋战争爆发。12月8日，美、英两国对日宣战。为了配合盟军作战，蒋介石命令薛岳，从第九战区抽调第4、第74军南下，拟配合第四、第七战区进攻广州，以消解日军攻取香港的打算。日军第11军司令官阿南听说薛岳的两支精锐部队南下，决定趁机再次进攻长沙。

此时薛岳早已把他的"天炉战法"打造成熟，他迅速把南下的第4军、第74军和驻常德的第73军调回参加会战。12月23日晨，日军正式发动进攻。薛岳指挥中国军队按照计划逐次抵抗，给日军极大消耗，为决战赢得了时间。

按阿南惟几的作战计划，日军主力打到汨罗江南岸、击溃中国军队后就结束战斗，退回原地。就在中国军队逐步退防的过程中，阿南做出了新的决定，他认为中国军队退却，正是乘势攻占长沙的良好战机，就改变了原作战计划，下令进攻长沙。

日军各部得令后，陆续渡过捞刀河，拟从东、南、北3面包围长沙。日军进攻长沙正是薛岳所希望的，在他的"天炉战法"中，长沙正是炉膛的正中。当日军接近长沙，薛岳将长官部指挥所搬上岳麓山，就近指挥和督促各部作战。

为鼓舞士气，坚定歼敌决心，薛岳训令各部："第三次长沙会战，关系国家存亡，国际局势之巨。本会战职有必死决心，必胜信念……"此电后来成为一份有名的抗日电文，它充分显示了薛岳誓死保卫长沙的决心和信念。

1942年1月1日，薛岳下达了总攻命令，并给守长沙的李玉堂第10军下了一道死命令："命令你军固守长沙，务求成功，严令部队作战，不得退缩，擅自后退者杀无赦，重伤兵亦不得后撤。"

第10军全体官兵彻底执行了薛岳的命令。当日军凭借飞机和强大炮火掩护突进长沙市区，迎来的却是第10军将士们的誓死抵抗。中国军队官兵每一个地堡、每一个建筑物都不轻易放弃，和进犯的日军展开激战。在重要地区，如八角亭至天心阁附近，他们与日军发生了逐街、逐堡、逐屋的争夺战。从1日夜至1日凌晨，双方在长沙东门、南门外地区展开激烈争夺战，阵地多次失而复得，中国军队第29团团长陈新善、团副曾友文等阵亡。中国军队终于守住了阵地，击退了疯狂进攻的日军。

长沙城守卫战在1月3日进入了最艰苦的阶段，日军两个师团集中步兵强攻，发起了一轮又一轮猛烈的冲锋。中国军队第190师师长朱岳、第3师师长周庆祥和预备第10师师长方先觉等亲往一线督战，打退了敌人的多次进攻。就在战斗进行到最为激烈的时候，薛岳站在一间四面都挂满了军事地图的作战室内，不断地下达着新的作战命令。他已连续几天几夜不眠不休。战斗进行到最后一刻时，薛岳不顾自己的安危，把身边的兵力全部调到了前线。

就在这时，一股日军特种部队突然出现，摸到了薛岳设在爱晚亭边的指挥部。此时的薛岳身边仅剩的一个警卫营。经过殊死抵抗，这股偷袭的日军被击退，保住了薛岳的生命安全。1月3日，正当第10军死守长沙时，第九战区的大军迅速向长沙外围合拢，以9个军的优势形成了一个从东南、东北、西面及北面对日军的包围圈。为防止日军逃跑，薛岳当机立断，通令各部，限于1月4日晚全部进入第二次攻击到达线。

日军第11军参谋长木下勇感觉形势不妙，急忙和日军众参谋一起，来到阿南惟几的卧室，请求阿南惟几下令撤退。占领长沙城就差一步之遥，这让阿南惟几犹豫不决。在众参谋一再恳求之下，他也知道日军要想攻下长沙已不可能，而且再不撤退就有全军覆灭的危险。阿南惟几咬着牙，再一次下达了全军撤退的命令。

1月5日7时左右，围城的日军全部撤走。薛岳立即命令罗卓英为追击总司令，率领第26军、第4军、第73军分头追击，力争把日军全歼于捞刀河以北、汨罗江以南地域。中国军队各部依令迅速行动，开始追击撤退的日军。由于腹背受敌，四方应战，日军往后逃跑的速度，一天只能跑10里地。日方为解主力部队之围，从后方调来独立混成第9旅团增援，反被中国军队包围，激战两日后,该旅团几乎被全歼。直到 1 月 15 日,日军各部在付出沉重的代价后,这才逃回新墙河北岸,摆脱了中国军队的追击。

第三次长沙会战,日军共伤亡官兵 56000 余人,战马被击毙 1200 匹,据说,光是清理战场焚烧尸体就烧了好几天。缴获步枪 3300 支,轻机枪 300 余挺,山炮 30 余门,平炮 37 门,掷弹筒 60 余只,无线电 27 部,钢盔 700 余顶,防毒面具 800 余具,重要文件 100 余种。

中国军队长沙会战的胜利,对国内外都产生了积极的影响。中共主办的《新华日报》发表社论《论长沙保卫战与目前军事任务》,盛赞"此次长沙之捷,是有着国际意义的"。美国总统罗斯福在第 3 次长沙大捷后发来了一份热情洋溢的贺电:"对贵国遭受野蛮侵略所进行的英勇抵抗已经赢得美国和一切热爱自由民族的最高赞赏。"

1942 年 1 月 24 日,薛岳获国民政府颁发象征最高荣誉的青天白日勋章。蒋介石公开宣称:"长沙会战大捷之意义非比寻常,予敌人战略之打击也影响深远,尤其薛长官以下各军、师、团、营、连长,以迄全体官兵人人抱定必死的决心,才能缔造此一光荣之胜利,不仅可以告慰全国民众,而且也可以告慰世界友邦。"

3 次长沙会战的战绩应是最为辉煌的,3 次会战中打死打伤日军共计 10 余万人。以此而论,薛岳将军无疑是抗日战争中歼灭日军最多的将领,更是被日军称之为"长沙之虎"。1946 年 10 月 10 日,美国总统杜鲁门给薛岳颁发了一枚自由勋章,表彰他在抗日战争中的贡献。

第十章

谁是中国远征军歼灭日军最多的将领?
—— 孙立人

孙立人（1900—1990），字抚民，号仲能，安徽省舒城县人，国军党陆军 2 级上将。抗日名将。

孙立人毕业于美国弗吉尼亚军事学院，在中国远征军中历任第 38 师师长、新 1 军军长。新 1 军在历时两年的缅北反攻作战中，击毙日军 3.3 万人，伤日军 7.5 万人。孙立人是中国军队远征缅甸作战中指挥所部歼灭日军最多的将领，也是抗战时期军级单位将领中指挥所部歼灭日军最多的将领。被盟军称为"丛林之狐""东方隆美尔""中国最优秀的前线指挥官"，甚至日军也把孙立人称为"中国军神"。

1. 淞沪喋血，苏州河成为会战中日军伤亡最重的地方

孙立人生于安徽省舒城县一个官宦家庭。1914 年，孙立人以安徽省第 1 名的成绩考取清华学校（现在的清华大学）。1923 年毕业后，赴美留学进入普渡大学。1925 年毕业以后，进入弗吉尼亚军校，开始接受严格的军事教育。

1927 年回国以后，孙立人先在国民党中央党务学校军训队任学生大队队副。不久，他被请调成为陆军教导师，从上尉排长，很快又升职成为少校连长、中校营副、中校营长。1930 年，孙调入宪警总队任上校第 1 大队长，随即调至蒋介石的侍卫总队，任上校副总队长。这一年，国民党中央银行总裁、财政部部长宋子文成立税警总团，孙立人当上了税警总团的第 4 团团长，驻防在江苏海州。

孙立人

1937 年淞沪会战爆发了。国民政府将能够调派的军队都调往上海，参与淞沪会战。10 月，孙立人也接到命令，率领税警总团第 4 团参加淞沪会战。10 月 2 日至 4 日，日本第 3、9 师团在优势空军和战车部队配合下，猛攻第 9

集团军蕰藻浜陈家行至唐桥站间的阵地，企图强行突破，切断京沪铁路，孤立大场镇至江湾的中国守军。当时税警总团奉命接防87师阵地，正好与日军第9师团遭遇，孙立人率部与日军苦战了两天，日军一直无法突破孙立人所部防守的阵地。直到日军派出第3师团前来增援，税警总团左翼友军在日军的攻势之下，再也抵挡不住，被日军突破了防线。税警总团3面受敌，陷入孤军苦战的境地。孙立人不得不指挥官兵们与日军展开逐屋争夺，在城区内依托街巷建筑与日军展开周旋。战斗中税警兵团寸土必争，顽强抵抗，中日双方死伤惨重。孙立人更是指挥税警总团多次发动反击，与日军展开肉搏战，用血肉之躯抵挡日军的疯狂轰炸。10月4日上午9点，日军发动猛攻，东、北、西3面受敌的税警总团，与敌人激战长达10个小时，敌人飞机轮番扫射、轰炸，税警总团官兵多次冲出防御工事，与日军拼刺刀。由于伤亡过大，加上迟滞日军进攻的目的已经达到，税警总团撤到后方修整。

25日、26日，日军利用橡皮舟搭起浮桥，企图渡过苏州河。税警总团官兵看到这种情况，就对日军的浮桥发动了攻击，用手榴弹炸毁了浮桥，阻止了日军渡河。27日早晨，日军趁涨潮和晨雾，偷渡到南岸，隐蔽在岸下间隔不等的储煤洞里。孙立人亲自赶到第一线，指挥第4团第一营官兵炸毁敌人偷渡的浮桥之后，将渡河成功的日军400多人全部歼灭。10月30日，税警总团在周家桥接连击退日军7次强渡。让苏州河成为淞沪会战中日军伤亡最重的地方。同时，为夺回友军失去阵地，孙立人亲临一线，与官兵一起冲锋在前。日军迫击炮弹在他身边爆炸，导致他身受13处创伤。孙立人负伤后，坚决不下火线，最后由部属封裔应团长、指挥号长苏醒与机枪连长胡让梨强行背下了战场。孙立人由于伤势严重，晕厥了3天，情势非常危急。宋子文得知这种情况，立即将孙立人送往香港接受完整治疗。这才保住了一条命。

孙立人伤愈归来后，税警总团已经不在了，当时，国民政府急需有战斗力的部队，财政部被迫交出缉私总队半数兵力，由国民革命军重组为新编第40师。孙立人重新加入财政部，重组缉私总队并担任少将总团长。原来税警总团有5000余名伤员，是在淞沪会战后伤愈的旧部，孙立人就以这5000人于1938年3月重建税警总团。孙立人努力招回原税警第4团的旧部和军中旧识，又亲自建立军官队军士队训练出下级军官和军士，士兵则慢慢招募。

1938年底，孙立人率部移至贵州都匀，正式开始孙立人的第二次练兵。经过两年严格的训练，孙立人将缉私总队由原本3个团残兵新兵逐步扩张到6个团的规模。到1941年底，所部第2、3、4团和直属队改编为陆军新38师，孙立人晋任少将师长，隶属于第66军，这支部队成为国民党军当时的主力部队之一。

孙立人第二次练兵成绩亦非常出色，新38师后来参加军政部战力校阅，名列第一名，新38师立刻从丙种师被提升为加强师，编入赴缅甸的中国远征军战斗序列。孙立人3年练兵的心血，终于没有白费。想想这5000余伤员竟一下子成了精兵，孙立人真是一个出色的指挥官，又是一个出色的教练。

2. 辉煌的战绩，大撤退整肃的军容

抗战开始后，来自国际上的援助对中国军队抵抗侵略起到至关重要的作用。日本为了尽快取得中国战场上的胜利，企图通过武力强行中断"第3国"的对华援助。1939年冬天，日军攻占南宁，切断了通往越南海防的国际交通线。1940年春天，日军又对滇越铁路狂轰滥炸，经过几个月的战斗，1940年6月，法国被迫停止了通过滇越铁路运货的要求。为了保证万无一失，日军于当年9月对越南发动侵略战争，随后又与泰国订友好条约，至此滇越线也全面中断。在这种形势下，滇缅公路就成了唯一的一条援华通道。

缅甸地处东南亚半岛，西边靠近英属印度，北部和东北部与中国西藏和云南接壤。在地理位置具有重要战略意义，二战中对中国战场的地位尤其重要，滇缅公路是中国重要的国际交通线，一旦日军占领，还会威胁到中国西南大后方。为了保卫缅甸，中英两国早在1941年初就酝酿成立军事同盟。随着太平洋战争的爆发，中英双方于1941年12月23日在重庆签署了《中英共同防御滇缅路协定》，中英军事同盟正式形成。

1942年1月初，日本展开了对缅甸的进攻，英缅军队面对日军猛烈的攻势，几乎毫无抵抗之力。英缅军一路败退，缅甸情势危急，英军这才急忙请中国军队进入缅甸参战。中国成立远征军第一路司令长官部，开赴缅甸战场救援英军。但是，最好的作战时机已经失去，中国远征军仓促之间进入缅甸，已经无法改变整个战局的走向。日军很快占领缅甸，缅甸保卫战失利。在二战中，英国一直坚持先欧后亚的既定战略，对于缅甸的失守并不是非常在意。看到战局不利，就失去了保卫缅甸的兴趣，决定全线撤往印度。按照原有作战计划，中国远征军是进入缅甸，保卫缅甸，到这时却成了掩护英军撤退的作战。

这种局面让仓促进入缅甸的中国远征军从一开始就陷入被动。2月16日，蒋介石下令以第200师为先头部队，先派出第5军进入缅甸。3月，200师一

到达同古，就与日军发生第一次大规模军事接触。由于缅甸交通线不断遭到日军的狂轰滥炸，又加上英国军队的消极延误，远征军后续部队始终没有按原定计划到达同古。200师孤军奋战，陷入日军的重重包围之中。伤亡达到2000余人。在内无粮弹外无援兵的情况下，杜聿明下令200师于3月29日晚从同古以东突围。在同古保卫战中，200师歼敌5000余人，重创日军第55师团。

1942年4月14日，英缅军第1师在缅甸仁安羌被日军包围，情势危急。英缅军总司令亚历山大急忙致电中国远征军司令长官部，请求救援。当时孙立人率新38师已经进驻缅甸曼德勒，兼任卫戍司令，参加曼德勒会战。4月14日，被围困在仁安羌的西线英帝国缅甸军步兵第1师及装甲第7旅已经粮尽弹缺，水源断绝，陷于绝境。孙立人接到远征军司令部罗卓英的命令，立即派113团星夜驰援，16日下午4时，团长刘放吾率部赶到了巧克伯当，和英缅甸军司令斯利姆将军会晤，协商解围计划。作战计划商定以后，战斗打响了。孙立人部当时的兵力只有1个团，不满1000人。而日军的兵力多出数倍。经过连续的英勇作战，孙立人部最后以少胜多，战胜了日军，收复了仁安羌。仁安羌一战不仅攻克了日军阵地，歼灭日军1个大队，还为7000名英军解了围，救出被日军俘虏的美国传教士、各国新闻记者及妇女500余人。仁安羌大捷也是孙立人部入缅后第一场胜仗。

仁安羌大捷之后，英军决定弃守缅甸，撤往印度。新38师奉命掩护盟军撤退。此时，日军集结精锐部队猛攻腊戌，远征军第66军伤亡惨重，日军很快占领腊戌，第66军各部只能退守到新维，中国远征军从缅甸撤退已经成了当务之急，曼德勒会战此时也已经彻底成了泡影。

同时东线方面的战斗也面临同样的处境，第6军在日军的攻势之下，被迫放弃了雷列姆，边打边退，一直退到了萨尔温江东面，随后撤回国内。中线第5军军部和所属的新22师、第96师主力于1942年4月26日黄昏由皎克西乘汽车、火车向曼德勒转移，于当天夜间10时全部到达。1942年5月1日，中线也全部撤到了伊洛瓦底江以西、以北地区，此后第5军直属部队、第200师、第96师、第66军的新38师徒步行进，轮流掩护撤退。1942年5月8日，日军攻占了密支那，杜聿明此时也接到蒋介石的命令，组织远征军向国内撤退。

当时中国远征军第一路军副司令官杜聿明面临两个选择，一是接受蒋介石的命令，经野人山热带丛林北上，将缅甸境内的远征军部队撤回到云南境内。二是接受时任中国战区参谋长史迪威的指示，把有生力量撤往印度。杜聿明从多个方面考虑之后，最后选择执行了蒋介石的命令，下令远征军向国内撤退。结果表明这一决定并不明智。

孙立人接到命令之后，对所处的环境进行了分析。孙立人认为，野人山属于瘴疠之地，纵横千里，如果从野人山穿越回国，必然造成很大的损失。于是孙立人毅然决定，抛下杜聿明的命令不顾，当机立断率领新38师一路向西，撤往印度。

果然如孙立人所料，中国远征军大部艰难穿过野人山，在日军的一路追杀伏击之下，死伤惨重。在第一次入缅作战中，中国远征军伤亡5万多人，其中绝大部分死在野人山的深山密林之中。新编第200师师长戴安澜在入缅作战中屡建奇功，掩护英军平安撤退后，就是在翻越野人山回国的途中，遭到日军伏击，不幸受伤殉国。

孙立人率领新38师一路向印度撤退，由于大部日军被杜聿明率领北上的大部队吸引，新38师在撤退途中比较顺利。在连续打垮日军的多次阻击之后。当新38师到达印度时，部队装备不但没有损失，还收容了数以千计的难民和英印散兵。

5月底，孙立人率新38师到达印度边境，装备齐全的新38师让英驻印边防军非常吃惊，要求中国军队解除武装，以难民身份进入印度。这让孙立人难以接受，坚决拒绝解除武装的要求。就在双方坚持不几下的时候，英联军第1师师长正在当地医院疗伤，他正是被新38师在仁安羌解救出来的。得知孙立人部队的情况，警告当地英军将领说："这支中国军是能打仗的，不信你去看看再说吧！"英军将领将信将疑来到新38师营地，孙立人拉出一支仪仗队，在营门口迎接。200名精壮士兵军装是破了点，但枪支雪亮，精神饱满。仪仗队前头，摆着2门小钢炮，4挺重机枪。

这让英军将领大为吃惊，他见过从缅甸败退回来的英军，为了保命，那些英军不用说枪炮武器了，就连衣服裤子都扔掉了，只穿一条裤衩跑回了印度。再看这批中国士兵，居然在撤退的过程中，把钢炮和重机枪都扛了过来，这完全出乎他的意料。英军将领问中国机枪手是如何把重机枪扛过来的，中国兵立正大声回答："武器是我们的生命。人在武器在。"孙立人接着领英国人参观营房，并安排了军事表演。英军将领看完后肃然起敬，态度为之一变。第二天，英军仪仗队列队奏乐，鸣炮10响表示欢迎，新38师军容整齐地开进了印度。

新38师师长孙立人没有听从杜聿明的命令，向西撤往了印度，也让新38师成为第一次远征结束之后唯一一支保存建制的部队。

英国东方警备军军团长艾尔文将军拜访孙立人，见到新38师军容严谨，与从缅甸退回的英军有天壤之别，敬佩地对孙立人说："你的部队是我所见过的部队中最出色的一支！"他带着赞赏的表情回头要他的部下向中国军队学习。这是中国军队初次在印度宣扬国威的光荣史绩，从此以后英印军民都对中国军队表示敬慕。

后来美国罗斯福总统特地颁授丰功勋章给孙立人将军，罗斯福在颂词中说："中国孙立人中将于1942年缅甸战役，在艰辛环境中建立辉煌战绩。仁安羌一役孙将军以卓越之指挥，击灭强敌，解救英军第一师之围，免被歼灭。后又掩护盟军转进，于千苦万难中，从容殿后，转战经月，至印度，犹复军容整肃，不减锐气，尤为难能可贵。其智勇兼备将略超人之处，实足为盟军楷模。"

3. 反攻缅北，创造丛林包围歼灭战的神话

1942年6月14日，联合国军队在印度首都新德里举行联合国日阅兵典礼，中国军队被邀请参加，新38师派出步兵一排，随远征军第1路司令长官罗卓英将军出席。在举行分列式后，阅兵官讲评，认为当天参加检阅的11国军队当中，以中国代表队步伐最整齐，精神最饱满，军容最壮盛，应当荣列第一。当晚，印度总督在总督府举行盛大宴会，特别宴请这一排中国官兵，并对中国军队倍加赞扬！

在新38师到达印度后，新22师在廖耀湘师长率领下后来也到达了印度，这两个师组成了中国驻印军，中国驻印军以印度比尔哈省的蓝迦作为军区及训练营地。

驻印军主力，在蓝迦整训了将近一年。训练科目十分繁杂，学术科之外，还有特殊的技术训练，如爬山、爬吊杆、武装游泳渡河等。步兵训练，由驻印军自己的军官负责，特种兵训练，则由美军协助，先后举办了炮兵、汽车、战车、通信、卫生、马蹄等各种训练班，后来又办了一个战术学校，分期调集国内将校到这里来研究参观，以沟通中美两国对战略和战术的观点。

1943年1月2日，孙立人将军受比哈尔省督邀请，去往蓝溪接受英皇颁授的C·B·E（英帝国司令）勋章，这枚勋章原本是由英皇特使魏菲尔将军在印度新德里颁授，因为孙立人练兵正忙，没有空闲时间，所以改派比哈尔省督代表英皇在中国驻印军驻地附近的柔拉学校达尔巴厅堂举行。中、英美高级将领都被邀请参加了这个盛典。中国指挥官再次以战功赢取外国的勋章，给中

第十章 谁是中国远征军歼灭日军最多的将领？

国带来了极大荣耀。

3月中旬，驻印军副总指挥官罗卓英将军调回国内，驻印军合并为新1军，直接归总指挥史迪威将军指挥，以郑洞国任军长，孙立人任副军长兼新38师师长。新22师师长仍为廖耀湘，胡素为在印度成立的新30师师长。统帅部又陆续从国内调去及在印度新成立了几个炮兵团、工兵团、汽车兵团、骡马辎重兵团、独立步兵团、战车营、高射炮营、兵工营、通信营、特务营和人力运输部队等，使驻印军的力量更加庞大起来。

从1942年日军攻克缅甸后，滇缅路已经封锁了1年，中国急需打出一条国际交通路线，以取得盟国物质援助和加强抗战力量。盟军统帅部决定反攻缅甸，修筑一条由印度直达昆明的中印公路，以满足当时中国政府的迫切需要。

1943年春，驻印军的补充训练大致完成，反攻缅甸、打通中印公路时机紧迫，不容延缓，孙立人负起前敌司令官的任务，统帅新38师为反攻先锋。部队经过一个多月的车船运输，从比尔哈省的蓝迦又重新回到萨密省极北的雷多，担任消灭盘踞在野人山胡康河谷的敌人，以掩护修筑中印公路的重要任务。

孙立人的对手是日军第18师团，师团长田中新为中将，下辖第114、55、56联队，共有兵力3万人。该师团是日军的一支王牌部队，以凶顽闻名，参加过进攻上海和南京的作战，是制造南京大屠杀的元凶之一。

从雷多到胡康河谷，中间横着一座纵横400多里的野人山，高度平均在海拔3000米以上。野人山为原始密林高山，极为险恶，大部队难以补给，重武器亦无法使用。日军第18师团55联队以小部队构筑据点逐山防阻，新38师亦以连为单位轮番攻坚。经过半年多苦战，1943年10月，新38师打通了野人山，掩护后面的步兵和开山机来进行筑路的艰巨工作。此次战役阵亡连长30余人，全师步兵连连长换过一遍有余。山地丛林战之艰难惨烈和日军第18师团的强悍由此可见。

野人山战役后新38师112团进入胡康河谷，胡康河谷战役在拉家苏、于邦、临干一线展开。面对的日军为56联队和55联队，配有重炮，而中国军队方面因史迪威之参谋长波特纳判断有误，以为还是小股日军，故只有112团一个团的兵力，没有重炮，连团属迫击炮连也未被许可带去。战斗开始后双方呈胶着态势，日军集中55联队主力于中路于邦，1月22日，日军将前来进攻的我114团1营李克己营长带领的一个连包围。这个连就地构筑工事，日军空有兵力火力优势，竟历时34天始终无法攻克其阵地。

112团发现日军兵力虚实后,即报孙立人。孙欲亲自率兵增援,波特纳仍不同意,认为补给困难,孙立人一怒之下将波特纳关在师指挥部。最后孙立人同史迪威一起飞往战场上空观察,考察后史迪威同意了孙立人的意见。孙立人随即率师主力增援,急行军20多天穿过野人山,赶到胡康河谷。从2月26日起,经激战3日,将于邦日军击溃,击毙55联队联队长藤井小五郎大佐以下约1000余人。

在于邦战斗同时,左翼的113团3营和112团主力在临滨击溃日军56联队后,乘胜追过大龙河。右翼的114团3营则利用孙立人的迂回战术,在大龙河下游偷渡,迂回到退至大龙河右岸的55联队残部的侧背。55联队见侧背受威胁,立刻仓皇撤退。新38师轻取胡康河谷日军4大据点的大柏家。

大柏家战斗后,战役进入决战阶段的孟关战斗。日军18师团放开正面,意图引诱中国军队进攻工事坚固、地势险要的师团司令部所在地孟关,而以主力从右翼包抄进攻孟关的中国军队侧背,欲一举歼灭。驻印军方面作战计划,是以训练完成的新22师配属军重炮团和战车营攻击孟关,以新38师112团和113团掩护22师的左侧背。

战斗开始后,新38师即在大比河南岸截住日军的迂回部队,新22师在孟关苦战1周后,伤亡惨重,寸步难进。孙立人得知新22师的困境后,在未请示史迪威的情况下,令113团迂回抄击孟关背后的日军重要据点瓦鲁班。1944年3月5日,113团抵达瓦鲁班,随后将其包围并发起攻击。孟关日军军心大乱,正面进攻的新22师乘势发起攻击,战车营一举突破日军防线,田中新一和日军从小路仓皇溃退,连师团长官防大印都被缴获。3月9日,113团攻占瓦鲁班,缴获的日军枪炮弹药堆积如山。胡康河谷战役的胜利,使史迪威对孙立人的迂回战术十分佩服,随即将指挥权交回孙立人和廖耀湘两位师长。在此之前,史迪威总是跨过军直接指挥到师,且师长对本师的命令亦需报史迪威核准后方能实施。此次战役后,孙、廖对各自部下的命令只要通知史迪威就行了,无须批准。

3月14日,驻印军乘胜攻击孟拱河谷。孟拱河谷有加迈(卡盟)、孟拱、密支那3大日军重要据点,史迪威的作战计划是以新38师和新22师攻击加迈(卡盟),将日军主力吸引到孟拱以西,再从空中突袭日军后方的密支那。

驻印军首先要打开孟拱河谷的大门,长20英里的布杰班山天险。新22师从正面佯攻,新38师113团从左翼翻越险峻的库芒山脉迂回抄向布杰班山后路,112团1营则在113团更外侧施行更深远的迂回。库芒山脉奇险无比,田中认为大部队无法翻越，因而疏于防范。113团经过14天的艰苦攀登，成功迂回到布杰班山后方，与新22师两面夹击，只用1天时间就占领了布杰班山天险。

日军见中国驻印军势不可当，即飞调原防守密支那的114联队主力和56师团146联队1部，增援加迈的55和56联队。史迪威以新30师之88团、新50师之150团和美军梅利尔特种团长程偷袭密支那。由于盟军过于谨慎，投入过多兵力用于警戒掩护，使攻击兵力过少，无力攻克密支那。以后日军援兵源源赶到，盟军虽然也空运援军，但战机已失，突袭变成了强攻。因5月底开始缅北将经历连绵数月的雨季，空运极为困难，而攻击密支那的1万多盟军补给全靠空运，非常危险，急需正面攻占加迈和孟拱，以打通到密支那的地面路线。

孙立人决心再用迂回战术取胜。5月21日，112团在团长陈鸣人率领下奉孙立人的命令背负4天的干粮和一个基数的弹药插向加迈卡盟背后的日军补给基地西通。112团冒着大雨，不分昼夜，绕过瓦兰，偷渡棠吉河，横跨丹邦卡到拉芒卡道的敌后驮马路。26日上午11点，这支奇袭部队如期赶到加迈以南的南高江东岸，两小时以内完成侦探渡河点和一切渡河的准备，利用每个人随身装备的胶布、钢盔、水壶和干粮袋，顺利涉水过江。

渡河后，112团立即攻击西通，日军惊慌失措，还以为是伞兵天降。到27日，112团已经完全肃清西通和周围地区的日军第12辎重联队、炮兵第21大队1中队、警备队两个中队，共击毙日军900余人，缴获155重炮4门，满载械弹汽车75台，骡马500余匹，粮弹仓库15座。28日，112团继续向南、北两面发展，再次击毙日军200余人，占领粮弹仓库20多座，日军在孟拱河谷的粮弹辎重大部落入112团手中。29日，日军为挽救危局，以18师团114联队从加迈方向，第2师团第4联队和53师团151联队从孟拱方向，配以重炮战车南北夹击112团。112团两面作战，寸步不让，一直坚持到6月14日113团从加迈方向攻到。此战112团共击毙日军2700人，日军3个新锐联队全被打残。112团伤亡周有良连长以下300多人，阵亡人数和敌人成1比15。这就是抗战时期有名的西通截路战役。

112团切断日军18师团后路后，孙立人抓住战机，以113团向加迈猛进，日军18师团各部因后路被切断，粮弹俱绝，6月9日孙立人率部攻克加迈。与此同时，孙立人令114团向孟拱实施大纵深穿插，于20日肃清孟拱外围要点。21日，原从孟拱增援密支那的53炮兵联队回援孟拱，在城郊被114团伏击击溃，联队长高见量太郎被击毙。

自112团截断公路夺得粮弹仓库之后，孟拱河谷的日军便陷入饥饿包围之中，个个脸青脚肿，奄奄待毙，不少人甚至被中方骡马部队、传令兵、看护兵、炊事兵击杀或生俘。其他还有三五成群，跑到老百姓家里抢吃的，被土民杀死的也很多，土民往往割下两只耳朵，送到中国军中来报功。在孟拱河谷西南部的一个死谷里，有武装齐全的敌军2000人以上集体饿死。孙立人算是创造森林包围歼灭战典范了。

4."中国军神"国际威名扬

6月22日，新38师114团在大雨中发起对孟拱的攻击，日军第2师团、18师团、53师团各部都是新38师手下败将，全无战意。25日，114团攻克筑有坚固工事的孟拱，田中新一从地道狼狈逃走。至此，孟拱河谷日军主力已全部被歼，仅剩密支那尚待攻克。日军组织53师团128联队和完成补充的53炮兵联队从卡萨向密支那增援，在密支那以南被113团和114团伏击，激战3天，被大部歼灭。从此密支那陷入孤立无援之境。

新38师在孟拱河谷战役中歼灭日军18师团全部，第2师团、53师团、56师团各1部，击毙日军12000余人，自身伤亡尚不到千人，且打通了滇缅公路的2/3。该战役中，敌我死亡比例是12∶1，这个纪录，并不限于双方在战场上的死伤，还包括日军饿死、病死的人数，这是孙立人战略及战术的成功。而同期盟军的战绩就相差甚大了。8月5日，盟军历经78日苦战，终于攻克密支那。此战盟军先后共投入6个团，即梅利尔特种团，新30师全部3个团，新14师第42团，新50师第150团，共歼灭日军约3000人，自身伤亡约7000人。

孟拱河谷战役结束后，东南亚雨季来临，作战不便，中国驻印军趁机进行休整。8月，新1军扩编成两个军。孙立人任新1军军长，下辖李鸿新38师，唐守治新30师。廖耀湘任新6军军长，下辖李涛新22师，潘裕昆新50师，龙天武新14师。此前日本中国派遣军为解救50万缅甸方面军的危局，于6月在中国战场发动规模空前的1号作战。中国军队况不佳，战局不断恶化，新6军成立后不久，其下辖的新22师和新14师奉命空运回国增援，仅留下新50师，被编入新1军。

6月，史迪威和蒋介石因中印缅战区的各种问题观点不一而彻底闹翻，孟拱河谷战役中国远征军与盟军的战绩差异，更让蒋介石觉得史迪威简直是个白痴，再不愿把手中最精锐的部队交给他，双方势成水火。罗斯福总统为中美合作大局，将史迪威调回美国。

新1军在密支那休整了近两个月后，于10月15日开始执行缅甸大反攻的第二阶段作战任务。此时滇西远征军已基本攻占腾冲—龙陵一线，但伤亡惨重，无力完成其原定打通滇缅公路云南到密支那段任务。于是重新划分任务，打通滇缅公路缅甸路段的任务由新1军接过来，滇西远征军负责肃清云南境内日军56师团的少量残部。

孙立人令李鸿带领新38师攻击滇缅公路重要据点八莫。八莫守军是日军第2师团搜索联队、16联队1部、18师团55联队重建的1部，再配以重炮和战车各1部。日军早做好死守准备，半年前便禁止民众进入市区，将整个市区布置成一个大阵地。八莫市区阵地，是一个椭圆形，东西宽6里、南北长10里，里面湖沼很多，形成很多龟背形的高地，犬牙相错，相互策应。许多隐蔽部都是用大树夹杂着钢骨泥土建筑起来，像一座座地下堡垒，500磅的炸弹直接命中，也不能把它完全炸毁，隐蔽部里面还有很多的床位和水电设备。

新38师于10月底抵达日军太平江防线，孙立人再次采用两翼迂回战术，从上下游渡江，突破日军防线，于11月中旬攻占八莫外围所有重要据点，将八莫团团围住。经过1个月攻坚战，新38师全歼日军守军5000余人，击毙八莫守备队司令官原三好大佐，缴获仅重炮即有28门之多。当时正是中国国内战局最危急时刻，日军攻克桂林后再克独山、都匀，重庆震动。新38师攻取缅北重镇八莫的消息传来，中国国内民心士气大为振奋，日军攻势也大大遏制。

为纪念这一场攻坚战，缅北盟军最高当局特把从莫马克到八莫市区的一段路定名为孙立人路，将八莫市区中心马路，定名为李鸿路。

在新38师攻击八莫的同时，孙立人命新30师绕过八莫，攻取八莫以南40英里，位于中缅边境的南坎。12月3日，新30师前锋90团与北上增援八莫的日军遭遇。日军部队为重建的55联队主力，重建的56师团146联队一部，炮兵18联队一部，辎重、工兵各一部，新投入的49师团168联队全部。14日，日军集中主力强攻我90团3营防守的5338高地，1天内连续冲锋15次，战死1263人，90团主力乘势反击，日军溃逃。与此同时，88团、89团、114团、122团从侧翼绕过直取南坎，然后回师，于1945年1月7日将南坎包围。15日，孙立人指挥新1军主力一举攻克南坎。然后，新1军又应滇西远征军之请围歼位于老龙山、芒友的日军56师团。新38师主力于22日攻克中国境内的芒友，28日上午9点，新1军和滇西远征军在芒友会师。此前，滇西远征军经与日军激战先后攻克腾冲、松山、龙陵，打通了滇缅公路中国境内全部路段，滇缅公路至此全线打通。

随着新1军的在战场上的高歌猛进，中美工程技术、施工人员紧随其后加紧中印公路及输油管的建设。中印公路起始于印度雷多，经密支那、八莫、保山到昆明，全长1566公里。担任筑路任务的，是驻印军的工兵第十团及美国的机械化工兵团。美国人把中印公路称为"雷多公路""华美路"，蒋介石则宣称为了纪念创造这条路的约瑟夫·史迪威将军的功绩，把它称为"史迪威公路"。

1945年1月25日，"史迪威公路"正式通车。第一批由印度开往中国的汽车一共有105辆，其中有载重两吨半的大卡车66辆，还有一些武器拖引车、吉普车和救护车，载运的物资包括汽油、军火，拖引的武器有重炮、野炮、山炮和平射炮。紧接着，中美军事当局又宣布了当时世界上最长的油管——中印油管输油开始的消息。卡车从史迪威公路上不断地将军火及物质运到中国大西南去，油管源源不断地把油输送到中国去，给中国人民抗日战争的胜利带来希望和光明。

芒友会师之后，新30师攻取老龙山，再于2月8日攻取南巴卡，将日军

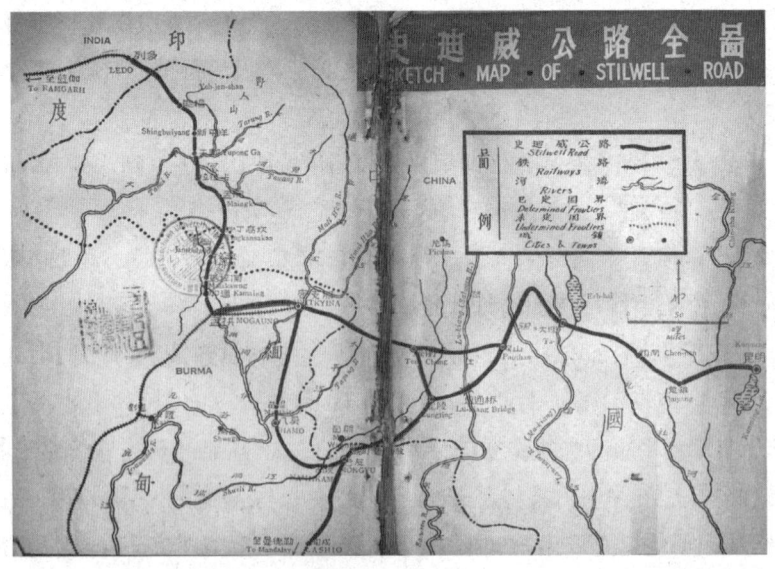

史迪威公路全图

56 师团残部歼灭。新 1 军继续前进，连续攻取新维、腊戍，将日军第 2 师团、第 49 师团残部歼灭。新 50 师经过半年战斗，先后攻克万好、南保、南杜、西保等要点，最后于 3 月 30 日攻克乔美，歼灭 56 师团最后的残部，结束了缅北作战。

新 1 军在历时两年的缅北反攻作战中，击毙日军 3 个联队长以下 33000 余人，伤日军 75000 余人，俘虏大尉以下 323 人。缴获大炮 186 座，战车 67 台，汽车 552 台，攻取公路 646 英里。新 1 军自身伤亡 17000 人。确实没有任何其他一个中国军级部队的战绩能和新 1 军相比。因战术、战绩极其出色，孙立人将军被盟军称为"东方隆美尔""东方野战之狐""中国最优秀的前线指挥官"。

新 1 军和中国远征军反攻缅甸的胜利，重新打通了国际交通线，国际上的援华物资源源不断地运入中国。同时，反攻缅甸的战役把日军赶出了中国西南大门，揭开了中国正面战场对日反攻的序幕。

从中国军队第一次入缅作战算起，这场大战历时 3 年零 3 个月，中国投入了总计 40 万的兵力，伤亡接近一半。中国远征军用鲜血和生命书写了抗日战争史上极为悲壮的一页。孙立人指挥新 38 师和新 1 军，在对日战争中屡克强敌，战功显著。他在战斗中运用的战术，还有他所带领的部队显示出的战斗力也受国内外各方的肯定。日军被打败之后，在记录缅甸战斗的史料上，也把孙立人称为"中国军神"。

1945 年 7 月，孙立人率领新 1 军从缅甸回国，为反攻广州做准备。同月，盟军欧洲战场最高司令艾森豪威尔邀请孙立人到欧洲战场考察，这也是中国唯一被邀请的高级军官。8 月 15 日，日军宣布无条件投降。9 月 7 日，孙立人率军进入广州，接受日军第 23 军的投降。这之后，新 1 军进行了休整和扩充，成为国民党军 5 大主力之一，号称"天下第一军"。

抗战胜利后，孙立人历任国民党东北保安司令部副司令长官、陆军副总司令兼陆军训练司令官、东南军政长官公署副司令长官兼台湾防卫司令。在国民党失去国家政权，其残余势力逃往台湾后，孙立人任台湾国民党当局"陆军总司令"兼保安司令、"总统府"参军长等职。1955 年 6 月，台湾当局以孙立人与其部属少校郭廷亮预谋发动兵变为由，对孙立人实施看管侦训。1955 年 10 月 31 日，孙立人被软禁于台中，直至 1988 年 3 月才恢复自由。

1990 年 11 月 19 日，孙立人病逝于台中，终年 90 岁。

第十一章

谁是参加中日会战最多的将领？
——王耀武

王耀武（1904—1968），字佐民，山东泰安人。黄埔军校3期毕业，国民党高级将领，抗战名将，1945年2月20日授予中将军衔。

抗战期间王耀武历任第51师师长、第74军军长、第24集团军总司令、第4方面军司令官，从淞沪会战开始，到南京保卫战、兰封会战、武汉会战、南昌会战、上高会战、长沙会战、鄂西会战、常德会战、长衡会战、湘西会战等，他和他的部队几乎参加了正面战场所有的大规模的对日会战，而且战绩颇佳，是国民党军队中参加中日会战最多的将领，也是获得最多战役胜利、获得奖赏最多、提升最快的将领。

1. 夜袭罗店，51师在淞沪会战中首战告捷

王耀武

王耀武1904年出生在山东省泰安市上王庄一个普通农民家庭。他9岁入本村私塾念书，19岁那年，家境败落，不得不辍学谋生。

1924年，王耀武被录取为黄埔军校第3期学员。1925年10月参加了第二次东征。1926年1月，黄埔军校毕业后，分配在何应钦的第1师3团4连任少尉排长，不久就被晋升为上尉连长。1928年春，参加第二次北伐。1930年，参加蒋、冯、阎中原大战，9月升任上校团长。1932年，参加对中央苏区的第四次"围剿"。不久，被任命为补充1旅旅长、51师师长，1936年9月5日，被授予少将军衔。

1937年8月20日凌晨1时，时在陕西整训补充的第51师接到国民政府军委会发出的入沪参战电令。王耀武当即命令其属下151旅旅长周志道、153旅旅长李天霞：4小时内，集结所部于宝鸡火车站，立刻开往淞沪，参加上海

作战。结果，4小时不到，全师12000余人就已携枪拖炮，备足粮弹，登上了火车，充分显示了51师良好的战备素养。

由于敌机不时在陇海沿线轰炸骚扰，51师一路上走走停停，直到24日傍晚才到达安亭车站。而在此前一天，受日本陆军省、参谋部派遣，日军第3师团、第11师团及第1师团、第八师团各1部，相继在上海北郊的川沙口、狮子林等地登陆，目标直指宝山、罗店、浏河一线，威胁中国军队左翼侧背。

随着战事扩大，蒋介石亲任上海战区司令长官，且划分防区，作出统一布置，令陈诚指挥第15集团军为左翼军，负责嘉定、罗店、月浦等地战事；张治中指挥第9集团军为中央军，负责市区及周围一带作战；张发奎指挥第8集团军为右翼军，负责松江、闵行、南汇一线的防守。51师划归第15集团军指挥。

当时陈诚的嫡系第11师在罗店一带抗击日军登陆。两天下来，这支精锐部队几乎被打光了，师长彭善把电话打到了军长罗卓英那里："军座，11师快打完了，要是再不换防，明天你就要到战场给我收尸啦！"

听心腹爱将说得这般惨痛悲壮，罗卓英心头略过一阵酸楚，立即把情况报告给了陈诚，陈诚用电话找到了刚在安亭下车的王耀武，希望他发扬不怕疲劳，不怕牺牲的精神，即刻前往罗店，接替11师的防区。

王耀武立刻行动，趁着黑夜敌机不便行动之机，带领51师摸到罗店，悄悄换下了不成建制的11师残部。

走上抗日最前线，面对凶狠的日寇，经过急行军的51师官兵兴奋异常，求战的心情也高涨起来。

这样，51师以151旅为突击队，153旅为预备队，分东、西、中3路向罗店镇内及周围几个村庄的日军发起了闪电般的袭击。

一时间，枪声四起，杀声不绝。正面之敌为日军第3师团，该师团由名古屋的青年学生编练而成，他们虽有防备，但多数士兵已抱枪入了梦乡，当151旅的中国官兵冲到跟前的时候，许多鬼子就在梦呓中见了阎王。

日军因此丢了罗店，又退回到了川沙滩涂的几个村庄。

一夜战斗下来，51师以伤亡100余人的代价取得歼敌500多人的重大胜利！日军中队长秀吉三郎毙命，联队长竹田也在伏击中负伤，5辆战车在进攻中被击毁成了一堆废铁。51师主力顺利进占罗店、顾家宅战线。

次日，《申报》的头版头条报道了这一消息。其文赞道："此次51师夜袭大捷，其勇敢机智，实令国人内心振奋。此非仅前方军人之光荣，亦是全体国民之光荣，其赫赫战绩必将鼓荡起我九州同胞更高的抗敌斗志。"师长王耀武的戎装巨照同附在新闻稿的右边。《大公报》也兴奋地报道了这支刚刚到达上海的部队夜袭日军获得胜利的喜讯，51师首战告捷，得到了上海战区的传令嘉奖。

2. 从南京保卫战、豫东作战到张古山攻坚战，屡建赫赫战功

9月初，军委会决定增设军级建制，以简化指挥系统。王耀武的51师与冯圣法的58师合组成74军，由俞济时担任军长。

51师和58师合并后，原先独立作战的两支军队互为掎角，战斗力因此大为增强。即便如此，这也难以扭转淞沪战场上整个战局的变化。随后几天，由于日军增兵上海，左翼防卫形势更加严峻，74军的阵地先是退到刘行—嘉定—施相公庙一线，后又转守蕰藻浜南岸地区。这时，右翼阵地杭州湾方面也出现了险情。

10月20日，日本参谋部决定将第6、第18、第114师团及国崎支队编成第10军，调来支援淞沪方面的日军作战。11月5日，日军集结军舰80艘，于杭州湾之金山卫、全公亭、金丝娘桥等处强行登陆。中国守军奋力抗击，但寡不敌众，悉数溃败；上海战区急调浦东之62师、79师、预备11师分途阻击，亦被击溃。随后，登陆之敌兵分两路向北驰进，一路由全公亭向新仓进攻，一路由漕泾镇及金丝娘桥向张堰袭来。淞沪全线震动，中国军队70万大军陷入退路被截、腹背受敌的危险境地。

11月8日，第三战区（此时上海战区已改为第三战区）长官部下达转移命令，决定跳出敌之包围，抽调兵力拱卫首都南京。

20日，国民政府宣布迁都重庆，同时任命唐生智为南京卫戍司令，组织南京卫戍司令长官部，负责指挥保卫南京的战事。按照南京卫戍司令长官部给74军下达的防守任务，51师被部署在淳化镇，58师负责防守牛首山。这两处要地之间地势开阔，是日军机械化部队从东南方向经江宁到南京的必经之路。

一接到命令，51师迅速行动起来，从句容向西转移，11月28日到达南京郊外，奉命守备南京城防从方山至淳化镇的一部分外围防线。

12月2日，日军第6师团经句容往淳化镇开来，其先头部队距51师前沿阵地仅30华里。3日拂晓，第6师团的先头部队向51师所驻的天井山阵地发起了进攻。

淳化镇的战斗，以身负重伤的301团团长纪鸿儒被抬下阵地而告终，团里的12名连长和3/4的兵员非死即伤，全团官兵伤亡1400余人，301团几近全军覆没。12月8日凌晨，淳化镇失守。

8日夜，51师奉命放弃淳化、方山阵地，向河定桥、麻田桥一线转移。随后，51师撤回南京市内参与守城。王耀武布置151旅周志道部担任水西门外的防务，以153旅李天霞部担任沿城墙的防务，占领水西门、中华门间的城角及其以左100米处的城墙阵地，左面与第88师密切联系。

10日拂晓，51师防线遭到了日军的猛扑，城门内外，天昏地暗，枪炮声不绝于耳。在12日的战斗中，151旅旅长周志道指挥该旅仅剩的主力302团击毁日军战车4辆，击毙日军500余人，并缴获轻重机枪10余挺，步枪40余支。但是，302团团长程智与该团第1营营长郑浦生壮烈殉国，全团伤亡官兵1700余人。153旅旅长李天霞指挥306团守卫中华门以西城墙，由于左翼友军不支而退，306团终因兵力单薄难以坚持，李天霞和团长邱维达均负伤，营长万琼、胡豪牺牲，全团伤亡官兵1300余人。

当日傍晚，正当51师各部还在奋战之中，突然传来南京卫戍司令长官唐生智下令撤退的消息。王耀武让151旅到八卦洲附近扎木排过江，自己则率领153旅及师直属部队到下关找船渡江。此时大批军队和老百姓挤在江边等待过江，根本找不到船。这时，一个人挤到王耀武面前，告诉他军长俞济时通过其叔父、交通部部长俞飞鹏的关系，已为51师预留了一只小火轮。来人将王耀武师带到下关上游约300米处，51师分批登上了小火轮。自此，王耀武和俞济时的关系成为生死之交。

51师官兵渡江到达浦口时仅剩4000余人，损失大半，不久即调至湖北沙市休整，补充兵员。

南京一仗下来，51师伤亡惨重，几乎被打残。士兵减损2/3，4个团长，程智阵亡，张灵甫、纪鸿儒和邱维达全都重伤，离队休养。1938年3月，王耀武带领51师来到湖北荆门休整，除了将原留洛阳的一个补充团补入外，还从其他来源补充了不少新兵。

负伤的团长们陆续归来，王耀武论功行赏。张灵甫在上海、南京战役中的果敢表现，加深了王耀武对他的器重，张灵甫3月回到部队，马上被升为第153旅副旅长，并仍兼305团团长，他的顶头上司是第153旅旅长李天霞。邱维达则于5月归队，升任第151旅副旅长，成了周志道的副手。

王耀武及手下的干将们都是一帮悍通斗士，他们加紧练兵，期盼重整雄风。1938年4月，51师在黄陂接受军委会校阅，获得军委会校阅官的优良考评。

抗战的大局依然在不断恶化，平静的休整很快结束。5月初，74军调入新组建的第一战区第1兵团序列，该兵团集中于河南东部地区，故又称豫东兵团。王耀武带领51师随74军再上战场，出征豫东，参加兰封会战。

兰封会战是徐州会战中的一个支作战，中国军队共计12个师的豫东兵团在薛岳指挥下，在河南省兰封地区将日军孤军深入的土肥原贤二的第14师团2万余人包围起来，力图围歼。5月20日，会战开始转入双方对攻势态，中国军队对占据交通沿线的日军据点发起了全线进攻。在会战中，王耀武率领51师在友军一个旅的配合下收复了内黄。至27日，几乎整个土肥原师团已被中国军队压缩在开封和兰考之间的罗王寨、曲兴集和三义寨几个大集镇之中。28日，51师加入三义寨攻坚战。302团担纲战斗的正面攻坚，305团负责配合助攻。302团团长纪鸿儒身先士卒，在带头冲向日军堑壕时，不幸被据守的日军击中，身负重伤，不治身亡。

5月23日，当各部纷纷拔除土肥原师团的沿线据点，推进顺利的时候，27军军长桂永清却丢了兰封，薛岳精心布置的合围陡然破了个大洞，围歼计划近乎前功尽弃。最后迫不得已掘开花园口黄河大堤，意图以此阻滞日军进攻。兰封会战对日军来讲是败仗，这次会战演化成了武汉会战的序幕。

月底，豫东方面各军激烈作战，伤亡较大。6月1日，第一战区司令长官程潜令豫东各军向平汉线撤退，王耀武率51师随74军经陈留撤往沁阳。

徐州会战和豫东会战方落下帷幕，日军兵锋即直指华中。位于华中腹地的武汉，成了他们的下一个目标。半年多之前，国民政府退出南京西迁重庆，政府各部门沿长江而上到达武汉之后，在这块尚未被战火延燃的土地上暂时安营扎寨，武汉成了当时实际的战时之都。

1938年6月，武汉会战开始。

1938年7月初，日本大本营变更华中派遣军的战斗序列，决定调集40万兵力和各型飞机300余架，舰艇20余艘，迅速攻取武汉，力图迫使国民政府投降。

面对日军咄咄逼人的进攻态势，7月，国民政府军委会授任蒋介石为武汉保卫战总指挥，重新将全国划定为9个战区，并向各战区下达了《武汉会战方针及指导要领》。根据作战计划，74军隶属薛岳的第1兵团指挥，防区是长江南岸的江西和湖北地区，设防于德安一线，对面之敌是日军101师团的佐枝支队。

第十一章 谁是参加中日会战最多的将领？

武汉会战前期，中国军队连吃败仗，安庆、九江、瑞昌等地接连失陷。9月下旬，第九战区的赣北战场，终于亮起了一道希望的曙光。

在瑞昌和九江的南面是德安，如果把这3个地方用直线连接起来，基本是一个呈倒悬状的等腰三角形。日军侵占九江、瑞昌后，德安在当时的重要战略地位凸显了出来，一旦拿下德安，日军可南下直捣南昌并续威胁长沙，截断粤汉路，对武汉形成大包围。

9月25日，日军第106师团在师团长松浦淳六郎的率领下，离开铁路沿线向西轻装急进，深入德安县城西南的万家岭地区，进入了薛岳十几万大军的包围圈。74军的防线正好在包围圈南部的长岭、张古山一线，也是敌人最有可能寻求突围向其友军第27师团靠拢的地方。

俞济时带领第58师先行奉命，于9月30日已在张古山、长岭作战，10月6日张古山失守。王耀武的第51师起先仍驻德安，至10月4日左右才奉命增援。王耀武没有退路，张古山一仗只许成功不许失败。张古山的地势，明摆着对在山上凭险据守的日军极为有利，靠仰攻拿下山头需要付出极大伤亡代价。王耀武最后将任务交给了刚刚佩上少将将星不到1个月的153旅旅长张灵甫身上。

张灵甫向来以打硬仗著称，同时又是少有的智将。他对着地图将张古山的地形琢磨了一番，又带着团长们在附近作实地勘察，决定借鉴三国时魏将邓艾以精兵偷渡阴平翻越摩天岭战例，采取奇袭之计，正面佯攻，另选精兵编成突击队，绕道摸到后山山顶进行背后偷袭，然后前后夹击。

王耀武对这套出奇制胜的献议极为赞赏，他将151旅的302团临时配给张灵甫加强攻击力，让他一共指挥3个团主攻张古山。

半夜时分，张灵甫指挥305团的突击队从后山登顶成功，适时插入山上日军的后背，正面进攻的部队趁山上日军自顾不暇之际，一口气冲上了张古山顶。日军腹背受敌，阵地全面崩溃，张灵甫的两面夹攻战术如愿奏效，约800名日军被歼灭。

从第二天开始，日军在飞机的掩护下连续5天向张古山发起猛攻，企图夺回阵地，51师奋力抵抗，张古山上直杀得尸山血海，任凭敌军再怎样狂轰滥炸，直至12日整个万家岭战斗结束，日军没能从张古山跑出一兵一卒。

在王耀武率51师血战张古山之时，10余万中国大军在万家岭地区对包围圈中的松浦师团全线出击，松浦师团被打得丢盔弃甲。11日凌晨，除松浦师团长率残部两三百人向西北方向趁夜幕掩护逃窜以外，余下1000余人均被歼灭。至此，万家岭大战以中国军队全胜而告终，近乎全歼日 106 师团，赢得了正面战场继台儿庄战役之后的又一次重大胜利，对挫败日军突破南浔线的企图，延缓日军对南昌的进攻和保卫湘鄂赣边境，起到了十分积极的作用。

张灵甫在万家岭战役中为 51 师立下了头功，荣获云麾勋章。而 51 师在此役中也付出了极高的代价，4 个团一共伤亡 5 名团长（包括代团长）、7 名营长和 2000 余名忠勇官兵。军官频繁的高伤亡率，说明 51 师乃至整个 74 军的军官的确具有与众不同的忘我牺牲精神，这种精神支撑着 74 军的荣誉感和意志，在以后的抗战岁月中，一次又一次打出王牌军的军威。

1939 年冬，田汉把此战编剧演出，并由田汉作词、任光谱曲，创作了《74 军军歌》：

> 起来，弟兄们，
> 是时候了，我们向日本强盗反攻。
> 他，强占我们国土，残杀妇女儿童。
> 我们保卫过京沪，大战过开封，
> 南浔线，显精忠，
> 张古山，血染红。
> 我们是人民的武力，抗日的先锋；
> 人民的武力，抗日的先锋！

战后，王耀武提升为 74 军副军长，依然兼任 51 师师长。此后，他又带领 51 师参加了多次对日作战，在第二年 4 月的南昌会战中，王耀武指挥部队攻取高安，再次打败老对头日军 106 师团，将敌人赶出高安城。1939 年 7 月，蒋介石亲自召见这位黄埔 3 期的优秀学生，提升他为 74 军军长（俞济时升任第 10 集团军副总司令）。

3. 上高歼灭战，"抗日铁军"获领"飞虎旗"最高奖励

蒋介石接见 3 天之后，军委会的一纸委任书下来，王耀武走马上任，正式成为 74 军的第 2 任军长。这时，74 军的编制也作了调整，开始成为按照美式编制建军的队伍，全军 3 个师，总兵力 31000 余人。57 师正式归属 74 军，原师长施忠诚升任 74 军副军长，新任师长余程万是俞济时黄埔一期的同学；李

天霞擢升51师师长；58师由原副师长廖龄奇担任师长。

74军的面貌在王耀武的手上又有了很大的改观。王耀武带兵以"严"著称，士兵衣着不整，罚站；鞋带、皮带扣系不紧，罚站。他对军官则以"打"为主。当然，他也不完全使用"打""罚"之法，他曾把自己的3个月薪饷拿出来供伤兵改善生活，因而74军上下都能跟他通心劲，打硬仗。

1939年9月，王耀武率74军参加第一次长沙会战，奉命拦截向长沙进犯的两个师团的日军，再次激战于赣北重镇高安。王耀武运用反包围的战术，首先切断敌之退路，以51师为主攻部队，经过3天激战，于9月22日收复高安城。这一胜利有力地配合了长沙会战的主战场，为夺取整个会战的胜利创造了条件。

第二次长沙会战历时1个月，日军出动10万人，并有海空军配合，中国军队出动约20万人，前后在3个战场进行鏖战。由于中国军队同仇敌忾，英勇作战，使日军伤亡3万余人，迫使日方返回原先阵地，取得武汉会战后的第一次胜利。

转眼到了1940年，根据美国"援华法案"的协议，蒋介石开始利用美方贷款来购买美式装备，第1、2、5、74军作为中央军的精锐，首先实现了从头到脚的更换。其装备不仅在国民党军队中没有其他部队能达到，在日军中也少有。当时大部分中央军的服装还是灰色，74军的墨绿色就显得十分特别，它成为一种荣誉的象征。

1941年春，王耀武率部参加了著名的江西上高会战。上高县城为赣北重镇，日军侵占武汉后，赣北成了江南防线的第一线。

3月14日，南昌日军兵分3路对罗卓英的19集团军发起了"鄱阳湖扫荡战"。北路第33师团15000人自安义武宁直扑奉新一带中国守军；南路池田旅团8000余人从义渡街出发，欲渡锦江而从后背打击上高等地中国军队；中路第34师团2万余人则兵发西山、大城，图谋向西一举攻下高安、上高的中方营垒，确保赣西的"治安"。

早在日军行动之前，罗卓英接受上次南昌会战的教训，对日军可能采取的突袭计划有所预备。他将驻高安的74军置于中路，将李觉的70军和刘多荃的49军置于74军的左、右两翼。罗卓英的设想是：待敌被诱至万载、上高、分宜以东，赣江以西时，集各部之力合歼之。

战役之初是按照罗卓英的设想而展开的，但随着池田旅团占领曲江之后，驻守上高、高安的74军直接处在日军的攻击之下，王耀武吃惊不小，即令李天霞率51师予以坚决堵击。

51师此时刚刚换上美式装备，李天霞正想将山炮营、马克沁姆重机枪连拉到战场上去试试威力，得到命令之后，他们的汽车大队在一个时辰之内把部队从120里外的地方拉到曲江南岸，埋伏了下来。

3月正是春水上涨之际，池田所部的2000余人乘坐4艘大船正从曲江上游向后港开来，两岸山景不时引来这些日军士兵的惊叫。突然，大批炮弹伴随着一种他们再熟悉不过的尖啸声向船上飞来，4艘大船相继被炸沉，2000多人几乎没作什么反抗便大多当了水鬼。一个联队长模样的指挥官挥舞着战刀欲组织船上日军反击，但一梭子马克沁姆开花弹扫过，这位指挥官就倒栽着掉进江里不见了踪影。

池田得报，再不敢走水路，转而西进礼港、张家山，想从此处过赣江，占樟树镇，以切断赣江两岸中国军队的联系。孰料一到崇祯观，江西保安团的队伍又给了他们当头一棒，池田进退两难，陷在曲水桥一带多日不得动弹。

打了个漂亮的歼灭战，战斗还未结束，李天霞就兴奋地将喜讯报告给王耀武。旗开得胜，王耀武当然也高兴，但敌人主力大贺茂第34师团也汹汹而至了。

大贺茂师团2万余人自3月16日出动后，先击败70军107师宋仲英部于祥符观，继而夺下该师把守的高安城，最后以骑兵追逐该师至田南圩，攻势锐不可当。74军驻扎的上高，已经成了大贺茂的下一个目标。

18日，王耀武将74军的兵力作了以下部署：57师余程万部以龙王岭、杨公圩、黄蜂岭为前沿阵地，坚守砍头岭、索子山、下漕港等处的主阵地；58师廖龄奇部防守桥头、官桥街、棠铺、黄家铺等一线阵地；51师李天霞部还是以对付锦江南岸的池田独立旅为主要任务，布防于泉港街、钩水岭、石头街一线。

19日，34师团的前锋部队首先对杨公圩一带的57师前沿阵地发起了攻击。驻守杨公圩、龙王岭的是57师的补充团，该团由军校学员组成，虽是初次参战，但情绪高涨。他们多次打退日军的进攻，双方都死伤惨重。日军见冲锋受阻，便叫来飞机对龙王岭进行超低空扫射，同时扔下威力极大的凝固汽油弹，一烧一大片，片片相连，整个龙王岭瞬间便被烧成了一个大火山。

补充团团长方军正在杨公圩上指挥作战，见龙王岭上火势连天，他情知不妙，一方面向师部请援兵，另一方面调集轻、重机枪对付向自己这边飞来的敌机。方军是炮科毕业生，他摆弄着一门迫击炮，准备尝试着打飞机，不料方位尚未调好，敌机已呼啸而至，杨公圩上一下子被炸得昏天黑地，1营长被震死，3营长被炸飞，连排长和士兵就死得更多，方军的身边连轻伤员算上，能端枪的也不到20人，情势万分危急。好在这时57师援兵赶到，方军方才化险为夷。

与此同时，廖龄奇的58师也与34师团的主力激战于官桥街一带。大贺茂的两万多人除部分在58师的正面作战以外，大部分则迂回包抄其两翼的山头，王耀武一看形势严重，速令57师、58师退至泗水一线。

至此，罗卓英不得不修正原定的以高安为中心的作战方案，转而将各部向上高作向心收缩。第九战区急调第72军的新14师、新15师入赣增援。

为彻底围住敌34师团的主力，3月20日，51师向龟缩于曲水桥地区的池田部主动进攻，池田部则据猪头脑等山头负隅顽抗，双方打得难分难解之时，70军的王克俊107师忽然出现在猪头脑的后方。日军阵型大乱，当夜摸黑北渡锦江，会合大贺茂去了。形势的变化，又一次为第19集团军的合围计划提供了良机。

21日，罗卓英令新14师、新15师、58师坚守上高城，以实现对大贺茂、池田的四壁包围。钻进网中的大贺茂犹作困兽之斗。22日，大贺茂出动30多架飞机，进攻57师防守的云头山阵地。

余程万亲到57师的最前沿阵地183团指挥作战，该团防地在源山庙附近。余程万赶到183团时，敌机的轰炸刚刚停止，大贺茂的步兵正在炮火支援下步步进逼。余程万跳进一处机枪掩体，挽起袖口，替下1名马克沁姆机枪手，熟练地进行射击。183团团长见阻止不了师长，就干脆蹲在他身边充当起填弹手来。

师长、团长亲自参战，极大地鼓舞了183团官兵，全团上下同仇敌忾，轻伤员不下火线，伙夫、通讯员、担架员也都上阵助战，一时间，子弹雨注似的落在日本人的阵前，暴怒的大贺茂只得咬牙收兵，另寻突破出口。

23日，大贺茂以步兵第216联队牵制云头山中国守军，而以骑兵第34联队、炮兵34联队及第217、第218两个步兵联队全力向下坡桥、白茅山等中方第58师防地杀奔而来。

172团防守的下坡桥是大贺茂进攻的重点，大贺茂的如意算盘是：从下坡桥绕到白茅山的后方，以从正面、侧翼夹攻白茅山。拿下白茅山后，直取上高城，或直接从西面打开缺口，再与从武宁南下的33师团会合北返。

这样，下坡桥一带战斗尤为激烈。经过激烈战斗，172团团长明灿牺牲，下坡桥当即失守，白茅山阵地也随之陷落。形势又在弹指间发生了逆转。

"你们跟我马上夺回白茅山，否则提着脑袋来见我！"王耀武杀气腾腾地对廖龄奇说。3月24日一大早，张灵甫便带着敢死队，提着清一色的美式汤姆轻机枪，直奔白茅山而去。19集团军总部也派出特务营前来助战。

炮火打击过后，张灵甫的敢死队齐声呐喊着冲向敌人的阵前，这种阵势，就连大贺茂这个老武士见了也油然生出几分敬意。眼看就要跨上白茅山的前沿阵地了，却不料日军阵前忽然冒出几十股乳白色的雾气，顺风飘进了敢死队的队列里。这是一种霉烂性的芥子气，人体接触后，皮脱肉掉，几个小时之后即会变成一副骨架。张灵甫见好些战士已倒了下去，本想下令撤兵，不料此时风向突变，日军放出的毒气吹进了他们自己的阵地，立刻阵脚大乱，张灵甫的敢死队趁机意外地夺回了白茅山阵地。

远在汉口的日军第11军司令官圆部和一郎得知第34师团被困的消息后，既恨大贺茂不听劝止，草率行动，又担心第34师团被歼后自己无法交代，遂一边电告大贺茂寻机突围，一边指令第33师团施手援救，并从九江调兵2000人南下解围。

九江援兵很快被19集团军拒止在塘埠、丘家街一线，唯有第33师团派出的215联队一路西犯至桥沙、村前圩。他们冲开19师的防线，实现了与第34师团会合的企图。但19师立即封住了缺口，所有日军再一次被困进了棠浦、官桥街这块方圆不足20平方公里的地方。

3月26日，天降暴雨，大贺茂的飞机、大炮全部失去了作用，中国军队则再次紧缩了包围圈。

次日，天气放晴，74军的炮火就像长了眼睛似的，在大贺茂的阵地上处处开花。中午时分，第34师团选择中方的一支弱旅117军107师的阵地向东突围。突围成功之后，大贺茂正想舒一口气，没料想中方第4军从斜刺里杀出来，又将大贺茂赶进了包围圈。当夜大贺茂带着少数随从逃出了中方的罗网，惶惶然回到了南昌。其助手岩永少将切腹自杀，部下大多战死。

28日凌晨，张灵甫的人马追击到了官桥街，向第33师团留下阻击的数百名日军发起最后攻击，将该股残军消灭。74军于当日收复了官桥、泗溪。

70军、72军等友军则继续向日军展开追击，直至4月9日，历时25天的上高战役胜利结束。

此次会战，中国军队毙伤日军少将指挥官岩永、大佐联队长滨田以下16000余人，俘虏日军100余人，击落敌机1架，缴获军马2800余匹，缴获山炮、迫击炮 10 门及步枪 1000 余支。上高会战是一次颇为成功的歼灭战，军委会参谋总长何应钦称之为"抗战以来最精彩的一战"。此役以 74 军战绩最为卓著，战役指挥官罗卓英称赞 74 军为"抗日铁军"，蒋介石对担任攻击主力的 74 军甚为满意，特以军委会名义授予 74 军"飞虎旗"一面，此为国民党军中最高奖励。王耀武荣获青天白日勋章，也是最高奖励。锦旗及立功官兵勋章特由重庆派专机送长沙并转来上高。从此，74 军威名远扬，成了国民党军队名副其实的头号王牌军。

4. 失利长沙，湘西大捷书写抗战最后的辉煌

树大招风，王耀武及 74 军在抗日战场上的一再获胜，成了侵华日军的眼中钉肉中刺，必欲除之而后快，半年之后，这支生气勃勃的"铁军"在第二次出征长沙时，遭遇了滑铁卢。

1941 年 9 月，日军发动第二次长沙会战。

日军第 11 军司令官阿南惟几中将集中了 4 个师团另加 4 个支队、1 个坦克联队、2 个重炮联队、3 个工兵联队、2 个飞行团，其中步兵总计 45 个大队，炮兵 26 个大队，共约 15 万人，在 100 多架飞机、200 多只舰船支援下，分兵两路，于当月 18 日在湘北再次向长沙发起进攻。

国民党军方面的应战计划，原本仍是以"后退决战争取外线"为指导，但在会战开始时，薛岳并未完全照章行事，他把决战的重兵防线布置在汨罗江边，试图拒敌于汨罗江以北，在汨罗江畔歼灭敌军。这是一个致命的战术错误，造成了国民党军在会战初期的处处被动。

更糟糕的是，日军在战前已经破译了中国军队使用的密码，在整个会战中，第九战区的电报接连被日军特种情报部门窃收和破译。特情机关的情报让阿南惟几能及时掌握中方的意图和部署，得以从容修改作战计划，日军未战已得先机。

在日军刚向湘北正式发起进攻的时候，也就是 9 月 18 日，薛岳以巧辰电向在江西的王耀武下达命令，要 74 军速开浏阳前线参战。

上高战役中 74 军伤亡 1 万余人，战后一直在江西休整，经过第 2 期整训，全军的兵员、武器都得到补充，接到命令后，74 军立即行动，部队分 3 批从赣北向湖南进发。出发这天是 9 月 21 日，部队刚一移动，日军在当天上午就截获了这个令"军司令部顿时为之震动"的情报。

24日13时，74军进入湖南浏阳地界，被日军侦察飞机发现，得到情报的日机蜂拥飞来，在浏阳城西蕉溪岭追着这醒目的空袭目标大举轰炸。

57师和58师出师未捷，就在空袭中遭受严重损失，殿后的51师抵达蕉溪岭隘道，目睹了遍布的弹坑和前面两个师留下的累累伤亡。为了救长沙之急，王耀武急忙收拢部队，晚饭后全军继续向西行进，但不幸又钻进了日军包围圈。

9月25日开始，74军在长沙全面陷于苦战，与数倍日军大战3天，损失惨重，特别是58师参战官兵约11900人，伤亡超过40%，其中阵亡将近10%。

会战后期，薛岳在长沙东郊阵地被攻破后打了一场艰苦的防卫战，陈诚在第六战区适时进行了宜昌反攻，策应第九战区的行动，使得华中日军不得不作出调动。9月底，中国军队转守为攻，至10月初，长沙近郊之敌开始全面后撤。5日，日军大部经湘阴、营田北逃，7日正午，中国军队全部收复失地，第二次长沙会战结束。

战后，蒋介石亲自主持了由师长以上军官参加的南岳军事检讨会议，74军虽然伤亡惨重，但是51师与57师在会战初期和后期的战绩还是得到了上峰的肯定，各获奖法币15000元，军长王耀武与两位师长获颁宝鼎勋章。58师虽然在前期春华山和永安的作战中表现英勇，但由于师长廖龄奇后期拒不执行第九战区命令，擅自脱离战斗，不但使58师前期的战功被忽略，他本人在检讨会结束之后，被宣判死刑，立即执行。

廖龄奇被处决后，58师原来的4个团长中，邓竹修、何澜与王伯雄悲愤地集体辞职，对王耀武没有为保住廖龄奇的性命竭尽全力而表示愤怒。58师的士气一落千丈，负责收拾这个烂摊子的，是副师长张灵甫。蒋介石于10月24即亲批张灵甫任第58师代师长，收拾残局。当年冬张灵甫正式升任58师师长。

1942年4月，奉蒋介石之命，王耀武率部参加浙赣会战，在衢州、江山一带与日军展开激战，延缓了日军西犯的企图。1943年4月参加鄂西战役，74军经石门对湘北松滋县敌人侧背攻击，并截断敌人之交通，此次会战结束后，王耀武升任第29集团军副总司令，仍兼74军军长。

同年11月，日军纠集7个师团约10万人进攻常德，王耀武率74军参加会战。他率主力在常德东北地区与敌激战，常德被日军陆、空军及坦克优势火力猛攻16天，全城夷为平地。坚守常德城的部队74军57师，在弹尽粮绝、死伤超过 3/10 的情况下，一度退出该城。王耀武率 51 师反击，在友军的配合下，经过 6 天激战，终于收复了常德城。这一战深得蒋介石的赞赏，称赞王耀武善于带兵，有指挥才能。战后蒋介石在南岳召见他，倍加奖励。

1944 年下半年，退守西南地区的国民党军编成 4 个方面军，王耀武升任陆军第 4 方面军司令长官，成为黄埔毕业学生中第一个担任方面军司令的人，统辖第 73、第 74、第 100 军。按照中美双方的协定，美国帮助蒋介石完成了 36 个步兵师的装备改造和军官训练工作，第 4 方面军全部换上了清一色的美式武器。

1945 年 3 月，日暮途穷的日本法西斯势力决意孤注一掷，挤出兵力，抽调坂西一良中将指挥的 20 军共 20 万人，企图攻下中美空军混合大队的基地湖南芷江，打通湘黔公路，威胁重庆，扭转整个中国战场的颓势。抗战最后一场中日大会战——湘西会战就此展开。

担任湘西一带防守任务的第 4 方面军成为保卫重庆的重要力量，自然也成为日军首当其冲的攻击对象。为全面协调这次战役的地空行动，中美双方在安江设立混合作战司令部，前进指挥所设在溆浦，由第 4 方面军参谋长邱维达负责一线指挥。

根据作战司令部拟定的战略部署，王耀武的第 4 方面军全线陈兵于雪峰山之东麓，73 军设阵于安化、新化一带，注视湘乡、益阳之敌；74 军布防于绥宁、武冈、石下江、洞口地区，警戒东安、邵阳之敌；100 军配置于山口、隆回，溆浦一线，严防邵东、湘乡之敌。中美混合空军大队除支援地面作战之外，还负有侦察敌军动态，轰炸敌后交通枢纽及车站、仓库设施等任务。

4 月初，日军第 47、第 116 师团分 4 路向第 4 方面军进攻。王耀武亲率 73 军、74 军、100 军及吴奇伟所率保安部队共约 20 万兵力迎击敌人。经过周密部署，王耀武决定将主战场选在雪峰山东南麓，并且选择有利的地形，构筑复杂的工事，争取战役的初期就能遏制敌人。日军采取以联队为作战单位的运动战术，轮番强攻，冒险西犯。王耀武部则以逸待劳，给敌人以迎头痛击，初战即获胜利，打死打伤日军 5000 余人。

5 月 8 日，设在昆明的中国陆军总司令部，又急调第六战区的胡琏第 18 军和原在缅甸作战的廖耀湘新 6 军赶赴湘西，参加雪峰山之战，雪峰山的深山野坳到处都回荡着中国人的呐喊。

坂西一良见势不妙，连忙下令岩永汪率部向洞口、山门、花园市退却，以期与第 64 师团、第 68 师团会合。

5月15日，由师团长岩永汪中将率领的日军第116师团，会合第68师团的第58旅团，共计5万人马，分6路向武冈、花园市、洞口杀奔而来。

5月底，抵达芷江的廖耀湘新6军被中美联合作战司令指令为战略总预备队，随时候命待用；胡琏的第18军也已开拔到沅陵、辰溪、溆浦地区，准备实施一线攻击。

战幕拉起，第4方面军主力在中美空军配合下，向日军举行全线反攻。6月10日，第74军主力向半江峰以东一线出击，日军3000余人向金龙砦附近地区撤退，遭18军、73军、74军和第13师合力截击，日军伤亡惨重，残部1000余人向东突围，被73军、18军各一部在龙潭铺附近拦截。20日，日军继续向东溃退，被18军一部尾追及截击，死伤众多。

6月下旬，国民党7届4中全会召开在即。6月中旬，雪峰山各处战场还在激烈搏杀，何应钦已向重庆最高当局发出了胜利捷报，山城报章已刊出了祝捷的贺电、社论，大街小巷已拉出了"庆祝湘西大捷"的标语，但让他未料到的是，直到6月20日，各地战事还在进行着。这让何应钦不好向4中全会"献礼"，他不得不提醒王耀武，湘西会战要尽快解决为好，不要打了。

王耀武是个聪明人，他明白了何应钦的意思，于是打电话给溆浦前线指挥所的邱维达，想让邱维达执行何应钦的意思。邱维达一听要放走敌人，立即和王耀武顶了起来。王耀武虽然呛得难受，还是理解他这位下属此时的心情。

不得已，王耀武只好直接电告胡琏，说服胡琏的18军敞开道路，放走坂西一良的残部。胡琏于是网开一面，让坂西一良从他的眼皮底下溜了回去。轰轰烈烈的雪峰山之战就此草草收场。

湘西会战（又叫雪峰山大捷）历时近两个月，中国军队伤毙敌28174人，俘敌军官17人，士兵230人，战马347匹，火炮24门，机枪100余挺，步枪1300支，其他战利品20吨，湘西会战雪峰山战役的胜利是王耀武的巅峰之战，也是他作为一个战将的最后辉煌。正是这一战役的成功，年仅40岁的王耀武不久被选为国民党中央执行委员，这是一般黄埔同学望尘莫及的。

1945年8月15日，日本宣布战败，无条件投降。9月初，王耀武作为长衡地区受降长官，接过了日本第20军指挥官坂西一良中将呈上的指挥刀。这才是王耀武最荣光的时候。作为一个中国军人，王耀武从全面抗战爆发时一个师长开始，8年之间历战数十场战役而至方面军司令官，亲身经历了中国近现代第一次战胜侵略者，并以战胜国将领身份受降。在整个抗日战争中，只有他参加大部分的中日大会战，也只有他的74军逢战必有战功。

1946年，蒋介石撕毁与中共签订的和平协议，进攻解放区，掀起内战。经过8年抗战，王耀武萌生退意，不愿再带兵打内战，于是称病住进了武昌的一家医院。蒋介石闻讯之后连发函电，并派专机接他飞往重庆。其后，王耀武担任第二绥靖区司令官、山东省党政军统一指挥部主任、山东省政府主席兼全省保安司令、山东军管区司令等职，受命进攻解放区。1948年，济南战役中，王耀武被老冤家粟裕俘虏。

1959年，王耀武被特赦释放，任政协全国委员会文史资料研究委员会专员，1964年，他又担任全国政协委员。1968年王耀武心脏病发作，于7月3日与世长辞，享年64岁。

第十二章

谁是带领最新式部队挫败最精锐日军的将领?
——杜聿明

杜聿明(1904—1981),字光亭,陕西米脂人。著名抗日将领,国民党陆军中将,黄埔1期高才生,在抗日战争中先后建立了当时中国最新式的装甲兵部队和伞兵。

1939年11月任第5军军长,率部参加桂南会战,指挥昆仑关对日作战,带领最新式的装甲兵团重创号称"钢军"的日军最精锐部队第5师团,使其第12旅团军官死亡达85%以上,士兵死亡4000多人,极大地鼓舞了中国的民心和士气。

1942年3月杜聿明任中国远征军第一路副司令长官兼第5军军长,在缅甸战场屡屡打败日军,多次与日军最精锐部队对抗,战功赫赫。

1. 创建装甲兵,淞沪抗战中初显身手

杜聿明

1904年11月28日,杜聿明出生于陕西米脂县。父亲杜良奎是清末举人,同盟会员。

1924年3月,成为黄埔1期的学生。毕业后,杜聿明被分配到何应钦第1教导团第1营第3连当见习官,后来被提拔为第2排副排长。1925年春天,参加征讨陈炯明的战斗。被黄埔军校党代表廖仲恺派往河南帮助胡景翼筹备建军官学校。

1926年7月,广州革命政府誓师北伐。杜聿明南下归队参加北伐,在张治中任团长的黄埔军校武汉分校学兵团任第1营第3连中校连长。

1927年4月,宁汉分裂。杜聿明前往南京,任总司令部训练处校阅委员会中校委员。其后,杜聿明先后担任中央陆军军官学校杭州预科大队第2中队中校队长、第7期第4队中校队长、新编第1师第2旅参谋主任、教导第2师

第十二章 谁是带领最新式部队挫败最精锐日军的将领？

第2旅第5团1营中校营长、第6团上校团长、陆军第4师第24团团长。第4师的师长徐庭瑶升任第17军军长后,杜聿明被任命为该军第25师第73旅旅长,很快又被提拔为该师副师长,师长是他的老同学关麟征。

1933年2月,热河抗战爆发。杜聿明所在的第25师接到命令,从徐州、蚌埠一带开往通县集结,阻击经过那里的日军。3月9日,第25师到达石匣镇后,杜聿明和关麟征驱车赶往古北口,与东北军军长王以哲商量对日军的作战计划,由东北军第112师主力撤守到古北口以西高地,只留下一个团防守长城第一线。由第25师占领古北口南城东西两侧高地,形成第二道防线。

3月10日,中国守军的阵地遭到日军的猛烈进攻。日军第8师团及骑兵第3旅团很快就突破了左翼第112师的阵地,占领了古北口关口。然后日军乘胜追击,向第25师的第二道防线的阵地发起攻击。关麟征指挥张耀明第75旅组织反攻,防守非常被动。在双方争夺高地的战斗中,关麟征负了伤,杜聿明临阵接下代理师长一职,继续组织第25师官兵与日军浴血奋战,寸土不让。3月12日,杜聿明奉命将阵地交给了第3师,率领部队撤到密云地区休整。

1933年秋天,杜聿明进入南京中央军校开办的高等教育班第1期进修。1936年春,杜聿明从中央军校高级教育班毕业。在徐庭瑶的举荐下,杜聿明被安排到新成立的南京陆军交辎学校担任学员队队长,负责培训指挥机械化部队作战的军官。

这成了杜聿明军事生涯的转折点,从此他掌握了中国最新式的军队,他的练兵才能得到充分发挥。同年10月5日,杜聿明被授予少将军衔。

早在1928年,南京政府就向英国购买了"卡登劳埃特"1吨半小型机枪战车24辆,隶属教导第1师;1935年又从英国购买"维克斯"两栖坦克32辆,编成战车教导营,附属于交辎学校进行训练。1937年初又向德国订购"克虏伯"战车16辆。5月中旬,国民政府以战车营、步兵炮营、摩托车连、装甲汽车队、高射炮营合编为陆军装甲兵团,装甲兵正式成为中国陆军兵种,杜聿明担任第1任团长。

当时陆军装甲兵团是蒋介石重点培养的部队,其他兵种的团长都是上校,唯独装甲团的团长是少将,足见杜聿明作为蒋介石的亲信受重视程度。正是这种重视,让杜聿明获得了进一步发展的机会。

"八一三"淞沪会战爆发后,杜聿明率领装甲兵团第1营的2、4两连参加战斗,配合第87师攻击杨树浦,协同步兵在上海汇山码头阻击企图登岸的日军。但是,让杜聿明没有想到的是,第87师的步兵从未进行过与战车协同作战的训练,当战车进入街区时,步兵任凭战车在前突击,没有进行任何的掩护和跟进作战,战车被日军击毁3辆、击伤8辆,导致杜聿明的装甲兵团遭受重大损失。

2. 在昆仑关反复激烈的争夺战中机械化部队大显神威

1938年淞沪会战失利后,装甲兵团撤至湖南湘潭整训。不久,该团扩编为第200师,杜聿明担任师长。

淞沪会战的失利让杜聿明对装甲兵团有了清醒的认识。他认真分析了自己的装甲兵团在会战中失利的原因,详细研究了战车和步兵联合战斗如何协同;单车与群车之间的配合;战车射击和伪装;战车与炮兵协同等问题。在杜聿明看来,要练兵首先要练官,练官首先要练自己。杜聿明善于学习,在遭受淞沪会战的挫败之后,他把学习的重点放在了战车的作战方式上。经过一段时间的学习,他终于由外行变成内行,逐渐系统地掌握了机械化部队的作战指挥要领。当时,国民党随军记者评论杜聿明说:"他虽非机械专科出身而钻研机械知识,极有心得。治军之暇,仍手不释卷,将来学问之造诣,兴事之成功,无可限量矣。"

自从杜聿明担任装甲兵团团长开始,他就非常注意对自己的严格要求,当上师长以后,他对自己要求更加严格。为了掌握技术,杜聿明穿上工作服,学习驾驶和修理,还常常钻到车底,亲自动手维修战车,如果发现有新的问题,就会随时提出来和大家一起讨论。在杜聿明的带领下,全师官兵钻研技术蔚然成风,形成了练兵高潮。

杜聿明认为,士兵不仅要加强作战指挥和战斗训练,还必须加强精神训练,丰富官兵文娱生活,提高官兵的思想文化素质。他特别选拔了一批政治干部,经常组织讲讲课,向部队官兵灌输爱国主义思想。杜聿明提出:"操场就是战场","平时多流汗,战时少流血",要求新军要具备"五除"(除骄、惰、伪、欲、恶)、"三习"(习精、诚、勤)的朝气,让他率领的整个军队的气象焕然一新。

1938年12月,第200师扩编成新编第11军,部队也从湖南湘潭转移到广西全州,杜聿明被委为副军长。不久,这支部队的番号又改为第5军,杜聿明又一次升迁,担任军长。第5军也是国民党政府在抗日战争初期成立的唯一机械化新军。

因为在淞沪会战中吃过大亏，杜聿明为了发挥步兵的机械化作战能力，实现步兵和战车的密切配合，又把练兵的重点转移到步兵师的训练上来。他开始对步兵进行严格的训练，首先是士兵的体格训练，同时注重射击、刺杀、投弹、夜战、近战等训练。他经常巡查各团、营、连士兵的训练，每到一处他都一一做示范，还常常和士兵用步枪、轻机枪进行射击比赛，谁要是打得了满分，就当场发奖金。同时，如果发现有谁在教育和训练士兵的过程中开创出新的经验，他还会当场讲评表扬，并传令各师派军官进行观摩。后来重庆军事委员会派员检阅部队，第5军的军事训练列为全国第一。这个时候杜聿明年仅34岁。

练兵千日，用兵一时。很快杜聿明对第5军的训练效果在战场上得到实战验证。当时，日本人为了截断中国西南的国际交通线，从1939年夏天开始，集结大量兵力，准备开辟华南战场。11月17日，在经过长期充分准备之后，日军在防城、北海登陆，很快攻占了钦州，19日，又进一步突破小董防线，向南宁进攻。

为了阻止日军的进攻，杜聿明率领第5军，奉命从全州向南宁附近集中，准备攻击由钦州、防城登陆后继续向北进攻的日军。

这是当时中国唯一的机械化部队，并且是一支人员配置和装备水平配置都令人震撼的部队。全军有71000余人，足抵得上几个杂牌军的总人数。当然，这是因为机械多，需要很多非战斗人员。

军长杜聿明，副军长郑洞国，下设3个师，200师师长戴安澜，新编22师师长邱清泉、副师长廖耀湘，荣誉第1师师长由副军长郑洞国兼任。后来，国民党的五大王牌军有3个出自这支部队，其中，第5军保留原番号并出自200师，新1军出自荣1师，新6军出自22师。这3大主力的军事主官除戴安澜牺牲和孙立人为后起之秀外，全部由老5军的副师长以上主官即杜聿明、郑洞国、廖耀湘、邱清泉担任。

第5军的装备，更是特别惊人。军直辖部队拥有苏制T-26坦克80余辆，德制"豪须"装甲车100辆，美制福特10轮重型卡车400多辆，摩托车40多辆，150毫米榴弹炮24门。各师也都有山炮、野炮，并且相当于美军的轻机械化师。

当时日军气势汹汹，一副势在必得的样子。杜聿明面对日军的进攻，冷静地分析了当时的战局，对日军的优势和劣势作出了评估，很快就找出了敌人的弱点。随后他向重庆最高统帅部提出了自己的建议："乘敌孤军深入后援未济之时，集结优势兵力，配合地方民众，迅速反攻，以击破侵敌而恢复国际之重要交通。"

很快，昆仑关战役就爆发了。12月16日早晨，杜聿明率领第5军担任对邕宾路的正面攻击，任务是率先击破昆仑关及八塘附近的日军。战前杜聿明召集团长以上会议，宣读作战部署：以郑洞国荣誉第1师从正面发动进攻；戴安澜第200师担任总预备队；邱清泉新编第22师迂回敌后，进出南宁以北，向据守六塘的日军攻击，以截断日军南宁到昆仑关的交通联络，孤立昆仑关之日军。

第二天，白崇禧和陈诚来到谭蓬村第5军司令部，陈诚下达了死命令，要求杜聿明如期攻克昆仑关，直下南宁。

1939年12月18日拂晓，对日军的反攻战开始了。杜聿明率领第5军，在战车、炮火掩护下，对昆仑关的日军发动了猛烈地进攻。戴安澜率领部队，与日军展开白刃战，首先攻占了仙女山。战斗进行到当天晚上，中国军队各部趁着胜利之势，发动夜袭，相继占领了老毛岭、万福村、441高地，最后占领了昆仑关。

杜聿明虽然拿下了昆仑关，但是并没有守住。19日午后，日军在大批飞机掩护下，发动了大规模反攻，昆仑关又被日军夺了回去。之后，中日双方在昆仑关展开了反复的争夺战，双方官兵伤亡惨重，但是双方都没有让步。

杜聿明集中全部精力掌握战机，指挥战斗。当时日军的炮火非常猛烈，炮弹纷纷落在杜聿明所在的指挥所附近，不时在杜聿明的身边爆炸，身处险境的杜聿明表现极为镇定。他一面传令嘉奖作战英勇的部队，一面组织物资及时进行物质奖励，鼓舞士气。在昆仑激战期间，杜聿明每天随身携带一部电话机，一架望远镜，冒着敌军炮火的轰击和敌机的轮番轰炸，赶到阵地的前沿，观测敌情和战况，制订出正确的作战方案。

在经过缜密的侦查和研究，杜聿明对各种作战方案作了比较，最后同各师长研究后作出决定，采取"要塞式攻击法"，逐步缩小包围圈，一口一口地吃掉日军。

战斗打响了，杜聿明命令第200师副师长彭璧生率部从公路左侧越过昆仑关，形成包围之势。邱清泉师先战车埋伏在公路两旁的丛林地带，候命出击。郑洞国师负责加强右翼攻势，再度攻入昆仑关内的日军纵深阵地，把日军指挥部和炮兵阵地摧毁。

昆仑关的战斗整整打了18天，12月31日，以中国军队获得重大胜利宣告战斗结束。这次战役史称昆仑关大捷。

昆仑关一战,日军损失空前巨大,据日本战后公布的材料统计,在昆仑关一战中,日军第12旅团各级军官死亡达85%以上,士兵死亡4000多人。旅团长中村正雄也在九塘被戴安澜的第3团击毙。

昆仑关战役是抗日战争中中国军队获得的重大胜利,极大地振奋了国人的抗日信心和热情。全国各地的记者纷纷赶到前线采访,当时,《中央日报》曾发表题为《记杜聿明将军》的文章,在文章中对杜聿明率领的机械化部队评价很高。文章称:"我国机械化部队开始歼敌,则自杜将军聿明督率始,在昆仑关大捷后,敌人开始认识到我国军队已踏入世界近代军队行列。"

3. 缅北大作战无力回天,生死野人山尸骨遍野

缅甸地处东南亚半岛,西边靠近英属印度,北部和东北部与中国西藏和云南接壤,地理位置非常重要,因为滇缅公路是中国重要的国际交通线,一旦日军占领那里,还会威胁到中国西南大后方。为了保卫缅甸,中、英两国早在1941年初就酝酿成立军事同盟。中英双方于1941年12月23日在重庆签署了《中英共同防御滇缅路协定》,中英军事同盟正式形成。

1942年初,日军第15军板田祥二郎率4个师团分两路向缅甸发动进攻。中国派出远征军增援英军,杜聿明被任命为第一路副司令长官。中国和英国军队在缅甸集结后,按照作战计划,分兵3路南下迎击日军。杜聿明的第5军为中路军,3月9日,接替了英缅军在同古的防务。

1942年3月20日,同古战役打响了。一开始战况就非常激烈,日军派出陆军和海军,在炮兵和空军的配合下,向同古阵地的守军发动进攻。同古的战斗一连持续了多天,一直进行到26日,从正面进攻的日军和其他的3个联队同时向同古西北角发动猛攻,在这种攻势之下,第200师第6团阵地被突破了,形势危急。27日,新编第22师到达同古以北增援,与日军遭遇,双方彻夜激战,一时难见分晓。28日,日军改变策略,从同古南部发动进攻,同时在同古以北修筑工事,企图在阻止新编第22师前进的同时,集中主力猛攻第200师。为了确保对中国军队的打击力度,日军还施放了糜烂性毒气。第200师官兵伤亡很大。

杜聿明看到这种情况,立即指挥新22师对正面进攻的敌人给予坚决回击,并攻占了南阳车站,缓解日军对第200师的包围。日军的抵抗也非常顽强,虽

然新22师拿下了南阳车站，日军士兵仍然依托附近建筑物进行殊死防守。两军再次发生反复争夺，一直战斗到30日。

这时，远征军东路第6军和西路英缅军也在与日军展开激战，一时无法取胜，不能按照原有作战计划进入前线。日军方面的后续部队从仰光源源不断地赶到，加入到战斗中，对第200师实行强行包抄。此时第200师已经连续战斗了12天，补给也中断了，弹药供应不足，眼看就有被日军各个击破的危险。看到这种情况，杜聿明急忙命令第200师突围撤退，在保存战斗力的情况下，寻找机会再与日军决战。

就在下令第200师突围的时候，杜聿明和史迪威发生了分歧。史迪威坚决反对第200师撤退，要以不足兵力向日军发动攻击，还派参谋窦尔登监督杜聿明实施。史迪威的命令被杜聿明坚决顶了回去。他以"保全战力，这是任何一个指挥官的常识和义务"为由拒绝执行史迪威的命令，开始实施有计划的主动撤退。

经过缜密部署，杜聿明命令郑庭笈指挥第200师城内部队向日军发动佯攻。在日军没有来得及反应的时候，主力迅速撤退，并于30日退出同古，安全渡过色当河。第200师撤退后，杜聿明总结了同古被围的经验教训，制定了"利用隘路预设纵深阵地逐次抵抗优势敌人攻击"的战术，这就是中国抗战史上著名的斯瓦逐次阻击战。

30日晚，退守的军队到达斯瓦河，杜聿明命令新22师在南北两岸构筑多个梯形阵地，并安排阻击兵在两面做好埋伏，阵地正面则埋设了地雷。新22师采用这种战术，虚虚实实灵活多变地阻击敌人，让日军完全捉摸不透中国军队的策略。杜聿明率领远征军先攻后守，在同古失守之后，又利用逐次抵抗战术与日军5个联队激战达12次之多，拖延日军的进攻半月之久。日军每当前进一步，都要付出极大的消耗和人员牺牲的代价。杜聿明的这一战法达到了以少胜多，以劣制优的目的，成为抗战史上罕见的战例。

1942年4月13日，英军私下做了撤出缅甸的准备，却没有知会中国远征军。中国军队按照作战计划，接替了英缅军西路防区。史迪威、罗卓英对作战方案做了重新调整，准备在曼德勒打一场会战。他们命令第5军、第66军分布在长达300公里的平（平满纳）曼（曼德勒）公路上。这一安排又与杜聿明的看法产生了分歧。

在杜聿明看来，这样分散兵力的用兵方法容易被敌人各个击破。就一再申述棠吉的重要性，主张要么退守棠吉，守住腊戍前方门户；要么就在平满纳打

第十二章 谁是带领最新式部队挫败最精锐日军的将领？

下去，反对发动毫无准备的曼德勒会战。杜聿明的意见并没有被史迪威和罗卓英采纳。杜聿明只好服从军令，放弃了棠吉。这样一来，日军轻易地重新占据了棠吉，进一步占领了腊戍。中国主力军当时正从西南面向曼德勒集结，后方却被日军切断。在曼德勒的第5军在这种情况下，不得不向伊洛瓦底江西岸撤退。从这一刻起，远征军走上了惨败境地。

史迪威、罗卓英看战局无法挽回，就丢下部队逃往印度，然后从印度发出电令，命令部队全部撤退到印度。这时，蒋介石也对远征军发布了撤退的命令，他命令远征军部队通过密支那、片马一路撤退回国。

两个完全不同的命令再次摆在杜聿明的面前，让他一时无法抉择。早在远征军开始入缅作战的时候，同样的问题让杜聿明头疼。1942年3月1日，蒋介石曾亲自到缅甸腊戍，指挥远征军入缅作战。当时远征军总体归史迪威指挥。面对蒋介石所谓的"归史迪威将军指挥"这个命令，杜聿明亲自问过蒋介石："如果史迪威的命令不符合您的决策时，应如何办？"蒋介石说："你打电报向我请示再说。"杜聿明知道在决策上蒋介石和史迪威也存在严重分歧。接到两个命令之后，杜聿明最终决心按照蒋介石的命令执行，向国境撤退。只有孙立人率新38师向西撤退到印度，后编为中国驻印军。

向国内撤退必须经过野人山。这一地区崇山峻岭，人烟稀少，给养困难，同时自然环境又非常恶劣，沼泽遍地，蚊蚋蚂蟥成群。在后有追兵，前有伏兵的情况下，杜聿明率领第5军各部闯入野人山，一路上远征军官兵死亡无数，尸骨就暴露在野人山的崇山峻岭和原始丛林之间。

进山之前，第5军的很多机械装备无法携带。杜聿明只好下令，把全军装备的苏制坦克、德制装甲车和美制福特卡车、摩托车共计600多辆，150毫米榴弹炮24门，大量的山炮、野炮全部炸掉。然后把远征军分成3路，各自撤退。杜聿明本人率领新22师为一路，第5军96师为一路，第200师为第3路负责殿后。

杜聿明率领的部队一踏入茫茫深山，很快就在丛林中迷失了方向，与外界的联系也中断了。杜聿明和部队官兵一起被围困在原始森林中。直到1942年7月，一架美军侦察机偶然飞过丛林上空，这才发现了野人山中的第5军军部。随后一队美军运输机投下救生物品和一部电台。当天晚上，这支失踪已久的孤军，终于同外界恢复了联系。

恢复联系以后，蒋介石通过电台命令杜聿明率残余部队向缅甸撤退。在野人山里，第96师和第5军军部走散了，在师长余韶的率领下由缅甸葡萄向云南维西转辗回过。当宋希濂部队前去接应的时候，只剩下不到3000人。5月下旬，分散突围的第200师官兵陆续赶到中缅边境集合地点，师长戴安澜在翻越野人山的过程中遭到伏击中了枪伤，死在国门之外，年仅38岁。第200师回到国内的官兵不足3000人。

杜聿明带领第5军残部回国，多次向蒋介石检讨说："这次作战失败是学生指挥无能，未能完成任务，为国争光，请校长处分。"蒋介石并没有给杜聿明任何处分，反而提升他为第5集团军总司令，兼昆明防守总司令。1945年2月20日，杜聿明升为陆军中将。

4. 创建空降兵，在各战场对日作战，如神兵天降

在中国远征军从曼德勒向缅北和缅西撤退的路上，日军将一小分队伞兵空降至伊洛瓦底江右岸的渡口，给远征军狠插一刀，造成了第5军很大的麻烦。杜聿明带领部队经过苦战，战胜了原始森林的恶劣环境，历尽千辛万苦，终于同年8月回到本土。此役使杜聿明深刻认识到了空降兵在战争中的重要作用。

1943年1月，国民党第5集团军在昆明成立，以编练新军著称的杜聿明荣升为总司令。12月，杜聿明在第5集团军内组建了1个伞兵团（下设3个步兵营），全团官兵是从集团军所属各部队选调的年轻精干、富有实战经验的军官和军士，以及从云南、贵州和广西等地招收的青年学生。1944年1月，中国第一支空降兵部队诞生了，驻地设在昆明北郊岗头村。

1945年3月，美军太平洋战区司令部派出以柯克斯中校为首的伞兵顾问团来华，带来伞兵团所需的伞降装备，以伞兵学校的名义组织中国伞兵训练，内容主要是伞降技术器材和枪械的运用、登机和离机训练、乘机方式和空运安全、着陆后的集合程序以及空降战术等。空中跳伞训练于6月9日正式开始。

4月8日，根据魏德迈将军的建议，伞兵团改编为"陆军突击总队"，直属陆军总司令部，但仍归杜聿明的第5集团军领导，总队司令仍为李汉萍少将，8月改由马师恭少将接任。突击总队下辖4个伞兵大队共20个突击队及总队直属队，由于淘汰的士兵较多，又成立了两个补充大队，共3200余人。伞兵大队为独立的战术单位，编有3个步兵分队，炮兵分队、机枪分队和工兵分队各1个，各160人。步兵分队编4个战斗小组，每组12人（相当1个班）。每个分队配备勃朗宁M1918A2式7.62毫米轻机枪12挺，勃朗宁

M2HB12.7毫米重机枪两挺，60毫米迫击炮4门，60毫米"巴祖卡"火箭筒9具，M2A1–7式喷火器3具。伞兵用的轻武器主要是7.62毫米M1卡宾枪、M1伽兰德半自动步枪、柯尔特M1911A1式11.43毫米自动手枪、汤姆森M1A1冲锋枪、M3刺刀和手榴弹等。使用的美制空降器材有T–5伞兵伞及备份伞，佩戴美式M1G钢盔。

伞兵全团美式装备，官兵素质要求特别高，待遇也特别好，吃、穿、用都按美国伞兵标准。美军顾问团有300余人，分别部署到总队、队和分队里，有些还担任了副职。这些美军军官对中国伞兵的训练非常严格，这在中国军队训练中是很少见的。同年7月突击总队全体人员完成了伞训，陆续开始担负对日作战任务。他们常似神兵天降，有力地支援了地面部队的作战。

1945年4月，侵华日军驻广西地区的第13师团经广东和湖南等地撤退北调，为阻挠日军的撤退计划，陆军突击总队决定将一支伞兵部队空降于此，牵制和袭扰日军的行动。执行这项任务的是第1伞兵队。

7月12日凌晨，10架运输机从昆明的呈贡机场编队起飞，目标直指广东开平县苍城镇。苍城位于开平县城西北30多公里的山区，当时为国民政府开平县政府所在地。在战斗机的掩护下，上午8时飞机飞临空降场。事先潜入的引导员发出跳伞指令，机上搭载的伞兵第1队的空降兵纷纷跳出机舱，除事故亡1人外，180名伞兵安全着陆，并很快完成集结，进入苍城镇潜伏。

日军在得知身后有伞兵空降后大为吃惊，立即派出驻开平地区的日军进行追剿。伞兵避实就虚，迅速转移，在敌占区展开了游击战，一度打到了广州西南的新会县。7月底又折向北方，进占了罗足县。经过侦察，伞兵队发现县城以北4000米处的西江南江口是日军的重要渡口，与驻北岸上游5000米处的德庆县日军相呼应，控制着西江的水陆交通，策应海南岛和广西日军向广州的撤退行动。为破坏日军的水上运输，伞兵队决定对该据点进行攻击。

8月3日夜，伞兵队从罗定向南江口移动，拂晓时分，以一小部分兵力占领周围的高地进行掩护和策应，其他分队则向据点内敌军发起了进攻。激战至午时，歼敌数十人。当江北敌军过江增援时，伞兵队主动撤退。当日军派出重兵进行"围剿"时，伞兵队又在山区与日军玩起了"捉迷藏"游戏。8月中旬日本政府宣布投降，第1伞兵队距广州最近，遂成为中国军队进入广州接受日军投降的先头部队。

同年7月18日，陆军突击总队的第8、9、10队各出动1小分队共200余人，乘C–46型和C–47型运输机由昆明起飞，突然在广西浔江（西江）北岸平南县下游的丹竹附近一小型机场实施了空降。着陆后的伞兵一举歼灭了日军，占领了机场。8月3日拂晓，伞兵部队在平南地面部队的协同配合下开始向丹竹守敌发起了攻击。日军借助火力垂死挣扎，并组织了反扑。伞兵队兵分几路，用强大的火力终于歼灭了守备日寇，夺取了丹竹的日军补给基地。激战中，伞兵队伤亡数人，其中包括一名翻译官。4日，1架美军第14航空队的轰炸机在丹竹机场降落，送来了弹药、药品和给养。5日，1架L-5型小型运输机飞来带走了伤员。此役对日军西江水运造成了威胁。8月中旬的一天，当部队正准备执行第二次任务时，日本投降了。

7月，中国陆军突击总队为配合大反攻，决定将一支伞兵部队空投至湖南衡阳地区，待机袭扰日军。衡阳是华中地区的一个水陆交通要地，日军第20军司令部驻扎于此。突击总队选定了位于衡阳县西北约30公里处的洪罗庙地区作为空降地点，该地区已由国民政府地方政权控制，并有地方武装力量。执行这次任务的部队是突击总队伞兵第2队及3、4队的部分。

7月27日9时许，在20架战斗机护航下，15架C-46型和C-47型运输机组成的编队飞临空降场，化装为传教士的先遣人员担任空降引导员，108名中国伞兵从飞机中鱼贯而出，全部安全着陆在一片农田里。这些第一次参加空降作战的伞兵在地方武装的接应下，隐蔽于山区的一座古庙内。几天后，伞兵在衡宝公路上伏击了一个日军运粮车队，毙敌6人，毁车3辆。8月初的一个夜间，伞兵急行军，在数百名地方武装的协助下，于拂晓时分将衡阳以北20多公里处台源寺镇围住。凌晨，随着一声枪响，伞兵发起攻击，片刻间攻入据点。日军退缩于工事内，借助有利地形负隅顽抗，战斗十分激烈。虽然伞兵的武器精良，但人员较少，战至8时左右，在重创日军后，伞兵主动撤出战斗，返回洪罗庙。此役有6名伞兵牺牲，10余人负伤，随同参战的两名美军顾问阵亡。两周后日本投降，该伞兵作为先遣队参加了中国第四受降区在长沙的受降仪式。

杜聿明是国民党军队中少有的西方化将领和为数不多坚持"闪电战"的将领之一，进攻是杜聿明的战术特点。他经常以优势火力压制敌手，发动快速攻击打击敌人，昆仑关大捷是他的经典战例。在国民党将领中，他所领导的机械化部队面对的常常是日本最精锐部队。杜聿明一手创建了中国当时最新式的装甲部队和伞兵部队，也可以说杜聿明是中国陆军第一次运用现代化战争方式取得胜利的部队，对中国陆军的发展意义重大。

抗日战争结束后，杜聿明作为蒋介石的嫡系，先后出任东北9省保安司令部司令长官、徐州"剿匪"总司令部副总司令兼第 2 兵团司令官、东北"剿匪"总司令部副总司令兼冀热辽边区司令官、徐州"剿匪"总司令部副总司令兼前进指挥部主任。1949 年 1 月 10 日，杜聿明在河南永城县陈官庄被人民解放军俘虏。

1959 年 12 月 4 日，杜聿明成为首批被特赦战俘。后出任中华人民共和国中国人民政治协商会议全国委员会文史专员、第四届中国人民政治协商会议全国委员会委员、第五届全国人大代表、第五届全国政协常委及文史资料研究委员会军事组副组长。

1981 年 5 月 7 日，杜聿明因患肾衰竭在北京市逝世，享年 77 岁。

第十三章

谁是消极抗战被处决的最高将领？
——韩复榘

韩复榘（1890—1938），字向方，直隶顺天霸州人，国民党陆军二级上将，山东省政府主席，治理山东7年。

抗日战争爆发后，在日军对山东发动进攻时，韩复榘曾进行过积极抵抗。后来，为了保存实力，在徐州会战爆发后临阵逃跑。1938年1月24日晚在汉口被国民党特务以"违抗命令，擅自撤退"的罪名秘密处决，成为第一个因消极抗战被蒋介石处决的国民党军最高级别将领，也是在抗战中被处决的国民党军最高军阶的将领。

1. 主政山东，只图巩固自己势力，数次开罪蒋介石

韩复榘

韩复榘祖籍湖北蒲圻，出生在霸州，有兄弟5人，他排行第四。小学毕业后，因为家境贫穷，就跟随父亲在私塾中读书达七八年之久。14岁时到县衙担任"帖写"一职。

1910年韩复榘到北洋第20镇当兵，编在第40协第80标第3营管带冯玉祥手下。韩复榘在冯玉祥手下得到逐级提升，与石友三、孙良诚、刘汝明、孙连仲等人被称为冯玉祥军中"十三太保"。

1924年，冯玉祥发动北京政变之后，韩复榘的部队被改编为国民军1军。1925年1月，韩复榘任国民军1军第1师第1旅旅长。11月，国民军进攻天津，韩复榘率敢死队首先攻入天津，因此被升为第1军第1师师长兼天津警备司令。

1926年，阎锡山的晋军和冯玉祥之间发生冲突。冯玉祥举行五原誓师，韩复榘被任命为国民联军援陕第6路总指挥。1927年6月，国民联军通过改组，韩复榘被任命为第2集团军第6军军长。

1928年6月6日，他率领部队击溃奉军，进而攻占北京南苑，成为第一支到达北京的北伐军。韩复榘一时成为全国瞩目的风云人物，报纸上甚至把他称为"飞将军"。

1930年中原大战，韩复榘接受蒋介石的任命，担任第3路军总指挥。9月，韩复榘在济南任山东省主席，开始了他长达8年的对山东的统治。

韩复榘趁机迅速发展军事实力。到达山东的时候，第3路军不足3万人，韩复榘通过各种办法增加兵力，很快就将部队总兵力翻了一番，编为5个师1个旅。

韩复榘不惜一切代价排除异己，巩固自己的势力。韩复榘同日本秘密建立了联系，暗杀了原山东军阀张宗昌，驱逐了国民革命军第17军军长刘珍年，还对国民党山东省党部施压，试图将蒋介石的势力排挤出山东，这一切也是让蒋介石无法容下他的原因之一。

"九一八"事变后，韩复榘看出蒋介石不想和日本人打仗，于是便借机扩充军队，加强自己的实力。

19路军的英勇抗战和南京政府的丧权辱国，让韩复榘颇有感触，一是人民明辨是非：爱国，人民就拥护，辱国，人民就反对；二是南京政府不仅不抗战，而且还要借战争消灭异己。而这后一点感触对他影响尤大，促使他牢牢地掌握着军队。

他首先把他的5个师1个旅补足兵员，又办起了地方武装，同时健全了地方行政机构，统一了政令。他又办起了民生银行和平市官钱局，进而掌握了山东全部地方金融。后又借口财政困难，拒绝执行南京政府收回地方银行纸币的通令，并两次截留中央税款，控制南京设在山东的税务机关。

韩复榘是国民党中委和山东省党部常委，1931年春，他却把国民党沾化县党部常委马丹亭装入麻袋扔到海里淹死。后来南京方面进行查询，他迁罪于山东省党部常委CC分子刘涟漪，把刘逮捕后驱出山东。接着，他借口山东是日本人的敏感区域，解散了反日会，取缔反日宣传。不久又停发了国民党各县党部的经费，并勒令解散，停止活动。

韩复榘这一系列举动令蒋介石非常恼火，但因华北多事，又因冯玉祥此时寄居泰山，蒋介石对韩复榘只好暂时隐忍，没有过于追究。

淞沪抗战后，19路军被调驻福建，这令该军将士反蒋情绪日趋强烈。1933年11月22日，李济深、陈铭枢、蒋光鼐、蔡廷锴、戴戟、黄琪翔、余心清（代表冯玉祥）等，与全国部分省市代表聚集福州，成立了人民革命政府，举起反蒋旗帜，与南京国民政府对峙。

韩复榘十分希望闽变成功，他与寄居在山东的前北平市长何其巩秘密商议，由何拟稿，以韩的名义向闽变中的人民革命政府发电祝贺和响应。而这更加深了蒋介石对韩复榘的猜忌。

2. 与日周旋玩暧昧，西安事变藏心机酿隐患

韩复榘开罪南京，日本人大为高兴，他们认为韩复榘可以利用，想抓住他再搞"第二满洲"。从此，日本人像韩复榘的影子一样，缠着他不放。

1935年6月中日签署《何梅协定》，日、蒋、伪各方势力逼着宋哲元搞华北妥协、"华北特殊化"，成立"冀察政务委员会"，将国民党中央在华北的机关全部撤走。在这种情形下，日本高层感到山东介于华北和南京之间，韩复榘举足轻重，指示驻济日方人员对韩复榘进行拉拢。韩复榘也看到了这一形势，他狡猾地和日方周旋，想用这张牌既稳住日本人，又挟制南京，使蒋介石不敢向他下手。

这时，日方驻济南武官花谷中佐出面同韩复榘勾搭，韩复榘还特别邀请了一个叫朱经古的"日本通"来参加他们的会谈。朱经古是济南私立东鲁中学的校长，很受日本人器重。据朱经古透露，花谷要求"山东独立"，韩不答应；要求山东参加"华北5省3市自治"，韩表示可以考虑。1935年8月，花谷同日本军部两名军官到济南拜访韩复榘，邀请韩复榘去天津洽商要务。韩复榘推托公务太忙，不能脱身。于是，日本政府派出以浅沼为团长的5人经济考察团到济南，住在日本领事馆。西田领事设宴邀请韩复榘在领事馆会面，同时被邀请的还有程希贤、葛金章、过之纲、韩多峰、闻承烈、王守德等人。东鲁校长朱经古，校董丰田（日本人），驻济日本武官石野、花谷等也被邀参加。

客人到齐后，花谷等人向韩复榘游说山东"独立"，韩复榘模棱两可。浅沼又大谈中日亲善的好处，韩复榘还是不置可否。花谷甚至威胁道："中日不会亲善的，要亲善只有打，一打就亲善了！"花谷这番话，不仅令在座的中国人不满，连浅沼等日本人也感到了尴尬。

虽然闹了这么一场"逼宫"似的丑剧，但日方尚未在山东寻衅，所以山东一直平安无事。

在西安事变中，韩复榘明确支持张学良和杨虎城逼蒋抗日的行动，同时主张派兵夹击中央军，这让蒋介石对韩复榘恨之入骨，为后来诱杀韩复榘埋下了

伏笔。

西安事变爆发当日，张学良密电韩复榘，说明兵谏原因，请他速派代表赴西安"共商国是"。

当时《民国山东日报》社来电话请示韩复榘：明天新闻见报，是否要称张学良、杨虎城为"张逆""杨逆"？韩复榘回答说："什么'张逆''杨逆'，就说张学良将军、杨虎城将军！"济南的《新业日报》发表社论，主张和平解决，呼吁团结抗日。南京国民党中央宣传部致电韩复榘，令其查封该报。韩复榘在电报上批了两个字："不理！"

1936年12月15日，张学良派一架军用飞机到济南接韩复榘的代表去西安商谈，飞机降落时螺旋桨被折断，无法再使用。韩复榘派部下刘熙众于19日乘火车去西安。火车只通到洛阳，刘熙众请人转告空军副总司令王叔铭，派一架飞机送他去西安。王假意答应，却用飞机把刘熙众送到了太原，而此时蒋介石已被释放。

在南京，何应钦等力主轰炸西安，冯玉祥主张和平解决，双方争执不下。何应钦等主战派咄咄逼人，韩复榘十分反感，于21日以密码形式致电张学良，称赞张氏之非常行动为"英明壮举"，并通知张、杨，他的部队将"奉命西开，盼两军接触时勿生误会"。韩复榘的电报被南京特工破译，南京高层极为震动，立即派蒋伯诚飞济南会晤韩复榘，同时电询宋哲元的意见。蒋伯诚对韩复榘说："蒋夫人及宋部长正准备亲赴西安谈判，委员长脱险指日可待，你怎么还发这种电报呢！"韩复榘这才意识到自己的电报已泄露。

宋哲元认为韩复榘的密码电报太过莽撞，不仅于事无补，还得罪了蒋介石、何应钦。为替韩复榘转圜，宋哲元偕秦德纯、邓哲熙去济南，在泺口车站与韩复榘会晤。23日，宋哲元和韩复榘联名发表"漾电"，主张和平解决西安事变，得到社会各界广泛赞赏，但也受到南京方面的高度质疑。"漾电"有悖于何应钦的"军事与政治兼顾之解决办法"，"由中央召集在职人员和在野名流妥商办法，合谋万全无遗之策"等主张，更被南京高层视为"节外生枝""别有用心"。

冯玉祥在高层会上为韩复榘和宋哲元开脱说："韩、宋在北伐，皆勇敢善战，但读书太少，心思太粗。发电前未必一句一字有所研讨，可以不必顾虑。不过去人看看，把中央旨意详告，确有必要。"

25日，西安事变和平解决，下午5时，被释放的蒋介石到达洛阳。当时韩复榘正在山东省政府打麻将，听到这个消息后，当着南京方面派到济南的蒋伯诚的面，把眼前的牌一推，说："这叫什么事嘛，没想到张汉卿做事情这么虎头蛇尾！"有人评说，就是这句话埋下了韩复榘以后遭蒋介石报复的隐患。

1937年7月7日当天，韩复榘获悉卢沟桥事变后，马上吩咐山东省政府秘书长张绍堂与第3路军参谋长刘书香以他的名义给庐山蒋介石写了一封信，信中说：第3路军有部分将领正在庐山受训，请尽快命他们返鲁，做应战准备；请为第3路军补充高射炮等防空武器。

张绍堂在电话里向韩复榘报告：北平市长秦德纯来电，称局势有所缓和，日本人不欲扩大事态，表示愿意谈判。韩复榘在电话里笑了，说这是日本人的缓兵之计，欲借机调动兵力，日本人不拿下北平不会罢休的。

韩复榘的分析与预见很准确。当时日军兵力不足，企图通过谈判拖延时间，待日军源源不断开进华北，就开始向驻守廊坊、通州、北平的宋哲元第29军发动猛烈进攻。28日晚，第29军被迫撤出北平。

全面抗战开始后，蒋介石任命冯玉祥为第六战区司令长官，指定宋哲元、石友三、韩复榘部归其指挥。

然而此时，韩复榘却与偷偷来到济南的日本特务头子土肥原搞了个秘密协定：山东保持中立。

土肥原走后，韩复榘召集师长们开会，把土肥原要山东独立，至少要中立，要韩部不抗战，不让国民党中央军过境，不在山东作战，日军就保证不打山东，不轰炸济南的话说了一遍。然后他说："我想答应他们，发个通电表表态，你们看如何？"师长们一时鸦雀无声。待了一会儿，孙桐萱对韩复榘说："主席真这样做，恐怕第3路军官兵不同意，跟主席走的就不多了。"

韩复榘听了，心中既惊又喜，随即又问其他人："你们怎么想的？"大家都注视着他，没人吱声，可表情上似乎都同意孙的意见。会议表面上没形成一致意见，但却使韩复榘感到满足。他觉得这些跟他多年的部下还没有抛弃他。

消息传到冯玉祥那里，冯紧急密电蒋介石。蒋介石一面派蒋伯诚驰往济南安抚，一面急调广西部队5个师集中徐州，准备应变。

7月15日，韩复榘下令所部军官送家眷回原籍，部队进入战备状态，并将山东省汽车路管理局改编为第3路军汽车兵团，把所有载重汽车加装钢板，作为装甲汽车使用，担任作战和军事运输任务。接着，他命令菏泽一带的自卫训练班壮丁4000人（自备枪支）编为第1补充旅，孙则让为旅长；将胶东第七专区训练的壮丁3000人（自备枪支）编为第2补充旅，张骧伍为旅长。日后蒋介石给他钦定的罪名之一"收缴民枪"，即指此事。

7月上旬，第51军于学忠部奉蒋介石命令由江苏淮阴开往山东临沂，遵照部署，第51军驻防青岛以南沿海至连云港及胶济路东段，以防日军从海上登陆。当几列搭载第51军的火车开到济南时，韩复榘不顾与日本达成不在山东驻中央军的默契，理直气壮地命令参谋："通知日本领事馆，中央军过山东了。"

韩复榘为表示对日决绝，限令日本驻济领事馆人员及日侨民3天内撤离济南，并不准带走财物。7月18日，日驻济武官石野与他谈判，企图诱使他保持"中立"。谈判持续到深夜1点，最后韩复榘说："你们把我韩复榘当作汉奸看，那你们瞎了眼！明天你们不走，你们的安全我就不负责了。"19日，山东省政府办公会上，韩复榘对与会者说："日领事馆人员及侨民今早乘专车赴青岛回国去了。他们希望我们中立，真是异想天开！"这天，日本驻济领事馆人员及日本侨民乘车离济去青岛回国，日本洋行、工厂一律封门上锁。青岛的日本人也全部撤离回国，日官方一切事务由美国领事馆代为处理。8月20日，日本驻烟台领事馆亦关闭。

3. 津浦线作战伤亡惨重，擅自撤退受质疑

7月28日、29日韩复榘两次致电蒋介石，要求南京政府派各路军队同时出击沿津浦线南下之敌。蒋介石回电称，他自有主张，自有办法，云云。

30日，韩复榘应蒋介石电召赴南京开会，临行前对梁漱溟笑着说："赶紧回邹平挖地洞吧。"意思是让他做好打仗的思想准备。会后韩复榘回到济南，对梁漱溟说，蒋介石见到他没谈什么，似有一肚子心事，却一点儿也不吐露。临走时，蒋介石对他说："我的意思，你完全明白。"韩复榘对梁漱溟感叹道："我是糊里糊涂去南京，又糊里糊涂回济南。我看蒋先生并无抗日决心。"

8月4日，南京政府为激励韩复榘的抗日决心，委任韩为第五战区副司令长官（司令长官为李宗仁），第3路军扩充为第3集团军，韩复榘兼总司令，并仍兼山东省政府主席，还拨款400万元防务建筑费，要韩复榘负责黄河以北防务。

"八一三"上海抗战爆发后，梁漱溟应邀参加在南京举行的国民政府参议会。会议结束后，蒋介石嘱梁漱溟陪同蒋百里赴山东视察防务。

梁漱溟回到济南向韩复榘汇报此事。韩复榘一听就笑了，说："难道他们还想守山东吗？我认为山东是守不了的，我们打不过日本人。唯一的办法是保

存实力，把军队撤到平汉铁路以西，等待国际上的援助，然后再反攻。别的出路没有，欧美是不会让日本独吞中国的。这些道理，蒋介石肚子里比我明白得多，还装什么样子！"

这期间，中共中央毛泽东致信韩复榘，呼吁建立抗日联合战线，并告之将派同志前往拜谒，"乞赐接谈，如承不弃，予以具体办法"。①

韩复榘采纳了中共中央军委派来的军事联络员的建议，释放了大批在押的共产党干部，并在第3路军成立政训处，举办第3集团军政工人员训练班，韩亲任班主任，北平"左派"文化人主持教务工作。学员主要是平、津流亡学生、山东爱国知识青年，前后共办3期，有1300人参加培训。第一批学员500人于8月底入学，9月中旬被派往临清、德州、惠民、烟台等地开展抗日工作。

平、津沦陷后，驻北平日本当局曾派特使飞济南，与韩复榘谈判。日方提出可以不在山东驻军，但要假道山东运兵。韩复榘明确表示，不管是驻兵还是运兵，都不允许日军进入山东。

9月下旬，津浦前线阴雨连绵，中日双方隔砖河相持，战况沉寂。此时，冯玉祥决定以奇兵制敌，但韩复榘未作积极响应，失去歼敌良机。

9月底，日军沿津浦线长驱直下，兵临鲁境。第3集团军在津浦线上集结3个师1个旅，主力几乎全部压到鲁北，空出的胶东及沿海地区由民团填防。

9月30日，沿津浦线南下的日军矶谷廉介第10师团一部占领冀鲁交界的桑园车站，战火烧到山东的大门口。

10月1日砖河防线被突破。10月2日，第3集团军第486团夜袭桑园成功。4日，德州城陷，守军第81师485团奋力反击，全体官兵为国捐躯。10月5日，冯玉祥长官部人员依照蒋介石的命令向平汉线转移。

11月初，冯玉祥派吴青旺携亲笔函去济南见韩复榘。信中勉励韩复榘要做民族英雄岳飞，流芳千古。冯还在其日记中写道："复榘，复榘，你是好孩子，要做民族英雄，要为抗日而死！"可见冯玉祥对韩复榘的关心和期望之深。

同月，日军香月清司部准备向山东大举进攻，韩复榘知道不打是不行了。于是他下令把省府迁往宁阳，以免遭日机轰炸。其妻高艺珍及次妾都不愿远去，只好暂送曹县，而其妾纪甘青被送到银川。

此后，第3集团军在黄河以北之津浦线上与日军鏖战，历经徒骇河之战、

---

① 私家野史主编《挖历史》，华文出版社2014年1月出版。

津浦线反击战、临邑之战等役,伤亡惨重。

11月13日,韩复榘反攻德州。韩在手枪旅第1团团长贾本甲、副官杨树森、特别侦探队第2大队大队长朱世勤陪同下,率卫士及手枪旅1团2营5连的一个加强排,共70多人赴济阳前线督战。在济阳西关附近一个村庄,他们与一支由装甲车队和骑兵部队组成的日军快速突击部队不期而遇,仓促应战,抵挡不住又退了下来。由于战力悬殊,贾本甲腿断致残,卫队长牛耕林当场阵亡,其他卫士伤亡殆尽。在众卫士拼死掩护下,韩复榘奋力突围,逃回济南。此时,身边只剩下副官杨树森,此后又陆续有9人突围回来,其余官兵全部阵亡。韩复榘沉痛地说:"我韩某人能活着从济阳回来,是近60个弟兄的性命换来的。"

16日,韩复榘下令全军撤退到黄河南岸。蒋介石从南京打电话令他炸毁黄河铁桥。

第3集团军从1937年10月2日夜袭桑园始,至11月16日撤到黄河南岸止,在鲁北抗战历时1个半月,经过大小战斗10余次,据第12军军长孙桐萱说:"在这次战斗中,曹(福林)、李(汉章)、展(书堂)等师牺牲过半。"

对此,有历史学家评论:"从上述抗战以来韩复榘的表现来看,总起来说他还是抗战的,不论其态度是消极或是积极,他还是坚持打了几仗。因此一般史书上称韩'不战而逃'是不妥当的,也不符合事实。逃在后,战在前。至于传说他想投降当汉奸,就更是无事实根据的。"(吕伟俊:《韩复榘传》)

日寇打到黄河北岸后,韩复榘修书一封,派一个副官送到曹县妻子高艺珍处。(此信为毛笔书写,后被其家人作为遗书保留下来,高1956年去世后由其女保存)这封信的内容如下:

大姐:

我部这次与日寇浴血奋战,伤亡惨重,为我从军以来历次战斗所未有。眼见官兵如此伤亡,我心中十分沉重。今后战斗必更加严重,生死存亡,难以预卜。请大姐再勿为我操心,只要把孩子们照顾好,教育好,我即感激之至。现派人送去伍千元作为今后之家用,望查收。

致安好。

向方

不久,日军运来远程大炮威胁济南,千佛山也成了日寇炮击的目标。蒋介石曾允诺增调大炮支援黄河南岸守军,但没实行,还反将已在黄河南岸的大炮调走,这使韩复榘甚为恼火。

从11月16日开始,战事相对平静。日军偶尔隔河炮击,飞机也来过几次,在济南丢几枚炸弹就飞走了。日机还来过两次空投"通讯筒",发动"政治攻势"。韩复榘将日本人"通讯筒"内的劝降信挂在办公室内示众。

期间第五战区司令长官李宗仁来济南视察防务,两人讨论时局及战略问题。当时南京刚沦陷半月,黄河防线能否守住,对李宗仁和韩复榘来说已不是问题,他们讨论的关键是,黄河防线一旦被敌突破,第3集团军将撤往何处。李的意思是第3集团军应撤进沂蒙山区,准备打游击。韩复榘不同意,反驳说:"浦口已失,敌人即将打到蚌埠。他们节节撤退,我们没有了退路,岂不成了包子馅吗!"2人不欢而散。

在韩复榘看来,将第3集团军赶到山里去打游击的计划不仅极其荒谬,而且别有用心。他认定这是蒋介石利用日本人之手消灭非嫡系部队的一个阴谋。韩复榘在与李宗仁会晤之后,认为蒋介石既然不肯给他出路,他只有自己找出路了!

此时,李宗仁欲将韩复榘的炮团调走。

对此,韩复榘十分气愤。他对何思源说:"蒋叫我们在山东死守黄河,抵住日军,原说派重炮支持的,到快用的时候,忽然抽调走了。他们不守南京,却叫我们死守济南,叫我们用步枪跟日军拼吗?"

李宗仁对此也十分气愤,认为韩复榘没把他这位司令长官放在眼里。

韩复榘料想济南不能长久坚持,遂令后勤部门将军需物资向南阳运送。战区截留未成,蒋介石来电也未能制止。李宗仁电令韩复榘不要把后方放在第五战区以外,韩复榘傲慢地在来电上批道:"现在全面抗战,何分彼此。"秘书照批作复,李宗仁接电后极为震怒。

12月22日夜,日军从清河镇以南渡过黄河,谷良民部退至周村。韩复榘决定将省府再迁曹县,命令向黄河以北发炮100余响,并留孙桐萱率12军断后,将政府各要害机关房屋烧掉。27日晨,日军占领济南。

蒋介石得知韩复榘要撤离,急电韩复榘死守济南,但韩接电时已到泰安。李宗仁来电要韩复榘守泰安天险,韩复榘回电称:"南京不守,何守泰安?"李宗仁接电后,认为韩复榘无视军令,不顾国家大体,擅自撤退,破坏抗战,心中异常恼怒,遂向蒋介石建议严办韩复榘。蒋介石再电韩复榘死守泰安时,韩已退到济宁了。

4. 被诬开封避战自保遭枪决

撤到济宁的韩复榘令山东省政府再迁宁陵，并把总指挥部参谋长等人赶到巨野，部队分布到济宁、兖州、邹县一带，自己带着一个通讯队留在济宁。

1938年1月7日，日军桑田部抵济宁东面的八里铺，沼田部也向济宁以东逼近。韩复榘遂放弃济宁，准备进入河南，以图东山再起。

此时，蒋介石也觉得韩复榘这个人靠不住，他既和土肥原有勾结，又和刘湘有联系，外传他还想撤到汉中，再联想到韩对闽变和西安事变所持的态度，更觉韩复榘实在可疑、可恨，便存心要处置他了。

经过周密部署，蒋介石电令1月11日在开封召集北方将领军事会议。李宗仁通知韩复榘前去参加。韩因有擅自撤退一节，心怀忐忑，同时他接到刘湘密电：开封会议于兄不利，最好借故不去参加。于是韩复榘复电推说军事吃紧，不能前往。李宗仁接韩复电后，即上报蒋介石。蒋介石要蒋伯诚再去电，务必要韩复榘到会。蒋伯诚找到韩复榘驻开封代表靳文溪，对他说："蒋、韩过去有些误会，只要一见面就自然解释清楚了。要是不来，意见越深，闹下去，我看对他不利。我也和向方共事多年，彼此肝胆相照，故此说这些话。只要他肯来，我保他没事。"靳文溪相信了蒋伯诚的话，就给韩复榘发去一个电报，说蒋伯诚在开封等他，并且和老蒋谈妥，一切误会见面后可解决。韩复榘这才改变主意，决定到开封参加会议。

临行的头一天晚上，韩复榘坐卧不宁，这是他有生以来第一次有这样的感觉。贴身保镖魏大公同韩是老乡，跟随韩多年，见他的卧房里灯火通明，就敲门进来，说："主席，天不早了，还不休息吗？还有什么盼咐？"

韩复榘见魏大公进来，立刻说："大公，我正想找你。此行，我心中不安，来给我相一面吧。"

魏大公不推辞，在韩复榘的面前端坐了，然后凝神聚思，静观默察，让韩把手掌伸出来，仔细地摸了看了，又立起身来，推开窗户，仰脸注视夜空星斗，半晌不语。

韩复榘是急性子，连连催问："大公，怎样了？是吉是凶？"

魏大公仍然不语。片刻，魏大公突然"咕咚"一声跪在韩的面前，哭泣道："主席，我求你快离开这里。此行凶多吉少啊……"

韩复榘厉声说："大公，起来！不许胡言！"转而，却自言自语地说："我进退两难，大概天数已尽。大公，你不要难过，我虽是戎马一生，却也光宗耀祖了。我知道蒋介石不会放过我的。事到如今，只好听天由命。眼看天明了，到处有重兵把守，我是走不脱的。再说，我一走，也会被天下人嘲笑。我看不如这样：趁天未大亮，你化装潜逃吧……"

魏大公一听这句，又"咕咚"跪在地上，连连哭着说道："主席，我不，我不，我要与你有难同当啊！"

韩复榘把手往左边一挥，坚决地说："这是命令！你一定要设法逃出去，回去照顾和保护我的妻子老小。我给你带上我的名片和亲笔信，把她们安排后，要抓紧把济南、天津银行里的存款提出来，还有……"

魏大公知道韩的脾气是说一不二的，只好听从命令。

魏大公走后没多长时间，天就大亮了。孙桐萱来见韩复榘，见韩的房间里仍然点着灯，韩的脸色非常苍白，就问："主席夜里没休息好吗？"

"是啊。桐萱，这次会议地点有变化，不知老蒋搞什么阴谋，要多加小心啊！"

"我与李宗仁先生接触多次，没有发现什么可疑迹象。我们这次来的人多，有我在，请主席放心吧，我想不会出什么问题。"

9日，韩复榘一行到达开封，住在黄河水利委员长孔祥榕的公馆里。李宗仁说城内驻军多，不方便，让韩的装甲车暂驻城外，一个营的卫队也要留在装甲车上。

11日下午7时，蒋介石亲自从南京赶来主持会议，并预先通知说这是一次高级将领机密军事会议，为避免日军飞机扰乱，所以会议定为晚上召开。

孙桐萱和卫兵陪同韩复榘坐汽车来到河南省政府所在地。汽车开到省政府大门口时，突然被几个军警宪兵拦住了。原来门前张贴着一张通知："参加会议的将领请在此下车。"韩复榘的车辆只好停放在门前的一片空地上，然后步行向里走。到了第二道门口时，又有军警宪兵阻拦，左边的墙壁上贴着"随员接待处"。韩看了心里生气，但又不便发作，就把他带去的3个卫士和孙桐萱的1个卫士，均留在接待处了。

这时，来参加会议的将领都进了二道门。韩对孙桐萱低语说："什么了不起的地方，尽是些关关卡卡。"

两个人同那些刚进来的将领一起往里走。走了不到50米的地方，墙上又有一张通知，上面写着"奉委座谕，今晚高级军事会议，为慎重起见，所有到会将领，不可携带武器进入会议厅，应将随身自卫武器，暂交我处副官长保管，给予临时收据，俟会议完毕后凭收据领回。"孙桐萱见要把武器交出，顿时皱了皱眉头。韩复榘倒没有产生疑心,因为他看到站到他身边的许多将领正将手枪从腰间掏出来交给了副官处,取回收据。韩嫌孙桐萱迟疑,就推了他一把,同时把自己身上带的两把手枪掏出来,让孙一齐递上去,就同那些将军中的熟人笑谈着步入会议厅。

韩复榘入座后向两边环视,见坐在他左首的是蒋介石的亲信刘峙。

会议开始了。蒋介石亲自主持会议,目光咄咄逼人。蒋介石开头第一句话就说:"我们抗日是全国一致的,这个重大的责任应该说是我们每一个将领义不容辞的责任,可是,竟有一个高级将领放弃山东黄河天险的阵地,违抗命令,连续失陷数大城市,使日寇顺利地进入山东,影响巨大。我问韩主席:你不发一枪,从山东黄河北岸,一再向后撤退,继而放弃济南、泰安,使后方动摇,这个责任应当是由你负担!"

韩复榘没想到会议一开始,蒋介石就直接将矛头指向自己,一听火了。他从位子上站起来,毫不客气地顶上去说:"山东丢失是我应负的责任,南京丢失该谁负责任呢?"

韩复榘的话没有讲完,蒋介石一拍桌子,疾言厉色地说道:"现在我问的是山东,不是问的南京!南京丢失,自有人负责!"

韩复榘正想开口反驳,坐在他旁边的刘峙拉住他的手劝说道:"向方,委座正在冒火的时候,你先到我办公室里休息一下吧!"

刘峙拉着韩从会议厅的边门走出去。韩复榘气乎乎的,脖子拧着,两只眼睛发红。

刘峙作出极关心而且亲热的样子,继续拉着韩复榘的手,向院子里走去。院子里早预备了一辆小汽车,刘峙说:"向方,上车吧,这是我的车子!"

韩复榘先上了汽车,刘峙向司机使个眼色,立即把车门关了。刘峙招手说:"向方,你先走吧,我还要回去参加会议!"小汽车前座上早有两个人等在那里,等车子开动了,那两个人就迅速地从前座上钻到后座上来,一边一个,把韩夹在中间。其中的一个人掏出一张逮捕令,出示给韩复榘看。韩复榘这才恍然大悟,但表情极为镇静。他从车窗里向外一望,只见路两边布满了荷枪实弹的宪兵,戒备十分森严。

汽车飞快地驶到开封火车站,一辆专车正等在那里。那两个特务把韩从汽车里拖出来,推拥着上了火车。

火车开动后,沿途不停,直达汉口。

汉口车站早有5辆汽车等着,4辆大卡车上全是宪兵特务。韩被押进4辆小汽车里，一直开到江边码头，由专轮载车渡江到武昌。两个押送韩复榘的特务把他交给"军法执行总监部"，软禁在一座二层楼上。这是1月12日夜晚。这时韩才清楚，两个押送他的人正是特务头子戴笠和龚仙舫。

韩复榘被刘峙领出去以后，蒋介石立即宣布说："韩复榘目无中央，违抗命令，大敌当前，擅自撤退，为民众所不容，为党纪国法所不容，现已逮捕法办，请诸位安心供职！"

来参加会议的高级将领，目瞪口呆，会场里鸦雀无声。孙桐萱从座位上站起来向蒋介石求情说："委座，韩复榘是粗人，多有不对，希望能予以宽大处理。"

蒋介石冷冷地说："韩复榘罪有应得，已交军法总监部组织会审，他的军政职务已被革除，第3路军总指挥由你继任，另委任军长曹福林为津浦路前敌总指挥，你们要安定军心，共同抗敌，别的就不要讲了。"

在关押期间，韩复榘曾经要求面见蒋介石，但是被拒绝了。对韩复榘的审讯于1938年1月19日展开。国民党组成高等军法会审，由何应钦任审判长，鹿钟麟、何成任审判长官，贾焕臣任军法官。

21日上午，刚组成的军法执行总监部正式对韩审讯。

审判长何应钦问他："你不遵命令，擅自撤退，在山东强索民捐，侵吞公款，搜缴民枪，强迫鲁民购买鸦片等项，这许多罪行，已经查实，你是否有话申辩？"

韩复榘听后，只是昂首微笑，一句也不答复。几个陪审的法官，一再追问，韩复榘仍然一言不发。韩复榘明白这个审问只是一个形式，因为在逮捕令上，已经写明了他的罪状，他的二级上将及本兼一切军政职务也已经被革除。所以在审讯的时候，韩复榘已经打定了主意，一句话也不回答。

审判毫无结果。韩复榘已拿定主意，至死不说一句话。

24日晚上7时左右，一个特务走到韩复榘的面前，告诉他，你不是要见何审判长吗？他请你。之前韩复榘多次要求面见何应钦，都没有被允许。

韩复榘真的以为何又要找他谈话，就随着那个特务下楼去。当他下到一半时，看见院子里布满了荷枪实弹的哨兵。他知道，这一次是死到临头了。

韩复榘对那个特务说："我脚上鞋小，有些挤脚，我回去换双鞋再去。"

他边说边回过头去，就要上楼。他的脚刚向上迈出一步，站在楼梯边的那个特务就向他的头部开枪了。

第一枪没打准，韩复榘回了一下头，说："你打我……"这句话没讲完，身后连续响起枪声。韩复榘向前挺了挺身子,歪倒在楼梯上。他头部中2弹,身上中5弹,仰面倒下,眼睛还睁着……

这年,韩复榘48岁。

韩复榘死后,国民党《中央日报》向全国发布消息,宣布了他的十大罪状。这十大罪状是:一、违抗命令,擅自撤退。二、按兵不动,拥兵自保。三、勾结日寇,阴谋独立。四、收缴民枪。五、纵兵殃民。六、派销鸦片。七、破坏司法独立。八、擅征和截留国家税款,破坏税制。九、侵吞国防经费。十、扰乱金融。

韩复榘被处决之后,蒋介石还曾伪善地表示说,他已经下令行刑时不准打韩复榘的头部,因为他是二级上将,又是一省主席。韩复榘的灵柩被安葬于豫鄂交界处的鸡公山墓地。安葬时,除了孙连仲一人之外,没人敢去参加韩复榘追悼会。孙连仲与韩复榘很要好,曾在韩复榘在押期间,还去看过他一次。

这也是中日开战以后第一个被蒋介石处决的国民党高级将领。韩复榘临阵逃跑,不顾全大局,只顾自保,违抗命令,放弃阻击日军,导致了济南、泰安的沦陷,使得黄河天险轻易丢失,这是蒋介石杀他的主要原因。这一点无法回避。

虽然韩复榘和日本人一直有密切的接触,但在抗战爆发后,韩复榘的态度有了改变,表示对日"决绝",积极进行抗战。对日本人提出的"华北自治"等主张坚决反对,并回绝了日本人的官位引诱。在日军对山东发动进攻后,韩复榘开始时曾进行了抵抗,参与了夜袭桑园车站、血战德州、坚守临邑、济阳遭遇战、徒骇河之战、济南战役、大江口阻击战、配合台儿庄的外围战、夜袭大汶口等比较大的战役或战斗,重创了日军,但同时他自己的部队也损失惨重。

在抗战过程中实力不断损失,让韩复榘多了一些自保的考虑。徐州会战爆发,韩复榘不战而走,最终导致济南失守,差点导致会战失败的严重后果,一次著名的台儿庄战役几乎前功尽弃。分析当时韩复榘的处境不难发现,在民国时期,由于军阀之间长期混战,军阀头子普遍非常在意自己的嫡系部队,把军队作为保命的本钱。即使是在抗日战争开始之后,他们仍然不愿让自己的嫡系部队遭遇严重损失,采取消极避战的态度。韩复榘就是一个典型,蒋介石将他处决,既有一定的私人恩怨和杀鸡儆猴因素,更是为了坚定各派系军阀和全军将领的抗战决心。

第十四章

谁是要塞保卫战打得最好的将领?
——胡琏

胡琏(1907—1977),陕西华县人,国民党军一级上将。抗日战争期间历任团长、旅长、师长、军长等职,先后参加过淞沪会战、武汉会战、长沙会战、枣宜会战、鄂西会战、常德会战、湘西会战……

最让他出名的是1943年5月的石牌保卫战。这一战,他终结了日军进一步侵犯长江的行动,保住了重庆的大门,并使之成为鄂西会战的一个惊人转折点,此战被誉为"中国的斯大林格勒保卫战"。非常难得的还有,他和他的第11师将士,通过与日军上万人拼刺刀3个小时,"使日军领教中国军队的作战精神"。

1. 淞沪会战:罗店争夺战四克四弃,成为"血肉磨坊"

胡琏12岁进华县高等小学念书,小学毕业后投民二军冯子明旅当文书,1925年考取黄埔军校第四期,后陆续历任第18军连长、营长、团长。

第18军第11师是蒋介石的头号王牌军,因其最初为一个工程营,"十一"

胡琏

和"十八"合字正好又为"土木",源于该师和该军的集团就被人称为"土木系"。"土木系"先后产生了陈诚、罗卓英、黄维、胡琏、杨伯涛、李延年、周至柔、罗广文等8个一级上将,还产生了4个参谋总长、2个海军总司令、1个空军总司令、1个联勤总司令和20多个军长,是国民党军界中势力最大的一个军事集团,人称"王中王"。

淞沪会战期间,18军为增援部队。其时的18军,指挥11、14、67、98师共计4个师,军长罗卓英,4个师的师长分别为彭善、霍揆彰、

第十四章　谁是要塞保卫战打得最好的将领？

李树森（李负伤后为黄维）、王甲本。胡琏时为第11师第33旅66团团长，旅长为抗日名将叶佩高。

胡琏所在叶佩高旅卢沟桥事变后奉命开赴河北抗日，8月13日抵达武汉时，恰逢淞沪会战爆发，因而转赴上海增援，于8月22日抵达南翔，奉命负责向东南方警戒。

8月22日晚，日军第3、第11师团到达上海海面。23日晨，日军在狮子林、吴淞口击溃我江防部队，强行登陆成功，并向吴淞、宝山、罗店、浏河之线攻击推进。其中一部全力奔袭罗店，在中国军队罗店守备空虚时，抢先占领了罗店镇。

罗店是一个只有两三平方公里的集镇，然而却是一个交通要道。东西处于吴淞、嘉定的会合点，北接宝山，南面便是大场、闸北，是进入市区的要冲之地。

第9集团军总司令张治中得知日军登陆，因为指挥部与各部队间联系的电话线已被炸断，心急如焚的他从传令兵手里一把抢过自行车，从南翔骑到江湾第87师师部，不顾满头大汗，火速部署抗登陆作战。其中，第18军的第98师、第11师被令向宝山、杨行、刘行、罗店一带驰援。

当时，正在势头上的日军气焰嚣张，火力凶猛，部队几乎无法行动。第11师师长彭善打电话对张治中说："总司令，我们被炸得头都抬不起来，大天白日的，部队如何行动？"张治中一听火了："不能抬头也得走，我可以从南翔冒炸走到江湾，你们就不能从江湾走到罗店吗？你给我带部队马上行动！"

严令之下，彭善亲率叶旅的两个团和师直山炮营冒着敌机狂轰滥炸向罗店展开突击。

23日14时50分，彭善部到达罗店。其时，日军一部700余人也刚刚赶到，正在埋锅做饭。彭善下令进攻，师直山炮营猛烈开火，炸得日军人仰马翻，一片混乱。

叶旅全体官兵在师长彭善和旅长叶佩高的率领下奋勇进攻，经过近两个小时的激战后，胡琏团在16时30分首先突破日军阵地，击毙了川村正雄大尉以下180多名日军。全旅官兵跟进，如旋风般将700多个鬼子打得落花流水，共打死打伤敌人400多人，其余的鬼子惊慌逃窜，我军胜利收复罗店。

没有想到，日军对罗店是志在必得，于24日23时又向罗店发起进攻。战至25日9时，罗店第二次失守。

张治中深知罗店失守的严重性，立即向蒋介石报告。蒋介石接到报告后，立即于 8 月 25 日电令第 18 军军长罗卓英："今晚必须收复罗店，占领罗店后，即在罗店附近构筑野战工事，一面在束里桥、南长沟、封家沟构筑据点工事。"

25 日 9 时半，日军约 1 个大队附炮队由聚源桥前来增援罗店，胡琏团第 1 营奉命于该敌前进路上的朱湾塘设伏阻击，一举击毙日军第 43 联队第 8 中队长小林义正大尉和岩井一郎中尉以下 80 多人，生俘 5 人，缴获速射炮 1 门、重机枪 1 挺、轻机轮 4 挺、步枪 54 支、手枪 2 把，残敌夺路向西线桥回窜。

这时，奉命由浏河沿江一线火速奔赴罗店的 67 师来到，开始与第 11 师协同作战。

8 月 26 日上午 7 时，敌人两个联队对罗店一带的中国军队再次发动攻击。

第 11 师和第 67 师各两个营发起冲锋，双方在罗店的东边迎头相撞，很快绞杀成一团。喊杀声、惨叫声、枪械的撞击声响成一片。彭善为了迅速解决战斗，向后一挥手，命令预备队上。敌人在中国军队的攻势下，渐渐不支，前面的被分割包围，后面的吓得向后逃窜。不到 10 分钟，被包围的敌人被消灭了。

26 日下午，罗店第二次被第 18 军收复。

结束战斗后，旅长蔡炳炎刚刚松了一口气，突然飞来一颗炮弹，炸死了一大片官兵，蔡炳炎倒在血泊之中，壮烈殉国。

8 月 27 日，战况更趋惨烈。彭善的第 11 师和李树森的第 67 师，两个师携手战斗，轮番上阵，无数次打退日军进攻。

28 日凌晨 3 时，11 师全线向敌进攻。4 时半，65 团一举歼灭当面日军第 43 联队第 2 大队长冈田少佐以下官兵 300 余人，攻克了龚家宅、李家宅后，向白房子、罗店站猛追逃敌。

胡琏团在激战中夺回西马宅、周家宅，击毙日军第 43 联队（浅间部队）第 3 大队中队长坂仓大尉以下 387 人，又攻占了潘宅、坍石桥，随即与左翼的 65 团一同突入罗店镇，同日军展开逐街的惨烈巷战。

此时，叶佩高旅已攻克了罗店镇 3/4 地区，但没有友军跟进，形成孤军突击。而负隅在罗店镇西北角的日军第 43 联队残部，正不断地获得生力军的增援，且有装甲车多辆和大炮数门，故频频对叶旅猛烈反扑。

叶旅长决定调整部署，固守现阵地，以为反攻之依托，当令胡琏 66 团加强工事防敌反扑。

不久，第 67 师师长李树森偕李芳郴旅长率 398 团来到罗店镇内，同叶旅长共商围歼日军的战术和行动方案，决定由胡团阻击由聚源桥、尤家楼来援之敌，由 401 团阻击沿公路来援之敌，由 65 团和 398 团围攻盘踞在罗店镇西北角之敌。

三路来援的日军在飞机、装甲车、海陆炮火的支援下，对胡琏团和401团频频猛攻。

胡团和401团与敌激战终日，先后3次击退日军，使其遭致500余人的严重伤亡。而我军也伤亡军官25人、士兵300余人，其中胡团3营营长王仲彬少校在坍石桥的战斗中，不幸牺牲。401团副团长汪化霖中校不幸阵亡，第67师师长李树森右臂受伤，67师改由黄维任师长。

29日，黄维率第67师第三次夺回罗店，受到敌人强大火力轰击，尚未站稳又被迫撤出，罗店第三次陷落敌手。

第18军在罗店与日军展开拉锯战，使得日军第11师团陷入了进退两难的苦战状态。

第18军司令部在1937年9月3日油印的《罗店十日战记》中记载："罗店一镇，目前为敌我必争之要点。苦战旬日，异常惨烈，敌军伤亡已逾3000人，我军阵亡官兵5000余人。"

日本上海派遣军司令官松井石根大将也知道了18军的厉害。8月31日，他向国内报告说："罗店方面使用了中国军中最精锐的陈诚指挥的第11、第14师。因此判断我军的兵力最小限度要5个师团，当前最重要的是紧急派遣待机中的第14师团及天谷支队神速到达"。

在松井石根的呼吁下，9月2日，天谷支队到达上海吴淞。

9月4日，蒋介石严令陈诚、罗卓英："今天如果夺不回罗店，师以上军官统统就地处决。"陈、罗立马组织第14、51、58师前来增援，连同原第11师和67师，共投入5个师的兵力，对罗店进行顽强反击。

第四次反攻的主力部队为第14师，前线指挥官为师参谋长、中共潜伏党员郭汝瑰。傍晚，罗店终于被他们拿下。这样，中国军队又第四次收复了罗店。但代价很大，83团官兵打到最后只剩下12人。

师长霍揆章看到部队损失惨重，对郭汝瑰说："不能再打下去了，再这样打下去，我这个师长成了光杆司令了。"于是，14师于9月6日又放弃了罗店。

这样，第18军自8月23日首克罗店以来，至9月7日，共创造了对罗店四克四弃的纪录。

其后，中国军队仍在罗店外围作战。

9月16日，我集中11师、14师、67师、51师、58师对罗店进行了一次大规模的反攻，罗店南北两面阵地均有激战，敌伤亡惨重，我乘胜追击，获敌22联队队旗一面及军用品甚多。

这样时缓时急，时大时小，罗店争夺战仍然一直打到10月底。

在那段时间，中外记者如蜂般拥到罗店前线，采集最新消息，一时间，罗店成了全国上下关注的焦点。

罗店争夺战是淞沪抗战中最激烈的一场阵地战，几平方公里的战场上，双方死伤2万余人。因其惨烈，被称为"血肉磨坊"。

胡琏团在战斗中伤亡严重，仅营长就先后伤亡了7人。胡琏后来被毛泽东称为"狡如狐，猛如虎"，①的确不是浪得虚名。

由于胡琏在罗店争夺战中表现突出，战后，他升任第67师第199旅旅长。

2. 武汉会战：在江岸作战3个月，掩护海军击沉日军舰船60余艘

淞沪会战结束后，胡琏率部进入皖南、苏南休整。

1938年6月11日，安庆失守，巨大规模的武汉会战开始。

武汉会战期间，日军在不太长的时间内，接连攻克马当、湖口、九江等要塞，到9月24日攻克田家镇对面的富池口要塞，日本人打开了通向武汉的长江水路。日军的兵力、物资通过长江源源不断地运输到前线，军舰也随之步步向武汉逼近，江城武汉，无法再保。

在这种危急关头，尚在休整的胡琏部奉第三战区司令长官顾祝同命令，开至皖南长江南岸南陵，负责在青阳地区掩护曾以鼎的海军特种部队在长江水道布雷，阻敌逆江西进。

武汉会战开始时，中国的海军舰艇已经损失了85%。原有的59艘军舰只剩14艘，总吨位由原来的51288吨降至8000多吨。没有巡洋舰，只剩8艘炮舰和一些炮艇、鱼雷艇。这样，中国海军基本上失去了与日本海军在长江江面作战的能力，除了固守马当、湖口、田家镇、葛店等要塞外，主要的作战手段就是布放水雷。要塞相继失守后，更加只能通过水雷和游击部队阻击日军。

为此，中国海军组织了专门的布雷队，由海军第二舰队司令、长江上游江防副总司令曾以鼎中将负责。

在长江布雷是一个艰难而危险的任务。海军往往将布雷中队分成若干个布雷小组，每组三五人。他们先从后方领取水雷，用人力携带或小车隐蔽推运等

---

① 刘亚洲《金门战役检讨》，中华网中华军事频道。

手段，将水雷运送至长江边，然后在日军控制薄弱的地方放下水去。运送一枚水雷往往需要几天，甚至十几天的时间才能到达江边。这期间，他们要通过日军占领区，昼伏夜行，忍受饥饿，还要与遭遇到的日军作战。这样，海军布雷队就非常需要陆军的掩护。

其时，胡琏所在的67师（师长为莫与硕），为海军布雷队担负掩护的任务。

为了就近指挥，胡琏将旅司令部设在安徽池州市青阳县境内的九华山，并亲自到前沿阵地了解情况，他发现日寇在江岸各地修碉堡，并置重兵把守，认为欲配合海军特种部队在长江布雷，必须控制江岸或将沿江据点中的敌人吸引调开。这种意见被采纳，胡琏由此而开始了持续3个月的江岸作战。

1938年10月1日拂晓前，胡琏部到达灵芝塔及马牙桥一带。同一天，第201旅也抵五溪桥及灵芝塔附近。

10月5日，67师开始在长江南岸进行第一次攻击任务。

在这次作战中，胡琏旅主力负责攻击72.5和67.0诸高地。胡琏旅一部固守叶家山、流波矶、清溪之线，并固守上下江口，阻敌登陆。201旅402团主力占领馒头山其前进阵地推进到煤炭厂、前江口之线，401团为师预备队位置于马牙桥以北地区。402团由胡琏统一指挥。因此，这次江岸作战，67师事实上是由胡琏任前线总指挥，负责指挥3个团作战。

马牙桥是江边要冲，布雷队、运输队往往以此为塞，胡琏便将旅部在马牙桥后山沟。

10月6日，战斗打响。我江岸炮兵共击伤敌舰10艘，其中1艘重伤。贵池至梅埂沿江各处，敌不断以铁舟登陆，多次被我击退，毙敌30余人，缴获步枪12支，防毒面具数个。

14时我199旅以第397团为主力，协同炮兵向72.5高地攻击。18时，我军一部突入阵地。敌即施放催泪性及窒息性毒气，我突入敌阵之全部官兵均牺牲。我军被毒气阻于阵地外。是役，我炮兵毙敌不下300余人，我397团伤亡、中毒官兵约150名。

7日，胡琏旅覃团继攻72.5高地阵地。

敌因得增援部队及兵舰协助，并借坚固工事顽抗，激战至晚，我军仍无进展，我伤亡营附以下官兵200余名，暂固守现阵地，掩护炮兵向敌舰轰击。敌伤亡在300人以上。

8日，敌第116师团青山联队的一个大队，在20余艘兵舰及敌机10余架掩护下，猛攻我煤炭厂阵地。激战至晓，敌不支退回敌舰。是役，我第3营营长张楚南率部拼死冲杀,迭挫凶锋,我机枪 3 连连长王少章英勇牺牲,伤亡官兵 50 余人。

……

12 日,第三战区炮兵指挥官娄绍铠来电告:"海军炮 5 门,使用于贵池方面。迄今为止,我沿江已敷设水雷 80 枚。"同日上午,在池口被我击伤焚烧之巨舰为 3 个烟囱之大型运输舰,满载弹药,至 11 时 50 分完全沉没。

13 日,我炮兵于叶家山、煤炭厂附近与馒头山西南等地,共击伤敌舰 7 艘,其中 4 艘重伤。

16 日,我横港、煤炭山等地炮兵共击伤敌运输舰 5 艘。

18 日以后,敌清水重喜师团及海军舰队,每天以 20 余架敌机向我第 402 团阵地攻击。我军坚守煤炭山前进阵地及沿江前沿阵地,激战 7 昼夜,阵亡连长 3 员,阵亡及受伤排长以下官兵 110 余名,我馒头山阵地屹立未动。

1937 年 10 月 27 日,武汉失守。为了准备反攻和继续牵制日军,67 师于 10 月 28 日奉命转移至池州的太白山、灵芝塔之线继续作战。

在配合武汉会战的 3 个月的浴血抗战中,67 师总计伤亡官兵 3400 余人。他们除了自己歼敌众多外,还与其他部队共同使海军特种部队于一年内在长江皖赣江面炸沉日军舰及运输船只 60 余艘,阻滞了敌人向武汉的进攻。

胡琏配合海军布雷的表现再次引起上级重视,他因此而升任第 18 军第 11 师副师长,重新回到了国民党军的头号王牌部队。

3. 枣宜会战:血战当阳 7 昼夜,争夺宜昌 10 余天

宜昌是重庆的门户,距重庆仅有 480 公里,一旦敌在该地建成机场,后方的大城市如重庆、成都及陆上、水上军事运输等,将不时遭到敌之轰炸;敌占领了沙市、江陵、宜昌沿江地区后,将直接影响江南、江北各战区间的大部队调动。因此,自国民政府从南京迁都重庆,特别是武汉沦陷后,如何保卫宜昌,就成了一个特别重要的问题。

胡琏部 1939 年就进入了湖南,参加了第一次长沙会战。这年 4 月,他们仍驻长沙,准备应对日军对湖南的再次大举进攻。

这时,日军发动了对宜昌、枣观的疯狂进攻。根据重庆统帅部的命令,第五战区长官部命令孙连仲第 2 集团军、汤恩伯第 31 集团军、孙震第 22 集团军、王瓒绪第 29 集团军、张自忠第 33 集团军、黄琪翔第 11 集团军分别从南阳、

泌阳、桐柏及随县、钟样以北地区合击麇集于枣阳以西20余公里双沟地区的山胁正隆第3师团。并令郭忏江防军主力前来增援。

在第五战区大举围攻日军时，胡琏部于5月中旬从长沙调到当阳，接替75军防守当阳。

当阳，面积2159平方公里，位于鄂西山地与江汉平原的过渡地带，战略地位重要。历史上张飞大战长坂坡和关羽败走麦城的故事，就发生在这里。

这时的第11师，只有8000人，下辖第31团，团长罗贤达；第32团，团长张涤瑕；第33团，团长尹钟岳；此外还有一个补充团，团长蓝啸声。

第11师这种部队，总兵力应在15000人以上，只有8000人，缺口很大。因此，到达当阳后，他们四出招募新兵，紧急补充兵员。

在布防方面，11师到达当阳后，以33团据守长坂坡南正面，以31团据守北面及西北的九子山，以32团守东正面，以补充团为师预备队，控制当阳城区及长坂坡。

当阳为宜昌的最后一道防线，工事非常复杂。如31团负责的九子山阵地，筑有纵横交错的混凝土条状工事，由北至南设防线三道，这便是防守当阳的主阵地。再如，后来日军共在当阳建立了75个据点，形成了一个复杂的防务体系。由于75军紧急奉命前往河东作战，并没有将他们的防务体系与防守计划详细地移交给11师，11师接防后，要深入了解当阳防务非常困难。11师最初也没有想到日军会马上进攻当阳，因而也没有与75军很好地联系。

正当第五战区全力以赴地在河东地区与日军作战时，日军从5月25日开始正式将战斗重心转移到了宜昌。

6月1日，日军萱岛兵团集结4.7万兵力，飞机30架，以其13师团为前锋，实行炮兵、骑兵、步兵与空军相互协同，向襄河西岸守军发起全线猛攻。襄河守军阵脚大乱，防线土崩瓦解，宜城、沙洋一线被日军全线突破。

6月6日，日军投入1个师团和1个旅团，总体上兵分4路，实则编队十数路向当阳全线推进。

7日拂晓，日军地面推进，空中轰炸扫射兼施，当阳外围守军阵地逐一丢失，全线崩溃，当阳县城突出在敌军面前。

这样，11师要不要坚守当阳成为一个很现实和很严峻的问题。

有人主张放弃当阳，胡琏坚决反对说："当阳是日寇从东北面进攻宜昌的屏障，若当阳失陷，则宜昌北面门户洞开。我们必须固守当阳，以争取时间，使我们在重庆万县间的兄弟部队可以先敌进入宜昌与敌人进行决战。"

师长方靖也主张坚守。他说:"当阳长坂坡,是当年三国时刘备破曹操处,此次战斗倘若当阳失守,宜昌不保,日寇就会将我们窒息西南,国家生死关头到了,我师必须人人做张飞、赵云,使日寇有来无回。"

日军很快发现,他们进入了"宜昌作战的真正战场"。

6月7日14时,日军由荆门郊外马鞍山西进,15时40分攻破我军防线,在大烟集西面苦战了一夜后转攻当阳育溪镇和小烟集村,在涉过村西向南流的瓦岗河时,中国军队在清水铺后面用迫击炮、野战炮一起开炮,杀伤大量日军。

负责正面攻击的日军231联队长尾浦银次郎在回忆录中这样描绘当时的激战:"7日下午2时在井上旅团长指挥下开始西进,15时40分左右,在车桥铺附近很快与敌人发生冲突,但不一会儿工夫就攻破了敌人。这天夜里在大烟墩集西面彻夜战斗。8日夺取育溪河后,转向小烟敦集村,天亮后突破进入。在追击败军,涉过由村西向南流的瓦岗河时,敌人在清水铺后面布好的迫击炮、野战炮一起开炮,使我军很快出现伤亡。战线一下子稳定下来。经亲自详细观察后发现,敌人以混凝土地道为中心,构筑了许多条状分布的坚固阵地。可以判断,这就是敌人防卫当阳的主阵地。"

8日晨,有敌人1000余人,分向第11师清平河、渻溪河前进阵地及第76师和尚冲阵地攻击,战至10时许,第11师阵地不守,撤回主阵地。

9日拂晓,日军第3、第39师团从东北面,第13师团从南面围攻当阳。第11师官兵奋起抵抗,3位团长皆亲临前线督战,屡次挫败了日军的进攻。

14时,师长方靖突然接到掩护侧翼之26军军长萧之楚的电话,说他所属之55师阵地已为日军突破,第11师侧面已完全暴露。是退是守,希11师自己掌握。

这时,日军对当阳攻击甚猛,11师31团之九子山阵地争夺尤为惨烈,部分阵地已为日军夺取。副师长胡琏亲率部队增援,同时派遣一部抄袭日军后路,日军慌忙撤退。

9日黄昏,11师见左右两翼友军相继撤退,被迫放弃当阳县城,转移至大峡口、风洞河一带山地继续抗击日军。

当阳血战之后,第11师在第18军的指挥下与兄弟部队又展开宜昌争夺战。

6月15日,彭善第18军、冯治安第77军,郑洞国新编第12军第5师、王仲廉第85军第32师反攻宜昌、当阳。日军不支,趁夜东退。

6月17日,第18军尾追第13师团,于17日晨攻入宜昌市区,克复宜昌城及附近阵地。同一天，冯治安部猛攻当阳之敌，截断了荆门、当阳日军的交通线，并毙敌第6师团步兵第11旅团长池田直三少将。

这样反复争夺，直到6月24日宜昌战斗结束。

宜当战役结束后，国民党军队在同年7月9日公布的战报称：此战役歼灭日军9000余人（日军统计损失为死1403人，伤4639人）。

1941年3月，胡琏调任福建预备第9师师长；1942年3月，出任第18军第11师师长，终于成了国民党头号王牌军的头号战将。

4. 死守石牌，临战前写了5封诀别信，并庄重地祭拜天地

石牌是宜昌县（今宜昌市夷陵区）的一个小村庄，当时不足100户人家，位于长江三峡西陵峡右岸，距西陵峡的东口大约20多公里，地处今葛洲坝和三峡大坝之间。

在这个村庄的南象鼻山，有一块巨石，高40米，顶宽12米，厚4米，类似一块古代令牌，村庄由此而被称之为石牌。

石牌村位于长江一个急弯的尖头。奔腾千里的长江冲出峡谷，在这里突然右拐110度，猛地转体，甩出一个大弯，于两山之间急转西向。此处地形也因此变得险要，三面环山，一面环水，山势峻峭，江水湍急，"上护川江，下扼荆当"，历史上就成了兵家必争的军事要地。

石牌下距宜昌城仅30余里，自日军侵占宜昌后，石牌便成为拱卫陪都重庆的第一道门户，战略地位极为重要。

为防止日军由长江三峡西侵，中国海军于1938年冬就在石牌设置了第一炮台，其左右有第一、第二分台，安装大炮共10尊，为长江三峡要塞炮台群的最前线。与之相配套的还有川江漂雷队、烟幕队等。驻守石牌的海军官兵共有100多人。由于石牌与宜昌几乎处于一条线上，要塞炮台的炮火可以封锁南津关以上的长江江面，极具威慑力，令敌望而生畏。

1943年，日军准备发动以石牌为中心的"江南作战"。

3月我11师负责防守石牌地区。初到石牌时，胡琏仍像他在67师任旅长时那样，主要是负责掩护海军布雷。

1943年5月，侵华日军纠集10万大军，配备战机100余架和战船60多艘，开始执行江南作战计划，试图夺取川江第一门户——石牌要塞，逆水道以威逼重庆。

蒋介石对保卫石牌特别重视，他认为，石牌是中国的斯大林格勒，保卫石牌不但关系重庆的安危，而且是"聚歼倭寇之唯一良机"。他不止一次地给六战区陈诚、江防军吴奇伟拍来电报，强调确保石牌要塞。并提出了这样的口号："军事第一，第六战区第一，石牌要塞第一。""死守石牌，确保石牌。"

5月22日，蒋介石又发来电令："石牌要塞应指定一师死守。"

如此重任就落在18军第11师身上。

胡琏深知，此战是他从军20年和抗战6年来最重要、最凶险的一战。他曾经填词记录当年的石牌要塞保卫战的情景和他当时的心境：

　　风萧萧，夜沉沉，龙凤山顶一征人。为报党国恩，坚定不逡巡；壮志凌霄汉，正气耀古今。蜉游寄生能几时，奈何珍重臭皮身？吁嗟乎，男儿不将俄顷趁风云！

　　山爷爷，阵森森，西陵峡头一征人。双肩关兴废，举国目所巡。贤哲代代有，得道鼎古今。战场功业垂勋久，不负堂堂七尺身。吁嗟乎，丈夫岂不立志上青云。

他还向亲人告别。1943年5月26日，即将作战的头天晚上，胡琏写了5封诀别信，其中对父亲写的信是：

父亲大人：

　　儿今奉令担任石牌要塞防守，孤军奋斗，前途莫测，然成功成仁之外，当无他途。而成仁之公算较多，有子能死国，大人情亦足慰。唯儿于役国事已十几年，菽水之欢，久亏此职，今兹殊戚戚也。恳大人依时加衣强饭，即所以超拔顽儿灵魂也。敬叩金安。

胡琏给妻子的信是这样写的：

　　我今奉命担任石牌要塞守备，军人以死报国，原属本分，故我毫无牵挂。仅亲老家贫，妻少子幼，乡关万里，孤寡无依，稍感戚戚，然亦无可奈何，只好付之命运。诸子长大成人，仍以当军人为父报仇，为国效忠为宜。……家中能节俭，当可温饱，穷而乐古有明训，你当能体念及之……

十余年戎马生涯，负你之处良多，今当诀别，感念至深。兹留金表一只，自来水笔一支，日记本一册，聊作纪念。接读此信，毋悲亦毋痛，人生百年，终有一死，死得其所，正宜欢乐。匆匆谨祝珍重。

写完信后，胡琏将钢笔、手表等贵重物品包作一处，送交第18军参谋长赵秀昆，请其转交给他的家属。

第二天，胡琏依古例沐浴更衣，换上崭新的军服，带着师部全体人员，一步一步地登上了凤凰山巅。在太阳最高的时候，着人设案焚香，12时整，他们虔诚地跪拜在列祖列宗的苍天之下，祭拜山神，对天盟誓：

陆军第十一师师长胡琏，谨以至诚昭告山川神灵：

我今率堂堂之师，保卫我祖宗艰苦经营遗留吾人之土地，名正言顺，鬼伏神钦，决心至坚，誓死不渝。汉贼不两立，古有明训。华夷须严辨，春秋存义。生为军人，死为军魂。后人视今，亦尤今人之视昔，吾何惴焉！今贼来犯，决予痛歼，力尽，以身殉之。然吾坚信苍苍者天必佑忠诚，吾人于血战之际胜利即在握。

此誓
大中华民国三十二年五月二十七日正午

1943年5月5日拂晓，日军开始全面进行"江南作战"，鄂西会战由此开始。

5月25日，日军在北渡清江、攻陷长阳、渔洋关、都镇湾等重镇后云集长阳地区。随后，各路部队逐渐向石牌外围我军阵地步步逼近。突破一道道防线后，5月28日清晨，日军终于到达石牌，第11师的石牌保卫战打响。

当时第11师的部署为：第31团驻大朱家坪、梁木棚，位于要塞前沿；32团则配备在守备要塞核心之33团两侧协防要塞。同时原要塞重炮团也被留下协助11师固守要塞。

日军首先进攻的是11师的前沿阵地南林坡，守卫南林坡的，是11师31团3营。

日军一来到南林坡阵地，就进行炮火覆盖，炮声轰鸣，地动山摇，然后，日军的先锋部队在硝烟弥漫中，端着上了刺刀的枪支，大声呐喊着冲上来。我军的长短武器一齐射击，日军像被割倒的麦子一样一排排倒下。然而，日军太多了，他们依然像潮水一样源源不断地涌上来，枪弹已经无法阻挡他们的攻击，中国军队士兵们也端着刺刀，跃出战壕，像巨浪奔腾一样扑上去，终于，日军被压了下去。这一天，3营打退了日军10余次冲锋。短兵相接，山谷中的死尸铺了厚厚的一层，血液像溪水一样沿着谷底流淌。

黄昏时分，日军后续部队来到，又向3营阵地发起疯狂攻击。8连、9连阵地相继失守，连长战死，战士伤亡殆尽。只有在7连阵地上，中国军队将进攻的日军杀得尸横遍野，日军仅遗留在阵地前未来得及拖走的尸体就达数百具。

7连是3营的头号主力连，装备有一个迫击炮排，一个机枪排，是全营装备最好的。7连坚守的南林坡成为一颗钉子，阻挡了日军进入石牌的步伐。

29日，日军重新对7连阵地进攻。战至9时，日军调来飞机5架及直射钢炮数门，对7连阵地猛烈轰炸，阵地上的树木、地堡、掩体和工事被炸得无影无踪，重机枪排和迫击炮排士兵所剩无几。

日军停止了轰炸，士兵端着刺刀冲上来，他们以为7连已经全部被炸死了，没想到7连的伤兵们从土层里钻出来，抖落身上的尘土，举枪就打，日军又倒下了一层。这是鄂西会战自开战以来，最为激烈悲壮的一场战斗。

30日夜晚，日军第13师团和第39师团各部纷纷赶到石牌前线。

第7连为了保存有生力量，趁着夜色，放弃了南林坡阵地，悄然撤离。这时，第7连仅余30余伤兵。

突破南林坡防线后，日军进攻闵家村。

这个村庄扼守着通往石牌的小道，要进攻石牌，必须经过此村。中国军队在村庄里挖掘地道，纵横交错，四通八达。这个村庄，敌我数千人反复争夺，数次易手，房屋墙壁全部被炸毁，村庄所有树木被炸断。后来，日军付出了惨重代价，终于占领了村庄，刚坐下来，还没有来得及喘口气，埋伏在地道里的中国军队突然一齐冲出，又将日军赶了出去。

5月29日，日军第39师团主力经余家坝，中午进至曹家畈。遂分兵两路向牛场坡、朱家坪我11师阵地大举进犯。

牛场坡群岭逶迤、树木参天，是朱家坪的屏障。日军一路由彭家坡迂回牛场坡，另一路从响铃口、柏木枰向牛场坡正面攻击。我军与数倍于我之敌在牛场坡激战竟日。日军为了攻占主峰大松岭，在飞机支持下，向我坚守主峰阵地第11师的一个连发起数次冲锋。当战斗最紧张的时刻，电话里传来胡琏师长的声音："弟兄们，积极报效祖国，死守阵地，战斗到最后一个人，流尽最后一滴血!"在我官兵痛击下,日军颇多伤亡,该连亦伤亡过半。终因众寡悬殊,我军撤离牛场坡。

朱家坪峡谷深邃、层峰迭峦。日军攻打朱家坪的时候,中国军队一个营在拼死坚守,营长游国桢被敌机炸成重伤,不能行动,可他仍然抱着一挺机枪阻击敌人,后来,敌人被打退了,战士们看到游国桢歪倒在机枪边,流进了最后一滴血。由于失去屏障,5月30日朱家坪被敌攻占。

同一天,日军集结重兵,猛攻四房湾。四房湾处于11师防线的中段,为11师的核心阵地,如果四房湾被占领,11师就会被切为两段。

四房湾由31团主力主守,32团、33团也有部队协防,他们苦战竟日,与日军僵持不下。

突然,前方来了几百溃兵,那是负责掩护11师31团右侧的友军。守军急忙停火让友军进入阵地。没有想到追击这些溃兵的日军也跟了进来,四房湾阵地出现了缺口。

31团紧急向师长求援,然而,当时胡琏身边仅有一个班的预备部队,而且只有8个人。

在这危急关头,当时正在师部养伤的32团副团长李树兰,慷慨领命。他勇猛彪悍但又不乏冷静、机智,巧妙地把防区内涌入的溃兵组织起来,打了强攻上来的日本人一个措手不及,漏洞被弥补上,防线又重新稳固下来。这次救急行动,对整个战役的成败非常关键。石牌大捷后,李树兰因功被擢升为团长,并成为18军赫赫有名的"老虎团"团长。后来又当上了师长。

11师的弟兄们在每一道关隘,每一道峡谷,每一座山包,每一块岩石后阻击日军,没有一个投降敌人。

石牌外围主阵地一带丛山峻岭,道路狭窄难行。日军步兵仅能携山炮配合作战,抵挡不住我军之打击。于是便用飞机轰炸以代替炮击,每天保持9架飞机低飞助战。飞机把冬荆树炸成秃桩,山头土翻几层,不少地段连地形都被鬼子的炸弹改变了。

在这种狂轰滥炸中,中国官兵伤亡惨重。在一个峡口,有一个连的部队正在吃中午饭,突遭轰炸,全连阵亡。牺牲的将士就地掩埋,共有130多人,这个地方从此就叫百坟。

5月30日,日军终于开始准备在飞机掩护下向我石牌要塞进行强攻。

为了探查石牌的地形,几个先遣日本兵骑着马从石牌东面向石牌走,在杨家溪对面的山崖上,被村民和抗战部队发现,山上有官兵,山下有村民,日军只能选择坠崖,连人带马坠入山崖。

听到日军步兵已经逼近石牌要塞,陈诚打电话问胡琏:"守住要塞有无把握?"胡琏斩钉截铁地回答:"成功虽无把握,成仁确有决心!"

5月31日,中国军队各个阵地都被突破,3个师团的所有日军像潮水一样涌向石牌,所有的火力也对准了石牌,战争进入了前所未有的严酷。数万名日军像蚂蚁一样漫山遍野冲上石牌,呐喊声与枪炮声响彻山谷。

胡琏屹立在指挥部,凝望战场,一动不动。11师8000子弟兵,上至师长,下至战士,同仇敌忾,拼死一搏。他们早已将生死置之度外。

战至中午,一股日军绕过石牌,窜入要塞后方的伏牛山谷。日军看到有隙可乘,像蝗虫一样从四面八方涌向山谷。

胡琏命士兵将一面军旗插在伏牛山山巅上,严令任何人也不能越过这面军旗。他用电话告诫将士:"打仗要打硬仗,这一次一定要使日军领教中国军队的作战精神!"

激战中,在曹家畈附近的大、小高家岭上,枪炮声停了。

没有了枪炮声,然而战争并没有结束。不但没有结束,反而进入了白热化。一场中国抗战史上,也许是火器时代的世界战史上最大规模的刺刀战在石牌村爆发。

在山谷中,几万把刺刀寒光闪闪,几万个喉咙一齐呐喊,几万条躯体激烈碰撞,中日双方几万名士兵展开了最原始、最残酷、最血腥的白刃战。

双方纠结在一起,缠绕在一起,鲜血飞溅,你无法分清是自己的还是别人的;身边不断地有人倒下,你无法分清是自己人还是敌人。双方像两股洪流,在激烈地碰撞着,都想将对方挤出山谷。几万双脚踩踏着大地,尘土升腾,遮没了天空。几万把刺刀挥舞着,刺向穿着不同颜色衣服的躯体,不管他是谁。

这场没有枪炮声的战斗,整整延续了3个小时。

经常用刺刀战威慑中国军队的日军这一次害怕了,中国军人保家卫国的意志,战胜了日军的武士道。黄昏时分,受到极大震撼的日军退出石牌山地。

5月31日午夜,石牌突然一片静寂,静寂得令人心悸。一轮圆月升起来,挂在凤凰山巅,月华如练,静静地泻在默默流淌的江面上。

第二天、第三天……,石牌仍无战事。战局发生惊天逆转,已经打到石牌要塞山谷的日军竟然退出了石牌村。

惊天动地的石牌保卫战,其要塞本身则没有战事。虽然在要塞设置了许多炮台,但一炮还没有放,也就是说,胡琏在还没有打出最后的王牌前,就已经取得了石牌保卫战的胜利。

石牌的血战结束了,鄂西会战仍在进行。战至6月2日,中国军队全线反攻,日军溃不成军,节节败退,取得了以"太史桥大捷"为标志的石牌保卫战主战场的彻底胜利。

鄂西会战,中国军队投入兵力15万人,日军投入10万兵力,日军伤亡兵力25718人,损失飞机45架,汽车75辆,船艇122艘;中国军队伤亡15000人,取得战争胜利。在日军的伤亡总数中,约有7000人是伤亡在石牌战场上,比例超过1/4。

从上海到重庆,从吴淞口到石牌,万里长江不知有多少个要塞。这些要塞炮台,看上去,一个个都固若金汤,但都是以中国军队的最后退却为结局。

马当要塞曾经许多人都认为几乎是不可逾越的,然而日军夺取马当,仅用了3天时间。

另一个江防要塞九江,日军攻击了2天就告失守。

只有在石牌,中国军队在与日军并无天险阻隔的情况下,与日军面对面厮杀,贴身肉搏,喋血拼刺,神话般地止住了中国军队在江防中无一守住要塞的败绩。

石牌保卫战的胜利,挫败了日军入峡西进的美梦,粉碎了日军攻打重庆的部署,遏制住了日军肆意践踏的铁蹄。不太为人所知的小村石牌一战成名,石牌战役,因此而被誉为"中国的斯大林格勒保卫战"。

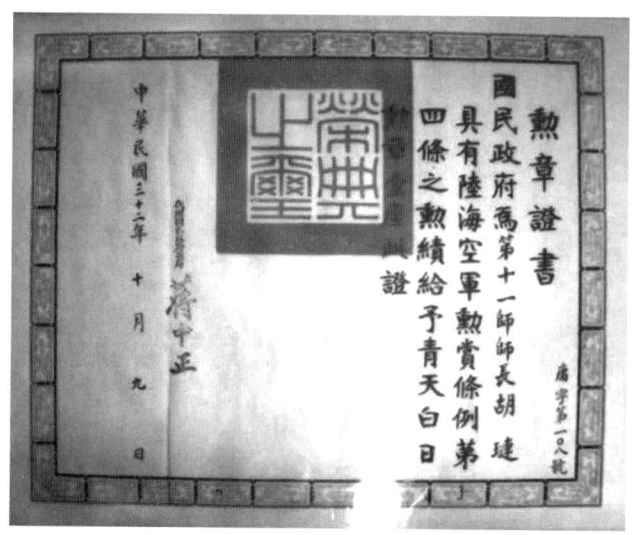

胡琏获得青天白日勋章证书

率领所部顽强地守住了国门石牌的胡琏，也收获了无数赞誉，中国普通老百姓称他为当代关羽、张飞或陆逊，外国人和沾了些洋气的中国人，则称他"中国的朱可夫"。

战后，胡琏因固守石牌要塞有功，被授予青天白日勋章，升任第18军副军长。所属之团、营长也各获得了最高级的奖章。

1944年8月，胡琏升任第18军军长，率部守备常德、桃源等地区。

1945年5月，胡琏率18军参加湘西决战。他们从溆浦插入敌后，将日寇进攻湘西的唯一交通线湘黔公路截断，直捣雪峰山，与第四方面军围歼日寇，为中国抗战的最后胜利做出了贡献。

后来，胡琏成为中国人民解放军的劲敌。毛泽东曾亲笔通告我中原野战军和华东野战军："十八军胡琏，狡如狐，勇如虎。宜趋避之，以保实力，待机取胜。"

1977年6月22日，胡琏病逝于台北。逝世前，他手捧曾经从他身上取出的32块弹片，回忆着那一幕幕惊心动魄的战斗。

第十五章

谁是正面战场第一个堪称最悲壮的英雄群体？
——八百壮士

1937年10月，淞沪会战进行到最后阶段。26日晚，守卫大场口防线的中国军队第88师第524团第1营400余人，在副团长谢晋元指挥下，奉命据守苏州河北岸四行仓库。他们在日军重重包围中孤军奋战4天5夜，击毙日军200余名，被称为"八百壮士"，也称"四行孤军"。30日凌晨，他们奉命撤退，冲出重围，退入英租界，困守孤军营达3年多。1941年，谢晋元被汪伪特务杀害，八百壮士余部被日军俘走，遭遇更为惨烈的折磨和斗争。八百壮士的事迹在当时被谱写成《八百壮士之歌》传唱，在后来被写成许多纪实文学作品出版，被一次又一次搬上影视银幕荧屏传颂。

1. 淞沪会战几十万人大撤退，为什么会留下一支孤军在闸北？

1937年"八一三"淞沪抗战爆发后，中国军队坚持抗战，日军屡攻不成，双方相持对抗达3个月之久。10月25日，从卯口登陆的日军第3师团，向中国军队左侧背抨击，突破第18师的大场阵地，致使中国军队从第一线转移到沪西，局面急转直下，蒋介石于是决定放弃上海，从上海战场撤离。

10月26日早晨，上海战区中国军队最高指挥官顾祝同打电话给第9集团军第72军军长兼第88师师长孙元良，传达蒋介石的这个决定，告诉孙元良说："委员长想要第88师留在闸北，死守上海。你的意见怎么样？"

第88师是最早进入上海市区且是这场淞沪抗战最早展开对日作战的3个师之一，并且他们一直在闸北宝山一带作战，打得十分英勇。

1932年"一·二八"抗战爆发时，第88师参加作战，第262旅旅长孙元良在庙行镇击退日军，一战成名，从旅长擢升为第88师师长。1937年8月11日，上海战事一触即发，第88师奉命由铁路输送到上海真如，孙元良立即下令先头到达的第262旅以疾风迅雷之势向闸北地区推进，占领北火车站—宝山路—八字桥—江湾路之线，此举使得中国军队抢先占领了闸北轴心阵地，对以后淞沪战局产生了很大影响。

淞沪抗战打响后,日军多次攻击第88师守卫的闸北阵地,均被击退,并且受到重创,日军在广播中称第88师为"闸北可恨之敌",自此在闸北正面一直不敢再作任何行动,只好转而进攻第88师阵地的左翼——江湾以北的友军第18师阵地,第18师抵抗不住,使得战线一步步逐次后移。但是,第88师负责的闸北阵地始终保持轴心地位,屹立不动,血战两个半月,日军不能越雷池一步。

第88师战斗力强,敢打敢拼,并且很有战法,所以大军撤离,蒋介石看中了第88师,以掩护全军撤离。但是,对于蒋介石和顾祝同的这个决定,孙元良略加思索后,表示不同意。

"如果我们死一人,敌人也死一人,甚至我们死十人,敌人死一人,我就愿意留在闸北,死守上海。"孙元良说,"可问题是,我们孤军守在这里,激战之后,干部伤亡了,联络隔绝了,部队解体了,粮弹不继,一派混乱,官兵被敌军任意屠杀,那才不值,更不光荣啊!"

他接着说:"第88师的士气固然很高,坚守闸北两个多月很有战绩,但我们也经过五次补充!新兵虽然一样忠勇爱国,但训练时间较短,缺乏各自为战的技能。所以我不同意。"

顾祝同说:"大场情况变化后,闸北阵地侧背完全暴露,必须调整。但国际联盟11月初要在日内瓦开会,会上接受我国控诉,将讨论如何制止日军侵略行为,所以,委员长有意要贵师留在闸北作战,把一连一排一班分散,守备市区坚固建筑物及郊区大小村落,寸土必争,要敌人付出血的代价;并相机游击,尽量争取时间,唤起友邦同情。"

这就是蒋介石要留下第88师坚守上海的主要原因。

军令难违,88师参谋长张柏亭搬出了和孙元良已经商量好的方案:"委员长训示的战略目的,是要公开日本军阀的侵略行为,上海是一个国际都市,中外视听所集,要在国联开会时,把淞沪战场的现实情况带到会场去。既然如此,我们觉得似乎不必要硬性地规定兵力,也不必要拘泥何种方式,尽可授权担当的部队,斟酌战场的实际状况进行适当的处置。"

顾祝同问道:"你具体说说看,究竟采取何种方式,留置多少兵力?"

"依我来看,留置闸北守备阵地的部队,兵力多是牺牲,兵力少也是牺牲。守多数据点是守,选一两个要点也是守,意义完全相同。最好授权部队,以达成此目的为主,自行适当处理。"张柏亭说,"部下认为选拔一支精锐部队,至多一团左右兵力,来固守一二个据点,也就够了。"

顾祝同听到这里,把手一挥,对张柏亭说:"时间已经不多了,你赶快回去告诉孙师长,就照这么办。今晚要部署完毕。一切我会报告委员长。"然后就和张柏亭握手告别。

孙元良见着张柏亭,不等他开口,就说:"顾将军已有电话指示,以一个团留守闸北最后阵地。决定就以四行仓库为固守据点。"

四行仓库就是第72军兼第88师司令部,原来是大陆、金城、盐业、中南四家银行联营的仓库,所以人称"四行仓库"。接着,孙元良又说道:"经过我考虑,一个团未免失之过多,在给养、卫生、休息方面,反而会不便,因此变更为一个加强营,以第524团第1营为基干,由中校团附谢晋元、少校团附上官志标、少校营长杨瑞符率领,担当这个艰巨任务。"

张柏亭对这几个人很熟悉,与谢晋元更是黄埔军校同学。其中,谢晋元为广东蕉岭人,黄埔军校4期生,时年33岁,为人诚挚刚直,平时沉默寡言。上官志标为福建上杭人,在中学时投笔从戎,从基层工作干起,军校军训班毕业,平实朴质,勇敢善战,连长任内多次负伤不退,时年29岁。营长杨瑞符少校为天津人,黄埔军校6期毕业生,时年30岁,性格豪放,坦率热情,是88师有名的勇将,作战身先士卒,负伤多次。第1连连长陶杏春,第2连连长邓英,第3连连长唐棣,机枪连连长雷雄,都是全师的优秀青年军官。

并且,谢晋元、杨瑞符和其他军官对四行仓库乃至闸北地区都比较熟悉。谢晋元在北伐战争中在21师当连长时就在闸北驻防甚久,上海"一·二八"战后第523团扮成保安部队进驻上海,他和张柏亭等人参加过指挥部的地形侦察组,对闸北地区宝山路、八字桥、江湾路一带,特别是北四川路、天通庵附近的日本海军陆战队司令部四周进行过反复侦察,对这一带熟门熟路。在淞沪抗战爆发后,第88师首先开入闸北扼守天通庵阵地的部队,就是第524团第1营,他们在这里坚守了75天,从没退却过,敌人每次进攻失败而去。

所以,孙元良选择了谢晋元和这个营来执行蒋介石的命令。

2. "八百壮士"的宣言:"剩一兵一卒,誓为中华民族争人格。"

这时,谢晋元和第1营营长杨瑞符等人均不知道上级的这个计划,还在阵地上与日军对战。

10月26日晚10时,第524团团部传令兵跑到第1营营部,对营长杨瑞符说:"团长有事请营长到团部去一趟。"

杨瑞符马上跑到位于北站大楼的团部。

团长韩宪元见着杨瑞符进来,没有说话,先把一份地图和师部撤退命令递给杨瑞符和第2营营长,然后才开口:"大场已失守,我们部队今晚有转移新阵地的消息,各营马上命令各连准备妥当,在原阵地待命。"

杨瑞符回到营部后,刚刚把撤退命令下达到各连,11点钟,韩宪元又来电话,叫杨瑞符马上到团部去。

这时,外面的大炮声、机枪声更加密集了,杨瑞符带着两名传令兵,冒着弹片冲到团部。

杨瑞符见到韩宪元,敬了一个军礼,可是韩宪元一言不发。他等了二十多分钟,韩宪元还是一言不发。正当杨瑞符焦急万分时,团附谢晋元跑回来了,样子很紧张。杨瑞符心中更加奇怪。

谢晋元走到杨瑞符的面前,递给他一张小纸条。杨瑞符一看,原来是师长要第1营死守闸北的命令。

原来,在全军退却前,孙元良把谢晋元叫到了四行仓库司令部,亲自交给他"死守上海最后阵地"的命令,然后,对他说:"你们最好把指挥所和核心部队布置在这里。这幢庞大的建筑物不只坚固易于防守,同时更易于掌握部队,我们的新兵实在太多啦。这里粮弹存储很多。为了防止自来水管被截断,饮水也要存储。有这样好的根据地,你们可以坚持下去。"

谢晋元接受命令后,立即赶回团部。

谢晋元见杨瑞符已经明白怎么一回事,立即说:"你赶快下命令集合部队,我先到四行仓库去。"

谢晋元

这时韩宪元表示非常难过,不舍分别。杨瑞符激昂地对他说:"请团长放心,我誓以最后一滴血,为中华民族争人格。"话未说完,韩宪元紧紧握着他的手说:"好!你在这里和敌人作最后一拼吧!"

当杨瑞符再次回到营部时,已是次日0时20分,大部队已纷纷撤退了。他突然发现集合部队困难很大,一是各连散布在火线上,要马上集合起来时间太急迫;二是有些部队可能跟随本团各营走了;三是他身边只有两个传令兵,不够分头去各连传令；四是官兵全是第三次由保安团补充来的，敌人炮火如此猛烈，集合有难度。可只有尽快把全营集合起来，才能保卫闸北，完成使命。

费了好大劲，第1营总算到齐了。各连到达四行仓库时，谢晋元正在指挥第1连征集炊事器具及食料、木柴。

于是，杨瑞符和谢晋元商定：派全营资历最深的排长尹求成率两班到旱桥警戒，杨瑞符集合各连侦察地形，谢晋元继续征发一切应用物品。

杨瑞符带着连长们侦察完地形后，命第1连占领右翼西藏路阵地，第3连占领左翼阵地（交通银行一边），第2连在中央，担任四行仓库外围守备，机关枪连除两挺布置在四行仓库楼顶担任防空外，其余分配到第1、3连的重要位置，很快配置好了火力网。

然后，杨瑞符开始检查各处，发现四行仓库门太大，如果不用麻包堵塞起来，要长期守备很难，便下令各连长将大厦铁门打开，只见里面堆着满屋的大豆、小麦和羊皮等。杨瑞符很兴奋地说："不怕敌人了，赶快利用这些材料构筑工事吧！"

这时已是拂晓了。敌人随时可能逼近，可工事还没完成，杨瑞符下令通讯兵将大厦的电灯全部破坏，以便到时候隐蔽。为了阻止敌人跑到工事前，他又下令将四行仓库周围的房屋焚烧。

7时半，旱桥的警戒尹求成报告："敌兵已在北站以东地带向我搜索前进，有进犯北站大楼之模样。"

8时15分，第1营警戒部队报告："敌人已确实占领北站大楼，并插上太阳旗子了。"

这时敌机开始了侦察轰炸，杨瑞符下令向敌人射击抵抗。

2小时后，守军撤回了阵地。

这时四行仓库西北两面的火势逼近了第1营的门口，杨瑞符担心烧了自己房屋，又急忙下令官兵设法将大火扑灭。

午后1时许，守在西面的交通银行那边的官兵首先发现了敌人。日军手持太阳旗，气势汹汹，逼近四行仓库了。外围的阵地守兵立即开枪，迎头痛击，当场打死打伤四五个敌人，其余的日军吓得马上逃走了。

随后，日军又整队冲过来了，有四五十人之多。经过一番激战后，守军官兵放弃外围阵地，撤回四行仓库。杨瑞符下令第3连赶筑工事，以免敌人冲进来。可是，日军立即增加兵力向着门口猛冲。杨瑞符指挥部队一边抵抗，一边赶筑工事。敌人猛攻不已，杨瑞符亲率第3连与来敌血战。午后3时，连长石美豪面部被子弹打穿，血流满面，他用手巾敷着，坚持不离阵地，接着，他的腿部又被敌人的机枪弹打穿了。杨瑞符只好强令他离开了阵地。

敌人的攻势很凶猛，杨瑞符忽然想起楼上可以投手榴弹，居高临下炸敌人，下令尹求成："你率10名士兵到楼顶，向下投弹。"

日军聚集在西南墙根下有七八十人之多，尹求成等人上去后投下两颗炮弹和一些手榴弹，敌人被炸死7名，伤二三十名，其余全逃跑了。

敌人自这次败退后，知道守军早已有准备，也不敢轻易进攻了，只对第1营采取包围的态势。

10月28日早晨7时许，日军飞机一队一队飞过来，在四行仓库上空盘旋，进行侦察。但第1营在大厦楼顶的高射机关枪阵地立即对空射击。敌机折腾一阵又飞走了。

吃了早饭，杨瑞符召集全营官兵讲话。他说："本营这次奉命死守闸北，现在我不说大家也明了我们的任务。大家务必抱必死的决心，与闸北共存亡，才不辜负长官的重托。"

官兵听了都很兴奋激昂，喊道："誓与倭寇周旋到底。"

杨瑞符到各连慰问完伤兵后，和谢晋元一起到大厦楼顶去视察敌情。他们登上楼顶后，只见闸北大火浓烟，高冲云霄，遮天蔽日，而四行仓库好像是火海中的一个孤岛。

突然，杨瑞符对谢晋元说："你看苏州河北路有几个敌人在那里走来走去。"

谢晋元立即从瞭望哨兵手中拿过枪，向着这几个敌兵射击，"啪"一声，一个日兵应声倒地。杨瑞符高兴地说："谢团附的射击技能果然不错，真不愧为一等射手。"

下午，下起了蒙蒙细雨，四行仓库周围的火焰渐渐熄灭。杨瑞符发现敌人在四行仓库西北面隐蔽地推动着四五门平射炮，向着自己放列，马上下令："机关枪向敌人射击。"这边枪声一响，日军在交通银行屋顶的机枪也进行还击，于是，双方开始了第二次交火。

敌人的火力猛烈，四行仓库墙壁、屋顶上枪弹横飞，烟焰四起。杨瑞符立即下令官兵全部参战。于是，谢晋元负责大厦东面的指挥，杨瑞符在西面第3连阵地进行指挥。

激战到下午5时许，日军弹药消耗甚多，眼看天色已晚，于是退去了。

经过这次混战，奇怪的是四行仓库的自来水管不出水了，这是很严重的问题。杨瑞符立即回到营部,派人检查各连储存的水,然后下令:"各连自行派兵看守饮水,不准洗脸洗脚。所有污水小便,亦须妥为保存,以备消防之用。"

晚上,杨瑞符分批召集各连士兵讲话。

因为谢晋元刚来不久,士兵们还不认识他,杨瑞符首先介绍他说:"这位就是本团团附谢晋元。"然后,发出口令:"向谢团附敬礼,由谢团附训话。"

谢晋元讲话结束后,杨瑞符说:"望各位爱国的男儿都抱定必死的决心,和谢团附和本营长死在一块儿吧!大家可以很简单地写遗书一封,通知家中。写好后,收集起来,等待将来设法送到邮局去,以表示大家牺牲的决心。"然后,他又说道:"今晚仍然不准睡觉,务必在今夜完成一、二、三楼的工事。对于警戒,更要小心。"

官兵随即解散,各连分头修筑防御工事。

经过几日的战斗,四行仓库的第1营孤军抗战的新闻已经轰动了整个大上海。这天晚9时许,有人从阵地外围送过来一个信息;"仓库里有电话机,希望你们利用以便同外面通消息。"

杨瑞符立即叫通讯兵去仓库内侦察,果然发现了电话线,随即,通讯兵就把电话接通了,第1营于是可以与外面互通情况了。这时,全营已经有不少伤兵,因为缺医少药,无法治疗。谢晋元请求外面部队向美驻军交涉,设法在晚上将伤兵运出去。

过了一会儿,果然有传令兵进来报告:"负伤士兵可以出去了。"

大家立即组织伤兵,准备让他们转移出去。在送行的时候,杨瑞符对这些伤兵说:"你们出去,有人问四行仓库究竟有多少人,你们就说有800人,决不可说只有一营人,以免敌人知道我们的人数少而更加凶横。"

后来大家都说"八百壮士",就是这样来的,其实,第1营只有400多人。

伤兵走了后,外面竟然又送来了食品和报纸,还有不少的慰问信,杨瑞符读了那些报纸、慰问信后更加感动。他看完后,便传给各连,官兵看了也很受感动。

晚11时许,一个新闻记者居然越过敌人的封锁,跑进来了。他要求见杨瑞符和谢晋元。杨瑞符和谢晋元没有出面,派机枪连雷雄连长代为接见。一会儿,雷雄进来报告:"记者说团附、营长既不能见面,要求给他写几个字。"

杨瑞符于是拿起他踢过来的笔记本,在上面写道:"剩一兵一卒,誓为中华民族争人格。"

第1营孤军在四行仓库与日军日夜激战的枪声还引起一个人的注意。她就是21岁的姑娘杨慧敏。

杨慧敏是童子军服务团的一员。上海失守时，随军服务的童子军有的随部队撤走了，有的跟着难民撤进了租界，杨慧敏则带着7个男女童子军留了下来，在公共租界苏州河畔的尼姑庵——天通庵里为难民们服务。

当沉寂的夜空忽然响起激烈的枪声时，杨慧敏悄悄地溜出尼站庵，循着枪声，沿苏州河向西往垃圾桥走去，忽然"噗"一把寒光闪闪的刺刀挡在她胸前。一个高大的英国兵，用生硬的中国话问："你是什么人？"

杨慧敏没有答他，只伸3个指头敬礼。他喊了一声，用英语说："Boy Scout（童子军）。"

杨慧敏告诉他说："我要侦察枪声的来源。"

英军见她说得轻松，满不在乎，再加上她的装束是男童子军，便跟在杨慧敏后面。结果，两人过了垃圾桥，进入了桥头的英国守兵碉堡。从枪眼中，杨慧敏清楚看见仅隔开一条马路的四行仓库。

英国兵说："四行仓库里的中国守军要死守，刚才的枪声正是与敌军在激战。"

杨慧敏听得兴奋，心中升上一个念头："我要帮助我们勇敢的守军。"

这时天已破晓，她望见一座弹痕累累的四层楼大建筑物，看不见人，只见这大建筑物上三方插着日军的太阳旗，英国米字旗插在大厦中间，她似乎想到了什么，但她什么也没说，便回天通庵去了。

到了晚上，她脱下童子军制服，将一面青天白日旗帜紧紧缠住身上，然后再穿上制服，向着四行仓库出发了。

夜很黑，马路对面就是四行仓库。她观察了一下地形，悄悄地走过了马路，发现四行仓库被重重铁丝网围着，她卧倒在地上，爬过马路。

忽然，枪炮声大作。她以为被敌人或是警戒兵发现了，急忙伏在路旁的掩体里不敢动。红绿的火舌在头上飞舞。原来是敌人又在向着四行仓库进攻。不久，枪炮声又沉寂下去。杨慧敏开始慢慢爬，终于爬到了东侧的四行仓库楼下。

这时，有人已经打电话告诉了谢晋元，知道有人要来献旗。他和杨瑞符已经在等候杨慧敏了。杨慧敏一出现，就被官兵接应过去了。

杨慧敏脱下外衣，将浸透了汗水的国旗呈献给谢晋元。在朦胧的灯光下，在场的官兵激动得流下了眼泪。谢晋元说："勇敢的同志，你给我们送来的岂仅仅是一面崇高的国旗，而是我们中华民族誓死不屈的坚毅精神！"

然后，他立刻吩咐手下："准备升旗。"

屋顶没有旗杆，官兵临时用两根竹竿连接扎成旗杆。这时东方已现鱼肚白，曙色微茫中，平台上站着一二十个人，庄重地举手向国旗敬礼。

升旗完毕，谢晋元带着杨慧敏到各处参观。杨慧敏看到各种工事都是就地利用仓库积存的整麻袋黄豆或麦子堆成的，负伤的官兵躺在地上，有的还痛得呻吟，热泪长流，于是坚决要留下来替伤兵服务。但是，谢晋元没有同意，硬是把她送出门口，然后将她一把推出去，并且喊道："冲过马路，跳下河！"

杨慧敏猛冲过去，跃下苏州河。

这时头上枪声大作，敌军发现了她。杨慧敏平日练就了高超的游泳本领，立即潜入水中，快速游到对河公共租界的边上，登上岸。当她再抬头一看时，苏州河畔站满了人，纷纷向四行仓库屋顶迎着朝阳招展的国旗招手欢呼！

日军突然发现大厦楼顶高悬中国国旗，恼羞成怒，立即进行射击。四行仓库的守军也毫不畏惧应战。日军又派来了飞机，在空中盘旋，企图轰炸。但是，第1营的屋顶防空部队见敌机一开始低飞，就用高射机关枪瞄准射击。敌机被击退四五次，终于不来了。

当日，杨慧敏冒着生命危险，冲过火线，向四行仓库的英勇守军献送国旗的壮举，由法国路透社传遍了世界。

3. 八百壮士为什么撤退出四行仓库，又被羁留在英租界？

坚守最后阵地3天后，11月29日，谢晋元给师长孙元良写了一封信：

元良师长钧鉴：

　　窃职以牺牲的决心，谨遵钧座意旨，奋斗到底。在未完全达成任务前，决不轻卒急气。成功成仁，计之熟矣。工事经三日夜加强，业经达到预定程度。任敌来攻，定不得逞。27日敌军再次来攻，结甲，据瞭望哨兵报告，毙敌在八十人以上。昨（28日）晨六时许，职亲手狙击，毙敌一名。河南岸同胞望见，咸拍掌欢呼。现职决心待任务完成，作壮烈牺牲。一切祈释钧念。

职谢晋元上
29日午前十时于四行仓库

谢晋元写完信没多久，放下笔，敌人又来进攻了。四五辆坦克沿苏州河北路、国庆路及四行仓库以北地带往来穿梭，向四行仓库守军打炮，企图掩护步兵围攻。守军一面赶筑工事，一面用机枪扫射，阻止敌人运动。日军又用平射炮机关枪进行还击。

这时几百名日军已经严密包围了四行仓库，准备凭借火力掩护，向四行仓库进攻。外面民众看到这种情形，非常替守军们着急、担忧，有人打电话通知第1营说："大队敌人，准备今日午后2时，向四行仓库总攻，希望你们多加注意。"同时，租界的英国驻军也跑过来，劝告中国官兵说："敌人将开始向你们总攻了，希望你们赶快离开此地，保存实力。"

但是，第1营官兵杀敌心切，不为所动，婉言谢绝了他们的好意。

下午2时，日军的总攻击果然开始了。

但是，第1营守军凭借天然堡垒和日夜赶筑的工事，进行抵抗。双方对峙约1个小时后，敌人的攻击毫无进展，且受到重创，指挥官束手无策。

激战到下午3时半，日军进攻乏术，又派出2艘武装小艇，载着海军陆战队，企图从黄浦江驶入苏州河老闸桥，来封锁守军与租界的交通线。租界内的民众立即给谢晋元他们送去一张地图，并指示老闸桥的位置。

第1营立即严阵以待。结果，在租界英国驻军当局交涉之下，日军陆战队怏怏而退。

下午6时许，天色已暗，日军的枪炮声虽渐稀疏，但是情况还是很紧张。因为日军又准备利用黑夜接近守军阵地，挖土机在西北面挖地道，准备先用炸药轰炸四行仓库墙壁，再以坦克猛冲四行仓库门口。可是，他们的计策被守军瞭望哨发现，杨瑞符立即与谢晋元磋商，决定利用照明的办法来严密防范敌人，方法如下：

敌人距离较近时，发射信号弹；然后用轻、重机关枪射击；

敌人接近四行仓库时，一人用大号手电灯缚在竹竿上，伸出窗外，向下探照。另一人在其他黑暗的窗口窥探，发现敌兵接近，立即用手榴弹抛炸；

用棉花打成粗稔子，浸以煤油，燃烧后投于地上。

结果，日军破坏守军堡垒的毒计一开始发动就被守军粉碎了。

但是，由于日军枪炮声时紧时缓，彻夜未息，第1营官兵也是整夜没有睡眠。

日军围攻四行仓库守军3天3夜，没有成功。10月30日早晨，日军步炮和空军联合发起了进攻。炮火之猛烈，为前几日所没有，守军外面一线的交通

第十五章 谁是正面战场第一个堪称最悲壮的英雄群体？

线西藏路完全被敌人隔断了。然而，他们已在3昼夜中完成了最巩固的工事。四行仓库一、二、三层楼均沿墙砌上了3米厚的麻包，并且堆到了屋顶。下面各主要门口，也砌有3米高的麻包。日军纵使武器精良，平射炮、机关枪遇到这样的工事也完全失效。

这时，第1营官兵还是没有停息，仍然照原订计划，除留一部分重火器与敌人进行战斗外，其余大部分官兵继续构筑第五楼的工事。

因为第五楼可以俯射敌人占据的交通银行。第五楼的西面是一个坚厚的墙壁，没有窗户。为了发扬火力，必须凿枪眼。可墙壁全是钢筋水泥，开设一个枪眼十分困难。日军在国庆路的平射炮对准这面墙乱轰，终于轰穿了几个洞眼。第1营官兵高兴极了，立即架设机关枪，向敌人聚集之处扫射。交通银行屋顶的日军吓得仓皇奔逃。

这时谢晋元居然收到了师长孙元良的回信：

> 谢团附、杨营长，暨我诸忠勇同志：余顷在沪西前线。
>
> 余虽在沪西前线，余之心魂与诸同志同在闸北。余奉命防御闸北轴心阵地，保我疆土。诸同志奋勇却敌，固守二月有半，倭敌终于未能越雷池一步，所以报国，幸不后人。近以一发之动，全线西移！本军亦奉令转移阵地，而以最后守卫闸北之责付托我忠勇之诸同志。
>
> 诸同志能服从命令，死守据点，誓与闸北共存亡！此种坚毅不拔、临危受命之精忱，余与全军同志同致无上之敬意。
>
> 我中华民族自古多果敢赴难之士，岳家军屹然不动，戚公军剽悍却敌，以身许国，浩气长雪天地间。我国民革命军赋此美德，重以最高统帅之教训，不吝牺牲，早抱成仁之决心。此次杀敌致果，实开震天动地之历史伟绩。我黄帝亿兆子孙，全世界千百万后世人，必以血诚读此史页。
>
> 诸同弋孤守闸北已三日夜矣，敌之畏葸与我之勇敢已为举世所共见。沪上中外人士交口钦佩，民众奔走援助；咸负如可赎也，人百其身之愿。此诚中华民族之光荣，我中华民国之光荣，亦我国民革命军之光荣。
>
> 望继续奋斗，完成抗敌使命，流最后一滴血！我最高统帅于诸同志之壮烈牺牲，殊深嘉慰。余敬以转告。
>
> 　　　　　　　　　　　　　　　　　10月29日，孙元良于沪西

孙元良师长的鼓舞增强了官兵的斗志。

到了晚8时许，五楼工事终于完成了。

这时候敌人攻击比白天更加猛烈了，并用探照灯照耀西藏路，用机关枪封锁路口。夜深后，他们又用平射炮及重迫击炮向四行仓库猛轰。激烈的时候，每秒发炮一次，轰轰之声，震破长夜的沉寂。面对这样的火力，垃圾桥上的英租界驻兵也撤退，躲得远远的了。

晚上9时许，杨瑞符正盘算全营的粮弹情况，经过清点，还有轻重机关枪弹药4万余发，手榴弹、迫击炮弹400余颗，兴奋地说："有了最坚固的工事，在闸北再守几个礼拜完全没有任何问题！"

谁知一个通讯兵叫谢晋元去接电话。

谢晋元拿起话筒，对方是副师长冯圣法。他转来蒋介石的命令："着于本晚12时经过英租界退出四行仓库。"

原来，第1营在四行仓库坚守，通过外国记者的报道，轰动了全世界，也感动了不少人士，不少外国使节通过外交关系，甚至正式提出照会，要求蒋介石基于人道主义立场，下令孤军撤离，不要作无谓的牺牲。四行仓库附近的英租界当局忌讳战事影响租界，频频对蒋介石进行施压。而第1营已经坚守到了第四天，蒋介石和统帅部便认为已达预定目的，于是应各方请求下令第1营撤离。

可是，四行仓库四周东、北、西三面都是日军，唯一可行的撤离路线，就是越苏州河，从英租界过去，再到沪西归队。第1营如何在战斗中脱离以及如何通过租界呢，对此，第88师正在和有关方面进行协调。

上海市市长吴铁城因有新职已去南京，市长职务由秘书长俞鸿钧代行，同时俞还兼上海外交特派员职务。第88师参谋长张柏亭先去找俞鸿钧，又去找上海警备司令部总司令杨虎。

张柏亭与杨虎是军校的同学，相当熟悉。于是，杨虎建议由租界的外国驻军即英军司令斯马莱特来统一指挥，四行对河的守卫也由英军担任。

下午，经过联系，斯马莱特、俞鸿钧、冯圣法与张柏亭在法租界环龙路杨虎的私邸进行会谈。杨虎的英文秘书孙履平担任传译。

斯马莱特与冯圣法握手后，说了句生硬的上海话："88师呱呱叫，顶好。"

杨虎打开话题说："最高统帅已有命令，接纳友邦人士善意，命令四行孤军立即撤离，但其如何行动，涉及租界关系，须得到英军的合作协助，特请各位来商谈一切。"

斯马莱特点点头，望着冯圣法与张柏亭，微笑说："我的部队与贵师官兵，数月来隔河相望,我们已经是好朋友,四行守军撤离时,我当全力支持负责掩护,但不知你们要我怎么做?"

张柏亭说:"目前日军正在四行周边,向我孤军围攻,撤离的唯一路线,只有越过苏州河经由租界到沪西归队,首先要通过贵军警戒线,行动程序必须密切协定。另外,日军在田庆路方向,设有机枪阵地并有探照灯,封锁了四行后门的北西藏路,行动时须得贵军掩护,方能顺利通过。还有,通过租界时,要有相当数量的交通工具,也请准备提供!"

冯圣法强调说:"孤军撤离绝不是战败退却,或者逃跑遁走,而是应友邦人士的请求奉命撤离,此点须请斯马莱特将军特别了解!"

斯马莱特站起来,走到杨虎身边拍拍肩膀,说道:"你们放心!杨司令是我多年的好朋友,你们信不过我,应该相信杨司令。"

于是,大家又商谈了撤离的程序以及有关细节,诸如彼此的联络方法,对付日军机枪阵地及探照灯的办法等。最后,杨虎叮嘱在座的俞鸿钧说:"有关外交事项的一切,由你负起完全责任。"

一切商量好了,冯圣法打电话告诉谢晋元,准备今晚撤离。

谢晋元极感惊异,也非常激动,说:"全体壮士早已立下遗嘱,相誓与四行最后阵地共存亡,但求死得有意义!但求死得其所!请参谋长报告师长,转请委员长成全我们!"

冯圣法和张柏亭轮番开导,谢晋元与杨瑞符也交替接话,可两人的态度十分坚决,就是一条:不走。

最后,张柏亭以不容改变的口气对老同学谢晋元说:"你们成仁取义的决心,十分钦佩。但这是最高统帅的命令,我是命令的传达者,军人应以服从为天职,打日本鬼子的机会非此一时,如果你们违抗命令,那你们的勇敢与牺牲,成为匹夫之勇而无意义了!"

谢晋元终于接受命令。

张柏亭又将和英军协商确定的事项告诉他:"今晚午夜后开始行动,由英军压制鬼子探照灯与机关枪,探照灯击毁后迅速冲过北西藏路,由新垃圾桥进入租界,车运沪西归队。"

放下电话后,谢晋元和杨瑞符立即集合各连长进行安排。

但是,他没有透露晚上撤离四行仓库的消息。等到各连准备完毕,杨瑞符才将撤退部署告诉连长们,并且具体安排如下:

一、第1连派兵一排,附重机枪一挺,由排长杨得余率领,为收容部队,掩护全营经西藏路向英租界撤退。

二、伤兵先行暗自退出。

三、谢晋元率领机关枪连及第1连一部分按次撤退，并向英租界交涉撤退租界后的善后事宜。

四、第2、3连在最后撤退。

五、杨瑞符在第2连后、第3连前随队退出。

晚上12点，一切按照预定计划进行。首先，谢晋元率领第1连向英租界撤退。斯马莱特亲自在新垃圾桥旁指挥，可是，日军立即用探照灯和机关枪封锁必经的西藏路。在桥头碉堡中的英军立即用小钢炮连续猛射，一举将其击毁。可是，日军的机关枪十分厉害，弹如雨下。掩护部队立即施行火力压制，并利用敌人火力稍停的间隙，奋勇冲出。在一边战斗一边撤退中，仍有多人受伤。突然，杨瑞符的左腿也被击中……

这时张柏亭带着部分人员已经赶到漕河泾法租界边界附近，准备接应第1营。然而，他万万没有想到万无一失的撤退计划还是出了问题。

2时许，担任收容任务的杨得余率领的这个排也安然退出来了，杨瑞符等10余名伤员被英军送去了医院抢救。谁也没想到的是，谢晋元率领官兵通过新垃圾桥进入英租界时，租界当局竟然要收缴他们手中的武器，然后还要把他们用汽车运送到胶州路扣留。官兵们立即情绪激昂，说："武器为军人第二生命，不能离手，我们宁愿重返四行仓库，继续固守到底。"

结果，双方僵持，情形极为紧张。

张柏亭在漕河泾久等第1营不至，心知发生了麻烦，立即驱车赶到新垃圾桥。结果，看见这种情形，他立即劝谢晋元暂时忍耐，并且说："其中必有原因。"

英租界人员竭力解释，说这是租界的规定，他们只是代为保管武器，绝非缴械。

在张柏亭的劝说下，谢晋元只好同意交枪。于是，双方点明数量，租界方面也出具了收据。官兵随即上车，被英租界工部局用汽车送往跑马厅，第二日上午，他们转移到了胶州公园。

张柏亭看着谢晋元等人上车后，立即开车去找杨虎司令。杨虎马上打电话给斯马莱特，责备他背信弃义，说话不算数。结果，他这才知道不是英军作梗，而是日军向租界工部局提出了严重抗议，威胁租界当局如果准许第1营通过，他们也将开进租界进行追击，租界当局不得不如此进行应付。也就是说，有关方面并没有和租界方面就撤军事宜完全协商好。

张柏亭气不过，赶去找俞鸿钧，见着他就气冲冲问："昨天商议时，俞先生也在场，说好有关外交事项由你负责，你办的是什么外交？"

俞鸿钧缓缓地说："这是临时发生的情况，我已报告政府，即循外交途径交涉，请转告贵师长暂时要忍耐，不可节外生枝！"

就这样，第1营官兵从四行仓库撤离出来，轰轰烈烈的四行仓库保卫战据此结束。400多名官兵坚守阵地，力战4天4夜，前后共击退日军6次，打死敌人约200人，伤者无数，摧毁敌战车2辆。而第1营仅伤亡37人。当日，蒋介石下令褒奖，所有参战官兵晋一级，谢晋元团附为上校团长，颁授青天白日勋章，上官志标晋升为中校团附，机枪连连长雷雄递升为营长。

但是，立功受赏的第1营官兵却被羁留在胶州公园。

随后，为了防止英租界当局受日军威胁而不守诺言，继续羁留官兵，国民政府责成上海特派员公署对工部局提出严重抗议。但是，英租界当局慑于日军的蛮横和武力，不敢放第1营归队。但另一方面，他们也拒绝了日军要引渡第1营官兵的要求。第1营尚有的250余人，于是就在胶州公园内住下来了。

4. 谢晋元被害，官兵被押往南京监狱或派去集中营服劳役

第1营官兵退入英租界后，本以为从此可以回到大部队去，继续进行抗日作战，谁知就此被像俘虏一样关在胶州公园，手无寸铁，完全失去了自由。但是，他们在谢晋元的领导下，仍然进行早操训练，值勤、站岗，过着部队生活。

没过几日，他们的地位就变得非常微妙了，一则他们不是俘虏，不能享受国际法规定的俘虏待遇；二则他们也不是要求庇护者，别说生活，就是性命都无法得到保障。官兵们的命运变得吉凶难测了。

因为他们不是俘虏，英租界当局不供给伙食。最初两个月，官兵全靠火柴大王刘鸿生等领导上海爱国团体送来一些粮食，后来他们没了伙食费，工部局临时借垫了少数款项，后来还向国民政府索回。最后，国民政府决定按照中国军队军人待遇对第1营官兵进行接济。

四行仓库的"八百壮士"被关在胶州公园里，没有自由，与外界断绝了联系，几个月杳无音讯，立即引起了人们的猜测，谣言也开始流传。

1938年5月17日，谢晋元受命在上海报纸上发表了公开信，说明第1

营尚在，"八百壮士"还活着。但这还是不能释众人之疑。6月，谢晋元再次发表一篇谈话，正式对外说出了官兵们所处的尴尬处境，要求获得国际社会帮助。

在各界的压力之下，英租界工部局不得不稍稍做出了一点让步，规定官兵限制外出，但外界人可以进入胶州公园，随便与官兵接淡。于是，每天公园外面的马路上人来人往，络绎不绝。"八百壮士"重新回到了人们的视野。

8月，是淞沪抗战一周年。为了纪念第88师去年8月11日自无锡出师抗战，谢晋元向公共租界万国商团团长亨培交涉，要求悬挂国旗3天，但是没有获得同意。

8月9日，孤军营内还是竖起了旗杆。

亨培发现了，立即跑过来进行干涉，先是不许悬旗，后来要求将旗杆截短，与营内大礼堂屋顶一样高。他的理由是："避免日军看见，引起麻烦，使工部局为难。"但是，谢晋元等人没有同意他的这个馊主意。

第二日，眼看"八一一"、"八一三"两大纪念日就要来临，而悬旗问题还没解决，官兵不得已，只好将旗杆砍去数尺，重新竖立起来。

11日晨6时，谢晋元率领全体官兵举行升旗典礼。

工部局发现后，立即派兵镇压。300名英兵包围第1营营房，400名意大利兵在街头警戒，一队白俄兵向孤军营冲过来。

万国商团的中国团员吴启荣立即跑过来，向谢晋元报告。谢晋元下令第1连负责警戒瞭望塔，第2连分散在大操场。可他下令不到5分钟，白俄兵就冲进了营房，用机关枪向手无寸铁的官兵进行扫射。当有刘尚方、尤长青、吴祖德、王文义4人殉难，另有11人负伤。

白俄兵行凶后，扬长而去。

晚10时，这伙白俄兵又突然袭击冲进营房，把谢晋元等排长以上干部抓入多辆救护车，然后驶往外滩中央银行，把他们关押起来。可是，他们漏捕了排长吴杰。吴杰立即召集全体士兵开会，商议解救办法，大家决定集体绝食，并由吴杰代表全体士兵同工部局谈判。

第三天上午，工部局送来面包、米饭，士兵打翻在地。

第1营的遭遇也引起了上海同胞的愤怒，市民们一致决定罢市3天，声援孤军，并且要求将孤军军官送回原营地。工部局怕捅出大娄子，当晚就把谢晋元等全部长官送回。

但是，国旗被收缴走了，从此官兵们再也不能举行升旗仪式了。

第十五章　谁是正面战场第一个堪称最悲壮的英雄群体？

然而，在谢晋元领导下，官兵们虽然解除了武装，但军营成为上海孤岛中的孤岛，他们坚持战斗的精神成为沦陷区同胞心目中不屈的灯塔。这引起了日军对谢晋元的憎恨。

1941年4月24日5时许，晨光熹微，官兵照旧在操场集合，列队早操。点名时，谢晋元发觉士兵郝鼎减等4人迟到5分钟，当众予以训斥。

不料，郝鼎减等人早受敌伪分子的诱惑，立即决定暗中对谢晋元下手。在跑步时，他们趁谢晋元没有防备，用短刀向他头部、腰部猛刺，谢晋元倒地，当场殒命。上官志标见状，立即上前出手救援，也被他们刺成重伤。但是，官兵们还是围上来，把凶手捕获，然后移送上海公共租界当局法办。

谢晋元的死讯传出，上海同胞万分悲伤。爱国同胞在马路上会成的大洪流，拥进军营瞻仰遗体，向抗日英雄致敬。3天内，达25万人之多。

4月28日，蒋介石在重庆发出通电：

> 谢晋元同志之成仁，为我中华民国军人垂一光荣之纪念，亦为我抗战史上留一极悲壮之史迹，回溯该团长率领八百孤军，坚守闸北，誓死尽职，守护我国旗与最后阵地而绝不撤退，其忠勇无艮之精神，已获举世之称颂。而其留驻孤军营中，为时三载以上；历受艰难，尚能坚毅不移，始终一致，保持我国民革命军人独立自强之人格。此种长期奋斗，实较之前线官兵在炮火炸弹之下，浴血作战，慷慨牺牲，尤为艰苦卓绝，难能而可贵。此次被刺殒命，显为敌伪方面久已蓄意，收买暴徒，下此毒手！而我孤军营之忠勇官兵赤手擒奸，固绝不损其全体之荣誉。谢团长不幸殒命，然其精神实永留人间而不朽。谢团长不仅表现我军人坚贞壮烈之气概，亦为我民族不屈不挠正气之代表。除已优予抚恤外，甚望我全体官兵视为模范，共同景仰。以期无负先烈之英灵，而发扬我民族正气之光辉也。

谢晋元牺牲和上官志标负伤后，孤军营由雷雄代理团长，他继续带领官兵驻留在胶州公园内。

然而，第1营官兵曾经成功地从四行仓库撤退，但因为英租界出难题滞留胶州公园，最终还是没有逃脱出日军的魔掌。

12月8日，日本突袭美国珍珠港，太平洋战争爆发，日本与英美等国也成了交战国，日军立即开进英租界，羁留在胶州公园内的第1营坠入了更黑暗的地狱。

12月10日，伪上海市市长陈公博致函代团长雷雄，要求他率领全体官兵参加所谓的"和平运动"，附日当汉奸，这遭到了雷雄的严词拒绝。

12月28日，数百名日军突然冲入孤军营，将手无寸铁的官兵全部押走，送到宝山月浦机场的房屋内进行拘禁。

次年2月，日军将他们从宝山机场押到新龙华游民习艺所，强迫官兵挖壕沟，做苦工。官兵们奋力反抗，遭到日军残酷镇压，但是他们还是进行斗争，日军不得不把他们押去南京，关在珠江路老虎桥原第一监狱。

在监狱里，官兵们还是保持严格的部队纪律，每天抽空由官长率领，进行跑步和体操。这种坚强不屈的精神激怒了日军。他们先将长官和士兵分开，再将士兵分开，其中，50人押去南京光华门，60人押去南京孝陵卫，100人押去杭州，50人押解去裕溪口，50人押去南洋群岛，其余的官兵仍关在原处。他们被强迫做着无休止的苦工。但是，官兵们还是反抗不断。次年11月6日，光华门外的孤军在和孝陵卫的孤军对调时，大家集体逃跑，在跑到小茅山藏了几天后分散而去，有的在本地参加了抗日游击部队，有的绕道浙江、江西、湖南、贵州，千里迢迢赶去陪都重庆，结果，最后到达重庆的只有9人。

1945年8月，日本战败投降。抗战胜利了，第1营官兵从全国各地和南洋先后返回上海，计有100余人。被日军押至新几内亚做苦工的有36人，1946年8月24日，他们也由澳大利亚政府派军舰送达上海。

古今中外没有过像第88师四行孤军这样壮烈的壮举。他们身虽辱而志不屈，使人想到苏武在北海冰天雪地中持汉节牧羊的情景。一些官兵历经万劫未死，最后还是回到了自己的祖国，堪称人间奇迹。

参考文献

《日军侵华八年抗战史》，作者：何应钦，1982年，台北，黎明文化事业公司。

《国殇（第2部国民党正面抗战纪实）》，作者：陈冠任，出版社：团结出版社。

《血战：国民党军正面战场抗战纪实》，作者：胡兆才，出版社：中国社会科学出版社。

《我的河山——抗日正面战场全纪实》，作者：陈钦，出版社：中信出版社。

《国民党高级将领传略》，作者：沉度，出版社：华文出版社。

《中国国民党九千将领》，作者：刘国铭，出版社：中华工商联合出版社。